大学问

始于问而终于明

守望学术的视界

实践社会科学

黄宗智 对话 周黎安

黄宗智　周黎安——著

广西师范大学出版社

·桂林·

黄宗智对话周黎安：实践社会科学
HUANG ZONGZHI DUIHUA ZHOU LI'AN: SHIJIAN SHEHUIKEXUE

图书在版编目（CIP）数据

黄宗智对话周黎安：实践社会科学 / 黄宗智, 周黎安著. -- 桂林：广西师范大学出版社，2024.1
（实践社会科学系列 / 黄宗智主编）
ISBN 978-7-5598-6464-2

Ⅰ. ①黄… Ⅱ. 黄… ②周… Ⅲ. ①社会科学－研究方法 Ⅳ. ①C3

中国国家版本馆 CIP 数据核字（2023）第 203521 号

广西师范大学出版社出版发行

（广西桂林市五里店路 9 号　邮政编码：541004
　网址：http://www.bbtpress.com）
出版人：黄轩庄
全国新华书店经销
广西民族印刷包装集团有限公司印刷
（南宁市高新区高新三路 1 号　邮政编码：530007）
开本：880 mm ×1 240 mm　1/32
印张：20.375　　字数：440 千
2024 年 1 月第 1 版　2024 年 1 月第 1 次印刷
印数：0 001~5 000 册　定价：89.00 元
如发现印装质量问题，影响阅读，请与出版社发行部门联系调换。

"实践社会科学系列"总序

中国和美国的社会科学近年来多偏重脱离现实的抽象理论建构,而本系列丛书所强调的则是实践中的经济、法律、社会与历史,以及由此呈现的理论逻辑。本丛书所收入的理论作品不是由理论出发去裁剪实践,而是从实践出发去建构理论;所收入的经验研究则是那些具有重要理论含义的著作。

我们拟在如下三个子系列中收入精选后的重要作品,将同时推出中文版和英文版;如果相关作品已有英文版或中文版,则将其翻译出版。三个子系列分别是"实践法史与法理""实践经济史与经济学""中国乡村:实践历史、现实与理论"。

现今的社会科学研究通常由某一特定的理论立场出发,提出一项由该理论视角所生发出的研究问题,目标则是证明(有时候是否证)所设定的"假说"。这种研究方法可以是被明确说明的,也可以是未经明言的,但总是带有一系列不言而喻的预设,甚或是无意识的预设。

因为当下的社会科学理论基本上发端于西方,这种认识论的进路经常伴随着西方的经验(诸如资本主义、自由市场、形式主义法律等),以及其理论抽象乃是普适真理的信仰。而在适用于发展中的非西方世界时,社会科学的研究基本上变成一种探索研究对象国家或地区的不足的工作,经常隐含或者公开倡导在西方"模式"道路上的发展。在经济学和法学领域内,它表现得最为明显,这是因为它们是当前最形式主义化和意识形态化的学科。而中国乡村的历史与现实则是最明显与主流西方理论不相符的经验实际。

我们的"实践社会科学系列"倡导把上述的认知过程颠倒过来,不是从源自西方的理论及由此得出的理论假说出发,而是从研究对象国家的实践历史与现实出发,而后进入理论建构。近代以来,面对西方在经济、军事及文化学理上的扩张,非西方国家无可避免地被卷入充满冲突性斗争的历史情境中——传统与西方"现代性"、本土与引进、东方与西方的矛盾。若从西方理论的视野去观察,在发展中国家的历史社会实践中所发生的现象几乎是悖论式的。

我们从实践出发,是因为不同于理论,实践是生成于研究对象国家自身的历史、社会、经济与政治的情境、视域和话语内的。而且由实践(而非理论)出发所发现的问题,更有可能是所研究国家自身的内生要求,而不是源自西方理论/认知所关切的问题。

实践所展示的首先是悖论现象的共存——那些看起来自相矛盾且相互排斥的二元现实,却既真实又真切地共存着。例如,没有(社会)发展的(全球化的)商业化、没有民主的资本主义,或者没有相应司法实践的西化形式主义法律。其挑战着那些在它们之间预设因果关系的主流西方理论的有效性,因此呼吁新理论的构建。此外,理论往往由源自西方的形式演绎逻辑所主导,坚持逻辑上的前后一贯,而实践则不同于理论,惯常地容纳着看起来是自相矛盾的现象。从实践出发的认知要求的是,根据实践自身逻辑的概念化来建构理论——比如中国的"摸着石头过河"。

从实践出发的视野要求将历史过程作为出发点,要求由此出发的理论建构。但是,这样的实践和理论关怀并不意味着简单地拒斥或盲目地无视西方的社会科学理论,而是要与现有理论进行自觉的对话,同时自觉地借鉴和推进西方内部多样的非主流理论传统。此类研究还可以表现在实际层面上,在西方主流的形式主义理论以外,有必要结合西方主流以外的理论传统去理解西方自身的经验——例如,结合法律实用主义(以及马克思主义和后现代主义)和主流的"古典正统"法学传统,去理解美国法律实践的过去和现在,或者结合马克思主义、实体主义和主流的亚当·斯密古典自由主义经济学传统,去理解西方的实践经济史。更重要的还在于,要去揭示这些存在于实践中的结合的运转理论逻辑,在这些看起来相互排斥的二元对立之间,去寻找超越"非此即彼"之逻辑的道路。

我们的丛书拟收入在实践法史与法理、实践经济史与经济学,以及中国乡村的实践历史、现实与理论研究领域内的此类著作,也包括讨论中国创新的著作,这些创新已经发生在实践内,却尚未得到充分的理论关注和表述。我们的目标是要形成一系列具有比主流形式主义研究更适合中国历史、现实的问题意识和理论观念的著作。

黄宗智

ns
序一

黄宗智

2018年偶然看到周黎安先生的《"官场+市场"与中国增长故事》,引起我诸多共鸣,遂继而看了他许多著作,觉得他的论析和我的"第三领域"与"集权的简约治理"概括有众多亲和的方面。同时,也因此想起十多年前他导师(长期执教于斯坦福大学经济系的)青木昌彦(Masahiko Aoki)教授曾经来信表示希望和我建立交流,但我当时全神贯注于在中国看到的一系列迫切需要研究的问题和伴之而来的巨大研究动力,无意与"别人"交流。事后思之,颇感遗憾。但如今机缘巧合,结识了周黎安先生,自然觉得这是个难得的弥补之前遗憾的机会。因此,积极与黎安先生联系。

见面之后,又惊讶地发现他思路和表达的清晰度之强烈,使我联想起自己的导师萧公权先生,倍感亲切。遂建议我们进行一次学术界罕见的亲和性对话,之后发表于《开放时代》和我主编四十多年的《近代中国》(Modern China),吸引了许多读者。那次对话之后,我们两人分别发现,自己还有许多后续的思考,既有进一步的赞同或推进,也有批判性的反思,便很自然地继续撰文与对方进行对话。在两年之中,形成了后续的(等于是)两轮新对话,并且,最终都是朝向建立一种新型的、依据中国的实践经验来建构的"实践政治经济学"的研究进路。虽然,里面也包含众多与对方不同的见解,但结合起来却成为一个既有亲和性也有批评和不同见解及不同前瞻倾向的"二元合一"体。我们分别认识到,这是一桩学术界罕见的美事,值得汇集成书,作为我们围绕"建立新型的实践政治经济学"的既有分别又有合作的思考成果。

是为序。

序二
周黎安

上世纪80年代我还在北大经济学院读本科的时候，一次偶然的机会接触到中华书局出版的《华北的小农经济与社会变迁》一书，爱不释手。至今仍然清晰记得华北小农被置于马克思主义理论、新古典经济学和俄国恰亚诺夫（当时好像翻译为"蔡雅诺夫"）的实体经济学三大理论体系之中，小农经济的现实与西方经典理论"激情碰撞"，精彩纷呈。社会科学的研究能够做得如此精妙有趣，融理论、实证、历史于一体，给我留下深刻印象。这是我与黄宗智先生的第一次神交。我后来因为投身于经济学的学习和研究，就没有再跟踪黄先生的后续著作了。直到2018年10月的某一天，突然收到黄先生的邮件，谈及我们研究进路的"亲和性"；后来就是希望我加入学术对话的邀请。在惶恐地表达同意之后，我找来了黄先生几乎所有的重要著述，仔细研读之后深感相见恨晚。黄先生和我属于两代人，人生阅历、学术训练及研究领域各异，但奇妙的是，似乎有一条"暗河"将我们各自的学术之路联通起来。

第一次正式对话之后，我们都感到有必要继续对话，进一步挖掘我们之间"和而不同"的学术潜能，于是就有了现在这本书。我们各自沿着国家治理、国家能力等论题，在西方理论的"话语丛林"中穿梭往来，既与之对话，又面向实际，试图还中国一个真实的面目。我们的对话并非一问一答，也不是直接对应，而是在各自独立的探索中遥相呼应、相映成趣，中间也不乏争论碰撞。我们的旨趣是一致的，就是为建立实践性新型政治经济学添砖加瓦。

我有幸借助对话的机会向黄先生讨教学习，同时也在交稿期限的催促下不断开拓新的研究疆域。应该说，如果没有事先关于对话的承诺，以及黄先生比年轻人还高产的速度给我的无形压力，我的这些文章可能永远写不出来。所以，特别感谢黄先生不吝赐教（包括三十多年前的"神遇"），让我在学术上重获新生。

目 录

黄宗智/导论：建立前瞻性的中国实践社会科学　1

第一编　"第三领域"与"官场＋市场"

黄宗智/重新思考"第三领域"：中国古今国家与社会的二元合一　35

周黎安/如何认识中国？——对话黄宗智先生　81

第二编　国家、国力与社会

黄宗智/国家与社会的二元合一治理：华北与江南地区的百年回顾与展望　137

周黎安/"一体多面"：中华帝制时期的国家—社会关系再研究　170

周黎安/行政发包制与中国特色的国家能力　223

黄宗智/国家—市场—社会：中西国力现代化路径的不同　272

黄宗智/从"土地的资本化"到"资本的社会化"：建立基于中国发展经验的新型政治经济学　310

第三编　国家与市场经济

黄宗智/市场主义批判：中国过去和现在不同类型的市场交易　353

周黎安/从"双重创造"到"双向塑造"：中国经济改革中的政府与市场关系　385

周黎安/经济学的制度范式与中国经验　431

周黎安/地区增长联盟与中国特色的政商关系　474

黄宗智/农业内卷与官僚内卷：类型、概念、经验概括与运作机制　532

黄宗智/从简约治理的第三领域到党民结合的第三领域　562

第四编　建立新型的政治经济学

黄宗智/从二元对立到二元合一：建立新型的实践政治经济学　595

导论：建立前瞻性的中国实践社会科学①

黄宗智

今天影响最大的社会科学采用的研究进路主要是从理论出发而得出某种"假设"，然后搜集经验证据来支撑其假设，最终再返回到理论。笔者多年来提倡的则是要将此进路颠倒过来，即从经验证据出发，借此来检验各种理论，决定如何对其取舍、汇合、重构、推进，建立更符合经验实际的概括，然后再返回到经验中去检验。

这就意味着，首先，我们不是要将现有理论当作给定答案，而是要将所有理论都"问题化"。这是因为，真实世界千变万化，绝非任何单一理论所能完全理解。也是因为，现有理论多源自西方经

---

① 本文发表于《开放时代》2020 年第 1 期。此文是作者关于学术研究方法和理论的简约总结和后续思考。文章个别理论的详细论证可见于《经验与理论：中国社会、经济与法律的实践历史研究》(黄宗智, 2007) 和《实践与理论：中国社会、经济与法律的历史与现实研究》(黄宗智, 2015a) 两本书。文章中的经验判断及其理论含义，则大多来自笔者关于小农经济的三卷本 (黄宗智, 2013) 和第四本 (黄宗智, 2020a)，以及关于正义体系的第四本 (黄宗智, 2020b)。

验的简单化和片面化,但中国的经验,从源自西方的理论来看,则是充满"悖论"的(譬如,充满一双双被认为"不该"并存的实际)。而且,即便是相对西方实际本身,由于在现代科学主义的霸权下,社会"科学"充满对普适理论建构的冲动,强烈倾向将复杂的实际建构为简单化的、片面化的、逻辑上整合的、排他的普适规律。我们需要将那样的认识过程和研究进路颠倒过来,从实际出发再返回到实际去检验,而不是从理论出发,将实际剪裁来纳入某一理论。

如此的研究进路的优点,在于它不会轻易被任何现有理论或意识形态主宰,并意味着其概括与经验证据更加紧密连接,更有可能做到更符合实际,尤其是中国实际的概括和其新理论的建构。

虽然如此,这样的比较"实质主义化"的研究进路的一个不可避免的弱点是,缺乏意图普适的理论所附带的前瞻性。后者将其自身建构为依据某种不言自明、无可怀疑的普适"科学""公理"/规律,但实际上,多是某种理想化价值的设定(譬如,"理性经济人"或"劳动价值论"),而后通过演绎逻辑将其建构为一个逻辑上整合的模型。它借助科学主义的大潮流而将本身建构为类似于自然科学所追求的无可置疑的真理。其弱点是将复杂多面的实际简单化、片面化,但同时带有较强的前瞻性,因为它不单是对实际的概括,更是对实际的理想化。它更容易被人们接纳和被政权采纳为统治意识形态,由此成为"主流"。而笔者提倡的实践社会科学研究进路,则缺乏前瞻性意识形态化的可能,因此只可能成为某种"另类"理论。

这里,笔者的建议是有意识地根据不同文明传统自身至为崇高的道德理念做出主导性道德价值的选择,并借此区别"善"与"恶"的实际和实践,目的不仅是要更精准地认识实际,更是要提出改造实际的主导性道德价值观。后者虽然带有一定的"普适"意图,但它完全尊重全球各大文明传统的不同的崇高道德理念的正当性。关键在于不仅要认识到那样的理念的普适的一面,也要认识到其特殊的一面,由此来建构一个带有开放性而不是排他性和封闭性的新型社会科学。

本文将通过笔者多年来开办的实践社会科学研究的入门课程关于当今四大主要社会科学理论传统的讨论,来点出各自的贡献和弱点,借此进一步说明这里要阐释的研究方法和进路,也借此说明占据霸权地位的形式主义化理论传统的不足。

目前,中国正处于一个堪称漩涡似的"规范认识危机"之中:中国与西方传统、革命与改革传统、经典马克思主义与新自由主义传统相互冲击,形成了一个充满矛盾的思想世界。两大主流理论——经典自由主义理论和经典马克思主义理论都不能完全解释中国的基本实际,但它们仍然具有强大的影响,一定程度上主宰着人们对中国的认识及各高等院校的社会科学(包括历史)学科培训。而批判这两大理论的主要理论,其一是实践/实质/实用主义理论传统,因缺乏前瞻性,基本限于对历史的认识,其二是后现代主义理论,则主要限于话语研究和对现代主义的批判,同样缺乏前瞻性。

本文先从实践(实质/实用)理论出发,一方面论述其学术认识方法的优点,一方面建议为其添加前瞻性的道德理念及相关话语。这并不是要提倡建构绝对/普适/排他性的理论,而是主张一个带有多元性和宽容性的认识方法和理念。在此之上,我们仍然需要纳入经典新自由主义和经典马克思主义所包含的一系列不可或缺的洞见。同时,也要借助后现代主义来认识那两大理论所依赖的简单化的、逻辑上整合的普适化"理想类型"理论建构方法,以及其隐含的现代主义和科学主义。在认识方法层面上,"从实践中来,到实践中去"的研究进路要比普适性和排他性的经典自由主义和经典马克思主义理论都更符合实际,更具多元性和包容性。相比后现代主义,则并没有走到怀疑一切客观真实的话语主义极端。

简言之,我们要做的是根据扎实的经验证据来决定对不同理论的取舍、对话、重构和推进,再返回到经验/实践中去检验。我们做学术的目的应该是求真和带有前瞻性的道德理念,而不是任何时髦或给定的理论。面对千变万化的实际,现有理论应该成为我们探索实际所提出的问题而不是答案。

一、实践/实质/实用理论的不足

下面先讨论几位重要的实质、实用和实践主义理论家,通过对他们理论的评述来指出实质主义在认识论方面的比较贴近实际的优点,这十分不同于形式主义理论的脱离实际的强烈冲动。正因为如此,实质主义也缺乏形式主义理论那种科学主义化和高度简单化、普适化和理想化所附带的前瞻性和意识形态化威力。本文的建议是,实质主义理论应该明确纳入根据世界各大文明传统的崇高道德理念,赋予自身所欠缺的,能够区别"善"与"恶"实践的前瞻性,来与形式主义的霸权抗衡。

(一) 实质主义论析举例:波兰尼、恰亚诺夫和瑞格里

1.波兰尼

我们可以从波兰尼(Karl Polanyi)的实质主义理论开始。波兰尼研究的一个重点是对"前资本主义"世界的论析,说明其中的交易/交换不是"价格设定的"(price-making)、"自律的"(self-regulated)资本主义市场交易,说明在前资本主义时期,交易/交换其实主要是"互惠、再分配,或政权主导下"的,乃是"嵌入于社会"的现象。当时的经济体所关注的主要是生存和使用,区别于资本主义经济中追求资源最佳配置和利润最大化的市场交易。这是对理解"前资本主义"社会经济早期的有力洞见,可以协助我们认识、理解诸如礼品交换、生存主导的生产和交换,乃至于政权主导的贸易等。

波兰尼还提出了对自由主义关于资本主义市场经济的理论建构的质疑,特别强调市场经济实际上不可脱离社会"嵌入性"(embeddedness)来认识和理解。土地、劳动力和货币并不是真正脱离社会的商品,仅是虚假的商品(fictitious commodities),都脱不开与国家和社会的紧密关联。更有进者,波兰尼还论证,英国(从前资本主义到资本主义市场经济的)"大转型"历史过程,乃是市场商品经济侵入社会而引起"能动的社会"(active society)的自卫和反抗的过程,从而形成了"被规制的市场"(regulated market),而非新自由主义所虚构的"自律的市场"。自由主义建构的"经济市场"实际

上乃是一个"社会(中的)市场"(social market)。(Polanyi, 2001 [1944]; Polanyi, Arensberg, and Pearson [eds.], 1957)

同时,面对20世纪30年代的经济大萧条及法西斯主义的兴起,波兰尼显示了对马克思主义一定程度的认同,倾向"民主社会主义"的理想(Block, 2003)。部分由此,他被反对新自由主义经济学霸权的社会学家认可,一定程度上也被新一代马克思主义学者认可。

正如他的主要阐释者布洛克(Fred Block)所指出的,波兰尼倾向于认为市场"始终都嵌入于社会"(always embedded in society),虽然他并没有更明确、透彻地阐明这个概念,也没有冠之以鲜明的称谓(Block, 2003)。部分由此,他的理论尚有待后来者更为明确地推进。布洛克正是据其经济市场必定"嵌入于社会"的论点而将波兰尼认定为社会学分支的"经济社会学"的奠基人之一。而布洛维(Michael Burawoy),作为一位马克思主义社会学家,强调的则是波兰尼和葛兰西(Antonio Gramsci)思想间的亲和性,特别突出两者对资本主义市场"霸权"的认识,突出劳动者对其抗拒的必要,由此提出了聚焦于劳动者研究的新的"社会学的马克思主义"(sociological Marxism)设想(Burawoy, 2003)。

正如沈原所阐释的,这是当今面对全球化了的"第二次大转型"研究中的两大学术研究进路之一。一是主要关注全球化资本下的新劳动者的社会学的马克思主义视角;一是"新古典社会学"(例如塞勒尼[Ivan Szelenyi])关注全球化中新的精英(如掌控新"文化资本"而不是旧型的产业资本家)的视角。(沈原, 2006, 2007)

对研究中国历史和实际的学者来说,还要认识到,波兰尼的论说主要限于前资本主义经济早期和资本主义经济两端的对立体,基本没有考虑到处于两者之间的前工业长时段历史实际,即部分为市场、部分为生存的经济体系。后者实际上是中国帝国时期之后半期的经济史的主要内容。固然,波兰尼的研究并不具有普适野心,它带有一定的经验适用边界,那是其相对符合实际的认识方法上的优点;但它欠缺真正可以与两大经典主流理论影响抗衡的鲜明的前瞻性。那也是为什么布洛维要为其添加马克思主义的内容和标签,借此形成了更为鲜明的"社会学的马克思主义"学术理论流派。

2.恰亚诺夫

恰亚诺夫(A. V. Chayanov)虽然和波兰尼同样常被视为实质主义的代表性理论家,但与波兰尼有一定的不同。他更关注帝国晚期和资本主义初期的俄国,即处于波兰尼的前资本主义早期和工业化的资本主义经济体系之间的历史阶段,亦即兼具波兰尼型交换和现代市场交易的中间阶段。恰亚诺夫从小农户既是一个生产单位也是一个消费单位这个基本事实出发,阐明了其与资本主义单位的不同:由于其经济决策同时考虑消费和生产,而且其所依赖的劳动力几乎全是农户家庭自身的给定劳动力,而不是雇佣的工人,其经济行为与逐利的资本主义单位十分不同。譬如,在商品经济环境中,一个资本主义的雇佣单位不会在劳动力边际报酬降到低于雇佣劳动力成本的情况下,继续在单位土地上投入更多的劳动力,因为那样是会亏本的。而一个小农户则不同,在土地不足的情况下,由于生存(消费)的压力,会为了家庭消费的必要,几乎无限地继续投入更多的家庭劳动力。(Chayanov,1966[1925])

在中国的经济史中,这个道理主要展示于小农从粮食生产转入劳动更加密集但单位劳动报酬较低的商品生产(主要是棉花—纱—布和蚕桑—缫丝):一亩棉花—纱—布生产大约需要180天的劳动,18倍于水稻,但只带来数倍的报酬;蚕丝需9倍于水稻的劳动,但只带来三四倍的收入。这样的农业+手工副业的低报酬劳动都是由家庭中的老人、妇女和孩子来承担的("家庭化生产")。笔者曾将这种商品化论析为"内卷型商品化",既区别于"剥削型商品化"(譬如,由地主将收缴的实物地租卖出),也区别于资本主义式的"营利型商品化"。由于此,在同一个商品经济中,小农户单位土地的产出会超过一个资本主义单位,从而支撑更高的地租,也就是说地价。正因为如此,在明清时期的江南地区,高度劳动密集化的小农户战胜了资本主义型的雇工经营式农场;在其他地区也占据到农户的绝大多数。对于我们认识共和国之前的中国经济史,恰亚诺夫提供了极具启发性和洞察力的论析。(黄宗智,2014a:第1卷、第2卷)

同时,恰亚诺夫还预见到小农户在工业时代和高度发展的市场环境下长期延续的实际,并提出了一个可能的前瞻性方向,即提出建立为小农在商品经济中提供"纵向一体化"服务的农民合作社的设想——既非资本主义(企业化)型的市场经济,也非完全与资本主义对立的集体化计划经济。它既不同于波兰尼型的前资本主义论析,也不同于马克思主义的计划经济设想。(黄宗智,2015b,

2018)

一定程度上,恰亚诺夫理论可以说超出了波兰尼理论的范围。这是他与波兰尼的一个重要不同,也是他具有特殊理论洞见的一个方面。尽管如此,恰亚诺夫的理论仍然缺乏更为宽广的和长远的视野,因为它关注的主要只是小农经济,即便是商品化了的小农经济。

3.瑞格里

此外,我们还可以以实质主义经济史理论家瑞格里(Wrigley)为例。在认识方法的层面上,他与恰亚诺夫相似,也是从最基本的事实中去探寻最重要的理论概念。他特别突出前工业经济所依赖的有机能源和工业经济的无机(矿物)能源之间的关键差别。前者的极限乃是作为耕畜的马力,最多只可能达到一个人劳动力能量的 7 倍,远远不及后者,如单个矿工(在 19 世纪)每年所能生产的约 200 吨煤炭通过蒸汽机所能产生的能量。我们知道,在工业时代,单一辆人们常用的轿车便可以达到数十到数百匹马力的能量,突破了此前极其有限的人畜能量所限定的产出水平。瑞格里借此说明前工业时期的农业经济与工业时代的工业经济的基本不同,连带也含蓄地说明了基于后者的经济学并不适用于前者的原因。(Wrigley,1988)这是对基本实际的洞悉,但常被如今的新古典经济学家所忽视。他们习惯将源自资本主义工业经济的理论逻辑用于所有经济体,包括前工业时期的农业经济。(黄宗智,2020a)

波兰尼和瑞格里等(也包括恰亚诺夫及其他可以被视为实质

主义的理论家,如博塞拉普[Ester Boserup]和斯科特[James Scott])实质主义类型的理论家基本都聚焦于前工业时期社会经济的论析,其理论缺乏关于工业化了的社会经济体的现代性和前瞻性,不如新古典经济学理论或马克思主义理论那样具有明确的现代性和前瞻性。这是它们只可能成为另类理论的一个重要原因。

(二)实践主义:布迪厄

与上述理论家们不同,布迪厄(Bourdieu)很好地突出了实践理论与形式化"理想类型"主流理论之间在认识论层面上的根本性差异:前者更贴近真实世界,是超越单一的主观主义或客观主义、单一的意志主义或结构主义、唯心主义或唯物主义的理论。他论析道:实践是超越两者,经过其互动与结合所产生的,因此其逻辑是模糊的而非清晰的,但是更符合实际的。布迪厄给出的重要例子是阶级"习性"和"象征资本",比偏向单一方(阶级结构或物质资本)的形式化理论更符合实际,因为真实世界不可能是完全简单取决于主观或客观、意志或结构、唯心或唯物,以及理性或感情的任何单一方。简单将二元对立的任何一方排除于认识之外,乃是不符合实际的建构。它仅是西方现代主流理论的惯用方法。在认识论层面上,布迪厄的实践理论要比上述实质主义理论家们的理论更为明确地符合真实世界的实际。尤其是他的象征资本概念,已经促使"左"和"右"的经济学和社会学、人类学界较广泛地采用了诸如"文化资本""社会资本""关系资本""政治资本"等一系列衍生用词和概念。有的还根据他的启示,在其他领域洞察到他所阐释的(类似于阶级关系中的)剥削关系,包括"象征暴力"的概念。(Bourdieu,1977,1990[1980];黄宗智,2015a)

但同时,我们也要承认,布迪厄的实践理论缺乏能够区别"善"实践与"恶"实践的标准,容易陷入纯回顾性或纯"客观性",缺乏前瞻性的准则。"左""右"形式主义理论,相比实质主义或实践主义理论,则不仅关于实然,更连带关于应然。那既是它将实际简单化和片面化的弱点,也是其具备强势影响的部分原因,使其更简单易懂,具有明确的前瞻性,也更会被当权者借用为统治意识形态。布迪厄的实践理论虽然更符合实然世界,但欠缺关于应然的设定。

虽然如此,布迪厄的自我认同无疑是一位马克思主义者,并且长期广泛参与为劳动者争取权益的各种活动。他的"象征资本"概念,无疑是要将马克思的阶级论析推进、扩延到象征领域,而他关于"实践"的论析则是要更进一步阐明马克思之强调行动胜于思想的基本理论倾向。同时,布迪厄对片面化的"理想类型"理论建构方法提出了根本性的质疑。根据笔者的理解,他的理论一定程度上不仅是对自由主义也是对马克思所采用的理论建构方法的批评和修正。

在我看来,布迪厄的理论还需要更明确地考虑后现代主义所突出的"话语"维度,那是前瞻性道德理念不可或缺的维度。因此,我们也要考虑"表达"和"话语"及其与实践之间的关联,并认识到两者可能是一致的,也可能是充满张力甚或是相悖的。布迪厄则完全没有考虑到这样一个层面,几乎等于是设定了两者之间必然一致。

笔者曾经特别强调,在中国的法律历史中,道德理念与实用考量所结合的"实用道德主义"起到了极其关键的作用,两者既有相符之处也有相悖之处。正是两者的结合和互动形成了中国法律长时段历史变迁背后的主要动力(黄宗智,2014b),亦即笔者称作"说的是一回事,做的是另一回事,但合起来又是另一回事"。这是布迪厄没有关注的维度。

(三)实用主义

在美国的环境中,伴随形式主义法学而来和与之抗衡的不是实践主义,而是实用主义理论。兰德尔(Christopher Langdell)从1870年到1895年执掌哈佛大学法学院25年,乃是美国的形式主义"古典正统"法律思想的创始者和奠基者。他有意识地将法学等同于欧几里得几何学,将其建构为一个从给定的、不言自明的"公理"(个人权利),凭借演绎逻辑来得出一系列定理,借此将其前提公理贯穿于整个法律体系。兰德尔虽然学术著作很少,但他一心一意地聚焦于上述目标,通过教学和其在哈佛大学法学院的权力和影响,成功地将其心目中的法学建构为美国(所谓)"古典正统"的主流法律理论。(黄宗智,2007,尤见第15章;亦见黄宗智,2015a:后记一;黄宗智,2020b)

如此的法学其实与被韦伯视作"形式主义理性"理想类型法律的传统非常近似。其弱点在于,和欧几里得几何学一样,它是在被假设的世界中方才适用的理论,当用于真实世界,它只可能是片面和简单化的理论。但同时,由于它自我设定为(像几何学一样)无可怀疑的"科学"理论,借助现代"科学主义"的巨大浪潮而占据

"主流"强势地位。由于它还是对实际的理想化,也具有前瞻性,甚至常常会使理念被简单等同于实际。(尤见黄宗智,2015a:后记一)

正因为违背实际,它也促使与其对立的"实用主义"法学理论的兴起。后者的奠基人物是兰德尔在哈佛大学法学院的同事,后来成为美国最高法院大法官的霍姆斯(Oliver Wendell Holmes)。他开启了长期以来与古典正统对立并存的法律实用主义传统。法律实用主义传统关注真实世界的法律实践多于被建构的条文和理论,也关注实用性的社会改良。在政治立场方面,它是相对"进步"的法学传统,在美国多来自民主党而非相对较"右"的和较保守的共和党。

在其实际操作中,美国的法律体系与其说是古典正统/形式主义的,不如说乃是结合形式主义和实用主义两大传统的长期拉锯的一个体系。那样的结合实际非常具体、形象地体现于美国最高法院的组成上。在近一个世纪中,先由形式主义占到其九名大法官的多数,在经历了1929—1933年的经济大萧条及罗斯福总统的"新政"之后,转为实用主义占多数,近几十年则伴随新保守主义的大浪潮而再次反之。在实践层面上,我们可以说两者的拉锯、结合才是美国法律体系整体历史真正的核心,并且赋予了美国的正义体系比其任何单一面更强大的生命力。(尤见黄宗智,2007:第15章;亦见黄宗智,2015a:后记一)虽然如此,形式主义的一方无疑一直占据了前瞻性话语层面的高地。

韦伯区分了四大类型法学传统(形式非理性、形式理性、实质非理性、实质理性),意在勾画出历史上不同法律体系的划分地图。他论析的关键主线,是将西方法律体系的历史视为一个逐步趋向形式理性的传统,将其论述为西方法律的最重要的特征及其现代化的核心(虽然,他对其未来表达了一定的忧虑——讨论到形式理性类型未来可能会成为一个"铁笼"式的体系)。至于非西方的法律传统,他虽然偶尔还使用了"实质理性"的矛盾结合范畴来讨论中国(以及西方的社会主义法律),超出了自身所设定的片面化了的形式理性和实质非理性、非此即彼的二元对立建构,但他对所有的非西方法律传统的最终判断,是将它们全都划归为"实质主义非理性"类型。他将实质主义等同于专制权力和不可预测性(区别于高度逻辑化、专业化和独立的形式理性法律体系),也将其等同于道德价值理念,同样缺乏形式理性的逻辑性。他更将形式理性法律视作科学的、普适的、无可辩驳的逻辑化体系。结果,在他的全球不同文明的法律体系历史论述中,非西方文明最终只不过成为其论述的西方形式主义理性法律体系的陪衬,是他赖以突出西方形式理性文明"特色"的"他者",一如后现代主义对现代主义所批评的那样。(Weber,1978[1968]:第8章;黄宗智,2014b,第1卷[2001]:总序,亦见第9章)①

在笔者看来,理想类型的理论建构方法,虽然其初衷可能仅是一种学术研究方法,即凭借将复杂实际简单化、片面化,凭借演绎逻辑来梳理、洞察那单一面所隐含的机制和逻辑,但是如此的理论建构后来多被绝对化、普适化、理想化,甚至被等同于复杂得多、多元得多的真实世界。

简言之,形式主义理论的弱点,在于对经验实际的简单化、片

---

① 亦见笔者编著的《实践社会科学指南》一书所纳入的赖骏楠的文章。

面化,但其优势也来自同一根源。它不仅将实际片面化,同时也将其理想化,由此而占据了前瞻性话语层面的高地。它正是通过对实践/实质/实用的经验实际的简单化,以高度"科学化"、普适化的自我包装占据了对现代和未来理想化的高地,从而占据"主流"。它也多被西方资本主义国家,特别是美国和英国,采纳为统治意识形态。

相对来说,实践/实质/实用主义的优点主要在于其对形式主义认识论的批评,说明其乃是对真实世界的简单化和片面化,突出真实世界的复杂性,从而占据了批判形式主义的主导地位,并长期以来一直与其拉锯不休。相对形式主义而言,它(们)的弱点是,虽然更符合实际,但缺乏形式主义的简单、前后一贯的清晰性,也缺乏其前瞻性和其连带的话语威权。形式主义理论借用理想类型的建构将其理论理想化——人不再是结合理性与感情、理念与现实的实体,而是通过理想化、形式化、逻辑化而被建构为简单的"理性人""逻辑人""科学人"。近现代的资本主义经济和经济学不再是复杂的结合发展与剥削的资本主义实体,而是被建构为科学化、理性化的经济体。这正是形式主义在认识层面上脱离实际的弱点,但也是它能够成为"主流"统治意识形态的秘诀之一。

(四)前瞻

我们要问的是,如今和未来的社会科学研究应该往哪里去?笔者认为,我们应该有意识地选择、采纳更符合实际的实践主义认识方法,摆脱因形式化理论将其本身(实际上同样是价值的抉择,如自由主义的个人权利）建构为不言自明的客观科学公理——使人们形成了以形式化理论替代实际的惯习。那样的研究方法很容易成为认识真实世界的障碍。

同时，我们应该直面价值选择的必要，并接受人们抉择的多元性。它应该是被一个国家/社会的人民公认为值得拥护的价值抉择，是值得成为社会/国家的崇高理念的抉择，但它也应该能够容纳世界上不同的社会/国家和人民所选择的不同的道德理念。形式主义（实际上所做出）的价值抉择不是，也不该被建构为唯一的放之四海而皆准的科学普适"公理"。

在中国，儒家所设定的"仁"与"仁治"，或"亲民"和"止于至善"的道德价值观，以及历代的谚语所蕴含的"得民心者得天下"的治理理念，具有悠久和根深蒂固的传统。它也和中国共产党"为人民服务"和追求最大多数人民利益的理念（"共同致富"）相互呼应。它完全可以被采纳为中国社会和国家治理的最高道德价值，没有必要将其像西方理论那样不符实际地建构为一个排他性的"科学的"普适"公理"。

这里还要说明，中国的"仁"理念和西方现代启蒙哲学大师康德（Immanuel Kant）的"绝对命令"具有一定的亲和性。康德有说服力地论析，在纯理性和实际行为之间，我们还需要一个中介性的"实用理性"范畴来认识和理解。康德根据启蒙时代的基本道德精神，为实用理性设定了一个"绝对命令"，认为行为应该符合这样一个理性标准：行动者是否愿意（根据其理性判断）将其行为准则设定为一个普适的标准？如果是，则应该可以就此行为，不是，则不可。儒家的"仁"道德准则"己所不欲，勿施于人"（可以被称作中国的"黄金规则")和康德的"绝对命令"同样可以被设定为一个现代的崇高准则,具有同样广泛的适用性。其中的差别仅是一个被据实认作道德理念的抉择,另一个则在后来的科学主义时代被演绎为个人权利并建构为"理性"的普适科学公理。(黄宗智,2015a:第22章,亦见后记一)

与后来经典自由主义所强调的个人绝对价值和经典马克思主义所设定的劳动价值论的基本公理不同,儒家和康德原来提出的道德(哲学)标准不连带有将道德理念假设为无可辩驳的、绝对普适化的科学公理的冲动,自始便将如此的前瞻性道德抉择视为道德哲学理念,是人们追求的目标,而不是无可置疑的、普适的客观公理。

因此,以道德理念为主导的话,也不会连带有科学主义化、绝对化的冲动,以及将理念等同于实际的冲动,不会像形式主义理论那样将实际/历史简单化、片面化、排他化,并促使人们将理念等同于实际,甚至以"文明""科学""现代化"等借口而强加于非西方世界,成为帝国主义的("东方主义")话语和侵略的一个重要动因和借口。

道德准则可以给予我们上面已经论证为相对符合实际和真实的实践/实质/实用理论所缺乏的前瞻性。它不会像形式化公理那样连带着片面性和绝对性,成为认识真实世界的障碍。借此,我们既能够更好地认识真实世界,也能够更宽容地认识并设定一个国家和社会的崇高理念,同时又排除现代主义那样的绝对性、排他性和假科学性。由于在认识论层面上更为包容,并强调从实际出发,它更能够纳入其他理论和文明的洞见对待真实世界,让人们更好地观察世界,更好地认识今天,也更好地设想未来。毋庸说,它也可以成为一个足可与形式主义抗衡的理念和话语体系。①

二、走出"规范认识危机"的道路

面对目前中国漩涡似的规范认识危机,我们首先要认识到,中国的革命传统仍然具有无可怀疑的正当性。马克思主义在中国革命的过程中,揭露了西方资本主义/帝国主义/现代主义的丑恶面,揭露了其在"文明主义""现代主义""民主主义""自由主义"等善良面之外的帝国主义、殖民主义、强权主义、阶级剥削的一面,揭露了其自我宣称的"理性(经济)人""纯竞争性市场""资源最佳配置"等被理想化一面之外的侵略主义、帝国主义、殖民主义的贪婪的一面。

同时,中国革命在几经周折之后,也认识到经典马克思主义—列宁主义的局限。先是认识到由苏联控制的"共产国际"的局限,包括苏联革命模式的教条化、普适化不符合中国实际,执行以城市为中心的革命总路线,最终导致"大革命"的惨败。之后才逐步认识到中国实际与经典马克思主义论析的不同,几经挫折,方才确立了以农村根据地为中心,以农村包围城市,以工农劳动人民为主要依靠,而不简单是以城市工人为主的无产阶级革命总路线。这些

---

① 高原的新作(见黄宗智编著,2020d)创新性地提出,实质主义认识方法应该纳入近几十年数学领域前沿的、被用于有限定经验范围的"实质主义化全模型"论析方法——作为一个尽可能贴近经验实际和具有实用效应的方法,它已经给偏重普适规律的古典和新自由主义经济学带来了强烈的冲击,成为新一代的前沿经济学动态。

是作为经典马列主义理论和中国实际之间媒介的毛泽东思想(亦可理解为"实用意识形态"[practical ideology],区别于"纯粹意识形态"[pure ideology]——见 Schurmann,1970[1966])的核心。其正确性为中国革命的胜利所确证。

在经典马克思主义及苏联模式引导下,中国全面采纳了计划经济而终止了市场经济。在共和国前三十年中,计划经济虽然在重工业发展(1952年至1980年年均增速达到11%——Perkins and Yusuf,1984:第2章)以及"两弹一星"方面起到了无可否认的正面作用,和在民众教育和卫生方面的可观成绩,但经济发展实际上远不如西方资本主义经济那么全面。最终,在经过了"大跃进"和"文化大革命"等错误决策之后,共和国转向了重建、振兴市场经济的决策,之后大力推动私营企业的发展,直到形成今天占到国内非农生产总值大约60%的局面。(Hersh,2012;Szamosszegi and Kyle,2012)

如今中国已经采纳经典自由主义经济学理论的一些洞见,包括通过市场竞争机制来进行资源配置,确认私营企业和逐利机制的正当性,并且实现了举世瞩目的快速和相对长期的经济发展。一定程度上,改革开放四十多年来的实践经验已经证实了市场机制所起的推动经济发展的作用;也证实了国家能力(譬如"招商引资")在其中所起的不可或缺的作用,这和新自由主义建构的国家"干预"最小化的理论和话语十分不同。

目前,两大意识形态传统并存于中国,形成了一种二元对峙共存的状态。国家公共政策时不时源自其中一方,也许更多时候乃是其间的妥协。一方偏重推动逐利性经济发展,主要以GDP增长

19

率为主;另一方时不时关注、强调社会公平。

正因为两者都是比较高度形式化、普适化的"理想类型"理论,同样虚构了给定公理(理性经济人和竞争性自由市场 VS.劳动价值论和阶级剥削论),同样凭借演绎逻辑而自我形成一个逻辑上整合的理论体系,同样自认为是普适真理,它们一定程度上只可能成为非此即彼的对立二元。

虽然如此,两者也有一定的共同之处。譬如,都认为规模效益乃是"科学的"、普适的经济规律。在国家过去的农村政策中,我们可以看到这样的信念的深层影响:国家一再优先推动大型农业企业,以及美国基于农业企业的专业合作社模式,2013 年以来又大力扶持成规模(超过 100 亩土地的被设想为美国型)的(被建构为)"家庭农场"等,相对较少关注实际上占据中国农业绝大多数的小农户。(黄宗智,2020a)

在如此局面下,中国亟须探寻出一条能够超越两者二元对立的思想和学术道路。笔者认为,要摆脱理想类型化、绝对化的经典理论和意识形态,从中国革命和改革的经验和实践出发,逐步形成更符合真实世界的复杂性和多元性的长远发展方向和道路。

如今,中国在实践层面上做出了一些基本性的选择,初步跨越了两者间的分歧而采纳了"社会主义市场经济"的大框架:既大力引入市场机制,又保留举足轻重的国营企业,以及一个强大的政党国家体系,连带其社会主义(人民共同致富的)理念。后者其实也包含传统的"仁"与"仁政"之类道德理念,以及其在革命实践过程中形成的"为人民服务"的理念。那些不是形式化的理论建构或虚构的假科学,而是在"摸着石头过河"的实践之中形成的基本实际和大方向、大理念。与现代西方经典理论不同,它没有从某一理论建构的公理出发,凭借演绎逻辑而得出简单化、形式化、单一化的抽象理论,而是通过实践中的临时性、模糊性抉择而逐步形成包含两者的方向性概括和指导性道德抉择。(黄宗智,2019)

在依赖实践和其所展示的逻辑的认识论上,中国其实已经拒绝了形式理性的理论建构,采纳了实践中的抉择。同时,它也已经拒绝了西方形式主义理论所习惯性地使用的,西方演绎逻辑常用的将实际中本是合一的二元设定为非此即彼,务必在二者中选一的思维。这正是中国文明历来与西方的一个关键不同。在综合两者的思想抉择中,既展示了中国文明的特色,也展示了中国自身的理论主体性。

更有进者,在采用融合不同社会阶层的战略性决策(如"三个代表")方面也同样展示了中国文明传统中的二元乃至多元合一的宽容思维(犹如对待儒、释、道三大传统中的宽容性、综合性,以及对待"儒家"与"法家",综合温和的儒家道德理念和严峻实用的法家法律条文的基本思维[笔者将之称作"实用道德主义"]——见黄宗智,2014b,第1卷[2001];亦见黄宗智,2020b)。正是在以上思维方式的基础上,中国已经重构和容纳了西方形式主义理论的一些关键部分,包括对私营企业和市场经济激励机制的引进。

同时,中国维持了基本儒家道德主义传统。在革命时期,中国已经对经典马克思主义进行了一些根本性的重构,例如毛泽东和中国共产党的人民内部"非对抗性矛盾"的建构,以及将西方自由主义的"民主"重新建构为"为人民服务"的中国化治理道德理念,特别是将马列主义划归"经典理论"或"主义"范畴,注重对实践层面的"毛泽东思想"的重新理解,并运用于中国实际。

以上都是笔者理解"道德化"或"前瞻化"的实践社会科学的关键组成部分,意在超越西方排他性的形式主义"理想类型"理论建构传统,代之以中国的前瞻性道德理念,以及更符合真实世界的实践/实质/实用性社会科学学术和研究进路,实际上也是综合中华文明传统、中国现代革命传统以及现代西方启蒙传统的三大传统的前瞻性实践认识道路。

三、新自由主义、经典马克思主义和后现代主义不可或缺的洞见

在以上对各大理论流派的批评之外,我们需要更明确地直认其分别和洞见。

1.新自由主义

首先是新自由主义理论关于市场经济的洞见。竞争性市场无疑是个高效的资源配置机制,历史已经证明,它要比计划经济高效得多。同时,市场逐利乃是推动创业创新的有效机制,同样明显超过计划经济。再则是伴随市场经济而来的个人自由抉择,同样有助于创新和发展(对学术研究来说尤其如此)。正因为如此,中国才会在经过共和国前三十年对计划经济的实践之后,做出了建立市场经济机制的战略决策,实现了高效高速的经济发展。这些是无可辩驳的史实。

虽然如此，我们也要认识到，古典和新古典经济学的一个关键信条乃是国家和市场的二元对立，认为国家对市场的"干预"必须最小化，尽可能让市场机制（"看不见的手"）自由运作。对西方最强势的资本主义经济发展的国家来说，这样的选择和话语建构也许是可以理解的。对软弱的晚清和民国初期的中国来说，如此的理论建构乃是不符合实际需要的。这也是为什么无论是意图模仿西方的国民党还是反帝国主义的共产党，都同样认为强大的国家能力是现代中国不可或缺的基本条件之一。在实行市场经济的改革时期，国家无疑起到了至为关键的作用。

2.经典马克思主义

我们还要认识到，经典马克思主义的理论洞见也同样不可或缺。正是马克思主义使我们认识到资本主义市场经济的丑恶面。首先是资本主义极端追逐私利的一面，其基本逻辑和动力乃是资本的营利追求，为之可以完全不顾劳动者/弱势者的利益，依赖强制手段压迫、剥削劳动者，并且凭借其诸如"水涨船高"、现代化、发展主义等单一面的建构来掩盖资本家和劳动者之间的不平等关系的实际。

经典马克思主义，也包括后现代主义，更说明资本主义可以凭借"现代化""发展""平等交易"等概念来侵略、压迫后发展国家，实质上成为帝国主义和殖民主义的借口。这是资本主义的基本历史实际，也是被新自由主义所掩盖或忽视的历史实际，而马克思主义则非常鲜明地论析和解释了资本主义这些方面的实质内容。

中国,作为曾被侵略、剥削的国家,对这样的历史实际都有过切身经历,自然能够看到其历史真实,即便被新自由主义经济学和法学理论的"科学性"和"理想性"暂时掩盖,也绝对不可能被长期蒙蔽。中国的社会科学界是不可能长期被新自由主义的说辞所摆布的。现代西方不可仅凭其理想化的理论来认识和理解,必定要同时认识到其凶恶的一面;国家的角色不可简单地与市场对立,必定要认识到其关键性;问题的根本不在国家应否起到重要作用,而在其所起作用是良性还是恶性的。

3.后现代主义

至于不那么明显的西方资本主义在话语和价值观方面的"东方主义"/帝国主义和西方中心主义,西方自身所产的后现代主义理论已经提出了非常犀利和透彻的批评,指出了其虚假的"科学性"和"普适性",根本性地质疑了其实证主义认识论,详细分析了其所建构的"东方主义话语",以及所包含的"现代主义"和"西方中心主义"。后现代主义理论明确指出,需要通过彻底的关于东方主义的话语评析和关于非西方世界的"地方性知识",才有可能认识非西方世界的文化和"意义网"。唯有如此,才能认识非西方世界,看到现代西方的非普适实质。(Said,1978;Geertz,1983;亦见黄宗智,2007:第5章)

如此的论述乃是对韦伯复杂宏大的形式主义理性理论体系和历史观的犀利、有效的批判,洞察到其科学主义和形式(逻辑)主义的弱点,突出了其影响巨大的意识形态化的理想类型理论建构认识方法和话语。毋庸赘言,后现代主义和马克思主义,作为西方的非主流、"另类"理论,乃是对西方的资本主义/帝国主义/现代主义的深度、有力的批评,在这些方面无疑引起了历史上作为受害方的中国人民的共鸣,当然这也是中国革命在中国人民心中具有正当性的一个重要原因。

四、经典马克思主义和后现代主义的盲点

虽然如此,我们也要看到对认识中国来说,经典马克思主义和后现代主义还都带有比较关键的盲点。我们可以说,它们一定程度上都没有预见到中国今天的实际。

1.经典马克思主义

举其要者,首先是经典马克思主义对中国小农经济过去和未来的错误判断。它的一个根本错误是根据西方(特别是英国)的经验来认识中国的小农经济,误以为其必定会伴随工业经济的兴起而消失,被雇工经营的资本主义大农场取代。但实际上,中国迄今仍然有两亿人从事农业生产,其中绝大多数仍是小农,而且这种状况会长期存在。经典马克思主义理论没有认识到恰亚诺夫所洞察的 19 世纪和 20 世纪初期的实际,即在俄国和世界其他许多地方,小农户虽然已经相当高度商品化,但仍然是农业的实际主体,而且小农户经济不一定必须被规模化的集体农业和计划经济取代,更加需要扎根于农村社区的合作社来协助小农户与大市场打交道,

凭借其组织力来建立新型的农产品物流体系,保障小农户在高度商品化(资本主义化)的大市场中的利益。这个洞见因一系列历史偶然因素而被实施于日本,一定程度上也可见于韩国及中国台湾。(黄宗智,2020a)

一个连带的错误是,认为伴随现代工业经济的兴起,除了资本主义体系或计划经济体系的非此即彼,别无选择。实际上,改革以来的中国已经走出一条马克思没有预见到的结合社会主义和市场经济的总体性框架(以及结合工业经济[和信息产业]与[新型]小农经济),并没有像不少马克思主义学者预期的那样,变成资本主义或"国家资本主义"的体系。(黄宗智,2019)当然,它是一个强大国家组织和市场经济的结合体。迄今,两者的结合展示了强劲而高效的经济发展,同时也显示出一些尚待解决的繁杂而深层的问题(如一定程度的社会不公和官僚主义)。中国未来的发展道路仍处在摸索过程中,这也是马克思没有预见到的道路。

2.后现代主义

至于后现代主义,我们也要认识到,它带有极端的相对主义倾向,走到几乎完全拒绝"客观真实",拒绝任何普适价值,全盘拒绝现代主义的极端。它虽然强有力地批判了现代主义,却最终还是与其相似地依据演绎逻辑而走到了相反的极端。前者从其所建构的普适的"公理"出发,演绎出一整套被视为普适的真理,后者则从其相反的"特殊"极端出发,演绎出与其相反的逻辑上整合的极端相对主义,拒绝一切客观真实、普适价值或理念,因此而成为一个只能批评不能建设的理论(国内许多学者对后现代主义的理解/转释仍然局限于其对西方中心主义的质疑,忽视了其更为根本的认识论上的虚无主义和反现代主义)。在西方,它虽然鼓励对非西方及弱势群体的文化和话语的研究,促进"文化多元主义"(multiculturalism)的兴起(尽管其"多元"实际上多是隔离的而不是融合的),但它对我们特别需要认识的发展中国家的政治经济体的贡献较小。由于其偏重近乎单一的话语分析,一定程度上甚至成为认识和改造这些方面的学术的一种虚无主义障碍。(黄宗智,2015a,尤见第5章)

更有进者,要更好地认识真实世界,我们需要看到话语和实践的二元互动关系,既要看到其间可能一致的一面,也要看到其间背离的一面。实践真实乃是源自两者的互动。一如以上所述,通过实践/实质/实用与表达的结合与互动,我们才能看到中国正义体系的实用道德主义特征,以及美国正义体系的形式主义+实用主义整体。同时,即便是话语本身,我们不仅要看到现代主义的丑恶一面("东方主义"),也要看到其崇高理念的一面(自由、民主),更要看到其矛盾结合,以及其与实践真实之间的多维、复杂关系,而不是像现有理论那样,仅聚焦于其中一面。

五、想象一个新的社会科学研究世界

简言之,要为实质主义添加前瞻性的第一步是借助另外两大理论传统——马克思主义和后现代主义——协同指出当今占据霸权的形式化的资本主义/自由主义理论模式的不足。同时,也要认识到新自由主义中已经被证实的重要洞见：一方面是新自由主义关于市场经济方面的已经被历史证实的强大威力，另一方面是西方传统的马克思主义和后现代主义对其资本主义丑恶面的深刻有力的洞察。同时，也要认识到实质主义理论本身缺乏前瞻性理念和话语建构方面的不足。如此，才有可能进一步建构超越现有理论局限的新学术世界。

本文提倡，在关于认识论和方法方面，我们需要清醒地认识到新自由主义和经典马克思主义同样将真实世界简化为（主观与客观、唯心与唯物）二元单一方的偏颇，也要认识到其言过其实地自我设定为无可辩驳的"科学"和普适真理的偏颇，返回到实践理论对真实世界的复杂性，即多元、多面性的认识，拒绝两大主流理论对其简单化、科学主义化，乃至于西方中心主义化，一如后现代主义洞察到的那样。并且，也不可像后现代主义那样走到话语主义的极端，忽视话语与实践之间的多维互动关系。

同时，要对实践理论的回顾性和缺乏前瞻性有清醒的认识，在以实践/实质/实用真实为主的认识方法之上，明确中国和中国人民自身在道德理念方面的抉择，借此赋予实践理论所欠缺的前瞻性，判别"善"与"恶"的实践。既要承继中华文明长期以来的核心道德观，也要综合其与西方现代启蒙时期的"实用理性"和"绝对命令"黄金规则理念的共通性，超越两者的非此即彼二元对立。并且，直认其乃道德价值理念，避免将其像西方科学主义那样建构为科学的、普适的理论。如果那样的话，最终只可能成为唯我独尊、强加于人的类似于"东方主义"的理论建构。如此，方才能够建立一个新型的道德理念和话语体系，一个结合指导性的崇高理念与符合实际的认识进路。

我们要破除目前社会科学界中的科学主义和西方中心主义认识论的弊端,借助更符合实际的实践社会科学认识论来纠正其认识论上的偏颇,也借助各大文明自身至为崇高的道德理念来赋予如此的认识方法应有的主体性,以及多元化的、宽容的前瞻性道德价值观和话语体系。这样,既可以形成中国带有自身主体性的社会科学,也可以符合实际地探索其历史和未来的长远道路,并为全球化的社会科学创建一个更为宽容、全面、符合实际的学术世界。

我们对待所有现有理论的基本态度,应该是把它们当作问题而不是答案。相对千变万化的实际而言,理论只可能是片面的或局部的,不可能是普适的,只可能是随真实世界的演变而相应变化的,不可能是给定的永恒真理。学术可以,也应该借助不同流派的现有理论来协助我们认识实际,来推进我们对实际的概括,但绝对不应该像高度科学主义化的主流西方理论那样用来表达虚构的普适规律,或对真实世界实际片面化和理想化。真正求真的学术是根据精准的经验研究,通过对现有理论的取舍、对话、改造和推进,来建立带有经验界限的、行之有效的、更符合经验实际的概括,再返回到经验/实践世界中去检验。如此的学术,探索的应该是由求真和崇高的道德价值动机出发的问题,不该局限于如今流行的比较庸俗和工具主义/功利主义的研究方法或其所谓"问题意识"。这才是本文提倡的"前瞻性的实践社会科学研究"的实质含义。

参考文献:

黄宗智(2007):《经验与理论:中国社会、经济与法律的实践历史研究》,北京:中国人民大学出版社。

黄宗智(2014a):《明清以来的乡村社会经济变迁:历史、理论与现实》。第1卷,《华北的小农经济与社会变迁》;第2卷,《长江三角洲的小农家庭与乡村发展》;第3卷,《超越左右:从实践历史探寻中国农村发展出路》,北京:法律出版社。

黄宗智(2014b):《清代以来民事法律的表达与实践:历史、理论与现实》。第1卷,《清代的法律、社会与文化:民法的表达与实践》;第2卷,《法典、习俗与司法实践:清代与民国的比较》;第3卷,《过去和现在:中国民事法律实践的探索》,北京:法律出版社。

黄宗智(2015a):《实践与理论:中国社会、经济与法律的历史与现实研究》,北京:法律出版社。

黄宗智(2015b):《农业合作化路径选择的两大盲点:东亚农业合作化历史经验的启示》,《开放时代》第5期,第18—35页。

黄宗智(2018):《怎样推进中国农产品纵向一体化物流的发展?——美国、中国和"东亚模式"的比较》,《开放时代》第1期,第151—165页。

黄宗智(2020a):《中国的新型小农经济:实践与理论》,桂林:广西师范大学出版社。

黄宗智(2020b):《中国的新型正义体系:实践与理论》,桂林:广西师范大学出版社。

黄宗智(2020c):《中国的新型非正规经济:实践与理论》,桂林:广西师范大学出版社。

黄宗智(2019):《探寻中国长远的发展道路:从承包与合同的区别谈起》,《东南学术》第6期,第29—42页。

黄宗智编著(2020d):《实践社会科学研究指南》,桂林:广西师范大学出版社。

沈原(2006):《社会转型与工人阶级的再形成》,《社会学研究》第2期,第13—37页。

沈原(2007):《社会的生产》,《社会》第2期,第170—191页。

Block, Fred(2003)."Karl Polanyi and the Writing of The Great Transformation," in *Theory and Society*, 32:275—306.

Bourdieu, Pierre(1977). *Outline of a Theory of Practice*, trans. Richard Nice. Cambridge: Cambridge University Press.

Bourdieu, Pierre(1990). *The Logic of Practice*, trans. Richard Rice. Stanford, Calif.: Stanford University Press.

Burawoy, Michael(2003). "For a Sociological Marxism: The Complementary Convergence of Antonio Gramsci and Karl Polanyi," in *Politics and Society*, Vol. 31 No. 2(June): 193—261.

Geertz, Clifford(1983). *Local Knowledge: Further Essays in Interpretive Anthropology*. New York: Basic Books.

Perkins, Dwight and Shahid Yusuf(1984). *Rural Development in China*. Baltimore, Maryland: The John Hopkins University Press (for the World Bank).

Polanyi, Karl (2001 [1944]). *The Great Transformation: The Political and Economic Origins of Our Time*, 2nd edition. Boston: Beacon Press.

Polanyi, Karl, Conrad M. Arensberg, and Harry W. Pearson, eds. (1957). *Trade and Market in the Early Empires: Economies in History and Theory*. Glencoe, Illinois: The Free Press.

Said, Edward(1978). *Orientalism*. New York: Pantheon.

Schurmann, Franz (1970 [1966]). *Ideology and Organization in*

Communist China. New Enlarged Edition. Berkeley: University of California Press.

Weber, Max(1978[1968]).*Economy and Society: An Outline of Interpretive Sociology*.Ed. Guenther Roth and Claus Wittich, trans. Ephraim Eschoff et al. ,2 vols. Berkeley: University of California Press.

Wrigley, E. Anthony(1988).*Continuity, Chance, and Change: The Character of the Industrial Revolution in England*.Cambridge, England: Cambridge University Press.

第一编

"第三领域"与"官场+市场"

本编作为我和周黎安教授的第一轮对话,主要聚焦于我们二人理论思考间的共同和亲和点。首先是在研究方法和进路上,我们都强调从实践出发,说明的是中国政治经济体中一些最基本的实际运作,以及它们向我们所显示的理论意涵。这就与许多从西方理论概括出发来认识中国的研究十分不同,展示的是中国众多独特的运作方式和机制,指向的是不同的理论概括。

我指出的重点首先是中国的治理体系中的国家与民间互动的"第三领域",与西方将两者截然划分不同。再则是中国传统治理模式中"(中央)集权的(基层)简约治理"的特点,也和现代西方的中央低度集权,基层高度渗透模式很不一样。我是从这样的角度来认识周黎安教授的发包与承包理论,并将其与一些主要西方理论区别开来,以澄清其理论意涵。

周黎安教授则相反地,从他的理论体系角度来讨论和总结我的"第三领域"和"集权的简约治理"之内涵,并将其置于中西实践间的不同及其不同的理论意涵来讨论。他指出在官场的"内包"体制下,上级政府和下级政府之间,广泛存在一种在西方少见的"发包"与"承包"关系:一方面,地方政府具有一定的自主权力;另一方面,则又必须在上级制定的目标责任制之下,相互竞争来完成任务。这就形成比较独特的官场激励机制。在官方和社会/企业之间,也广泛使用类似的"外包"方式,同样既有由上而下的管理,又有由下而上的自主和竞争。整个体系既有市场上的竞争和激励,又有"官场"中的竞争和激励,共同推动了中国的发展。

读者将会看到我们思路的亲和性、相互补充和阐明,也能看到我们主要关注的内容和领域的既交搭又不同的内涵。

重新思考"第三领域":中国古今国家与社会的二元合一①

黄宗智

在长时段的历史演变中,中国的"国家"和"社会"无疑是紧密缠结、互动、相互塑造的既"二元"又"合一"的体系。这里首先要说明,"国家"政权——从皇帝和中央的六部到省、县等层级的官僚体系,无疑是个实体,而"社会"——包括村庄和城镇社区,无疑也是个实体。我们不该因为其两者互动合一而拒绝将那样的实体概括为"国家"和"社会",但我们同时要明确,在中国的思维中,"国家"和"社会"从来就不是一个像现代西方主要理论所设定的那样的二元对立、非此即彼的实体。在西方,譬如古典和新古典自由主义经济学,它要求的是国家"干预"最小化,让市场经济的"看不见的手"

---

① 本文发表于《开放时代》2019年第3期。感谢佩里·安德森(Perry Anderson)、高原、白德瑞(Bradly Reed)和白凯(Kathryn Bernhardt)的批评与修改建议。

自然运作,毫无疑问的是将国家和社会—经济二元对立起来。马克思主义则仅仅是把国家视作"上层建筑"中的阶级关系的一个部分,明显偏向将生产关系视作基本实际,在概念上基本将国家吸纳入社会结构。但是,它又强烈倾向在社会主义革命之后,将国家政权扩大到近乎笼罩社会的地步,却同时对未来的远景提出了国家消亡的终极性理念。① 总体来说,其隐含的逻辑也是国家和社会的二元对立,非此即彼。我们要质疑的是那样的思维,论证的是需要关注到两者间的互动合一,而不是拒绝国家机器或民间社会存在的历史实际。

我们需要认识到国家与社会间的并存、拉锯、矛盾、互动、相互渗透、相互塑造。对中国来说,由于其具有悠久的二元互动合一思维传统,实际上比西方现代主流社科理论更能理解国家—社会间的关系,更能掌握其全面,而不是像西方两大理论那样,偏向其单一维度的"理想类型"理论建构。后者的初衷虽然可能是要突出其单一面以便更清晰地聚焦于一方,但后续的思考则多将那样的片面化进一步依赖演绎逻辑来建构为一个整体模式,继而将其理想化,甚或等同于实际。

譬如,我们可以在韦伯的理论中看到,作为历史学家的他虽然偶尔超越了自己作为理论家构建的单一面的"形式理性""理想类型",将中国的法律体系认定为一个(可以被理解为)"悖论统一"

---

① 这样的逻辑固然可以凭借命题、对偶和综合的辩证理论来理解,但即便如此,其基本出发点仍然是先设定了国家和社会的二元对立、非此即彼,与中国既对立又合一的阴阳、乾坤宇宙观很不一样。前者的具体实例是从资本主义到无产阶级革命再到社会主义新生产方式的演变,后者则是延续不断的二元互动关系,虽然可能此消彼长,但谈不上什么辩证对立与综合。

的"实质理性"体,但在他对全球各大类型的法律体系的历史叙述中,最终还是简单地将西方和非西方概括为二元对立的"形式理性"和"实质非理性"两大"理想类型"。(Weber,1978:第 8 章)正因为如此,他的理论思想不仅显示了强烈的主观主义倾向,也显示了深层的西方中心主义。(黄宗智,2014b,第 1 卷:总序,亦见第 9 章)

在思考传统中国的政治体系上,韦伯展示了同样的倾向。作为历史学家的他,曾经提出可以被理解为悖论统一的"世袭君主科层制"(patrimonial bureaucracy)来概括中国的政治体系。但是,最终他同样简单地将现代西方的行政体系概括为"科层制",而将传统中国概括为"世袭君主主义"(patrimonialism),再次展示了深层的偏向二元的单一方,以及偏向西方的倾向。(黄宗智,2014b,第 1 卷:第 9 章,亦见总序)古典和新古典经济学理论在对待"国家 VS. 社会/经济"二元上,也类似于韦伯将现代西方建构为真正的"理想类型",将中国(和其他非西方国家)建构为其对立面。那样的倾向在近几十年中,更被"新保守主义"政权意识形态化。

如此的倾向应该被视作如今我们建构关于实际,尤其是关于中国实际的理论概括的主要障碍之一。本文从这样的基本思路来梳理中国国家与社会关系的实际,以及其对中国实际的恰当和不恰当的概括,试图由此来建构一个比西方主流理论更符合中国实际/实践的理论概括——重点在国家和社会之间的互动,目的是要更精准地认识中国古代、现代和当代的国家—社会关系。

首先,我们要澄清一些关于国家和社会的实际——多是被西方主要理论和研究混淆的实际,进而梳理关于国家和社会之间的关系的误解,目的是要更好、更精确、更强有力地对之进行理论概括。这里论析的重点是国家和社会互动中所产生的政法和政经体系,包括其治理体系,成文法律中道德化的"律"和实用性的"例",国家正式法律体系和社会非正式民间调解体系两者间的互动和相互塑造,以及国家和经济体系之间的二元合一。

正是在正式和非正式正义体系的长期互动之中,形成了作为本文主题的"第三领域"。它既非简单的国家正式体系,也非简单的社会/民间非正式体系,而是在两者互动合一的过程中所形成的中间领域,具有其特殊的逻辑和型式。文章将论证:由国家和社会互动所组成的第三领域之所以在中国特别庞大,是由于中国比较独特的"集权的简约治理"传统——一个高度集权的中央帝国政权和一个庞大的小农经济的长期结合,既避免了分割(封建)的政权,又维护了低成本的简约治理。本文将借此来突出一些中国社会—经济—法律中容易被忽视的实际和逻辑。同时,文章将指向一个对理解西方本身也带有一定意义的"另类"认识和研究进路。

一、中国历史中的"第三领域"

晚清和民国时期的历史资料与其之前的有很大的不同,譬如在法律方面,之前的史料多局限于"表达"("话语"和条文)层面,偶尔有一些关乎(可以称作)"典型"的案例,但缺乏"法庭"实际操作中的记录(诉讼案件档案)。更有进者,还可以将那些关乎实际运作的史料和20世纪兴起的现代社会学、人类学、经济学的实地调查资料和研究来对比和认识。借此,能够比其之前任何历史时期都更精准地掌握真实的实际运作。此中,除了诉讼档案,最好的资料乃是日本"满铁"("南满洲铁道株式会社")研究部门在20世纪30年代后期和40年代初期的"经济与社会人类学"调查,包括使用系统的马克思主义生产力(土地资源、农具、牲畜、肥料、技术、人口等)和生产关系(自耕以及租佃和雇佣关系)的框架仔细调查当时诸多村庄一家一户的生产情况,列入16个系统大表。据此,我们可以看到比一般历史资料要翔实得多的基层社会实际生活状态。这些调查也含有细致的关于当时的商品交换(市场)的资料。此外,还有比较详尽的关于村庄治理、纠纷解决,以及各种各样的社会组织的翔实材料。我们可以根据这些资料来形成对基层社会比较全面和可靠的认识。笔者几十年来的研究所特别关注的,先是关乎农业经济的方方面面,以及村庄的治理体系,之后逐渐纳入了关乎国家法律的司法实践和村庄处理纠纷的民间调解。

1983年笔者(通过美中学术交流委员会)获批准到农村基层做第一手研究,十多年中一直坚持在村庄(松江县华阳桥大队)做实地调查——1983年、1984年、1985年、1988年、1990年、1991年、1993年、1995年总共八次,每次两到三周,采用的主要是("满铁"最好的调查资料所用的)聚焦于单个课题的(但随时追踪在意料之外的发现)与几位最了解情况的村民座谈的方法,每天两节,上午从8点到11点半,下午从2点到5点,总共不止200节,借之与晚清和民国时期的历史资料对接、核实,并探究其演变。这是笔者进入不惑之年后的两本主要专著《华北的小农经济与社会变迁》(黄宗智,2014a[1986],第1卷)和《长江三角洲的小农家庭与乡村发展》(黄宗智,2014a[1992],第2卷),以及其后关乎正义体系的三卷本《清代的法律、社会与文化:民法的表达与实践》(黄宗智,2014b[2001],第1卷)、《法典、习俗与司法实践:清代与民国的比较》(黄宗智,2014b[2003],第2卷)、《过去和现在:中国民事法律实践的探索》(黄宗智,2014b[2009],第3卷)的主要研究资料和方法。下面总结的首先是5本专著中所论证的关乎本文主题的基本认识。

(一)村庄自治情况以及纠纷处理

在村庄的治理和纠纷解决机制的实际运作方面,笔者认识到,在华北平原,基本所有的村庄都有一定程度的村庄自治制度。几乎每个村庄都具有被同村村民公认的数位有威望的人士,多称"会首"或"首事",由他们来主持村庄一般的公共事务,包括社区服务和治安、季节活动、宗教仪式(如果有的话,包括村庄的"庙会",有的拥有寺庙和"庙地"),有的时候还涉及纳税和自卫(在盗匪众多的民国时期,有的被调查的村庄甚至设有自卫的"红枪会")。遇到村民间的纠纷,也由这些首事中的一位或多位(遇到重大纠纷或案情时)来主持村庄的调解。(黄宗智,2014a[1986],第1卷:203—213)江南的小村落(如松江地区的"圩"),更多是以宗族为主的聚居,以及在其上跨越一个个小"圩"的较大的自然村或行政村,不具有与华北同样的首事制度,而是由宗族自生或特别受尊重的个别村民来主持村务,包括社区内部纠纷的调解。总体来说,华北和江南两地的相当高度自治的村社,都包含具有一定"中国特色"的民间调解组织和机制。

在此之上,还有基层社会和国家政权互动间所产生的"半正式"治理和正义体系。譬如,19世纪在华北平原普遍存在的"乡保"制度。所谓"乡保",是由地方显要向县衙推荐的、不带薪但经县衙批准的半正式准官员。譬如,19世纪,在具有详细涉及乡保委任或乡保执行任务而产生纠纷的档案资料的直隶宝坻县,平均每20个自然村有一名乡保,他们是县衙与村庄社区的关键连接人物,协助(县衙户房)征税、传达官府谕令和处理纠纷等事务。他们是官府原先设计的三维制度蓝图——治安的"保甲"、征税的"里甲"以及说教的"乡约"三个体系(Hsiao,1960)——在实际运作中逐步合并而形成的单一简约体系的主要人员,是处于村庄社区自生的治理体系之上的协调社区和政府的关键人物。(黄宗智,2014a[1986],第1卷:193—199)以上的基本情况组成了笔者所说的"集权的简约治理"体系,即在高度集中的中央政权和官僚体系之下,实行了非常简约的基层治理(下面还要讨论)。

1990年之后,由于中国地方政府档案材料的开放,笔者转入了以清代(主要是被保留下来的1800年之后的档案)县衙门诉讼档案为主的研究,并结合实地调查,试图进一步了解中国基层社会及其治理和正义体系的基本情况。在之后的20年中,完成了上述的另外三本以法律和司法实践为主的专著。

其中一个重要的相关发现是,清代有相当高比例(不少于三分之一)的诉讼案件是由县衙门和村庄社区的互动来解决的。当事人一旦告上法庭,社区的民间调解体系便会(因为纠纷激化)重新或加劲调解;而在那样的过程中,县官对案件的初步反应和后续的批词(当事人和调解人经过榜示、衙役传达或其他途径获知)会直接影响社区调解的过程,包括促使当事人某一方或双方退让,从而达成协议。然后,要么由当事人或村首事具呈撤诉(双方已经"见面赔礼""俱愿息讼"),要么不再配合诉讼进展或提交"催呈"。在那样的情况下,县衙门几乎没有例外地会允许销案或任其自然终结。在司法层面上,清代法律体系的基本原则是民间的"细事"(清政府对民间"民事"纠纷的总称谓)应该优先由社区自身来处理。因此,面对当事人(或调解人)具呈要求销案的情况时,县衙几乎没有例外地(除非涉及官府认作犯法的严重"刑事"案情)都会批准。在笔者研究的来自三个县的1800年之后的628件诉讼案件档案中,有不止三分之一的案件是这样终结的。正是根据那样的经验证据,笔者提出了正式和非正式正义体系之间的"第三领域"概括,借以描述通过国家机构和社会调解之间的互动来解决纠纷的机制。(黄宗智,2014b[2001],第1卷:第5章)

此外,根据19世纪宝坻县的99起涉及乡保的案件档案,我们看到,在基层治理的实际运作中,县衙一般要在乡保由于执行任务而产生了纠纷时,或需要更替乡保人员时方才介入,不然基本任凭半正式的乡保来适当执行其任务。这也是通过第三领域来进行非常简约的基层治理的经验证据。(黄宗智,2014a[1986],第1卷:193—199;亦见黄宗智,2007:11—13)

(二)"集权的简约治理"

基于以上总结的实际,笔者建构了"集权的简约治理"的理论概括(黄宗智,2007)。所表达的关乎治理实际的是:一方面是中央高度集权,另一方面是基层极其"简约"的治理。国家将村社的大部分事务,包括纠纷,认定为"细事"。县政府除了征收一定的税额,尽可能避免介入村庄事务。而且,其所征收的税额比较低,19世纪后期和20世纪初期才相当于农业产值的2%—4%,区别于西方和日本封建制度下的10%或更多(Wang,1973a,1973b)。这是中国进入"现代国家政权建设"之前的基本制度。它与迈克尔·曼所概括的关于西方现代政府的"低度中央集权,高度基层渗透"特征正好相反,是个"高度中央集权,低度基层渗透"的体系(Mann,1984,1986);当然,它也和韦伯建构的现代带薪专业官僚制度、高度规则化和程序化的"科层制"(bureaucracy)治理体系很不一样(下面还要讨论)。

"集权"和"简约"的帝国治理体系自始便与中国小农社会经济特早兴起,特早成熟,特早支撑高密度人口,特别强韧持续至今紧密相关。两者的结合稳定了中央集权(区别于封建分权),包括基于由民众步兵组成的庞大的军队(区别于封建主义制度下的由贵族组成的骑士军队)。高密度人口也导致了紧密聚居的村庄,以及其自治和纠纷解决机制的形成。两者相辅相成,形成与西方的封建分权(和后来的中央低度集权)十分不同但更具基层渗透力的政经体系。中国在汉代便已形成的"帝国儒家主义",所表达的正是如此的集权的简约治理意识形态。

集权的简约治理正是第三领域半正式治理广泛兴起的基本制度框架——依赖的不简单是正规的带薪人员(韦伯型官僚体系),因为他们对国家来说既负担过重也威胁到中央集权,而是不带薪的、低成本的来自社会的半正式人员。

二、20世纪的演变

(一)村庄治理

进入民国时期,我们可以看到国家权力向基层农村的延伸:首先是在县行政级以下设立了"区"政府(有正式官员和武装——直隶顺义县被划分为8个区,每个区公所管辖40个村,1928年每个区平均有14名保卫团员和13名警察)。(黄宗智,2014a[1986],第1卷:234—237)同时,建立了半正式村长制,即不带薪酬但具有半正式身份(县政府认可)的村长(有的村庄还有村副)。与此并行的是,添加了新的征收,特别是新设的"摊款"(包括"村摊警款""村摊学款"等新型征收),20世纪30年代华北平原总税额从之前占农业产值的2%—4%上升到农户总收入的3%—6%。(黄宗智,2014a[1986],第1卷:238—243)这些是类似于"西方的(现代民族)国家建设"(Western state-making)(Tilly,1975)的变化,由此将基本分为3个层级的正式政府组织(中央、省、县)改为4个层级(中央、省、县、区)。同时,把之前非常简约的、最基层的半正式乡保(平均负责20个村庄)改为在每个行政村设立半正式村长的制度,加强了国家对村庄的渗透力。虽然如此,后者的性质仍然是一种国家权力机构和乡村民间组织结合的第三领域体系——依赖的是由村庄推荐、县政府批准的不带薪的半正式人员。(黄宗智,2014a[1986],第1卷:203—211)

同时,我们还看到,伴随"现代国家建设"和更多征收而来的还有不少变质和"腐化"的现象,主要是民国时期基层社会中"土豪劣绅"和"恶霸"的兴起。由于国家征税力度的加大,有的社区原有的有威望的人士拒绝承担吃力不讨好的新型征收任务,拒绝出任那样高压下的村长。在有的村庄,"土豪劣绅"和流氓型的"恶霸"趁机出来掌握村务——在"满铁"调查的村庄中便有关乎此类现象的基于对村民访谈的详细记录。有的恶霸成功获得官府的认可,成为鱼肉村民的"半正式"势力。(黄宗智,2014a[1986],第1卷:229,245—247)这是"现代国家政权建设"的另一面,是伴随战乱(军阀战争和日本侵略)而呈现的现象,更是由于国家政策和村庄社区利益冲突所导致的现象。这应该被视作第三领域的一种反面类型。他们后来成为中国农村土地革命重点打击的对象之一。

(二)商会

中国自明代以来便有会馆组织,但主要是基于地域关系的组织。(何炳棣,1966)伴随20世纪的工商业而来的是更多、更大规模的(主要是在大城市,如北平、上海、天津、苏州、厦门、汉口等)新型"商会"组织。它们不是纯粹非正式的民间组织("市民社会"),而是得到官府认可和支持的,甚至于由其协助组建的半正式机构。在处理商务纠纷时,它们起到重要的作用,要么通过说理和传统的和谐道德理念对纠纷进行妥协性的调解,要么根据新法规或正义的"公断"("理断")来处理商业领域中的纠纷。必要的时候,商会还会借助官府的强制权力,甚或由商会转交政府正式机构(警察署或法院等)来处理。它们是20世纪上半期伴随新的社会经济情况和新型政府商业政策而兴起的新型第三领域组织。它们也起到协助政府推行新商务法规的作用。(章开沅、马敏、朱英[主编],2000;马敏、朱英,1993;赵珊,2018,2019)

它们与之前的乡村组织的相似之处在于,仍然具有基于人际关系(一般是一种同业半熟人社会而不是熟人社会)的调解功能;不同之处在于具有更多政权的直接或间接参与——商会在对纠纷提出"理断"之后,若不被遵从,可以要求政府权力机关直接介入。它们是国家与社会二元合一的比较突出的正面实例。

如今,晚清和民国时期的商会已经积累了较大量的研究。其中,一个主要倾向是借助哈贝马斯(Jürgen Habermas)的"公共领域"概括,以及20世纪90年代以后极其流行的"市民社会"概念来认识中国的商会。(马敏、付海晏,2010)此点将于本章第五节的第二部分再讨论。

(三)其他第三领域组织

在民国时期我们还可以看到另外几种国家与社会互动而形成的第三领域治理模式。首先是清末和民国时期由官府和民间协同创建和管理的新型学校。一方面,国家借助基层半正式"劝学所"——由政府认可和民间领导的不带薪半正式人员组成——来推动并监督基层社区所设立的新型学校。另一方面,村庄社区自身筹款建立新校舍(或利用原有的庙宇)和聘雇新老师来取代之前的私塾。辽宁省海城县(今海城市)有这方面的比较详细的档案资料,足以说明晚清"新政"时期开启的这样的第三领域中国家和社会协同办学的显著成绩。截至1908年,仅海城县便建立了333所新型学校。它是国家和社会协同追求推广新型教育的成功实例,由国家制定目标,社会积极参与。(Vanderven,2003,2005,2013;亦见樊德雯,2006)

白德瑞(Bradly Reed)根据巴县档案(他在四川省档案馆"蹲"了一年半)的细致研究证明,清代县政府的大部分人员是半正式的"吏役"——他们多不是"在册"的正式人员,收入多源自一种"惯例"性(而不是正式官定)的服务报酬。其中,县衙各房中刑房收入最多,主要是诉讼费用方面的收入,包括诉讼"挂号费"、传票费("出票费""唤案费")、勘察土地费("踏勘费")、"结案费"、"和息费"等。(Reed,2000:附录D;Ch'ü,1962:47—48)(户房人员数量最多,刑房次之)正因为如此,各房当领导的"典吏"在就职之前要交纳比较昂贵的"参费"(100两到1000两)。之后,每位进入该房的常在书吏要交一定的参费给这位典吏。这样,每位典吏等于是"承包"了该房的职务。遇到房内的纠纷,县令会要求该房自行解决(一如其对待村庄纠纷那样),不能解决,方才介入。这些是巴县档案中涉及各房纠纷的诉讼档案所展示的县衙实际运作模式,其简约运作原理和上述的乡保体系基本一样。总体来说,各房吏役存在于官府和社会的中间灰色地带,其大部分实际人员并非在册的正规人员,但仍然工作于衙门之内。他们绝对不是正规体系中的"官僚",其社会身份毋庸说也迥异于县官。(Reed,2000,尤见第2章)白德瑞借此推进了瞿同祖之前关于地方政府的研究。瞿同祖早已证明,县令不是简单的科层制官员,因为他上任之初便会带有非正式的、从属于他私人的"幕友"和"长随",而且他从官职所得的

47

收入,大多远高于在册的薪俸。(Ch'ü, 1962)因此,即便是县官本人,也带有起码部分"半正式"第三领域的性质,不简单是现代"科层制"类型的人员(下面还要讨论)。

三、当代中国计划经济时期的演变

　　以上这一切都随着共产党领导下的集体化和计划经济体系的建立而改变。首先,国家在县以下设立正式的乡镇政府,对社会基层的渗透力要远高于帝国时期。然后,通过新型革命政党的组织,在村级设立党支部,更加强了政党—国家渗透基层的权力。19世纪帝国时期的中央、省、县三级正式机构加半正式的乡保制度,以及民国时期的中央、省、县、区四级加半正式村长的制度,被改为中央、省(直辖市)、地区(市)、县、公社(乡、镇)加大队(行政村)的制度。后者由于计划经济的建立和土地产权的集体化,对基层村庄实施了前所未见的近乎"全能"的管理。虽然如此,村级的大队长和支部书记并不是国家正式的领薪官员("吃国家饭"的"国家干部"),而是"吃集体饭"的"集体干部",他们几乎全都来自社区本身并代表社区利益,一定程度上也延续了传统的国家—社会在最基层的第三领域的互动关系。

　　其次,这一时期国家还通过计划经济体系,基本把民国时期第三领域的商业部分(商会)吸纳进国家治理体系,完全由国家的工商部门来管理,对最基本的产品(粮、棉等)实施"统购统销",既终止了之前的市场经济的绝大部分(农村集市除外)功能,也终止了其前的半正式商会治理和纠纷解决体系。

在以上的政治体制之下,虽然出现了部分问题,特别是国家对社会—经济的过分管控,但必须承认这一时期也取得了一些成就。譬如,在工业发展上,1952—1980年间,取得了年均增长11%的成绩(这是根据美国珀金斯教授的权威性计量研究得出的结论,见Perkins and Yusuf,1984),为后来改革时期的经济发展奠定了重工业的基础。同时,在美国"遏制和孤立"(containment and isolation)中国的外交政策下,中国短期内"两弹一星"事业取得了辉煌的成绩,确立了共和国的安全。此外,在公共卫生和民众教育方面,通过群众动员,包括"文革"时期在每村设立一名"赤脚医生",基本控制了流行性传染病,人均预期寿命接近发达国家水平。在"民办官助"的"小学不出队,中学不出社"的国家和社会第三领域协作下(详细论证见 Pepper,1996,它是美国的中国研究中经验证据至为翔实的专著之一),识字率也接近发达国家的水平。以上两点正是诺贝尔经济学奖得主阿玛蒂亚·森和其合作者在关于印度和中国经济之比较的专著中特别突出的结论。(Drèze and Sen,1995:第4章)

四、改革时期的演变

今天回顾,那个时期的计划经济乃是相对短暂的现象。首先,由于改革中农业返回到由一家一户为主体的"承包制",取代过去土地由集体所有和管理(小额的自留地除外)的体系,将土地使用和管理权划归一家一户,基本取消了农业中的计划经济。其次,大规模压缩"统购统销"农产品所占比例,除了一定程度的粮棉收购,国家基本放开了占比愈来愈高的经济作物,任由市场机制来运作。

因此,国家相对农村基层经济的权力大规模收缩,逐步转向占比越来越大的市场经济。再次,国家虽然从 1980 年开始实行计划生育,一段时期也坚持从农村提取税费,但在 2006 年废除了之前的税费,并在 2015 年之后,放松了原先的"计划生育政策"。如今,基层农村治理已经从"全能"转化为"放任"多于"管控"的局面。(黄宗智,2017a)

在治理体制层面上,改革时期最关键的变化也许是,中央在追求经济发展目标(被数字化为 GDP 增长)中实施了发挥中央和地方"两个积极性"的战略(毛泽东在 1956 年便已提出,2018 年的十九届三中全会上又特别突出。参考《人民网评:更好发挥中央和地方两个积极性》,2018):一方面是中央统一策划、定方针、定指标、定人员,并牢牢控制人事权力(地方官员的选拔,以及"目标责任制"的考核)和财政权;另一方面则是地方政府在既定指标之外具有较大的自主权,在财政收入的支配上也如此(无论是在 1980 年之后的"包干"制下,还是在 1994 年之后比较偏重中央的"分税"制下),并允许招商引资灵活决策,以及在 GDP 增长考核中的对企业宽免或减轻税收,放松对环境的保护,允许企业雇员的"非正规"或"半正规"行为。(黄宗智,2010)

(一)关于今天的"行政发包制"

笔者最近偶然拜读了周黎安教授关于"行政发包制"的几篇关键文章,以及他 2017 年出版的著作《转型中的地方政府:官员激励与治理》,深感他对笔者以上论述的"集权的简约治理"和其所引发的"第三领域"的一些关键部分做了贴切而又深具洞察力的论析。周黎安的"行政发包制"是对"集权的简约治理"国家所采用的一个重要机制的很好的论析;他对"内包"和"外包"的鉴别很好地区别了行政体系内部的发包关系,以及其和外部社会间的发包关系;他的"官场+市场"论析很好地纳入了国家和社会经济间的互动、互补、互塑关系。

"行政发包制"包括"内包"和"外包",既突出了改革期间治理体系的最基本实际,即同时依赖中央和地方、国家和社会来推进经济发展;又重构了极具影响力的委托—代理理论来协助阐明中央—地方、国家—社会经济两对行为主体间的关系和运作逻辑。(周黎安,2018)周黎安的理论既照顾到中国的特殊实践,又考虑到两对主体间的信息不对称、利益不同、激励机制不同等委托代理理论所特别关注的问题。近年来委托代理理论更是被用于对政府治理的分析,虽然大多仍然局限于借用市场经济的合同理论,但周黎安率先将政府和社会—经济视作一个二元合一的互动互塑体,真正超越了新古典经济学长期以来所设定的国家与市场之间壁垒森严的非此即彼、二元对立的思维。

根据周黎安的论析,一方面是在中国特有的"行政发包制"下,中央政府一层层地委托/发包给地方政府来推动经济发展(地方政府具有比中央更完全的地方信息乃是这对委托—代理关系的一个重要成因),又以地方官员仕途的晋升竞争为激励机制,来推动以GDP增长挂帅的地方官员间的"锦标赛"。地方政府及其官员积极运作的是,向新兴且占比越来越大的民营企业伸出"帮助的手"(区别于有的政经体系中的"无为的手"或"掠夺的手"),提供基础设施、资源(特别是土地)和税收优惠等,有的还出台具有战略性远见的各种关键措施,借此来推进辖区内工商企业的发展。[1] 另一方面则是社会/经济体中的民营企业家们在市场竞争环境中创业和发展,借助官方的扶持和优惠政策,取得了比在一般市场经济中更显著的成绩。

双方行为主体是相互依赖的,也是相互塑造的,共同推动了改革期间中国举世瞩目的GDP增长。这个见解精准贴切地捕获了改革时期经济发展中一个至为基本的事实,也是一个关于"集权的简约治理"和第三领域的强有力的理论概括。它既突破了一般委托—代理理论主要聚焦于市场中个体/公司间横向契约关系的局限,而聚焦于垂直的"行政发包制";又借助了其重要的问题意识——委托—代理二元双方间的互动和不同信息、不同利益、不同激励机制等问题——来总结中国实际的特点和机制,可以说是个重要的学术理论贡献。

与周黎安之前提出的"锦标赛"论析相比(周黎安,2007;亦见周飞舟,2009),其新"政场"(行政体系中的官员们的竞争类似于市场经济中的竞争机制)+"市场"理论明确加上了国家与经济/社会间的互动,与其之前主要关注行政体系的论析颇不一样。新的理论的视野更加宽阔,聚焦点不仅在行政体系内部的层级关系和激励机制上,而且在行政体系与社会—经济体系间的关系上,强调两者间的相互激励,由此形成强有力的论析。譬如,民营企业高度依赖国家的扶持,国家的行为则受到市场经济的检验和约束。

---

[1] 一个具体实例是重庆市,见黄宗智(2011)。

这样的论析不同于新古典教科书经济学的论析。正如周黎安指出,一种理论(Lin,Cai,and Li,2003)认为改革时期的中国政府选择了适合中国(劳动力特别丰富的)"比较优势"的资源禀赋的政策,从重工业转向了轻工业,从资本密集型产业转向了劳动密集型产业,通过市场机制进行了更优的资源配置,由此推进了中国经济发展。那是一个完全接受市场机制决定一切的西方(古典和新古典)自由主义经济学的理论,同时也是单一地突出"政策"的观点,乃是对中国政经体系的特殊运作缺乏了解的论点。笔者这里还要补充指出,中国的"官场 + 市场"机制的形成有一定的历史背景和偶然性,不简单是某种经济决策的结果(下面还要讨论)。(黄宗智,2015a)

周黎安又指出,另一种理论(张维迎等)则将中国的发展完全归于政府的退出,以及市场"看不见的手"的资源配置和营利机制所起的作用(即古典自由主义经济学的核心观点,也是英美"新保守主义"的核心观点),进而争论中国今天的发展中所存在的不足是由于政府"干预"市场过多。它同样完全没有照顾到中国转型和改革中通过政府和民企、国家和市场的协作来推动经济发展的实际,更不用说关乎其政经体系的实际运作的特殊形式和逻辑了。另外,在我看来,它(和上述林毅夫等的理论一样)也没有考虑到计划经济时代的贡献,尤其是重工业基础的建立,以及超乎一般发展中国家的教育和卫生水平,为后来的发展做了重要铺垫。(Drèze and Sen,1995)

周黎安的"行政发包制"理论也不同于魏昂德(Andrew Walder)和戴慕珍(Oi Jean C.)等的"公司型国家"(corporatist state)

理论。后者根据改革早期的乡镇企业而把基层政府定位为一个类似于企业的单位,受制于"硬预算约束"(不挣钱便要倒闭)的机制,同时又具有资产所有权和管理权力合一的类似于私企的灵活性和激励机制。也就是说,地方政府成了一个类似于市场经济中的公司的实体。魏昂德等人固然是要拓宽新古典经济学关于市场机制和私营企业乃是经济发展关键动力的理论,但他们一定程度上也协助维护了主流市场主义观点,只不过再次申明了新古典经济学关于市场的核心信条。(Oi,1992;Walder,1995)

实际上,20世纪90年代以来,中国经济发展的主要内容不再是魏昂德等人的理论所依据的80年代乡镇政府主导的乡村工业化,而是以省(直辖市)、市和县政府为主的招商引资;动力不再来自地方政府兴办和拥有的类似于私企的乡镇企业,而是来自地方政府招引和推动的国内外企业资本。新经济局面的运作机制和之前有一定的不同,因为它的关键在于周黎安所说明的政府与企业协同组成的逻辑,不简单是市场经济竞争的逻辑。笔者还会加上地方政府采用诸如低于成本的地价、税收优惠,以及"非正规工人"的使用,放松环境保护等行为——促使中国成为全球资本回报率最高的去处,借此吸引资本和推动GDP增长。(黄宗智,2010)周黎安的理论对后者论述不多,可能也正视不足。

和魏昂德、戴慕珍相似,钱颖一等也聚焦于解释为何改革期间的中国没有像计划经济时代那样受困于科尔奈所强调的"软预算约束"问题,借用了"中国的联邦主义"范畴来说明,中国的地方政府由于自身的税收激励,对其属地的企业施加了"硬预算约束"。他们的行为等于是"保护市场的联邦主义"(market protecting federalism),或称"保存市场激励"(preserving market incentives),凭此推进了中国的经济发展。(Montinola, Qian and Weingast, 1995; Qian and Weingast, 1997)

再则是查默斯·约翰森(Chalmers Johnson)、艾丽丝·阿姆斯登(Alice Amsden)和罗伯特·维德(Robert Wade)等论析的"发展型国家"(developmental state)理论(Johnson, 1982, 1999)。他们突出了行政部门在"东亚"的一些国家和地区(日本、韩国、中国台湾)所起的关键作用,其理论敌手主要是主流古典和新古典自由主义经济学理论——要求国家"干预"市场的最小化,论证的是"东亚"国家和地区积极参与、协助市场经济和发展的成功经验。在这点上,他们和周黎安的论析有一定的交搭之处。但是,他们并没有考虑到中国在"政场"(区别于"市场")中所采用的比较特殊和关键的"行政发包制",也没有关注到中国社会—经济的特殊组合(在国内非农经济生产总值中,国企如今占到将近一半。参见黄宗智,2018:160—162),以及国家和社会相互塑造的"第三领域"的特征和机制。

同时,周黎安的理论还有助于我们理解上述机制所附带的一些不良后果。一是由于国家采用的"GDP挂帅"目标责任制下的(地方官员们之间的)"锦标赛",使得他们在一段时期内相对忽视社会公正和民生、公共服务、环境保护等领域;二是造成了一种相当强烈的"地方主义"倾向(周黎安称作"属地化"效果),各自只关心其管辖的地方,并且导致了各省(直辖市)、市、县间的显著差异和隔离(尤见周黎安,2017:第10章)。另外,我们还可以看到,由于政府和地方经济配合不良而导致的反面或变质现象,譬如部分存在的"形象工程",不符合地方实际资源禀赋条件的决策,甚至是社会经济发展中的有些地方官员的逐利和贪污行为等。

关键在于,要看到政府和市场关系之间的协调与不协调,良好结合与不良结合。那样的话,既可以认识到其成功的秘诀,也可以认识到其采用的逐利机制的反面后果——解释一些由于官方 GDP 锦标赛政策所引发的不顾福利(社会保障)、劳动权利及环境污染等诸多反面现象。至为重要的是,中央和地方("政场"),以及国家和社会—经济("市场")是较好地相互支撑,还是由于相悖或偏向而导致了反面效果。

从以上的讨论我们应该可以看到,周黎安所谓"行政发包制",其"内包"与"外包",以及"官场+市场"的机制也可以从"集权的简约治理"和"第三领域"来认识和理解:"行政发包制"是中国长期以来在中央集权体制下所采用的一个重要的简约治理方式,而国家与社会—经济体系间的二元合一则是中国长期以来的"第三领域"中的一个基本特色。

(二)传统中国的"行政发包制"

用于传统中国,周黎安以上的论析既有其洞见,也有其不足。周黎安并没有将中国的官员体系与韦伯的现代"科层制"简单画上等号。他没有像有的理论争论那样(周雪光,2016),简单将地方官员等同于西方和韦伯型的科层制,仅将"吏治"划归(周黎安的)"行政发包制"理论,与正式官员相对立。正如周黎安论证的那样,实际上地方的"官治"和"吏治"两者都属于他论析的"行政发包制"。需要区别的是,处于官僚体系整体之中(包括晋升激励和监督机制)的"内包"地方官员,和处于其外的"外包"地方吏役。因为前者也是"行政发包制"的人员,譬如,在行政体系职位固定的收入外,还掌控一定的"额外"资源和收入("陋规"),并享有相当的自主权,但他们仍然受到行政体系的晋升激励与较严密的监督和管控,乃是"政场"中"内包"的人员,区别于没有受到那样管控和激励的,工作于国家和社会边界中的"外包"吏役。正如周雪光和周黎安共同指出的,前者——由于其在官场的晋升机会——是从地方到地方、从层级到层级流动性较高的人员,后者则一般主要是当地社会的人员,是长期任职于同一地方的基层人员,不具有官员的流动性和晋升机会。(周黎安,2016,2014)

周黎安虽然没有明确具体说明,但我们需要认识到,清代的县官不仅仅是韦伯意义上的领薪科层制官员。一般来说,他们来自其职位的"半正式"收入要远超过其正规收入,而且他们上任之初便会带有非正式的私人"体制外"的幕友和长随,尤其关键的是"刑名"和"钱谷"两大幕友。他们实质上是县令私人的从属,不可简单从正式的(科层制)官僚体系来理解。这一切,瞿同祖早已详细论证。(Ch'ü,1962)也就是说,县官虽然无疑部分属于正规的官僚体系,即像韦伯意义上的"科层制"内的"官僚"/公务员,但是我们也需要看到他们同时也属于中国式的"行政发包制",是其"内包"的人员。

至于"吏役",我们同样也不可以像周雪光(2016)那样,将其简单理解为与科层制内的官僚对立的"行政发包制"人员,而应该像周黎安论证的那样,辨别行政体系中的"内包"县官和"外包"吏役。

(见周雪光［2016］和周黎安［2016］之间的论争）吏役和县官不同,他们不受同等的官僚体系内部监督和晋升激励。吏役一般是来自社会的不带薪人员,或仅带有小额"工资"（远低于其职位所能为其提供的收益）,主要是（可以称作）"体制外"的、来自社会的、但处于国家和社会间的第三领域人员。

虽然如此,在其洞见之外,周黎安理论的一个可能弱点是,在比较有限的经验依据上,几乎完全接纳了传统儒家意识形态所建构的关于胥吏和衙役的话语的定论（周黎安,2016:51—54;亦见周黎安,2017,第2章第3节简短得多的讨论,没有再次重复之前的论点）。笔者过去已经详细论证,在帝国儒家道德主义官方话语中,建构了高度道德化的"父母官",以及高度不道德的"吏役"两种对立形象,将前者理想化为仁治的代表,将后者则丑恶化为"衙蠹"（或"爪牙"）,一如同一话语体系将县官建构为凭道德说教息讼的人员,将"讼棍"和"讼师"丑化为唆使民众兴讼的人员。这些古代官方所采用的话语建构并不符合实际,只是一种话语惯习和策略,将好的治理完全归功于被认定为具有崇高道德的、通过科举选拔的县官,而将治理体系中的腐败和不足,完全怪罪于与其相反的恶毒吏役和讼棍。这是笔者论证的道德主义话语和实用主义运作,即"表达和实践"相悖的一个侧面。（黄宗智,2014b［2001］,第1卷:112—114,123—128,151—154,171—176）

周黎安之所以接纳了官方的建构,可能部分是由于对帝国官方话语缺乏反思,部分也是由于将"逐利"型道德真空化的社会投射于传统中国,认为如果缺乏处于中央的行政体系之内设定的"内包"管控和自利激励机制,便会导致完全由逐利机制主导的"衙蠹"

现象。笔者这里要指出,正如上述白德瑞的专著所详细论证的,即便是巴县的胥吏和衙役,实际上也主要将自身视作准官员,并试图向关乎正式官员的道德准则看齐。他们一般都只按照人们可以接纳的惯例来收费,和官方话语表达中那样的"衙蠹"很不一样。他们的实际行为在一定程度上受到传统仁政理念的影响,也受到传统人际/社区关系网络的约束。固然,由于官府监督比较松散,吏役自主空间较大,也难免会有一些恶劣的案例,但整体来说,正如白德瑞所概括的,吏役的实际性质主要乃是一种正式与非正式二元合一的"法外的正当性"(illicit legitimacy)或"法外的(韦伯意义上的)科层制人员"(illicit bureaucrats),当然也可以称作"半正当"(semi-legitimate)的第三领域人员,区别于韦伯建构"科层制"理想类型中的公务员。古代吏役如果都像官方话语建构的"衙蠹"那样简单,就不可能有被那么多个朝代持续援用的那种强韧生命力。(Reed,2000;亦见Ch'ü,1962:第3章,第4章;黄宗智,2007;周保明,2009,尤见第8章)这也许是周黎安理论所需要修正的一点。

(三)国家与村庄的关系

至于今天的国家与社区间的关系,在2006年免除税费之后,国家政权一定程度上从村庄退出。税费一旦免去,便意味着村庄不再是乡镇政府税收的重要来源。因此,对乡镇政府来说,村庄的治理任务已经成为一种无酬的负担。在GDP增长挂帅的"行政发包制"("内包")治理体系下,农村对于官员们的"锦标赛"和政绩已经无关要紧。在既无税收也无政绩激励的实际下,乡镇政府已经成为周飞舟所谓"悬浮型"政府,无意管理村务或提供公共服务,不再是之前的具有高度基层渗透力的政府。(周飞舟,2006)结果是,村级公共服务在中央政府设立的医保和教育体系之外,较普遍地出现了危机(在广大中西部地区尤其如此,苏南集体资源比较丰厚的地区,以及山东省具有集体"机动地"的地区等除外,见黄宗智,2019)。

此外,还导致了其他的反面现象。一种是近年来的"富人治村"现象——唯有本村的富户(或经商致富,或由于土地征收补偿而致富)才有资源和"本事"来办理村务,其中固然有出于为家乡服务的动机,但也难免会有不少借此追逐一己私利者。另一种则使我们联想到土地革命前村庄中的"恶霸""混混"(陈柏峰,2011):在税费减免之前,他们源自类似于之前由于不堪"摊款"重负而引发的混混掌权现象;在免除税费之后,则是源自村庄政权真空而衍生的腐化现象。

更有进者,在第三领域的变质反面运作中,我们还应该纳入诸如"拆迁公司"兴起的实际,它们强制甚或借助其他社会势力来对付反对拆迁者或"钉子户"。(耿羽,2015)另一种实例是城乡"劳务派遣公司"的兴起。它们受国企或民企委托来代理聘用没有或少有社会保障的"劳务派遣关系"员工("临时性、辅助性或者替代性"的"劳务关系"人员,区别于带有劳动法律保护的"劳动关系"),或对原本具有劳动关系的员工进行"改制"。在那样的国家目标和劳工利益相悖的情况下,难免会呈现压制性治理和司法现象。(黄宗智,2017b,2017c)

周黎安概括为"政场"中的"行政发包"的"内包"和"外包"治

理体系和机制,一定程度上也使人联想到农村土地制度中实施的"承包制"。固然,后者不是主要为了推进 GDP 发展,而是从计划经济到市场经济的转型中采用的一种制度,但从土地产权最终所有者的国家与集体和农户之间的关系来看,它也是一种"内包型"的"发包"制度。原先是(等于是)国家有限地"发包"给村集体,改革后则由集体再转包("外包")给小农农户,但国家实际上仍然一直保有最终所有权(村庄土地买卖必须经过国家的批准),包括其征用权。原先的承包集体具有一些自主权,而后来的承包农户则享有相当高度的自主权,基本可以自己确定生产什么、销售什么、吃什么,结果推进了("资本和劳动投入双密集化的")高附加值"新农业"([高档]菜果、肉禽鱼等)的发展,其所得利益基本全归农户自身。那是个既像市场经济中的发包和承包,又像行政外包的安排。此点也许更进一步说明,中国的政经体系中的"第三领域"是多么强烈地倾向发包与承包的运作模式,包括不完全的产权,以及不简单是韦伯型科层制的实际运作。①

至于中央和地方政府间的"行政发包"关系,当然也使我们联想到革命根据地时期的中央和根据地间的关系。后者具有相当大的独立性,既是革命策略的有意抉择,也是当时历史环境(革命和

---

① 20 世纪 80 年代以来,虽然中央政策一直没有给予"新农业"的小农主体应有的支持,而是一直偏重规模化的农业企业,但由于小农户在市场经济环境中追求自身利益的激励机制,结果仍然带来了可观的"新农业"的快速发展,其产值在 1980 年到 2010 年间,一直以年平均 6%(可比价格)的比率快速增长(远高于历史上其他的农业革命),到 2010 年"新农业"占到农业总产值的将近 60%,远比(占地约 56%的)旧农业的"谷物"所占的农业总产值比例 16%高。这是个需要分别详细论析的问题,这里只点到为止。(黄宗智,2016a,2017a;黄宗智,2014a:第 3 卷)

抗日战争之中一再被"围剿",联络机会和通信技术比较有限等)中无可避免的结果,同时无疑也是"两个积极性"的历史经验的重要来源,与一般委托—代理研究的西方市场经济和法律体系下的合同关系环境十分不同。如今的"行政发包制"或许也不能脱离那样的历史背景来认识。

最后,在当前的"项目制"治理的体制下,要么中央"内包"给地方政府,要么政府外包给社会的承包实体,给予项目承包者一定程度的自主和自理空间(即便没有"内包"的监控机制和晋升激励,仍然有"外包"的验收监督)。即便是学术研究人员承包的"项目",也从属于那样的"外包"逻辑。如今,构建"发包"与"承包"关系(以及其所涉及的各种各样复杂的委托—代理关系)确实已经成为中国政法和政经体系中的一个关键的运作方式。而且,它和"行政内包制"同样既具有正面也具有反面的实例,既可能形成结合国家提倡和奖励的承包者积极推进的互补,也可能导致个人弄虚作假的逐利、走形式等欺骗性行为。

其中关键的差别是,国家所发包的项目在目标设定及激励机制层面上是否真正符合社会及个人的良性目标的实际需要和追求,而不是行政体制中可能呈现的脱离实际的意识形态化或形式化决策。后者一个突出的实例是国家"狭隘"地追求"粮食安全"而将种植双季稻(早稻+晚稻+越冬作物)"发包"强加于粮农,但粮农明确知道那样做是不划算的(由于过分密集的投入而导致的边际效应递减,其他投入的高价等),实际上两季稻谷种植的净收入还不如一季单季稻,从而导致作假和不满。(黄宗智、龚为纲、高原,2014:145—150)另一个实例是国家推行美国模式的企业型"专业合作社",以奖励和税收优惠为激励,但因为完全不符合中国强韧持续的"新农业"小农经济实际,从而导致部分"虚""假"合作社的兴起。(黄宗智,2017a)在学术领域中则呈现为,学术官僚们设定的形式化和数量化目标和管理/监督,导致大规模脱离实质的走形式、赶时髦理论或赶时髦计量技术,以及"剥削"研究生劳动等非实质性学术的恶劣现象。其中的关键仍是发包的决策者所采用的目标、激励和管理机制是否和承包者所追求的良性价值和实质性学术一致。

五、"第三领域"司法和治理

(一)政法体系中的典型"第三领域"

在中国的政法体系整体中,正义体系部分具有至为清晰和完整的关于第三领域的统计数据,因为司法体系中有比较明确的划分和按之统计的数据,而行政体系则并不具有同等明确的划分,因此也没有相关的统计数据。我们可以通过正义体系的资料,更清楚地掌握整个非正式到半正式再到正式的连续体的图像,并比较精准地区别民间的和高度政府机构化的两端之间的各种不同处理纠纷的渠道,对中国的政法和政经体系中的第三领域的整体形成一个比较全面和附带有"量"的概念的认识。

表1：2005—2009年各种主要类型调解的总数(单位:万起)

	人民调解	行政调解		司法调解		
	村、居民调解委员会	基层司法服务[a]	消费者协会(工商管理部门)	公安部门	民事法院(一审结案)	总数
每年平均处理纠纷/案件数	1030	70	75	840	492	2507
调解结案数	530	63	67	247	168	1075
调解结案比例(%)	52	90	89	29	34	43

数据来源：朱景文(编)：《中国法律发展报告2011：走向多元化的法律实施》，北京：中国人民大学出版社，2011年，第303—304页，表4-2；第334—335页，表4-4；第372—373页，表4-13；第374页，表4-15；第376页，表4-16。

a 该项没有2006年数据。

表1列出的是2005—2009年全国每年(平均)约2500万起纠纷的不同处理渠道，从左侧相对最为非正式的"村、居民调解委员会"("人民调解")处理的约1000余万起，到至为正式化的法院体系的调解和审结的将近500万起。中间各渠道所处理的近1000万起则主要包含(乡镇级的)半正式"法律服务所"处理的70万起，工商管理部门指导下的半正式"消费者协会"处理的75万起，以及公安部门处理的840万起。

固然，即便是至为"非正规"的村庄"人民调解"，一般也有村干部参与(但如今已不像1978—1983年改革初期那样是以村支书和大队长领导或亲自处理为主，而是主要依赖一般干部和本村社区的民间有威望的人士。参见黄宗智，2014b[2009]，第3卷，尤见第2章：18—55)，堪称主要是非正式和半正式第三领域的处理渠道。

至为正式化的法院所处理的近500万起,也包括一定比例(34%)的(非正式的或第三领域的半正式的)由调解机制来结案而不是审结结案的案例。我们因此需要清楚认识,整个正义体系所代表的是一个从非正式到半正式再到正式的连续体。表1左侧和中间的相对非正式和半正式渠道调解结案数,占到所有案件中的比例不止80%。

与西方的正义体系相比,中国的正义体系具有两大特色:一是高度依赖非正式的民间调解——西方法庭则基本不调解,在法庭体系之外进行的真正的调解只占很低比例(美国不到2%,即便是被认作典范的荷兰也大致如此);二是庞大的中间领域——非正式和半正式渠道占到所有纠纷解决渠道的80%,在2500万起纠纷中,成功解决纠纷的妥协性、部分妥协性的调解和行政调处结案的数量则达到1000余万起。在西方,由于缺乏非正式调解体系,也就根本谈不上由其与正式法庭体系互动而产生的第三领域纠纷处理。正如上文已经说明,与西方的正义体系不同,中国的正义体系长期以来一直是高度依赖非正式的民间调解机制,以及由其和正式法院判案结合而形成的中间的第三领域(这也是承继"中华法系"传统的"东亚"国家和地区——尤其是日本和韩国——与西方的主要不同,见黄宗智,2016b)。我们可以据此分析其中所包含的逻辑和机制。

从中国和西方的比较我们可以看到,第三领域形成的基本条件是儒家治理传统所长期和广泛依赖的民间调解,缺此便不会有由其与正式审判机制互动而产生的第三领域的纠纷调解和治理。正因为中华法系具备西方所没有的庞大的社会—民间非正式"民事"纠纷处理传统,才可能形成古代的"以刑为主"的正式法律体系;正因为其庞大的非正式纠纷调解制度,才会形成由其与正式法律系统互动而产生的半正式体系。而在"现代化"(包括现代工商业、市场经济和城镇化)的客观环境下,由于原来的村庄熟人社会逐渐转化为半熟人社会,甚至类似于大城市中的陌生人社会,不可能再仅仅依赖社会在儒家道德理念的塑造下所形成的完全基于人际关系(由大家认识的有威望的人士出面主持调解,依靠和谐和互让的道德理念来调解纠纷,以及通过赔礼道歉的方式来维护社区的人际关系)来解决纠纷的调解机制,而必须不同程度上依赖政府威权,遂形成了众多的半正式渠道。在"转型"的剧变过程中,社会矛盾特别尖锐,数量也特多,尤其需要那样的纠纷解决机制。

西方的经验则很不一样。从20世纪70年代以来逐步兴起的,常被等同于中国的调解体系的"非诉讼纠纷解决"(Alternative Dispute Resolution, ADR)制度的起源和逻辑完全不同。因为法庭制度的费用过高,达到了一般人无法承受的程度,而采纳了一些较低成本的制度。譬如,花费低一些的"仲裁",由退休法官使用会议室或教室而不是正式法庭来"仲裁",但实质上仍然是必分胜负的审判,败诉方必须承担(仍然是较昂贵的)仲裁诉讼费用。又譬如,由当事人及其律师,出于对胜负概率的计算而在庭审前由双方达成的"庭外协定"。两者实质上都和中国以妥协为主并由在任法官带头实施的调解性质十分不同。西方真正的调解,由于必须完全脱离法庭制度和不带任何强制性,只可能是成效很低的纠纷解决方式。(黄宗智,2016,尤见第16—21页)

长期以来,中国的非正式与半正式的治理/政法体系都源自传统的"简约治理"。一方面,它是儒家传统的一个重要治理理念——尽可能让社会本身凭借其道德价值观来处理纠纷;另一方面,它也是(韦伯所谓的)"世袭君主制"(patrimonialism)下中央集权政权组织的结构性需要:集权的中央政法体系至为担心的是回归封建制度下的领主分权分地。集权的皇帝依赖的是官员对其自身(和皇朝)的忠诚,其治理方式又是一层层地依赖同样集权的地方官员,而每多隔一层便会加大失去那种个人化忠诚的风险。因此,十分需要尽可能简化官僚层级结构,尽可能使其与皇帝的中央权力的隔离最小化。这是正式官员基本截止于县一级(在19世纪平均约25万人口)的"低基层渗透力"的肇因之一,也是"简约治理"的一个重要起源。集权和简约治理实际上乃是相互关联、相辅相成的一个二元合一体制。(黄宗智,2007;亦见黄宗智,2014b[2001],第1卷:183—184,185—188)

同时,国库的有限收入也和其直接相关。上面我们已经看到,相比西方的前现代封建主义制度,中国在"简约治理"的理念下从社会所抽取的税收一直都较低——占农业产值的2%—4%,相对于西方和日本封建制度下的10%或更多。(Wang,1973a,1973b)那样的"简约"税收正是简约治理的一个基本动机,也是其反映,两者是相辅相成的统一体。在农耕社会中,国家收入相比工业社会要少得多,促使政权趋向依赖最简约的、最低成本的非正式和半正式治理机制。

当然,这一切并不是说第三领域的司法完全是正面的。我们知道,行政和公安"调解"都很容易变质为仅仅是形式上的调解和妥协,实质上容易成为只是名义上的调解,基本由权力方说了算。

在那样的实际运作情况下,所谓"调解"可能成为剥夺当事人提出诉讼权利的借口。20世纪90年代后期的(中小)国企工人"下岗"过程中,国家规定法院不受理涉及国企员工福利的争执,由企业方来处理,其目的是让中小国企"甩包袱",推进经济发展。那样的措施也许可以视作转型中迫不得已的抉择,但无疑带有一定的压制性。在未来的远景之中,我们也许应该期望国家与社会之间更为均衡的互动。

(二)国家机构的社会化与社会机构的国家化

在理论层面上,哈贝马斯(Jürgen Habermas)论述18世纪伴随资本主义经济而兴起的"资产阶级公共领域"(bourgeois public sphere)的著作,和我们这里的主题也有一定的关联。他的《公共领域的结构转型》(*The Structural Transformation of the Public Sphere*)主要内容其实并不简单是后来被广泛意识形态化的"公共领域"理念/理论(被民主和自由主义人士等同于反威权主义统治的"公民社会"[civil society]理想类型),更是关于18世纪之后"公共领域"由于"社会的国家化"和"国家的社会化"(state-ification of society and societalization of the state)而逐渐消失的实质性历史演变。其"公共领域"指的是18世纪在西方(英国和法国)伴随资产阶级兴起而来的处于旧国家政权范围之外的新公议传统,是资产阶级与国家政权对立的一个现象,而其书随后论证的则是(书题所标明的)"公共领域的结构转型",即由于国家和社会相互渗透的长时段历史趋势而导致了与国家对立的公共领域的逐步消失。哈贝马斯尤其关心的是(非理性的)"群众化社会"(mass society)与专制政府(德国的纳粹主义政府)的结合与兴起。(Habermas,1989;黄宗智,2003[1993,2015a])

20世纪90年代,伴随苏联和东欧共产党政权的崩溃,人们从哈贝马斯这本书中汲取的不是著作的实际历史内容,而是其对于18世纪古典自由主义"(资产阶级的)公共领域"的理想化设定,包括对社会和国家关系的二元对立的设定,将其理解为一种古典自由主义民主理念的追求。这在中国晚清及民国时期的商会研究文献中比较显著(马敏、付海晏,2010),相对忽视了哈贝马斯"社会的国家化"和"国家的社会化"关于19世纪和20世纪的历史演变实际的有用概括,对于西方如此,对于中国更是如此。

我们这里论述的第三领域一定程度上也可以通过"国家的社会化"来认识。譬如,如今国家机构纳入了之前主要是社会的纠纷解决调解机制,包括由第三领域中的乡镇政府下属的法律服务所进行调解,由工商部门指导下的消费者协会调解消费者与生产/销售者之间的纠纷,以及由公安部门和法院进行相当大量的调解。这主要是为了降低治理成本。同时,也可以通过"社会的国家化"来认识社会机构之转化为半正式或正式政府机构(包括民国时期的商会),如乡镇级的简约的乡保转化为正式的乡镇政府机构,村级非正式首事自治转化为(先是半正式的村长制,而后是)半正式的大队的党支部书记和大队长,再后来是如今的半正式村"两委"的党支部书记和村委会主任。非正式的民间调解转化为有干部参与的"调解委员会"调解也是社会的国家化的实例。此中的关键是国家和社会的二元互动合一。

我们同时也要认识到，以上所举例子在中国历史中的起点不是西方近现代之前的相对分权，但更强地渗透基层农民社会的封建领主制传统，而是中国的皇朝大国的"集权的简约治理"；不是18世纪兴起的资本主义和与国家对立的古典自由主义（和"资产阶级公共领域"），更不是19世纪后期的"资产阶级公共领域"的"结构性转型"和消失，当然也不简单是伴随现代化而来的"民族国家建设"和韦伯所提出的现代科层制，而是在传统的集权的简约治理大框架中伴随工商业的兴起而产生的一些新现象，包括清末和民国时期的商会。也就是说，我们需要将现有理论"历史化"，即将其置于历史情境和演变中来认识，这样才可能从中选出有用部分，或将其重构来认识与西方十分不同的中国古代及其现代化过程的实质内容，才可能建构扎根于中国实际的理论。

六、结语

纵览中国"第三领域"的形成和演变的历史，我们可以看到，其根源绝对不是西方的分隔的封建制度，也不是资本主义社会和现代民族国家科层制的兴起，更不是18世纪资产阶级和国家对立的"资产阶级公共领域"，或其之后的结构性转型和消失，而是集权的皇朝国家与小农社会之间的结合，以及其在近现代的演变。由此产生的具有特殊逻辑的第三领域，是一个具有一定"特色"的中国传统，是一个来自中央集权大国和基层小农社会相结合所形成的政法和政经体系传统。

伴随工商业的发展以及国家财政收入的扩增，西方形成了以

"科层制"为主的专业化(领薪)、规则化、程序化的公务员体系,在上层受约束于其民主理念和三权分立,在基层则具有强大的渗透力,包括公共服务能力。中国近代—现代—当代演变则十分不同:在上层维持了高度中央集权的体制,以及一定程度的科层制化官僚体系,在基层虽然短暂地在计划经济体系下,凭借革命政党—国家治理体系形成了高渗透力的政经体系,但之后伴随改革和民营企业的兴起,国家和社会间的关系开始转向,2006年废除农村税费之后,国家一定程度上从村庄退出,村庄内部的公共服务出现危机。国家治理重新返向相对"简约"型的基层治理状态。

同时,在民营企业快速扩展的实际上(如今已经占到非农国内生产总值的一半以上),国家相对社会—经济的控制一定程度上松弛化,两者之间出现更多的搭配、合作、互动,由此扩大了"第三领域"。伴之而来的是治理体系中更广泛地使用"行政发包制"的"内包"和"外包",激活、贯彻、推广了党内的中央和地方"两个积极性"结合的传统,借此推动了举世瞩目的 GDP 发展。同时,也推广了国家和社会—经济的现代型第三领域结合,包括在"项目制"治理下的"内包"和"外包"被广泛用于全社会,导致了第三领域的更大规模扩展。

但是,由于国家与社会结合的主要目标是 GDP 增长,这也导致公共服务、社会公正、劳动法规、环境保护等领域被相对忽视。而且,由于其所依赖的主要是私人逐利激励机制,在行政发包体系的实际运作中,难免会出现地方政府官员的贪污腐败、商人攫取暴利等反面现象,也出现了地方本位主义("属地化")的后果,导致不同地方间的隔离和显著差异。此外,由于采用了常常是不符实际的形式化、数据化管理和监督手段,导致了形象工程、虚伪的示范区等变质现象,即便在学术界也相当突出。

在正义体系中,非正式正义(民间调解)的顽强持续,半正式调解大规模扩增,在相对低成本地解决大量纠纷方面做出了突出成绩。但是,也可以看到其中的反面运作,即所谓妥协性调解实质上变成过度威权化的体系,仅具调解形式而不具调解实质,容易成为威权化的命令型纠纷处理,甚至以调解名义拒绝公民凭借诉讼来争取正义。

在西方,现代国家建设的一个主要内容是新型的(公务员)"科层制"体系和凭借正式法规的治理,高度渗透基层社会的权力及公共服务。其发包关系主要见于市场经济和正式法制下的个体或公司间的横向委托—代理契约/合同关系,较少有官僚体系内部的垂直内包关系,以及国家和社会—经济之间的外包关系,亦即中国式的第三领域型的"行政发包制"下的"内包"和"外包"。

我们还需要注意到,正因为中国的治理体系很大部分是来自政府与社会的互动(而不是政府单一方采用某种政策或治理模式),两者任何一方的剧变都会直接影响其互动下所产生的第三领域。在传统社会中,社会是个具有紧密人际关系和相关(儒家)道德理念的社会,"行政发包制"的运作和今天的社会环境十分不同。如今,个人"逐利"的价值观广为盛行,很大程度上取代了传统儒家道德价值观和社区亲邻关系的约束。因此,比较容易在"行政发包制"的第三领域中,出现较多的腐败和为一己私利的行为。未来亟须重建既承继传统又是现代型的道德价值来填补目前的道德危机。

当然,在现当代中国也出现了一定程度的类似于西方科层制的国家机构。在较高度专业化的和新型的领域中,需要并形成了类似于西方现代国家建设的专业化、程序化的公务员制度和科层制机构,诸如新设的金融、环保、食品安全、疾病控制和预防、药品监管等行政机构。虽然如此,"第三领域"机构和治理仍然在快速和大规模地扩充。也就是说,中国的治理体系绝对不可简单仅从韦伯型的科层制理论来理解。

本文提倡的是,要通过变动中的社会—经济和变动中的政法—政经体系间的互动来认识中国传统和现代的治理体系。其中,由"集权的简约治理"所形成的第三领域的简约治理模式,包括"行政发包制"的"内包"和"外包",乃是一个根本性的起点和特征,十分不同于西方低度集权和高度渗透的现代科层制。我们需要的是将西方理论置于其历史情境中辨析、与其对话和将其重构,来建立扎根于中国实际的新理论概括。

中国古代的第三领域,说到底乃是一种君权相对"子民"(亦可见于父权相对于子女和夫权相对于妻子)之间权力悬殊的互动合一关系,今天仍然是个"大哥"和"小弟"之间的合一,容易导致强势方设定与社会需要相悖的目标、过分依赖个人逐利机制,以及脱离实际的形式化监督管理等反面现象。但是,伴随社会组织的成长,也许未来的中国能够走出一条国家和社会间权力更为均衡,以及更为良性互动的新道路,既能够约束国家采用脱离实际的或压制性的政策,也能够形成更大能量的现代国家—社会二元合一的治理体系。

我们可以想象由下而上的但也带有国家认可和扶持的"国家

化"社会组织,譬如,建立带有国家领导和扶持的,但是基于村庄社区由下而上的、村民积极参与的、真正服务于村民的(如为农产品提供"纵向一体化"的加工和销售物流服务的东亚型)合作社("农协")(黄宗智,2018,2015b)、城镇社区组织,以及商会、工会和其他社会组织,包括各种各样的专业组织,也包括社会—国家协同提供公共服务、福利、劳动保护、保险等组织。另外还有由社会高度参与的"社会化"国家机构,如纳入社会参与的乡镇法律服务所、消费者协会,以及公安部门和法院的调解组织等。在治理体系上,一方面固然应该在某些领域,特别是现代专业化程度较高的新型领域建立所必需的"科层制"和"公务员"化机构;但另一方面,也可以在多方面承继、更新中国比较特殊的国家和社会携手的低成本第三领域机构和组织。一种可能的远景是,形成一个既具有中国特色也是"现代化"的"'中度'国家集权"+"较高度渗透社会"的第三领域(特别是农村公共服务方面)的现代中国式政法体系。因为,历史已经告诉我们,国家和社会在第三领域的良性携手,能够释放出极大的能量。

参考文献:

陈柏峰(2011):《乡村江湖:两湖平原"混混"研究》,北京:中国政法大学出版社。

樊德雯(2006):《乡村—政府之间的合作——现代公立学堂及其经费来源(奉天省海城县:1905—1931)》,载《中国乡村研究》第4辑,北京:社会科学文献出版社,第79—124页。亦见黄宗智、尤陈俊主编(2009):《从诉讼档案出发:中国的法律、社会与文化》,北京:法律出版社。

耿羽（2015）：《当前"半正式行政"的异化与改进——以征地拆迁为例》，载《中国乡村研究》第12辑，福州：福建教育出版社，第79—95页。

何炳棣（1966）：《中国会馆史论》，台北：台湾学生书局。

黄宗智（2019）：《"实践社会科学：国家与社会和个人之间"专题导言》，《开放时代》第2期，第13—19页。

黄宗智（2018）：《怎样推进中国农产品纵向一体化物流的发展？——美国、中国和"东亚模式"的比较》，《开放时代》第1期，第151—165页。

黄宗智（2017a）：《中国农业发展三大模式：行政、放任与合作的利与弊》，《开放时代》第1期，第128—153页。

黄宗智（2017b）：《中国的劳务派遣：从诉讼档案出发的研究（之一）》，《开放时代》第3期，第126—147页。

黄宗智（2017c）：《中国的劳务派遣：从诉讼档案出发的研究（之二）》，《开放时代》第4期，第152—176页。

黄宗智（2016a）：《中国的隐性农业革命（1980—2010）——一个历史和比较的视野》，《开放时代》第2期，第11—35页。

黄宗智（2016b）：《中国古今的民、刑事正义体系——全球视野下的中华法系》，《法学家》第1期，第1—27页。

黄宗智（2015a）：《中国经济是怎样如此快速发展的？——五种巧合的交汇》，《开放时代》第3期，第100—124页。

黄宗智（2015b）：《农业合作化路径选择的两大盲点：东亚农业合作化历史经验的启示》，《开放时代》第5期，第18—35页。

黄宗智（2014a）：《明清以来的乡村社会经济变迁：历史、理论与现实》三卷本，增订版，北京：法律出版社。

黄宗智（2014b）：《清代以来民事法律的表达与实践：历史、理论与现实》三卷本,增订版,北京:法律出版社。

黄宗智(2011):《重庆:"第三只手"推动的公平发展?》,《开放时代》第9期,第6—32页。

黄宗智(2010):《中国发展经验的理论与实用含义——非正规经济实践》,《开放时代》第10期,第134—158页。

黄宗智(2007):《集权的简约治理:中国以准官员和纠纷解决为主的半正式基层行政》,载《中国乡村研究》第5辑,第1—23页。亦见黄宗智《集权的简约治理——中国以准官员和纠纷解决为主的半正式基层行政》,《开放时代》第2期,第1—29页。

黄宗智(2003):《中国的"公共领域"与"市民社会"——国家与社会间的第三领域》,载黄宗智(编)《中国研究的范式问题讨论》,北京:社会科学文献出版社,第260—285页。本文原载邓正来、J. C. 亚历山大主编(1999)《国家与市民社会:一种社会理论的研究路径》,北京:中央编译出版社,第421—443页。英文版见 Philip C. C. Huang, "'Public Sphere'/'Civil Society' in China? The Third Realm between State and Society," *Modern China*, 19, 2 (April 1993), pp. 216—240。中文修订版见黄宗智(2015):《实践与理论:中国社会、经济与法律的历史与现实研究》,北京:法律出版社,第114—135页。

黄宗智、龚为纲、高原(2014):《"项目制"的运作机制和效果是"合理化"吗?》,《开放时代》第5期,第143—159页。

马敏、付海晏(2010):《近20年来的中国商会史研究(1990—2009)》,《近代史研究》第2期,第126—142页。

马敏、朱英(1993):《传统与近代的二重变奏——晚清苏州商会个案研究》,成都:巴蜀书社。

《人民网评:更好发挥中央和地方两个积极性》,2018,人民网,

http://opinion.people.com.cn/n1/2018/0301/c1003-29841981.html，2019年1月访问。

章开沅、马敏、朱英主编（2000）：《中国近代史上的官绅商学》，武汉：湖北人民出版社。

赵珊（2019）：《塑造与运作：天津商会解纷机制的半正式实践》，《开放时代》第2期，第53—68页。

赵珊（2018）：《清末民国天津商会商事纠纷理断型式研究》，天津商业大学硕士论文。

周保明（2009）：《清代地方吏役制度研究》，上海：上海书店出版社。

周飞舟（2009）：《锦标赛体制》，《社会学研究》第3期，第54—77页。

周飞舟（2006）：《从汲取型政权到"悬浮型"政权——税费改革对国家与农民关系之影响》，《社会学研究》第3期，第1—38页。

周黎安（2018）：《"官场+市场"与中国增长故事》，《社会》第2期，第1—45页。

周黎安（2017）：《转型中的地方政府：官员激励与治理（第二版）》，上海：格致出版社/上海人民出版社。

周黎安（2016）：《行政发包的组织边界：兼论"官吏分途"与"层级分流"现象》，《社会》第1期，第34—64页。

周黎安（2014）：《行政发包制》，《社会》第6期，第1—38页。

周黎安（2007）：《中国地方官员的晋升锦标赛模式研究》，《经济研究》第7期，第36—50页。

周雪光（2011）：《权威体制与有效治理：当代中国国家治理的制度逻辑》，《开放时代》第10期，第67—85页。

Ch'ü, T'ung-tsu（瞿同祖）（1962）．*Local Government in China under the*

Ch'ing.Cambridge,Mass. : Harvard University Press.

Drèze,Jean and Amartya Sen(1995).*India: Economic Development and Social Opportunity*.New Delhi: Oxford University Press.

Habermas, Jürgen (1989). *The Structural Transformation of the Public Sphere: An Inquiry into a Category of Bourgeois Society*,trans. Thomas Burger. Cambridge,Mass. : M. I. T. Press.

Hsiao,Kung-Ch'üan(萧公权)(1960).*Rural China: Imperial Control in the Nineteenth Century.*Seattle: University of Washington Press.

Johnson,Chalmers(1999)."The Developmental State: Odyssey of a Concept,"in Meredith Woo-Cumings(ed.),*The Developmental State*.Ithaca,New York: Cornell University Press,pp. 32—60.

Johnson,Chalmers(1982).*MITI and the Japanese Miracle: The Growth of Industrial Policy, 1925—1975*.Stanford,Calif. : Stanford University Press.

Lin,Justin(林毅夫),Fang Cai(蔡昉),and Zhou Li(李周)(2003).*The China Miracle: Development Strategy and Economic Reform*,revised edition. Hong Kong: The Chinese University Press.

Mann,Michael(1986).*The Sources of Social Power,I: A History of Power from the Beginning to A. D. 760*.Cambridge: Cambridge University Press.

Mann, Michael (1984). " The Autonomous Power of the State: Its Origins,Mechanisms and Results,"*Archives Européennes de Sociologie*,25,pp. 185—213.

Montinola,Gabriella,Yingyi Qian,and Barry R. Weingast(1995)."Federalism,Chinese Style: The Political Basis for Economic Success in China," *World Politics*,48(Oct.),pp. 50—81.

Oi,Jean C.(1992)" Fiscal Reform and the Economic Foundations of

Local State Corporatism in China,"*World Politics*,Vol. 45,No. 1(Oct.),pp. 99—126.

Pepper,Suzanne(1996).*Radicalism and Education Reform in 20th Century China*.Cambridge,Eng. : Cambridge University Press.

Perkins,Dwight and Shahid Yusuf(1984).*Rural Development in China*. Baltimore,Maryland: The Johns Hopkins University Press.

Qian,Yingyi and Barry R. Weingast(1997)."Federalism as a Commitment to Preserving Market Incentives,"*Journal of Economic Perspectives*,Vol. 11,No. 4(Fall),pp. 83—92.

Reed,Bradly W.(2000).*Talons and Teeth: County Clerks and Runners in the Qing Dynasty*.Stanford,Calif. : Stanford University Press.

Tilly,Charles(1975)."Western State-Making and Theories of Political Transformation,"in *The Formation of National-States in Western Europe*.Princeton,N. J. : Princeton University Press,pp. 601—638.

Vanderven,Elizabeth (2013). *A School in Every Village: Education Reform in a Northeast China County, 1904—1931*.Vancouver: University of British Columbia Press.

Vanderven,Elizabeth(2005)."Village-State Cooperation: Modern Community Schools and Their Funding, Haicheng County, Fengtian, 1905—1931,"*Modern China*,31,2(April),pp. 204—235.

Vanderven,Elizabeth (2003). "Educational Reform and Village Society in Early Twentieth-Century Northeast China: Haicheng, County, 1905—1931,"Ph. D. dissertation,University of California,Los Angeles.

Walder,Andrew (1995). "Local Governments as Industrial Firms: An Organizational Analysis of China's, Transitional Economy," *The American*

Journal of Sociology, Vol. 101, No. 2 (Sept.), pp. 263—301.

Wang, Yeh-chien (1973a). *Land Taxation in Imperial China, 1750—1911.* Cambridge, Mass.: Harvard University Press.

Wang, Yeh-chien (1973b). *An Estimate of the Land Tax Collection in China, 1753 and 1908.* Cambridge, Mass.: East Asian Research Center, Harvard University.

Weber, Max (1978). *Economy and Society*, 2 Vols., edited by Guenther Roth and Claus Wittich. Berkeley: University of California Press.

如何认识中国?
——对话黄宗智先生[①]

周黎安

一、引言

本文是一次极为特殊的尝试。黄宗智先生与我相约,每人从自己的视角诠释对方的理论建构,通过两个理论体系的建设性对话和碰撞,一方面寻求两者的相似点和共鸣点,另一方面提炼出进一步值得探究的理论问题,展现下一步我们应该努力的方向。

黄宗智的学术研究主要围绕两个方面展开:一是中国的农业史和乡村经济,从明清、民国、新中国成立后的计划经济时期,一直延伸到当今的农村变革和经济发展;二是中国的法律史和基层治理,同样是跨越明清和当代的司法制度及基层治理。尤为可贵的

---

① 本文发表于《开放时代》2019年第3期,收入本书时略有修改。

是,在这两个方面的研究当中各有一条主线贯穿(后面将详述),使其整个研究不仅连接理论与经验,而且得以穿透历史与现实,揭示出中国现代化进程的独特路径和深层逻辑。这些独辟蹊径、脚踏实地的理论研究直接产生了一系列关于如何看待中国传统与现代,如何改造中国的真知灼见。

我的研究主要围绕着中国地方政府与区域经济的互动展开,尤其关注地方官员的晋升激励、政府治理及其对中国经济的影响。我也是沿着两条线索研究中国特色的政治经济学:一是地方官员的"政治锦标赛"(也称"晋升锦标赛"),即地方官员围绕着经济发展绩效而进行晋升竞争,近年来将这个分析概念拓展为"官场+市场"理论,即地方官员的晋升竞争("官场竞争")与辖区企业之间的市场竞争的结合;二是从中央到地方、从国家到社会的"行政发包制",即政府公共事务层层发包和分包的体制。这两条线索——横向晋升竞争与纵向行政发包——在历史维度上具有延伸性和连续性,结合起来可以研究地方官员激励、政府治理与中国经济运行的互动过程,进而揭示中国特色的国家治理和经济发展模式。

我们共同关注中国的国家治理与中国经济问题,但切入的分析视角、研究方法、重点领域均有所差异,最终却看到了高度相似和互补的制度特征。黄宗智先生是史学出身,我是经济学出身;他更侧重历史,而我聚焦当代;他更关注乡村经济和基层治理,我更关注城市区域与央地关系;我们之间也有交叉和重叠,他从历史的角度切入经济和司法,我从经济学的角度切入历史和国家治理。我们共同的学术追求是借助与西方理论的对话,揭示中国国家治理与经济现代化的深层逻辑和独特路径。

本文将聚焦于"如何认识中国"这个重大主题,从我的理论视角阐释和引申黄宗智的理论概念和学术体系,同时又结合当今学术界关于中国认知的现状与问题,提出未来中国问题研究需要进一步思考和探索的方向。

二、对话背景:西方理论基准映照下的中国研究

中国在历史上缺乏社会科学的分析传统。近现代以来国内外学术界关于中国的认识都是在借鉴和应用西方理论的过程中产生的,时至今日依旧是这个局面。西方理论与西方经验(以英美为主)成为中外学者思考和研究中国问题的起点和基准。黄宗智在其著述中详细讨论了中国问题研究如何受到西方主流理论的支配和影响,诸如马克思主义、新古典经济学、韦伯形式主义理性法学、费正清的"西方冲击—反应"论。那些与"西方中心主义"对抗的理论,如"后现代主义"理论,甚至20世纪50年代国内一度流行的"资本主义萌芽论",其实都离不开"西方中心论"所设定的"二元对立"议题,背后隐含了共同的研究范式。(黄宗智,2005;黄宗智,2007:57—89)

以我所从事的政治经济学领域研究为例,过去四十多年关于中国政府的研究呈现了相同的现象。中外学者最常用的西方理论基准包括三种。第一,"有限政府"论:政府是以保护和尊重公民权利为基础,以公共服务为导向,民主选举产生政治家,政治与行政相分离,政府依法行政,政府与市场、国家与社会存在清晰的权利和职责边界,公民权利是对抗国家权威最基础的力量。第二,韦伯

的科层制:现代官僚组织贯彻理性化原则,以程序和法理为基础,按照可计算、可预测的标准设定组织规则和决策程序,科层制享有足额预算,职员享有年薪制,上下级关系是非人格化的权力等级关系。第三,美国的财政联邦主义:以宪法为基础,按照公共品的覆盖范围(如全国性还是地方性)明确联邦与州政府权力和职责分工,地方享有自治权,基于公共服务均等化的要求安排转移支付,实现事权与财力匹配,州和地方政府之间展开税收竞争。

当前关于中国政府研究的普遍倾向是以西方的理论基准为参照的比较研究,以此发现中国政府运行的重要特征及问题。众多学者对中国政府进行了各式各样的"画像"。第一,"全能政府"或"无限政府":中国政府呈现全能型政府的特征(邹谠,1994),职责无所不包,涵盖经济、社会的方方面面,政府与市场、国家与社会边界模糊;政府更多是基于绩效合法性(赵鼎新,2016)。第二,政府治理的非正式性:规则、程序约束弱,合谋、变通和政策扭曲流行(周雪光,2008;王汉生、刘世定、孙立平,1997);在集权架构之下实际上是"碎片化"权威(Lieberthal and Oksenberg, 1988);部门职责分工模糊,呈现运动型治理的特征(冯仕政,2012;周雪光,2012)。第三,在多层级政府关系中,地方政府之间存在财税竞争,体现"中国特色财政联邦主义"(Qian and Weingast, 1997);中央与地方、上级与下级政府之间职责交叉重叠(职责同构)(朱光磊、张志红,2005),"上级请客,下级买单",地方政府财力与事权不对称,预算外财政长期盛行。

这方面研究的一个突出特点是,通过参照西方的理论基准找出中国政府运行的各式各样的"偏差"和"悖论"。更重要的是,大部分研究将这些中国式"偏差"和"悖论"进一步诊断和界定为中国政府组织及运行中的"失序""扭曲"和"乱象"。当然,这些被揭示出来的"失序"和"乱象",大多又存在对立性的现象,或者被赋予性质截然不同的解释。例如,集权架构下"碎片化"的权威与领导小组的集中统一和"共识型"决策(王绍光、樊鹏,2013)相对照;科层制下动员型治理和集中力量办大事与"举国体制"论雌雄同体;自上而下政策传递过程中地方"选择性"执行(O'Brien and Li,1999),合谋与变通和地方多样性与灵活性共存(周黎安,2008[2017];周雪光,2008);国家与社会、政府与市场边界模糊,协商式民主和政企合作。事实上,在西方理论观照之下的中国政府运行的诸多"扭曲"和"乱象"的对立面恰好是中国强大国家能力的体现(如"运动式治理"与"集中力量办大事",地方政府的变通与合谋和地方政策的多样性、灵活性),构成中国政府治理模式的鲜明特色。我认为问题不在于不同学者发现的现象与问题相互冲突,各自可能都有合理的证据和解释,问题在于当前的学术现状是要么各执一端,各说各话,要么就让这些相互冲突的现象"悖论"式并存,回避其内在的逻辑冲突。

中国官僚政治传统以自身逻辑运行了两千年,保持了惊人的持续性,已经形成了自己独特的治理传统和经验。中国经济在技术、产业意义上不断走向现代化,然而中国的国家治理、国家与社会的关系、政府与市场的关系,不论是初始文化及制度禀赋、经济社会约束还是发展路径,均迥异于发达国家。然而,在西方理论基准和西方现代化经验的影响下,许多学者似乎无视这些巨大的文化、制度与历史进程差异,隐含地假设中国迟早会或者应该收敛于发达国家所走过的现代化道路。与这个预期相联系的是,中国过去三十年借鉴西方政府治理的经验在相关领域进行了诸多改革,但成效不一,有不少政府改革"形同神异",只是外在形式相似,内在逻辑"依然故我"。如何评价这些改革的效果呢?绝大多数人的第一反应是认为这些改革不彻底,旧体制的惯性和既得利益集团的抵抗致使其成效甚微。我们很少考虑另外一种可能性,那就是中国有其自身的体制逻辑和演化路径,套用西方模式只会导致改革南辕北辙,或者"换汤不换药"。

另一方面,中国政府尤其是地方政府在经济高速发展当中发挥了极为重要的作用,中国的国家能力在经济发展过程中的作用有目共睹,也得到了众多国际学者的认可(福山,2014),这与目前国内学术界对地方政府的各类批判式分析形成鲜明对比。[①] 如何将学者所揭示的中国政府运行的各类"失序""扭曲"现象与其所发挥的重要作用内在一致地协调起来,显然是国内外学术界必须正视的挑战。

所有这些问题与困惑之所以产生,根源还是在于我们未能正确处理中国问题研究与西方理论、西方经验的关系,未能正视中国自身的传统和现代化的内在逻辑。许多研究中国问题的学者发现西方理论基准和西方经验为分析中国设置了清晰的概念、便利的技术指引而沉浸于比较研究的欣喜之中,而意识不到这些理论基

[①] 亨廷顿(1995)认为,对于发展中国家的现代化来说,治理比政体形式更为重要,政治秩序比民主化更为重要。在法治、责任制政府和国家能力三个维度上,各国在近现代的演进过程中呈现的特征千差万别,西欧同时具备这三者在历史上也是机缘巧合。(福山,2014)

准和经验所暗含的各类"陷阱"和"误导"。黄宗智(2007:1)在著作开篇就提出了极为尖锐的问题:"面对众多的现代科学和历史理论,中国历史的实际意味着什么?西方的一些主要理论体系对于我们理解中国的历史实际能有什么样的帮助?同时,反过来说,带有什么样的误导?中国历史实际需要什么样的不同于西方的理论和概念来理解?"这些问题是任何一位研究中国问题的现代学者无法绕开,必须严肃面对的。

黄宗智的研究本身就提供了一个杰出的范例,诠释如何在与西方理论的对话中,扎根于中国实践,基于坚实的经验证据认识中国的独特现象与深层逻辑。我认为,黄宗智提出的一系列理论深刻简约,揭示出中国经济社会长期以来的"稳态性"特征和基本问题,值得特别研究和思考。除此之外,其背后所蕴含的认识论和方法论也值得挖掘和提炼,给陷于困境和迷惑之中的中国问题研究带来诸多启示与借鉴。同时我也深感,黄宗智从中国农业史和法律史的进路所发现的一些重要现象,如"集权的简约治理"和"第三领域",与我从经济发展和国家治理的角度发现的"行政发包制""官场 + 市场"双向政经互动,在许多方面具有意想不到的相似性和"对偶性",不同的研究进路也使得我们之间存在明显的互补性。如果两者之间可以进行建设性对话,想必能够引发新问题,开拓新领域,探索新理论。

下面我将围绕黄宗智的两条研究主线展开对话,首先概述其主要的研究发现,然后陈述我的解读与引申,之后再进一步讨论由对话引出的新问题和新思考。

三、中国法律史和基层治理

(一)黄宗智的研究

黄宗智关于中国法律史和基层治理的研究贯穿了一条主线,那就是中国司法判决与民间调解互动、混搭的司法实践。关于清代司法实践的研究是基于四川巴县、河北宝坻县、台湾分水府和淡水县翔实的民事诉讼档案。(黄宗智,2001[2007])聚焦于民事诉讼是因为在朝廷看来,婚姻、财产、家庭、债务等方面的纠纷与刑事案件相比属于无关紧要的"细事"。西方学术界(包括日本史学)倾向于认为中国的司法审判更多是一种基于道德教谕的调停过程,如果这些论断是对的,在官方认为不太重要的民事诉讼案例里应该会更强烈地体现西方和日本学者所期待的特征,因而能够更好地检验西方理论对于中国司法传统认知的适当性。黄宗智从清代翔实的民事诉讼档案中发现,当民事纠纷诉诸法庭时,县官首先是尽可能在法庭之外引导社区或宗族调解,如果调解失败,当事人将诉讼提交至法庭审理,县官则会严格按照清代的法律进行判决,而非扮演调停的角色。中国传统的司法实践贯彻的是"实用道德主义",最集中地体现在明清法律当中"律"与"例"的区分之中。"律"是官方关于道德以及行政—刑事原则的规范性表述,而与时俱进、内涵丰富的"例"则包含了操作性和变通性的审判条例。将"律"与"例"并列于清律之中是为了让原则性表述对具体实践产生指引和约束,但有时"例"与"律"的要旨相差甚远,反映了官方法律表达与具体实践之间的背离与张力。这里没有西方司法理论所包含的国家权威与个人权利的对立关系,国家权威与个人权利被放在社会和谐的框架里加以界定和调节。(黄宗智,2001[2007]:6)

黄宗智关于清代司法判决与民间调解关系的进一步探究引发了"第三领域"这个重要概念的提出。(黄宗智,2001[2007]:91—111)"第三领域"是介于西方理论所强调的国家与公民社会之间,半官半民解决纠纷的一种混搭式实践。当民事纠纷发生,告到官府的时候,县官的初步反应是鼓励庭外民间调解,启动县官主导下的民间调解过程。如果和解彻底无望,则正式进入法庭审理。在具体调解过程中,县官会表达意见或做出暗示,引导社区或宗族寻求和解,而乡保作为衙门认可,同时又是村庄社区首事提名的人选,发挥着上传下达、沟通官民双方意见的重要作用,当然有时也无法避免乡保作为中间人上下其手、滥用权力的情况。

介于官方正式判决与民间非正式调解之间的"第三领域",在清代的司法实践中占据非常重要的位置。它将正式和非正式的司法体制包含在一种谈判协商的关系中,是"具有超出国家与社会之影响的自身特性和自身逻辑的存在"(黄宗智,2007:167)。在清代三县的628件民事纠纷案例中,有三分之二是通过这种半官半民的庭外调解结案的。西方国家解决民事纠纷一般通过诉讼和司法判决,如果以此视角看待中国的司法过程,则只会关注到县官正式法庭审理的案件。按照上述分析,这其实只构成中国司法体系的冰山一角,民间的纠纷调解和半官半民的"第三领域"被置之度外,显然构成对中国司法实践的极大误解。

"第三领域"不仅限于司法领域,也存在于国家与社会之间,与西方社会的"公共领域"和"市民社会"相对照。(黄宗智,1999)在晚清和民国时期,处于国家与社会结合部的士绅在公共领域,如治水、修路、救济、办学、调解争端等方面发挥日益重要的作用。据罗威廉的研究,在近代城市的发展过程中,商人群体也开始介入城市的管理,新型商会与地方行政机构密切合作,在维持城市公益事业、治安、调解商业争端、反映商人群体利益诉求方面作用日益凸显。(Rowe,1984)国家与社会的交互领域也存在于集体化时期和改革开放时期,如村集体、村干部就不属于国家序列(如全民所有制、国家干部),也不是纯粹的民间组织和成员,而是介于两者之间的混合形态。

中国极具特色的正式与非正式相结合的司法传统在新中国成立后进一步发展为法庭调解制度。(黄宗智,2014b)区别于明清县官在法庭之外的调解,也区别于西方国家基于对抗性原则的诉讼制度,共产党发展了一种利用法庭调解民事纠纷的法律制度。这种以调解为中心的民事纠纷处理集中体现在离婚法的实践当中。对于有争议的单方面离婚请求案件,法官不是在法庭上直接判决,而是在庭外深入实地调查真相,与原告、被告双方谈话、沟通,甚至引入当事人的单位领导或有影响的人士做说服工作,尽可能促成双方"和解"。1980年的《婚姻法》正式将"夫妻感情"界定为婚姻关系的基础,感情破裂成为解除婚约的前提条件。这极具中国特色的离婚法实践,既承认婚姻自由的理念(同时也否定了旧式不平等婚姻,符合革命时期共产党对女性平等的诉求),又保留了法官(法院)进行调解的空间,是在新的历史条件下的创造性建构。这和延安时期陕甘宁边区兴起的"马锡五审判模式"有着相似之处。马锡五作为陕甘宁边区的高级法官在审理民事纠纷案件的过程中,深入群众,调查研究,寻求解决纠纷的和解之道,以防止冲突的再次发生。黄宗智认为,这种民事法律制度应追溯到革命战争时期共产党的"群众路线"和重视"调查研究"的工作作风,当然和中国历史上重视调解的司法传统也有一脉相承的关系。

"第三领域"的概念引申出黄宗智提出的另一个分析概念:"集权的简约治理"(黄宗智,2008)。如同司法领域传统中国广泛依赖半官半民的非正式调解制度,中国的传统基层治理也是广泛利用非正式的准官员和简约治理,于是我们看到一个有趣的对照:一方面是皇帝专制权力的绝对性,所有官员均由皇帝任命,中央朝廷的权力高度集中;另一方面,不同于现代国家的官僚政府依靠正式化的公文系统、规章制度和法律条文,清代利用准官员和非正式制度治理社会,也就是说,在基层治理上高度简约。只要民间治理有序,没有重大社会冲突,县官并不干预,默认士绅的乡村治理,除了钱粮上缴和地方治安,更多的社会事务是委托准官员(如乡保)和士绅办理。到了民国时期,为了加强对乡村的控制,国家政权机构延伸到县以下,设立"区"一级政府。在自然村一级村长作为准官员身份管理村庄,与清代的乡保相比,民国的村长管辖范围更小了,只限于自然村,但职责扩大了,直接介入征税过程,但"简约治理"的模式仍然延续下来了:只要村民不告到政府,村长能够维持征税的指标,他就可以自行其是,政府不会加以干预。新中国成立之后,国家政权延伸到乡镇一级,通过党员和积极分子对村干部进行了强有力的动员和控制,但同样的,村干部不属于国家干部编制,村干部对村事务拥有很大的管理权。毛泽东时代以"民办公助"的方式大规模普及农村基础教育,就是"简约治理"的一种表现。所以,新中国之后我们看到了政府的"全能主义"和"科层化"(或官僚化)的扩张;但另一方面,在基层治理层面,非官僚化、非正式化仍然顽强地在起作用。

(二)我的诠释与引申

拜读黄宗智关于法律史的著述对我而言是一种震撼性的阅读体验。他基于实际发生的诉讼档案,既关注中国官方的法律表达、儒家理想,又深挖其司法实践的具体过程、特征与内涵,对照两者发现"说的是一回事,做的是另一回事,合起来则又是另一回事"(黄宗智,2007:3),真是妙味无穷。西方法律理论所重视的正式法律体系在中国只是冰山一角,非正式正义体系才是理解中国司法制度及其演化的关键。这是真正击破西方视角、看透中国法治传统的颠覆性视角。经过黄宗智的条分缕析,从明清、民国到新中国六十年,中国的司法传统源远流长,如同一条"生生不息"的暗河,被挖掘、呈现出来,它在不同历史时期呈现不同形态和内容,既有继承延续,也有创新突破。

理解中国的所有奥秘都在政府与市场、国家与社会之间。这些不被西方理论关注的"过渡地带"正是黄宗智的"第三领域"及"集权的简约治理"理论的着力点。官府主导的调停、社区主导的和解,以及两者的交搭,这是西方语境里所不容纳的核心特征。我在过去相继提出了"行政发包制"(周黎安,2008[2017],2014,

2016;周黎安、王娟,2012)、"官场 + 市场"理论(周黎安,2008[2017],2018),与黄宗智所揭示的"第三领域"和"集权的简约治理"理论有着共同的关切、高度的对偶性,同时又具有相当的互补性。下面我试图从自己的理论视角诠释和引申黄宗智理论的丰富内涵。

我们从不同视角切入中国的国家治理制度。黄宗智的"集权的简约治理"更侧重在基层治理,从司法审判的实践与"第三领域",再延伸到准官员在乡村治理中的重要作用,从中揭示出高层政府的权力集中和正式官僚化与乡村层面的"非官僚化""非正式化""简约化"治理的对照与结合,或者用黄宗智的术语,两者是一种"混搭"的关系。而我是从中央政府到地方政府的层级治理中发现了在上下级的权威关系中包含着重要的"发包"关系,如目标责任制的层层分解,下级政府作为承包方的自由裁量权,结果导向的考核机制,下级政府作为承包方"自筹经费"的重要义务。"发包关系"更接近于市场上的平等的协商谈判关系,这与正式官僚体制里的上下级等级权力关系既形成鲜明的对照,又奇妙地结合(混搭)在一起。相比上下级行政关系的正式性而言,政府内部的"发包关系"更是一种基于长期重复博弈关系的隐含合约、半正式化的制度安排,因此正式规则和程序的约束相对较弱。① 寓半正式化的发包关系于正式的行政科层制之中,从韦伯的科层制理想类型看显然属于一种"悖论性"现象,我称之为"集权—分权"悖论。(周黎安,2008[2017])从"行政发包制"的视角看,"集权的简约治理"所强

---

① 政府内部的发包契约作为隐含契约,自然也不存在独立的第三方监督契约实施。

调的正式与非正式制度、科层化与非科层化的结合,不仅发生在基层官僚机构与乡村的结合部,其实也发生在正式官僚体制内部,因此可以向上延伸和推广。只是在内涵上不再突出作为下级承包方的准官员身份,而是聚焦在职责任务界定、绩效考核和预算包干等方面的"简约治理"特征上(如目标责任制、"河长制")。

从"集权的简约治理"所揭示的基层治理和司法实践的视角看,"行政发包制"落实在基层政府与乡村这个结合部上,就可以更进一步界定为"相机治理"(青木昌彦,2001)①:在明清时期,行政发包关系可以表现为只要不发生社会冲突或民事纠纷,基层政府一般不介入村级组织的事务,村长基本上可以自行其是;当出现民事纠纷时,县官优先启动或借助民间调解机制,让社区和宗族具体处理。只有当调解机制失效之后才采用正式的司法判决程序。到了民国时期,村长承担征税的职责,除此之外仍然延续传统的"简约治理";新中国成立后,村长承担了征税及其他的行政职责,但在具体执行过程中仍然享有"简约治理"的空间。

"相机治理"确实揭示了"行政发包制"的一个重要维度,上级发包之后不是"甩手不管",而是在正常情况下赋予下级承包方相当的自主权,这种自主权体现在只有出现重大"状况"时上级才介入和干预。"相机治理"也包含了两个看似矛盾又相互联系的方面:上级发包方对于承包方的控制权和对于后者的充分授权(或者

---

① 日本大企业背后一般会有一家主银行(mainbank)监督企业的经营,采取的方式就是"相机治理"原则:如果企业经营情况正常,主银行就不介入,由企业自行决策;但如果企业经营出现严重问题(如亏损),主银行就会强行介入,直至企业经营恢复正常。(青木昌彦,2001)

默许其享有较大的自由裁量权)。这个"相机治理"的特征不仅发生在基层政府与乡村之间,在多层级的政府之间也是存在的。

"集权的简约治理"所涉及的一些特征还可以借助"行政发包制"加以更清晰地界定。比如明清的乡保作为准官员在基层政府与乡村社区之间扮演中介和协调的角色,民国和新中国成立后准官员系列就变成了自然村或行政村的村长。首先,我们看到了乡村事务承包方的准官员在不同历史时期是变化的,这正对应着行政发包制的组织边界的伸缩(周黎安,2016),背后涉及不同时期国家的财政资源汲取能力等因素的影响。我定义的"行政发包制"的边界是由承包方是否处于政府内部的晋升序列及所受的行政约束决定的,而处于"体制之外"(非国家干部序列且不具备晋升机会)是"准官员"更精确的含义。其次,准官员在履行政府赋予的职责(如征税、征粮、缴费)时是自己负责办事经费的筹措,他们甚至没有薪酬(如明清时期),或者由村庄自筹解决(新中国成立后),这反映了"行政发包制"的核心特征之一,即承包人在接受发包人的任务安排的同时,还需要自筹经费(当然,以此作为交换,政府可能给予他们或默许他们拥有一些获取利益的空间)。

另外,婚姻、土地、财产等民事纠纷在明清政府统统归结为"细事",与刑事案件和行政事务相比处于地方官的"边缘"事务,地方官员也因此享有更多的审理权,这与行政发包制理论的解释也是一致的。刑事案件的处理要受到上级政府更严格的监督和控制,死刑的判决只有朝廷可以做出。司法审判依据案件所涉统治风险的差异而赋予县官(法官)不同的决策权和自由裁量权,反映了发包方在决定行政发包的范围和程度的时候既要考虑管理和监督成本的节约,也要考虑发包所可能引发的统治风险。在其他条件不变的情况下,地方事务的统治风险大小决定了中央对地方政府行政发包的程度:统治风险越大,中央越是倾向于集中控制,地方官员的权限就越小。(周黎安,2014:20—22)

对照西方形式主义法律基准,黄宗智揭示了中国"一以贯之"、特色鲜明的司法传统。首先,法官(县官)正式的司法审判与民间调解混搭,形成"第三领域",到了新中国演变成了法庭调解的独特形式。发展到了当今,就是将司法判决与经济发展、社会维稳结合在一起的"综合治理""源头治理"思路。其次,在正式的法律体系之中,与西方以权利为中心建立的法律体系相比,中国的法律规定与审判实践渗入诸多法律原则之外的社会因素。例如,在土地交易方面,明清时期法律规定的"典卖"或"活卖",即允许土地出让人在未来无限期按初始价格"赎回"的权利,以防止土地兼并和小农失去土地,这在西方(如德国法典里)是不存在的;对于"无过错"判例,无过错一方也必须对受害方支付一定的赔偿;中国的离婚判决以"夫妻感情"为主要依据;将子女"赡养老人义务"直接写入法律,且在司法判决中最大限度保证"老有所养"目标的实现。

我们需要进一步追问的是:如何理解中国司法传统的延续性?它只是一种自然的历史惯性还是具有更深层的逻辑,使之在相似的环境下不断"再生产"出来?如果是后者,深层逻辑和相似环境究竟是什么?黄宗智(2001[2007]:179—190)借助于韦伯的"实体理性"和"世袭君主官僚制"的概念对清代法律制度的性质做了很有启发意义的探讨。① 中国传统司法体系确实区别于西方形式主义的法律体系,但也并非如"卡地法"那样的"非理性",它体现了统治者的意志、儒家道德理想等"实体"特征(如清律的"律"),但也在解决实际法律问题时提供了可预期性和恒常性(这是理性的重要特征)的指导(如清律当中内容丰富的"例")。

如果从我的行政发包制理论出发,中国司法传统呈现上述特征则根植于如下基本事实:中国的地方政府(地方官员)是地方事务的"总承包方",司法只是地方行政的一个环节和部门,从古到今这个特征一直未变。中央政府考核和问责地方官员是按照"属地管理"的原则,任何事情出现在地方官所辖的属地,都是地方官的职责。(周黎安,2008[2017])县官在审理司法案件、解决民事纠纷的时候,不能仅仅满足于法理推断和"按章办事";他的身份不是一个专业法官,而是一个兼法官、县官等多重职责于一身的"父母官"。如果司法审判之后,当事人对判决不服,或者纠纷源头没有得到有效治理,纠纷迟早还会爆发,当事人还会告到官府,解决纠纷最终还是县官的职责。社会稳定和治安状况从古到今都是中央

---

① 韦伯提出的"世袭君主官僚制"是介于世袭君主制(或世袭家产制)与现代理性官僚制之间的混合形态。(Weber,1978)黄宗智(2001[2007])引入"世袭君主官僚制"的概念解释中国清代的行政与司法制度,强调皇帝的绝对权力(以及县官在属地的绝对权力)在行政系统执行过程中也必然遇到官僚规章和程序的制约,儒家的"仁政"必须在执行层面履行法家的成文规则,处理现实中纷繁复杂的"细事",由此造成了世袭君主制与官僚制之间相互依赖又相互冲突的矛盾关系。法律表达与实践的联系、背离也是如此。黄宗智从皇帝绝对权力、儒家理想与现实执行的官僚规则、成文体系之间的互动与冲突解析中国的司法和行政制度,而我的"行政发包制"从国家治理的视角强调中国上下级的官僚制内部如何嵌入了一个层层分包的体制,这里也有中央官僚规则与地方变通实践、集权与分权、"律"与"例"之间的抱合与背离关系。

政府考核地方官的重要绩效指标(明清州县官面临的两项硬性职责就是钱粮上缴和维持治安)。在这种情况下,社会综合治理是解决社会纠纷的最高境界和原则,而司法审判只是其中一个工具和环节而已。(周黎安,2008[2017]:317—318)古代司法判决最重要的目标是"息讼",民间调解也是寻求妥协、和谐,而不是拘泥于当事人的权利保护(哪怕是隐含的权利保护),这都是站在统治者的视角看待民事纠纷的解决之道。这个综合治理的原则既体现在中央(朝廷)制定法律之时(如律与例的并列),因为基层发生的统治风险得不到及时有效治理,最终一定会汇集到中央层面,对政权造成威胁,也体现在县官司法审判的实践当中(如情、理、法的兼顾);而且越是到了具体处理民事纠纷的县官层面,因为"属地管理"的压力,综合治理的逻辑就越突出(如优先动用民间调解)。

在西方国家,司法与行政的分离使得职业法官(法庭)可以独立判案,严格按照法条和程序审理。基于权利的形式主义法律体系及其实践,严格在司法审判中贯彻权利的形式主义逻辑,一定是建立在司法独立的基础之上的。而在中国逐级的行政发包制之下,社会稳定的目标势必"倒逼"司法审判统筹兼顾法律之外的因素,地方官员全方位的承包任务和统治风险的考量使得"综合治理逻辑"高于"法律逻辑",或者说"法律逻辑"必须最大限度与"综合治理逻辑"结合在一起解决民间纠纷。前述中国特色的司法实践都可以理解为"社会综合治理"思路的具体体现,旨在最终减少民间纠纷,济贫纾困,维护社会稳定。在明清时期法官优先鼓励民间调解,利用法庭审判的威慑促成和解,因为只有这样处理的结果是"源头治理",实现"一劳永逸"的社会治理目标。

中国司法实践的"第三领域"对国家与社会的"二元对立"观念、"公民社会"的西方研究范式构成了有力的挑战。我在研究行政发包制的组织边界的文章中曾经指出,从行政发包序列看,中国从国家到社会是一个连续的光谱,西方意义上的国家和社会概念难以适用于中国。(周黎安,2016)从历史上看,随着明清时期的"官吏分流",胥吏从国家的官僚晋升序列排除出去,名义上在"衙门之内",其实是"体制之外";他们与州县官的关系从政府内部上下级的"行政发包"(我称之为"行政内包")变成了"行政外包"关系。在基层政府与乡村之间,官府将许多公共事务(如修路、救济、教育)外包给士绅,由此士绅可以获取一些名誉和特权(如税收豁免)。士绅承担国家公共事务本身就是"社会的国家化"的体现,而官府与士绅(包括乡保)的关系作为一种"行政外包"关系其实又附加了一些国家的吸纳与控制,不管是捐官、科举还是特权,都是对"士绅"的吸纳,使之与政府发生密切联系(当今很多民营企业家等社会精英成为人大代表和政协委员)。"行政外包"关系又被赋予了"体制内"的一些色彩,我称之为"行政外包内包化"。于是我们看到了从中央到地方、从国家到社会,是一个"行政内包"逐渐向"行政外包"过渡的连续过程。但与此同时,国家与社会的"行政外包"又被纳入国家控制的轨道上[①],因此在国家与社会之间接近于"无缝对接",根本就无法划定一个清晰边界,而只能看作国家与社

---

① 黄晓春、周黎安(2017)在研究近年来街道与社会组织关系的演变中发现了"行政借道社会"的现象。一些社会组织的涌现看似是"公民社会"成长的证据,但其实是街道政府为了解决体制内预算灵活性不足而"创立"的一些貌似社会组织,实为基层政府功能延伸的准行政组织。

会交搭的"第三领域",与"公共领域""公民社会"严格区分开来。半官半民的司法判决与民间调解的混搭、准官员在国家与社会之间的穿梭协调就是国家与社会"无缝对接"的具体表现。

我的另一项研究考察了中国改革开放以来形成的"官场+市场"双重竞争模式(周黎安,2008[2017],2018)。官场竞争是指不同地区的地方官员之间围绕着政治晋升而相互竞争,市场竞争是指不同地区的企业之间在市场上竞争,而"官场+市场"竞争是指:一方面,地方官员的晋升竞争在相当程度上取决于辖区经济绩效(如GDP和财税增长、招商引资)(周黎安,2004,2007;周黎安、李宏彬、陈烨,2005;Li and Zhou,2005),地方官员在官场竞争的命运取决于辖区企业在市场上竞争的结果;另一方面,地方企业参与市场竞争也得到了地方官员的强力支持与协调。在"官场+市场"双重竞争机制的作用下,辖区内部地方官员与地方企业通过正式和非正式的网络密切合作,优势互补,合力打造本地区有市场竞争力的企业和产业。辖区内政企合作的效率(包括政治企业家与市场企业家的匹配)最终决定了该地区经济增长的水平和可持续性。辖区内政企的密切合作既不是简单的政府干预,也不是简单的市场调节,而是政府与市场之间交互作用的"第三领域",与黄宗智所强调的国家与社会之间的"第三领域"相映成趣。如果说司法判决与民间调解的交互和混搭开创了民事纠纷的中国式解决机制,最大限度地发挥了政府对于民间社会的巨大影响力和社区宗族自身的协调力,那么在政府与市场之间的"第三领域",面临政治竞争和经济竞争的双重压力的地方政府(官员)与地方企业密切互动,优势互补,最大限度地撬动了政治企业家和市场企业家的创新精神,促成政治精英与经济精英的合作效应,为经济发展和对外开放打造了中国式的解决方案。

从西方的形式主义法律体系看,中国式的司法判决与民间调解的结合是一种"非理性"的实体性"卡迪法"(黄宗智,2001[2007]:180),其间可能夹杂着"是非观"的模糊化和对当事人权利的侵犯。然而,以权利为中心的法律体系也导致对抗性诉讼和高昂的律师成本,最终也让很多民事诉讼通过庭外和解结案。同样,中国改革开放以来,在"官场 + 市场"作用下的政企合作也经常被贴上"政企合谋"的标签,被认为是一种最终要通过重新划定政府与市场的边界消除的"弊端"。这种认识的一个重要理论背景就是,主流经济学范式习惯于认为政府和市场具有明确清晰的边界,"上帝的归上帝,恺撒的归恺撒",政府提供一些基本的职能之后就应该"退场",交由市场完成经济的调节功能。这是典型的"二元对立"、非此即彼思维的表现。我所揭示的"官场 + 市场"双重竞争机制的"混搭"已经使得政府与市场的传统分析概念在地区层面上不再清晰可见,也不再具有真正的分析意义了。在转型国家,民营企业经常面临不完善的法治环境,政府对企业的掠夺行为时有发生(Frye and Shleifer,1997),中国也不例外。我在相关论著里曾经细致分析过,在"官场 + 市场"的双重竞争机制之下,地方企业获得了良好的基础设施、产业集聚和营商环境,紧密的政企合作有助于克服地方政府可能扮演的"掠夺之手",使之转化为"帮助之手"。(周黎安,[2008]2017,2018)虽然不可否认政企合作当中有"政企合谋"和腐败寻租的情形发生,但是防止辖区内地方官员与地方企业的紧密合作蜕变为纯粹的政企合谋或寻租行为的关键是他们面临来自外部辖区地方官员和企业(包括全球企业)的激烈竞争。政企合作,以及使之有效的双重竞争机制是中国实现高速经济增长的制度基础,对主流经济学关于政府与市场的简单化论点提出了有力的挑战和质疑。①

四、中国农业史与乡村经济

(一)黄宗智的研究

关于农业史方面,黄宗智研究的主线就是数百年来中国特有的人口压力与家庭生产的顽强联结。当中国抵达现代化和工业化入口之时,中国大陆人地关系的紧张程度远超工业革命前夕的英国,也显著高于经济起飞之初的日本、韩国和中国台湾。人口压力与小农家庭的特征(生产与消费合一,劳动力无法辞退)结合在一起,决定了华北和长江三角洲农户劳动力的密集投入和农业"内卷化"。②"内卷化"或"过密化"是指,单位土地产量的不断提高对应

---

① 不仅中国的经济飞跃见证了政企合作对于经济发展的关键性作用,事实上,紧密的政企合作同样也是东亚经济成功的奥秘。速水佑次郎、神门善久(2009)认为,东亚成功的源泉在于政企的有效合作。日本、韩国和中国台湾虽然形式各异,但都发展了政府与大企业的关系。这种合作关系更像合作式国家(地区)或"准内部组织"。这些国家(地区)基于统一发展规划,鼓励最具管理才能的官僚精英通过正式和非正式的网络指导商业活动。维斯和霍布森(Weiss and Hobson, 1995)把英美制造业的衰落归结于两国政府与企业相互敌视的文化,导致政府和企业之间缺乏合作,最终输给了政企合作成功的竞争对手(如德国和日本)。
② 关于华北小农和长江三角洲的研究,黄宗智均是建立在翔实的微观数据和调查资料之上,如日本"满铁"调查资料、地方志和作者本人的实地回访。

的是家庭劳动力边际报酬的递减,甚至低于满足一个劳动力基本生存的口粮水平。对于家庭来说,劳动力不可辞退,当不存在外部收益机会的时候,就属于"沉没成本"的范畴,此时家庭经营的"理性"就是最大化土地上的总收入,直至劳动力的边际报酬降至零为止。这确实刻画了中国传统农业所处的"高水平均衡陷阱"的主要特征:在明清时期,每亩产量就已经达到了惊人的历史高位,但是农民仍然生活在极端贫困、勉强糊口的状态之中。黄宗智将农业的"过密化增长"称之为"有增长无发展",揭示了这个问题的内在本质。(黄宗智,1986)在长江三角洲,在种植业体现的"过密化"或"内卷化"的增长逻辑进一步表现为家庭副业的发展,棉、桑、蚕三位一体,以及家庭手工业的兴盛,织布、纺纱、缫丝三位一体。家庭将辅助劳动力(妇女、儿童)或成人劳动力的农闲时间投入劳动密集型的副业和手工业,可以带来家庭总收入的增加,但劳动力单位时间的经济报酬仍然是下降的,低于劳动力在种植业的单位时间收益。在全国性粮棉、织布和生丝市场日益发达的背景下,长江三角洲的农业"过密化"延伸为家庭集农、副、手工业于一体的乡村经济的"过密化",所以仍然是"有增长无发展"的情形。(黄宗智,1992)

在新中国成立后的集体化时期,农村的人口压力有增无减,虽然大规模的工业化和城市化吸纳了一部分农村劳动力,但在三十年内农村人口仍然经历了显著的增长。集体化时期传统的家庭生产让位于人民公社、大队决定农业生产和分配,传统农村的商品经济让位于计划经济。人民公社借助共产党的动员能力和农业科技进步,大力发展水利灌溉,加大良种、化肥等现代投入,这无疑有助于提高农业劳动生产率。然而,在人口压力之下,"过密化"的逻辑仍然清晰可见:密集化的劳动投入,包括最大限度地动员妇女参与劳动(明清时期受传统文化的影响,妇女一般不参与农业生产)。从人民公社的角度看,公社社员仍然属于不可辞退的劳动力,最大化土地总产出仍然是其生产目标,而这与国家试图最大化粮食征购量的目标高度一致。中华人民共和国成立后三十年,农业总产出扩大了三倍之多,但劳动生产率和人均收入几乎没有提高。(黄宗智,1992)

进入改革开放时期,联产承包责任制取代了集体化生产,农村又回归到家庭生产的基本形态。虽然主流文献特别强调"分田到户"对于农业增产增收的巨大贡献,黄宗智基于历史的深入考察指出,"分田到户"带来的激励效应对于改变农业"过密化"的困局、提高农民收入的作用不应夸大。也就是说,如果不改变农村农业面临的人口压力,历史上顽强延续的"过密化"问题不会奇迹般消除。从这个视角出发,改革开放时期为农业农村问题带来真正转机的是乡村工业化和新副业,这些外部高收益机会的出现吸纳了大量的农村剩余劳动力,第一次在中国历史上开启了农业"去密化"进程。

当我们以为黄宗智所揭示的"过密化"逻辑随着当今农村"去密化"进程逐渐消失的时候,"过密化"逻辑又以新的面貌出现了。中国历史上人口压力与"过密化"的联结点是家庭式生产。在传统的小农经济条件下,家庭以确保全部人口的生存为目标最大限度地在有限土地上投入所有可支配的劳动力和劳动时间,包括家庭所有的辅助劳动力和可支配的闲暇时间,"过密化"体现为农业生产的"家庭化",商品化条件下种植业、经济作物和手工业"家庭化兼业经营"。到了今天,中国经济的日益市场化、工业化和全球化并没有带来我们所期待的"二元经济"的消失,农民进城打工,相当一部分受雇于劳动法保护范围之外的民营企业,或者不缴纳社保。人口压力下的家庭化生产在中国宏观层面上演化为庞大的"非正规经济"和"非正规工人"的存在。(黄宗智,2014a)农村大量的农民"半工半农",大部分时间在乡镇企业或附近城镇打工,工作之余在家乡务农。即使进城打工的农民工,在家庭层面上也是壮年劳动力在城市务工与辅助劳动力(老人、妇女、儿童)在老家务农的结合。"公司+农户"的模式背后其实是商业资本与小农的家庭生产的结合。关键的是,这些"非正规工人"中的绝大部分处于国家法律保护范围之外,游离在灰色地带,薪酬和福利待遇皆低于城市正规工人的水平。

更有趣的是,随着上述研究主线的不断伸展,我们看到的是中国经济现代化进程不断呈现的"悖论式事实",对西方经典理论的解释和预测提出了一系列的挑战(黄宗智,1986,1992,2014b)。亚当·斯密认为,自由贸易和市场范围的扩大会带来分工和专业化,提高劳动效率。英国的工业革命的经验确实表明,市场化的进程促进了手工业生产从农业脱离出来以及专业化市镇的兴起。明清以来中国农村的商品市场和要素市场逐步形成,也导致了粮食区和棉花区的分工生产体系,但在家庭生产层面,我们看到的却是"兼业化生产",种植业、养殖业与手工业日益牢固地结合在一起,与此相伴随的是劳动生产率的下降。马克思预言,资本主义的发展会导致雇佣劳动的资本主义大农场的兴起;国内20世纪50年代研究中国封建社会"资本主义萌芽"的学者隐含地假定,雇佣劳动关系的存在意味着在合适条件下中国将发展出资本主义生产方式。然而,长期以来中国土地市场的交易一直非常活跃,家庭式小农场却一直占据主导地位(华北以雇佣劳动为主的经营式大农场不超过10%,参见黄宗智,1986),即使局部地区的家庭农场出现了雇佣劳动(其实主要是短工),经典理论所期待的资本主义大农场作为一种主要的生产方式并未出现。家庭经营代理人成本低(基本不耗费监督成本),同时利用机会成本为零的家庭辅助劳动力成功战胜了雇佣劳动的大农场。舒尔茨认为,传统小农是理性的经济人,对外部市场信号的反应是灵敏的,在给定的技术约束条件下,对农业资源的配置也是有效率的,在农村并不存在剩余劳动力。(Schultz,1964)在这个意义上,传统小农经济是一种低水平但有效率的均衡,因此改造传统农业的关键是引入新技术(如现代性投入)和放松资源约束。中国在当今存在的大量"非正规工人"和"非正规经济",一部分农民在农村"半工半农",一部分农民工在城市"隐蔽"在不受法律保护的"非正规部门",这是刘易斯的"二元经济"理论所无法预测的结果(Lewis,1954),而"非正规工人"和"非正规经济"引发了中国特有的社会阶层分化和收入差距问题。

(二)我的解读与引申

黄宗智的研究深刻地表明,人口和土地的关系是中华文明的底层决定因素,小农经济、城市与乡村、国家治理的特征及其演变的密码均来自中国特殊的人地关系。最为奇妙的是,人口压力下的"过密化"逻辑贯穿数百年,一直绵延到新中国的集体化时期和经济转型期,每个历史时期表现形态各异("过密型商品经济",农业、副业、手工业一体的"生产家庭化",妇女广泛参与劳动,"非正规工人"与"非正规部门"),然而"万变不离其宗"。由此引申的结论就是中国"三农"问题的出路乃至于中国现代化的出路在于"去过密化"[①]。我尤其惊叹于黄宗智所深刻剖析的从明清农业和农村的"过密化增长"到当代"非正规部门/工人"的经济社会变迁背后的顽强传承。"非正规工人"和"非正规经济"的概念超越了传统上所划分的工农差异、城乡差异、白领—蓝领差异、资本家—工人差异,而是两大社会群体的收入和阶层差距。只有从这个视角看问题,我们才能真正理解"农民工"的深刻内涵:看似是工人,其实是农民;看似是农民,其实又是工人;农民的身份支持了工人的职业,工人的职业又支持了农民及家庭的生计,两者"水乳交融",缺一不可。他们完全构成了"另外一个中国",这是中国现代化过程中的真正具有特色的现象与问题。目前主要在"二元经济"理论架构下思考问题的国内主流经济学家基本忽略了"非正式部门"和"非正式工人"的存在,他们如"隐性人"一样,国家出台的绝大部分政策也覆盖不到,这不得不说是一个重大缺失。

一个好的理论一定是逻辑简约和内涵丰富的完美结合。黄宗智的理论跨越如此漫长的历史时期,却呈现出如此简洁深刻的内在逻辑,解释了如此丰富多样的经济社会现象(如"过密化增长""过密型商品经济"、城市繁荣与乡村贫困并存、生产家庭化、无城

[①] 黄宗智(2009)从"去过密化"的视角详细解释了中国21世纪初以来所发生的"农业隐性革命"。

镇化的工业化、非正规部门/工人、"半无产化"现象,等等)。

接下来我想重点解读和分析的是黄宗智研究的两大主线之间的潜在联系。目前这两条研究主线时有交叉和重叠,比如研究华北小农和长江三角洲的经济社会变迁也涉及乡村结构和国家政权的关系,研究乡镇企业的兴起也强调乡村干部的介入,近年来的著述更是从政治经济学的角度讨论了中国国家治理与中国特色的土地制度、非正规部门与区域经济增长的关系。我认为两者之间背后所隐含的深刻联系还有待于进一步揭示。

黄宗智深入解析的两条主线实际上是高度关联在一起的两个方面:市场化下的小农经济及其现代化转变与国家治理体制、国家能力。过去三十多年经济学和政治学的研究文献高度关注国家治理和国家能力如何促进传统经济的现代化转型和经济起飞。(Mann, 1986; Migdal, 1989; Evans, 1995; Weiss and Hobson, 1995; Besley and Persson, 2011; 福山, 2014) 我自己的研究也是聚焦于官员激励和国家治理对中国经济的影响。在这样的学术背景下,我们很自然会追问如下问题:为什么在中国的历史长河中,人口压力之下传统经济"内卷化"和集权的简约治理长期并存?它们之间是怎样的关系?当西方列强用武力强迫中国打开通商大门,廉价的工业品和消费品输入中国市场,现代民族工业蹒跚起步时,农村却继续陷入"过密化"的泥潭,晚清开启的现代化和工业化(如"洋务运动")基本上以失败告终。相比之下日本在明治维新之后迅速推动工业化和现代化,为什么两国的变革命运相差如此悬殊?为什么农业和农村的"过密化"问题在集体化时期一直延续,到乡镇企业崛起后才得以缓解?为什么工业化和现代化在改革开放时期才真正得以飞速发展？这些问题非常重要，也很复杂，本文无法系统回答，但都涉及黄宗智所揭示的两条主线之间的内在联系。下面我试图从自己的理论观点出发连接这两条主线，限于篇幅，只做一些概要的阐述。

迈克尔·曼引入"专制权力"与"基础权力"两个维度分析国家能力的强弱。(Mann, 1986)维斯和霍布森将中华帝国作为"专制权力强"与"基础权力弱"相结合的一个经典案例：中央朝廷的专制权力强大，但对社会的渗透力极为有限，体现为财政资源的汲取能力不足。(Weiss and Hobson, 1995)这被他们归结为中国早期现代化失败的重要制度原因。

与中华帝国治理的"强专制权力与弱基础权力"这个现象描述相比，黄宗智的"集权的简约治理"似乎更为准确和深刻。维斯和霍布森强调的"基础权力弱"更像是一个结果，而"简约治理"更接近于一种选择，即官府不想直接介入，而是借助于准官员和民间社区以更低的成本更好地实现政府的目标，如征税、治安、救灾等。更关键的是，"简约治理"是对于传统农业和乡村经济的人口压力和"过密化"的一种理性反应：虽然乡村人口庞大，但在过密化的局面下每家农户的农业剩余在缴纳地租之后所剩无几，因而支撑不起一个靠重税赋运转的大政府。历朝历代皇帝的"轻徭薄赋"政策也是对农业"过密化"的必然反应。过密化农业之下极为脆弱的农业剩余为官府和胥吏施加苛捐杂税提供了一个可容忍的临界值，在这个临界值之内帝国的繁荣(如城市的繁荣)与乡村的贫困可以并存，超过这个临界值将引起农民造反。可以想象这是一个脆弱的平衡，因为协调失败，灾害、战争和官员腐败无度都有可能演变成"压死骆驼的最后一根稻草"。因此,由人口压力推动的"过密化"之上只能是"专制权力强"与"基础权力弱"的组合,或者说,"集权"与"简约治理"存在内在呼应关系,连接两者的是"过密化增长"的传统小农经济。①

明清时期的农村经济就已经高度市场化了,而19世纪中后期帝国主义入侵更进一步将中国的传统经济纳入世界经济的体系之中,市场化程度进一步加强。为什么农村经济仍然是"过密化"增长,劳动生产率的系统提高却没有发生?正如黄宗智所揭示的"过密型商品经济"所表明的那样,这是人口压力与农村家庭生产相结合的必然产物,家庭低廉的劳动力(包括辅助劳动力)实际上阻碍了以雇佣劳动为主的大规模农场的出现,也阻碍了节约劳动力的技术创新。当然更根本的原因是城市(包括农村)工业化的有限规模,未能充分吸收农村的剩余劳动力。所以,黄宗智所揭示的如"过密化增长""过密型商品经济"的悖论性现象不仅直击西方经典理论的局限,而且还隐含了进一步发问和探索的空间。

我们进一步追问:为什么中国近代的工业化未能像明治维新之后的日本那样出现飞跃式发展?表面上看,过密型商品经济意味着有限的农业剩余,无法支撑工业化所需的资本积累,但考虑到地主获得的地租(分成比例可占到农业产出的一半),其实可动员的农业剩余还是可观的。明治维新的日本就是课征地主的租税获得重要的资

---

① 韦伯强调"世袭君主制"为了防止地方分权化和封建化带来的中间层次过多而失去控制,刻意维持一个低的社会渗透力。(参见黄宗智,2001[2007]:179—190)明清时期的中华帝国"王权不下乡",受到的约束应该更多来自小农经济的"过密化"而不是防止地方失控。

金来源以推动工业化。(速水佑次郎、神门善久,2009)问题不是出在缺乏农业剩余,而是能否从地主手中获得这部分的剩余。以当时帝国简约治理所具备的汲取能力,这显然是无法实现的。民国时期国家政权深入乡村,乡保、地方等准国家官员变成国家征税的"赢利经纪人",结果只是导致国家政权的"内卷化"。(杜赞奇,1995)

国家的汲取能力——这是强调国家能力的政治学者极为看重的维度——不是问题的全部。新中国的成立彻底改变了中国"基础权力弱"的局面,国家政权高度渗透于社会的每个角落,也深入乡村,每一个干部、工人、村民都在国家的控制和动员范围之内。中国国家治理的"基础权力"和资源汲取能力达到了空前的高度。首先,国家通过"统购统销"、工业品与农产品的价格"剪刀差"将农业剩余最大限度再分配给了城市的工业化和居民消费。新中国成立前地主获得的地租现在转化为支持工业化和城市化的农业剩余和资本积累。其次,集体化时期国家强力推动的水利工程、化肥和良种的普及提高了农业劳动生产率,也在一定程度上增加了农业剩余和资本积累,支持了中国的工业化。但是,这一切没有在根本上改变集体化时期农业的"过密化"问题,农民生活水平的改善极为有限。这背后的原因是,计划经济时期工业化虽然取得重要的进展,但是以资本密集型为核心的重化工业化战略,加上僵化低效的计划经济体制和封闭经济,导致工业化对农村经济的辐射和剩余劳动力的吸纳不足。另外,新中国成立后农村医疗条件的改善导致了农村人口爆炸式增长,农村和农业的人口压力有增无减。

于是,从明清至民国,我们看到了过密型商品经济与集权的简约治理(国家基础权力弱)并存。新中国前三十年则看到了另外一个组合,即国家权力的社会渗透性和资源汲取能力飞跃式提高、计划经济与农业过密化并存的局面。黄宗智的分析一方面直接否定了亚当·斯密和马克思所预言的市场化(商品经济的发展)一定导致专业化分工、生产效率的提高(资本主义大规模生产方式);另一方面,如上述分析所表明的那样,也隐含地否定了国家治理与国家能力本身决定经济发展的观点。

黄宗智的分析,包括日本等东亚社会的经验,均表明解决中国农业和农村的"过密化"问题的出路是让农村大量的剩余劳动力转移到劳动生产率更高的经济活动,同时加强农业基础设施建设,通过现代投入和现代科技"反哺"农业。一切真正的突破是在中国市场化改革之后,尤其是乡镇企业和新副业的兴起、中国加入世贸,以及中国制造在全球经济中的崛起,这些力量综合在一起终于将两亿多剩余劳动力吸引到城乡工业领域,吸引到高附加值的新副业,而农业科技的进步、现代投入的增加(良种和化肥的投入)也直接提高了农业生产率,迎来了"有发展的增长"的新局面。

表面上看,中国的经济发展获得历史突破的决定性力量是市场化改革和融入全球化,但这不符合历史的观察。事实上,当国家治理存在结构性缺陷的时候[1],市场化和全球化没有给中国带来实

---

[1] 日本自明治维新以来,国家层面通过"顶层设计"的方式完成了一系列的政治、经济、司法、军事制度的改造,大规模普及教育和发展现代工业,依靠对地主征收的租税推动现代化和工业化。与此相对照,晚清"戊戌变法"之后,清政府开启"新政",引入"新学",但资源动员能力和制度改造能力极为有限。新政实施的后果是破坏了传统的基层和乡村治理,士绅演变成"土豪劣绅"。(杜赞奇,1995;Kuhn,1970)"洋务运动"主要依靠少数地方官员(如李鸿章、张之洞)勉力推动,毕竟缺乏国家层面的系统支持和协调配合,最终成效甚微。

质性的经济发展(黄宗智分析的过密型商品经济就是最集中的表现);而当国家能力跳跃式上升,但经济"去市场化",实行计划经济体制的时候,经济发展水平仍然落后,农业和农村的"过密化"问题依旧。只有当中国补了国家能力这个短板之后,承接计划经济留下的完备的工业基础,借助政治锦标赛、经济市场化和融入全球化启动"官场+市场"双重竞争机制,中国经济发展的局面才得以彻底改变,数百年来农业和农村的"过密化"问题终于开始破局。

这些观察又引出了几个需要进一步回答的问题:第一,改革开放以来国家治理和国家能力层面相比前三十年有何继承和创新?第二,中国国家治理、国家能力的改善如何与经济的市场化和全球化兼容互补?第三,工业化的成功为什么需要国家能力、国家治理与市场化、全球化的联合支持才能获得突破性发展?

关于第一个问题,我们需要注意到,虽然计划经济体制充满各种弊端(尤其在微观层面),但经济规划的架构与方法(如经济发展指标的编制与实施)到了改革开放时期仍然得到了一定的继承和改良,最终演变成指导性的经济社会规划,以及从中央到地方的产业政策体系。长期的计划经济实践也把各级政府改造成围绕经济发展目标运行的强大组织,塑造了层层动员能力和政策执行力。基层政府深入乡村和街道既有助于维持社会稳定,也便于政策执行和资源汲取。计划经济时期毛泽东主导的几次大规模经济分权也为中国塑造了中央集权与地方分权相结合的国家治理体制,为改革开放之后进行的大规模地方分权奠定了基础。(Qian and Xu,1993;白惠天、周黎安,2018)更重要的是,改革开放以来经济发展变成党和政府的中心工作,各级地方官员围绕着区域经济发展进行锦标赛竞争,前三十年塑造和培育的政府组织动员和政策执行的能力被最大限度地激活,各级政府也最大限度地聚焦于经济发展,地方政府为实现经济发展目标而进行"公司化"运作。① 20世纪90年代中期以来,借助于"分税制"等改革措施,中央的资源再分配能力显著加强,对改善中国的基础设施,减少地区差异,建立全国性的医疗、养老和失业保险制度功不可没。

第二个问题涉及强政府与市场化的兼容互补的问题。经济学的主流理论更支持一个有限政府与市场经济的兼容,而强政府因为缺乏可置信的承诺能力,对产权和市场的正常运行构成威胁(North and Weingast,1989;Weingast,1995),也是就说,强政府与市场化内在难以兼容。我的"官场+市场"理论基于中国地区竞争和经济发展的实践给出了一个系统解释,说明在地区层面两者其实可以有效结合在一起。(周黎安,2017,2018[2008])这里关键的一点是,地方官员之间围绕着经济发展绩效进行官场竞争,而官场竞争又镶嵌于企业间的市场竞争和全球竞争的环境之下。在双重竞争机制互动的情况下,强有力的地方政府只能将其强大的组织能力、动员能力、资源汲取能力最大限度地用于促进辖区经济发展,而市场竞争(尤其是物质和人力资本的跨地区流动性)迫使握有"合法伤害权"的地方官员承诺有效保护辖区企业的产权。在双重竞争机制下,正是区域经济的市场化(包括全球化)约束了地方官员的"掠夺之手",催化了其"帮助之手",激活和提升了其国家治理

---

① 现有关于国家能力的文献更强调官僚(国家)自主性、资源汲取和政策执行能力,但缺乏对相关政治代理人(政治家和官僚)政治激励的关注。没有政治激励的"催化""聚焦"和"赋能"作用,潜在的组织动员和执行能力只能处于闲置状态。

能力;也正是与经济绩效挂钩的官场竞争推动了地区经济的市场化和全球化,促使地方官员将国有企业"改制"(如"抓大放小"的国企改革),吸引具有竞争活力的民营和外资企业,鼓励出口,扩大对外交流,采取措施增强劳动力、资金和技术的流动性,提高生产要素的配置效率。外部市场竞争越是激烈,辖区内部越需要寻求政府与市场的优势互补,政企合作也就越是紧密和有效。在这个意义上,中国的经济增长故事提供了一个区域层面上强国家与市场化、全球化相互促进的案例。

为了回答第三个问题,即成功的工业化对于国家能力、国家治理与市场化、全球化的共同依赖,我首先需要提供一个重要的事实背景。罗德里克(Rodrick, 2013)、麦克米兰等(McMillan, Rodrick and Verduzco-Gallo, 2014)基于实证证据提炼了如下两个基本观察:第一,经济发展的本质是结构性转变——从传统、低生产率活动向现代、高生产率活动转变的过程,这两者在地理布局、组织和技术特征上存在显著差别;第二,从历史上看,工业化和制造业出口一直是经济快速、持续增长最可靠的阶梯。一国维持较高的制造业比重是保持经济增长的关键,但收入低或增长缓慢的发展中国家制造业比重通常比较低。与后一个观察相一致的事实是,经济发展成功的国家(地区)几乎都是在全球化背景下工业化成功的国家(地区),如18世纪至19世纪的西欧、美国、"二战"后的南欧、日本、韩国、中国台湾地区和中国大陆,非洲、拉美、东南亚则是制造业的失败者或相对失败者,英国的长期衰落也是源于制造业的衰落。(Weiss and Hobson, 1995)

为什么制造业和出口导向对于经济发展如此关键?相比传统

的农业和服务业,制造业的发展需要一系列较为苛刻的条件,如基础设施(运输、通信、电力设施),资本密集型投入需要大规模的融资支持,依靠研发、新技术引进改良推动技术进步和产业升级,产业需要在空间上的集聚以促进企业效率提升,还要有大量的受过教育和有技能的工人的存在①。但一旦成功,制造业的产业和技术溢出效应远比农业、服务业强(如"反哺"农业、刺激为制造业提供技术和产业支撑的服务业),对一国产业结构和技术水平持续升级的带动效应也更为强大。

制造业的持续增长来之不易,它所需的上述条件同时考验一个国家的市场化程度和国家治理的水平,尤其是后者,基础设施、融资支持、研发投入、教育和技能培训都需要政府的关键性投入。在经济发展初期,一个传统经济和传统国家既面临政府失灵(如进入壁垒、腐败寻租、国家渗透性和基础权力弱小),也面临市场失灵,如协调失败,知识外溢性带来的教育、研发与技术培训不足,公共产品问题及信息不对称下的融资困难。在这个意义上,制造业对国家协调能力、政企合作的要求最高,也最难满足。这解释了绝大多数国家经济发展之难,"二战"以来真正实现经济赶超和飞跃的国家屈指可数。中国早期工业化的失败也可以在这个背景下进行解释。

为什么制造业的发展还必须与出口导向和参与国际化分工联

---

① 不同的产业活动对于政企合作的要求是不一样的。例如传统贸易和服务业(餐饮、娱乐、理发、建筑)更多需要的是私人性投入(如资金、劳动力),公共性投入(如基础设施、研发、教育和技术培训)所需有限,市场协调也比较有效,即使在最贫穷的国家和地区也能看到这些行业的存在。传统服务业具有强烈的地域属性,服务效率长期停滞不前,难以出现重大技术变革。(Baumol,1967)

系起来呢？相比传统农业和大多数服务业(餐饮、贸易、房地产)，制造技术具有广泛的外溢性，跨地区可传递和学习；制造品是可贸易品(tradeable goods)，面向全国乃至于世界市场，且面临市场竞争，这与不可贸易的(non-tradeable)传统服务业相区别。以制造业为主的出口导向战略一方面可以发挥专业化分工和比较优势，赚取外汇，另一方面也可以为政治家(官僚)和出口企业提供重要的信息反馈，以便更进一步有效合作(如调整产业政策、提供信贷支持和出口补贴)，提高产品的国际竞争力。在这个意义上，制造业出口启动了更为激烈的市场竞争，与此同时也迫使政治家(官僚)以出口绩效和产业升级作为政绩合法性的一部分，参与国家(地区)间的政治竞争。(周黎安，2018：33—37)

中国经济增长的故事就是基于以制造业为中心和出口导向战略，强大的国家能力、合适的政治激励与市场化、国际化战略密切结合在一起。改革开放以来，中国借助计划经济时期进一步强化的国家能力，又以经济发展绩效考核地方官员，启动围绕经济发展的政治锦标赛，最大限度地激励地方官员动员一切可以支配和利用的经济资源和国家能力，支持本地区的制造业发展。吸引外资、扩大出口既是做大辖区GDP的一部分，也是官员绩效考核的一部分。许多地区在产业政策推动下聚焦于制造业，以出口和吸引外资带动国内产业竞争力提升和技术升级，在关键性制造产业持续推动技术引进、消化改良，从模仿到创新，完成产业转型和升级。

站在今天的角度看，中国在西方列强的舰炮威胁之下卷入现代化和工业化过程经历了一个崎岖艰难的过程。晚清、民国时期的市场化、全球化，西方现代工业和技术的引入为中国经济发展提供了一定的条件。然而,国家治理和国家能力尚不具备经济起飞的基础,最集中的表现就是传统农业和乡村的"过密型增长"和"过密型商品经济",城市和工业的发展与乡村的普遍贫困并存。新中国前三十年通过国家治理和国家能力的改造与提升实现了大规模的资本积累,推动了工业化和城市化,由于计划体制本身的局限,这一切努力未能"修成正果",农村依旧是"过密型增长"和普遍的贫困。唯有到了改革开放时期,我们具备了强大的国家能力、初步的工业基础和完整的产业体系,借助市场化改革和对外开放,塑造了"官场+市场"的双重竞争机制,聚焦于制造业和出口导向,才实现了经济发展的实质性飞跃。

五、如何认识中国:对话之后的启示与思考

我认为,西方理论在中国问题的研究当中具有三个不同的功能。一是分析基准,主要用以对比中国现象与该基准的差异,以此发现中国的特色。二是预测基准,一般是从西方现代化历程提炼和抽象出来的发展指向(如官僚组织的理性化,市场范围的扩大促进专业化分工和生产效率提高,从"二元经济"过渡到"一元经济"),根据这个指向,认为中国也将最终收敛于这个基准。注意预测基准仍然是价值中立的,只是认为这个趋势不可避免。比如,马克思认为资本主义将自动导致资本积累和生产过剩的危机,这个分析本身是基于理论逻辑和事实分析得出的结论,与个人的价值判断无关。三是价值基准,即认为西方基准状态是理想状态,或者说西方理论所带有的一个关于未来的理想图景。(黄宗智,2007:

197)按照这个基准反观中国,任何与之产生的偏离都将被认为是一个问题,必须予以纠正。西方理论的意识形态正是通过这个价值基准介入中国问题的研究,即使是一种新的意识形态对抗这种西方意识形态,其实也是以另外一种价值基准作为基础。

区分西方理论的这三重基准意义是极为必要的,而目前国内外学术界关于中国的研究经常混淆了三者,尤其是有意无意将分析基准当作了预测基准或者价值基准。黄宗智关于中国农业史和法律史的研究充分说明,西方范式一旦变成预测基准或价值基准,将错误百出。前面论及的关于中国政府的描述和分析也普遍以西方基准(如有限政府、理性化科层制、联邦主义)为参照,且带有强烈的批判意识和价值指向,不是从中国政府运行的自身逻辑和取向出发进行双向的有效对话,而更像是单向的"训话"和"指责"。尽管缺乏任何严格的论证,目前的中国研究流行的方法论假设是,中国政府的持续改革方向和目标是最终接近其依赖的理想基准(如理性化官僚制度、形式化和自主化的法治、有限政府)。

我完全同意黄宗智反复强调的观点,应该与西方理论进行建设性对话。西方基准仍然具有重要的认识论的意义,以西方理论作为分析基准可以帮助我们认清自己的不同特点,进而研究中国政府治理及运行背后的底层逻辑,将中国的治理逻辑与西方治理逻辑进行比较。黄宗智关于华北小农的分析实际上借助了新古典经济学、马克思主义理论和恰亚诺夫的实体主义分析提供的基准,揭示了华北小农的"三副面孔"。(黄宗智,1986)基于舒尔茨的小农理论和刘易斯的"二元经济"理论界定了当今中国广泛存在的"非正规工人"和"非正规经济",这一看似"悖论性的事实"恰好构成了中国在独特的人口压力下实现现代化的自然路径。(黄宗智,1992,2014a)我的"行政发包制"理论是借助于韦伯的理性科层制概念,发现了中国政府内部各层级之间的权威关系之中广泛存在的发包关系,寓市场化的发包关系于行政权威之中,从韦伯的科层制逻辑看也是一个悖论性存在,揭示了中国政府运行的独特现象和内在逻辑。

与此同时,我也想强调——黄宗智也反复指出,这里需要摒弃西方理论所隐含的价值规范和意识形态建构,需要警惕西方理论所蕴含的预测指向可能带来的误导和"陷阱"。如果说西方经典理论给我们描述了一个黑白分明的世界,我们在中国看到的却是一个黑白混搭的灰色世界。黄宗智将这个黑白世界概括为西方理论所构建的非此即彼的二元对立,如传统与现代,家庭式农场与资本主义大农场,资本主义与社会主义,国家与社会,政府与市场,理性化的科层制与非理性化的家产制,理性的形式主义法律与非理性化的实体性法律。在这种二元对立的理论架构下关于中国的研究发现了诸多的悖论性事实或混合形态,如市场化下的家庭化兼业经营、"集权的简约治理""第三领域""行政发包制""官场+市场"等。进一步的问题是:中国所呈现的灰色世界是对黑白世界的"偏离"而最终将回归到黑白世界,还是灰色世界本身就是一种制度常态?在黑白与灰色的背后是否还有一个更深层的逻辑决定色调组合?当我们看到改革进程受阻,或者远离改革者的预期,我们一般倾向归咎于现存制度的强大惯性和既得利益集团的抗拒,归咎于改革策略设计的失当,而很少去反思我们对改革目标的设定是否一定恰当。当我们期待将灰色世界"涂改"成白色或黑色,结果越改越乱,这究竟是"涂改"方式的错误还是"涂改"本身的错误,或者两者兼而有之？我们很少质问自己:我们在"此岸"大刀阔斧地改革,满心期待去抵达的理想"彼岸",其实所谓的"彼岸"是否只是我们自己制造的一个幻觉？

关键是如何能够既利用西方理论的分析价值,同时又避免其可能的"陷阱"。黄宗智(2005,2018)倡导基于实践和经验的中国社会科学理论。确实,对付西方理论所预设的价值规范、预测指向和意识形态建构最好的"解药"就是扎根于中国的实践,基于中国的历史、实践的经验研究,理论与经验互动,"双手并用"(黄宗智,2018:162),揭示中国经济社会运行的稳态化特征和内在逻辑。在结合历史、现实与内在逻辑的分析基础上再来讨论如何寻求渐进改革之路,而不是简单地向西方基准看齐。

任何好的关于中国的理论,一定是能够穿透中国的历史与现实,解释中国经济社会结构的变与不变,揭示中国与西方的现代化路径的异同。研究中国需要正视的一个极为重要的问题,是如何正视中国传统与现代化的关系。结合黄宗智和我个人的研究,中国的现代化进程融合了四个传统:一是中华帝国的国家治理传统(包括行政、司法治理);二是革命时期共产党的军事斗争、群众路线和组织动员传统;三是计划经济时期"自上而下"的目标管理的组织和技术支持、全覆盖的社会渗透力和政策执行传统;四是西方国家的市场化和全球化的影响。黄宗智关于农业史和法律史的研究均对这四个传统进行了精彩的梳理和剖析,由此奠定了其理论的深度和广度。关于当代中国的研究,经常忽视中国共产党在革命过程中基于实践发展出来的方法论、组织文化,以及对当代中国的深刻影响。黄宗智(2005)翔实分析了共产党如何摒弃了理论的形式主义和教条主义,一切以夺取革命胜利为前提提炼理论认知,发展组织文化与策略(如"农村包围城市""党指挥枪"、群众路线),这一切在新中国成立之后又融入经济建设和国家治理的体制之中。关于中国婚姻法的司法实践的历史分析也展现了这四个传统依次联结和交互影响如何塑造了今天的婚姻法的表达与实践(黄宗智,2001[2007],2007,2014b)。我相信,当今中国国家治理的诸多特征不仅与中华帝国时期、计划经济时期密切相连,而且与共产党在革命时期形成的治理理念和组织实践有着深刻的联系,而学术界对于后者的研究严重不足,值得引起高度关注。

我们的共识是,认知中国需要既具备国际化视野,又要扎根于中国实践的独创性的新概念、新理论,也就是基于国际化视野的"本土化"。在国际视野之下还原中国制度的自身逻辑,建立中国自身的概念范畴和理论体系。在我相对熟悉的政府研究领域,我对于新概念和新理论的第一个期待是在各类特征描述之外如何深入研究政府现象背后的深层逻辑,并将其推演为一般化的政府理论。过去几十年的研究进展积累了许多关于中国政府运行的特征事实,它们之间既高度交叉重叠,又相互隔离。比如刻画中国的央地关系,可谓"一个版本,各自表述":计划体制下的M型结构(Qian and Xu,1993),"中国特色"财政联邦主义(Montinola,Qian and Weingast,1995; Qian and Weingast, 1997),"集权—分权"悖论(周黎安,2008[2017]),"集权的简约治理"(黄宗智,2008),以"一统体制"与"有效治理"的张力为特征的帝国治理逻辑(周雪光,2011),以及面向地区分权的威权体制(Xu,2011)。这些理论概括的国家治理特征如此高度重叠和相互交叉,其背后仍然缺乏一个内在一致的深层逻辑和内在机制(换句话说,"各自表述"背后的"一个版本"是什么)。

关于这个更具一般性的国家治理理论,我认为应该满足以下几个方面的要求:第一,它必须揭示其背后的运行机制和驱动因素,解释在不同治理领域的集权—分权的差异及其历史演变的内在逻辑;第二,新的政府理论一定要面对和化解前述关于中国政府运行的各种悖论性现象,如展现为一枚硬币的两面(成本与收益并存),或处于不同领域、不同阶段的不同表现,如举国体制的得与失,中国国家能力的强与弱,但服从一个共同的底层逻辑和运行机理;第三,新理论也必须是从一个分析逻辑出发将上述"一个版本,各自表述"的重叠与分隔予以兼顾和统一;第四,新理论应该是分析性和价值中性的,分析结论和问题诊断具有开放性。

关于中国研究的新概念和新理论的第二个期待,也是极具挑战性的一个任务,就是要超出已有的西方理论基准,既容纳中国的实践经验,又在一定条件下可解释西方的经验,从而更具一般性。黄宗智一直致力于与西方理论对话,同时极其锐利地指出其应用于中国场景的局限和可能的误导。我认为,即使在这个极具创造性的过程中,东西方仍然处于某种对立之中,仍然可以清晰地分出彼此。其进步之处在于,西方不再是唯一的观察视角和用来"裁剪"中国历史与现实的工具刀,对于中国的认知是基于中国的实践并提炼出了与之相适应的独特概念(如过密化的商品化、"第三领域"、有增长无发展的农业内卷化、"集权的简约治理"),摆脱了西方理论的主导和纠缠。但是这只是争取到了两者的对等性,中国由"他者"变成了另一个"自我",东西方如两个独立的"自我"相互对视。能否探索一种更高层次的理论,在这个更高的理论框架之下,不仅发现东西方经验之间的对等性,而且还能将东西方之间对等的独特性统一在一个更具一般性的理论框架里。我并不主张建立普适性的理论,这是西方理论曾经试图实现而最终失败了的结局。最主要的原因是西方中心主义的狭隘与"霸权"限制了其平等对待世界其他地区的多样化经验。但在一些可能的领域,我认为这种探索仍然是有价值的。

过去我们一直习惯于从西方视角看中国,把中国的叙事嵌入西方的理论和经验体系之中加以定位和诠释。我们是否可以反过来追问:中国的经济增长与现代化过程所呈现的故事和逻辑对于我们理解西方的理论和历史有何帮助呢?事实上,中国的本土化实践也是全球化的一部分,现代化过程也伴随着与西方国家类似的工业化、城市化过程,何况中国的近代化过程正是伴随着国际化展开的。不论鸦片战争之后被迫打开国门,迎接全球化的冲击,还是新中国前三十年的计划经济时期,都是在国际关系和地缘政治的格局下演化的结果,改革开放四十多年更是主动接轨国际经济,深度融入全球化。许多中国学者的学术训练和研究一直浸染于西方的理论与经验,如果又深谙中国现代化的独特历程和内在逻辑,就更有可能消除东西方之间的隔阂。中国的学者在这个意义上其实拥有比西方学者更优越的条件。一个一般性的现代化理论在适当的拓展下应该既可以解释西方的故事,也可以解释中国的故事,但是这个逻辑应该高于东西方各自的独特性。当然,所有这些一般化的努力不是建立在理论的想象之上,而是根植于经验和实践的理论抽象和提炼,黄宗智关于建立实践的社会科学的所有告诫在这里都是适用的。

关于寻求上述的一般化理论,即如何从中国研究中汲取洞见去重新理解西方世界,下面以黄宗智和我的研究各举一例加以简要说明。黄宗智(2007:387—413)探索了中国法律传统的现代性问题,试图将中国古代调解制度的"实用道德主义"、共产党时期创建的法庭调解与西方当今关于"非诉讼纠纷解决模式"以及美国实用主义的法律传统联系起来,寻求一种融合传统与现代、东方与西方的法律理念。我基于中国增长经验提炼的"官场+市场"理论所包含的政治竞争与市场竞争相结合的增长机制,其实也具有超越中国经验的一般性。比如中世纪后期西欧国家间的军事战争(政治竞争的极端形式)导致欧洲君王一方面渗透社会征税,另一方面为了吸引流动的国际资本而提供更好的产权保护,这是西方世界兴起的一个重要背景。(Weiss and Hobson,1995)日本、韩国、新加坡、中国台湾的经济崛起也可以理解为在严峻的地缘政治和国际竞争环境下采取出口导向战略、政治家与企业密切合作的结果。(周黎安,2018)

作为全文的总结,我认为,一个认知中国的好理论一定能够穿透历史与现实,连接理论与经验,超越左与右,融合东西方。左与右、东方与西方之间的分隔与断裂是人为施加的意识形态的沟壑,也是脱离实际、一厢情愿的理论桎梏。我们的学术探索一定是基于实践的认知,基于实证和经验的探索,在与西方理论对话的同时,特别需要甄别西方理论所隐含的假定条件,尤其是那些与西方独特经验"绑定"的隐含假设,警觉这些理论所蕴含的价值指向和规范设定。作为一个更高的目标,我们应该寻求能够结合东西方经验的更为一般化的理论建构。

参考文献:

白惠天、周黎安(2018):《M型结构的形成:1955—1978年地方分权与地方工业的兴起》,《经济学报》第2期,第1—42页。

杜赞奇(1995):《文化、权力和国家:1900—1942年的华北农村》,南京:江苏人民出版社。

冯仕政(2012):《中国国家运动的形成与变异:基于政体的整体性解释》,载周雪光、刘世定、折晓叶主编《国家建设与政府行为》,北京:中国社会科学出版社:第33—70页。

福山(2014):《政治秩序的起源》第一卷,桂林:广西师范大学出版社。

亨廷顿(1989):《变革社会中的政治秩序》,北京:生活·读书·新知三联书店。

黄晓春、周黎安(2017):《政府治理机制转型与社会组织发展》,《中国社会科学》第11期,第118—138页。

黄宗智(1986):《华北的小农经济与社会变迁》,北京:中华书局。

黄宗智(1992):《长江三角洲小农家庭与乡村发展》,北京:中华书局。

黄宗智(1999):《中国的"公共领域"与"市民社会"?——国家与社会间的第三领域》,载邓正来、J. C. 亚历山大主编《国家与市民社会:一种社会理论的研究路径》,北京:中央编译出版社,第421—443页。

黄宗智(2001[2007]):《清代的法律、社会与文化:民法的表达与实践》,上海:上海书店出版社。

黄宗智(2003[2007]):《法典、习俗与司法实践:清代与民国的比较》,上海:上海书店出版社。

黄宗智(2005):《认识中国——走向从实践出发的社会科学》,《中国社会科学》第1期,第85—95页。

黄宗智(2007):《经验与理论:中国社会、经济与法律的实践历史研究》,北京:中国人民大学出版社。

黄宗智(2008):《集权的简约治理——中国以准官员和纠纷解决为主的半正式基层行政》,《开放时代》第2期,第10—29页。

黄宗智(2009):《中国的隐性农业革命》,北京:法律出版社。

黄宗智(2014a):《超越左右:从实践历史探寻中国农村发展出路》,北京:法律出版社。

黄宗智(2014b):《过去与现在:中国民事法律实践的探索》,北京:法律出版社。

黄宗智(2018):《探寻扎根于(中国)实际的社会科学》,《开放时代》第6期,第159—177页。

速水佑次郎、神门善久(2009):《发展经济学:从贫困到富裕(第三版)》,北京:社会科学文献出版社。

王汉生、刘世定、孙立平(1997):《作为制度运作和制度变迁方式的变通》,《中国社会科学季刊》第21期,第45—68页。

王绍光、樊鹏(2013):《中国式共识型决策:"开门与磨合"》,北京:中国人民大学出版社。

赵鼎新(2016):《国家合法性和国家社会关系》,《学术月刊》第8期,第166—178页。

周黎安(2004):《晋升博弈中政府官员的激励与合作:兼论我国地方保护主义和重复建设长期存在的原因》,《经济研究》第6期,第33—

40页。

周黎安(2007):《中国地方官员的晋升锦标赛模式研究》,《经济研究》第7期,第36—50页。

周黎安、李宏彬、陈烨(2005):《相对绩效考核:关于中国地方官员晋升的一项经验研究》,《经济学报》第1期,第83—69页。

周黎安(2017):《转型中的地方政府:官员激励与治理(第二版)》,上海:格致出版社/上海人民出版社。

周黎安、王娟(2012):《行政发包制与雇佣制:以清代海关治理为例》,载周雪光、刘世定、折晓叶主编《国家建设与政府行为》,北京:中国社会科学出版社,第97—178页。

周黎安(2014):《行政发包制》,《社会》第6期,第1—38页。

周黎安(2018):《"官场+市场"与中国增长故事》,《社会》第2期,第1—45页。

周雪光(2008):《基层政府间的"共谋现象":一个政府行为的制度逻辑》,《社会学研究》第6期,第1—21页。

周雪光(2011):《权威体制与有效治理:当代中国国家治理的制度逻辑》,《开放时代》第10期,第67—85页。

周雪光(2012):《运动型治理机制:中国国家治理的制度逻辑再思考》,《开放时代》第9期,第105—125页。

朱光磊、张志红(2005):《"职责同构"批判》,《北京大学学报》第1期,第101—112页。

邹谠(1994):《二十世纪中国政治》,香港:牛津大学出版社。

Baumol, William J. (1967). "Macroeconomics of Unbalanced Growth: The Anatomy of Urban Crisis," *American Economic Review*, 57(3): 415—426.

Besley, Timothy, and Torsten Persson (2011). *Pillars of Prosperity: The Political Economics of Development Clusters*. Princeton, N. J.: Princeton University Press.

Evans, Peter (1995). *Embedded Autonomy: State and Industrial Transformation*. Princeton, N. J.: Princeton University Press.

Kuhn, Philip A. (1970). *Rebellion and Its Enemies in Late Imperial China: Militarization and Social Structure, 1796—1864*. Cambridge, Mass.: Harvard University Press.

Lewis, W. A. (1954). "Economic Development with Unlimited Supplies of Labor," *The Manchester School*, 22: 139—191.

Li, Hongbin, and Li-An Zhou (2005). "Political Turnover and Economic Performance: The Incentive Role of Personnel Control in China," *Journal of Public Economics*, 89: 1743—1762.

Lieberthal, Kenneth and Michel Oksenberg (1988). *Policy Making in China: Leaders, Structures, and Processes*. Princeton, N. J.: Princeton University Press.

Mann, Michael (1986). *The Sources of Social Power: Volume 1, A History of Power from the Beginning to AD 1760*. Cambridge: Cambridge University Press.

McMillan, Margaret, Dani Rodrick and Inigo Verduzco-Gallo (2014). "Globalization, Structural Change, and Productivity Growth, with an Update on Africa," *World Development*, 63: 11—32.

Migdal, Joel (1989). *Strong Societies and weak States: State Society Relations and State Capabilities in the Third World*. Princeton, N. J.: Princeton University Press.

Montinola, G., Yingyi Qian, Berry Weingast(1995). "Federalism, Chinese Style: the Political Basis for Economic Success in China," *World Politics*, 48: 50—81.

North, Douglass C., and Barry R. Weingast(1989). "Constitutions and Commitment: The Evolution of Institutions Governing Public Choice in Seventeenth-Century England," *Journal of Economic History*, 49(4): 803—832.

O'Brien, Kevin J. and Lianjiang Li(1999). "Selective Policy Implementation in Rural China," *Comparative Politics* 31(2): 167—186.

Qian, Yingyi, and Chenggang Xu (1993). "Why China's Economic Reform Differ: The M-form Hierarchy and Entry/Expansion of the Non-state Sector," *Economics of Transition*, June 1993, 1(2), pp. 135—170.

Qian, Yingyi, and Barry R. Weingast(1997). "Federalism as a Commitment to Market Incentives," *Journal of Economic Perspectives*, 11 (4): 83—92.

Rodrick, Dani (2013). "Unconditional Convergence in Manufacturing," *Quarterly Journal of Economics*, 128(1): 165—204.

Rowe, William T. (1984), *Hanhow: Commerce and Society in a Chinese City, 1796—1889*. Stanford, Calif.: Stanford University Press.

Schultz, Theodore W. (1964). *Transforming Traditional Agriculture*. New Haven: Yale University Press.

Weber, Max (1978[1922]). *Economy and Society: An Outline of Interpretive Sociology*. Berkley, CA: University of California Press.

Weingast, Barry (1995). "The Economic Role of Political Institutions: Market-Preserving Federalism and Economic Development," *Journal of Law, Economics, and Organization*, 11: 1—31.

Weiss, Linda, and John M. Hobson (1995). *States and Economic Development: A Comparative Historical Analysis*. Oxford: Polity Press.

Xu, Chenggang (2011). "The Fundamental Institutions of China's Reforms and Development," *The Journal of Economic Literature*, 49 (4): 1076—1151.

第二编

国家、国力与社会

本编处理的问题是国家与社会间的关系,以及其与国力之间的关联。

拙作《国家与村社的二元合一治理:华北与江南地区的百年回顾与展望》提出,近百年来中国在这方面的经验是充满坎坷的。首先是民国时期,国家通过在县级政府之下设立新的"区"政府来提高其基层渗透力,既有一定的成效,也多见贪污滥权。中华人民共和国时期,通过正式行政体系之外的党(支部)组织来带领乡村治理的渗透力,一度(尤其在初级合作社阶段)展示了"党建"中的党民合一的优良效果,但之后却走到了"大跃进"的过度由上而下的极端。再其后,又在"文化大革命"中走到了过分失序和暴力化的极端。改革期间,一方面是越来越正规的官僚化,一方面又在2006年免除税费之后,面临基层治理财源被掏空和社区自身组织崩溃的问题。今天,国家基层治理仍然是个悬而未决的问题。其中,也许最值得借鉴的,是之前曾经有过的"党民合一"优良传统。

周黎安《一体多面:中华帝制时期的国家与社会关系》《行政发包制与中国特色在研究的国家能力》两篇文章,处理的也是同一问题。首先,根据他的行政外包框架来重新检视旧帝国时期在这方面的传统,颇具创新性地提出:中华帝国长期以来其实一直较多采用这样的方法来进行基层治理,可以见于诸多传统"公共产品"领域,如道路、水利、抚恤、乡勇,亦可见于众多主要依赖民间组织的实例,如乡约、宗族、会馆。它是一个"集权的简约治理体系",是一个既节约国家稀缺资源而又较有效的模式,是一个在"权力一元性"下的"治理多样性"的"一体多面"的体系,与西方近现代的"低度中央集权,高度基层渗透力"模式十分不同。

周黎安在其下一篇文章中进而论证,其委托—代理型机制的重点不仅在于官员激励机制,也在于国家"基础能力"的建设。近年来,在国家行政发包模式的治理之下,有的领域其实已经呈现了前所未见的国家基础能力的提升。之前,有的领域未能得到充分重视,但在发包制下经过调整,如委托处于更关键地位的人员来负责,加强国家对其的支持,使绩效呈现了明显的提高。一个重要的实例是治水方面新建立的"河长制"。借此,周文打通了之前作为两个分开的领域来对待的激励和基础能力问题,将它们统一起来来说明中国与西方不同的治理模式。行政发包是一个仍然处于提高和变动中的体系,无疑也是中国式治理未来的一个重要发展方向。

后续我的《国家—市场—社会:中西国力现代化路径的不同》讨论的是同一问题的另一维度。西方关于国力的论析,多无视或掩盖了其殖民主义和帝国主义的丑恶面,整体上并不适合也不可能用于中国。中国自身的治理模式,固然带有较严重的官僚主义化倾向,但同时也带有民众参与化的优良传统的一面。民众积极参与在革命过程中所起到的关键作用,与国力建设直接相关。这是今天仍然可资借鉴和推广的一条道路。

最后是我的《从土地的资本化到资本的社会化:中国发展经验的新政治经济学》。文章指出中国国家和私企在关键性的"建设用地"资本化过程中,显然紧密合作,乃至分利。最近,还展示了"由一部分人先富起来"的权宜之策逐步从简单的(来自土地的)资本化转向社会主义化的服务和福利化的趋势。它展示的是一个西方没有的关键性"中国特色"实例。

综合起来,以上论析的多种共时趋向才是中国治理体系及国家能力含义的真正关键性质,显然都与近现代西方式的国力经验和理论十分不同。

国家与村社的二元合一治理：华北与江南地区的百年回顾与展望[①]

黄宗智

回顾传统中国的治理意识形态，我们可以区别两个层面：一是其理念方面的道德主义，可以称作道德意识形态；二是其实践方面的实用主义，可以称作实用意识形态。这对概念既取自笔者自身关于中国传统正义体系的"实用道德主义"分析（黄宗智，2014b），也借助了舒尔曼（Franz Schurmann,1970[1966]）关于中国共产党的"纯粹意识形态"（pure ideology,指马列主义）和"实用意识形态"（practical ideology,指毛泽东思想）的划分。如此的划分有助于我们理解儒家和中国共产党治理思想中的道德主义和实用主义的二元性。同时，需要进一步强调的是，两者这样划分的用意并不是要把它们建构为非此即彼对立的二元，而是要强调两者间的二元合

[①] 本文发表于《开放时代》2019年第2期。

一与平衡,缺一不可,其间既有张力,也有互动和互补,更有应时的演变。

这就和现代西方,尤其是英美传统的思维方式十分不同。在英美主流的"古典自由主义"思想中,特别是在经典的亚当·斯密(Adam Smith, 1976 [1775—1776])的经济思想和约翰·斯图亚特·密尔(John Stuart Mill, 1859)的政治思想中,国家与市场/经济、国家与个人/社会是对立的,据此思维而形成的"古典自由主义"(classical liberalism)经济思想的核心是,要求国家"干预"市场的最小化,尽可能让市场机制自我运作,让其充分发挥"看不见的手"的作用,认为那样才能促使生产资源的最佳配置。在政治领域,则特别偏重确立个人自由的权利,认为法律的主要功能是防范国家权力对其的侵犯(也要防范大众对个人的侵犯),从而延伸出保障个人思想、言论、组织自由等基本权利的法理。前后一贯的是,从国家与社会/经济、国家与个人的二元对立基本思维,得出偏重二元中的单一方的经济自由主义和法律自由主义,由此形成所谓的自由—民主(liberal democracy)治理传统。

更有进者,自由主义思想采取了同样的二元对立倾向来思考一系列其他的问题,不仅是国家VS.经济、国家VS.个人,还包括道德主义(实质主义)VS.形式主义、非理性主义VS.理性主义、特殊主义VS.普世主义等二元对立范畴(binary opposites)。在英美传统的斯密和密尔之外,特别突出的是德国的韦伯,他也是一位影响深远的自由主义思想家。他虽然提出了实质与形式、非理性与理性的二元划分,并据此演绎出交叉的四种法律理想类型(实质非理性、实质理性、形式非理性、形式理性),但实际上,他在法律历史叙述中,基本只采用了单一的二元对立,即实质非理性与形式理性的二元对立,把西方的法律演变历史叙述为趋向形式理性法律的历史,把非西方文明(包括中国、印度、伊斯兰)的法律传统则全都认作实质非理性的法律。对他来说,道德理念是实质主义的和非理性的,是特殊的而不是普世的,它们多是来自统治者一己的意愿,而不是依据不言自明的公理(个人权利),凭借普适的(演绎)逻辑而得出的普适法理。在他那里,现代西方法律的总体趋势是形式理性法律的逐步形成。(Weber,1978 [1968]: viiii,尤见第1章结尾部分的总体框架和第4—8章的论述)

与此相比,中华文明的传统则一贯没有如此把二元范畴对立起来建构成非此即彼的选择。一个突出的例子是,建立"帝国儒家主义"(imperial Confucianism)的董仲舒所采纳的阴阳学说的二元合一宇宙观。它是董仲舒结合偏重道德理念的儒家和偏重实用刑法的法家的"阳儒阴法"二元合一思想背后的基本思维。中国传统法律中道德主义与实用主义的长期并存,普适的理念与特殊的经验的二元合一等思维,也是基于同样的思路。"帝国儒家主义"的治理理念,拒绝国家与经济/市场、国家与社会/个人间的二元对立、非此即彼的建构,强烈倾向二元(乃至多元)合一的思维。(黄宗智,2014b.1;亦见黄宗智,2020c:"代后记")

当然,正如自由—民主思想者所指出的,如此的思维欠缺针对国家权力的个人权利设定,倾向允许威权乃至于极权治理。它也拒绝严格要求法律在逻辑上的统一,允许普适理念和特殊经验、道德理念和实际运作之间的背离共存。但反过来说,我们也可以从二元合一的思维角度来批评二元对立思维中偏重理念不顾经验的反实际倾向,以及偏重个人权利而强烈抑制国家权力的自由主义思维。其中,缺乏平衡、结合二元的"过犹不及"的("中庸之道"的)思想。我们还可以说,无论是在人际关系层面、认知层面,还是治理层面上,二元对立、非此即彼的思维都很容易失之偏颇。譬如,它促使现代西方正义体系强烈倾向把几乎所有的纠纷都推向必分对错的框架,由此形成了过度对抗性的法律制度,缺乏中华文明中经过调解和互让来处理大部分纠纷的传统。(黄宗智,2016b)

具体到国家和基层社区间的关系,中国的治理体系从古代、近现代到当代,都展示了简约治理的倾向,高度依赖社区的道德化非正式民间调解机制,并且由此产生了多种多样的源自国家正式机构和民间非正式组织间的互动而形成的"半正式""第三领域"治理系统。后者和国家与社会二元合一而不是非此即彼对立的基本思维直接相关,也和道德意识形态与实用意识形态二元合一的思维直接相关。

以上固然是简单化了的,乃至于夸大了的中西对照,但是,本文将论证如此的划分有助于我们更清晰地思考中国的政法传统及其今后的出路。本文特别关注的是国家和村庄间关系的问题,从笔者深入调查研究的华北和江南地区近百年来的历史回顾出发来梳理、区别其历史演变中所展示的几种不同的国家与村庄关系的模式,据此来论析各种模式的优点和缺点,进而提出对中国未来发展的看法。

一、百年回顾

(一) 现代之前

1.道德意识形态

儒家治理的道德意识形态的核心在于"仁政"的道德理念,即儒家经典四书中的《大学》所开宗明义的理念:"大学之道,在明明德,在亲民,在止于至善。"理想的统治者是道德修养(格物、致知、修身、齐家、治国、平天下)达到至高境界的贤者、"圣人"。而治理实践中的至理是孟子所言的"民为贵,社稷次之,君为轻"(《孟子·尽心下》),也是历代格言谚语"得民心者得天下"所表达的儒家道德意识形态。

固然,在实用层面上,历代的皇帝较少有达到"贤君"境界者,在一个数百年的朝代的历史中,不过有三两位"贤君",而达不到理想的"庸君""昏君"(乃至"暴君")则占大多数。在那样的历史实际中,儒家的仁君理念显得过度抽象,不仅缺乏对君主权力的有力制衡和对君主的制度化约束,而且缺乏通过民选来更替统治者的制度。在世袭君主的帝国制度之下,最终只能凭借民众的反叛来建立新皇朝而更替皇帝。

即便如此,我们也应该承认,中国古代的政治体制不能简单地总结为"专制"。在仁治理念的推动下,中国唐代以来便形成了典范性的科举制度,通过考试来选择全国在高度道德化的儒学中成就至高的人员为帝国的官员。在实际运作中,由这些官员所组成的行政体系已经带有一定程度的现代"科层制"特征,是个对皇帝的极权具有一定制约功能的制度。此外,根据仁政道德理念而形成的法律制度,在实际运作层面上,对皇权也形成了一定的制度化约束(譬如,皇帝不能轻易、随意修改律法)。虽然如此,但由于帝国皇帝近乎绝对的权力以及其世袭制度,其并未能真正有效地排除历朝都多有权力过大的庸君和昏君的弊端(当然,西方的民选制度也多会产生昏庸的统治者,但其权力受到"三权分立"体制的制衡)。

至于国家与最基层社会的村庄的关系方面,中国自始便形成了一个依赖德治多于管制的传统。在儒家的理念中,道德高尚的统治者会促使庶民也遵从国家的道德意识形态,促使民众和谐共处,不需要国家的过分干预。有清一代,在县级政府以下村社以上,甚至一度设有专管道德教育的半正式"乡约"人员,由其负责庶民的道德教化。民间的纠纷多凭借由国家"仁"与"和"的道德意识形态而形成的社区非正式调解制度来处理;国家机构在民间调解不能解决纠纷的时候方才介入。在那样简约治理的实用意识形态中,把关乎"细事"的民间纠纷认定为应该优先让社区本身来处理的事务,不能解决时才由县衙介入,并且是由其"(州县)自理",不必上报。这就是道德意识形态下的无讼、厌讼治理理念的实用状态,更是(中央集权下的)"简约治理"实用意识形态的具体体现。(黄宗智,2007;亦见黄宗智,2015:第 18 章)

2.实用意识形态

这个治理体系的关键在崇高的道德理念与实用性治理的二元合一、互补与互动。在基层,尽可能依赖村庄人民的道德观念,以及不带薪的(非正式的)村社自生领导来处理村庄内部的问题,尽可能依赖社区自身的内在机制来解决纠纷。在村庄之上,县衙之下,则设置简约的半正式治理人员。有清一代,除了上述负责道德教育的乡约,在理论上还设定管治安的不带薪酬的半正式保、甲长,以及管征税的同样是半正式的里、甲长(Hsiao,1960)。但实际上,伴随长期的安宁,这个乡约+保甲+里甲的基层治理制度蓝图则趋向比其设计要简约得多的实施。在19世纪的文献证据中,我们可以看到,已广泛演化为三者合而为一的"乡保"制度。所谓的乡保是个处于自然村之上,介于村庄和县衙之间的一个不带薪的半正式国家治理人员(在19世纪宝坻县平均20个村庄一名乡保——黄宗智,2014a.1:41),由地方上的士绅推荐,县衙认可,由他们来负责连接县衙和村庄的职务。(黄宗智,2014a.1:193—199;黄宗智,2007)

伴随如此的简约治理制度,村社内部多产生了自发的纠纷处理和治理体系。譬如,华北平原的村庄形成了村社内在的非正式"首事"(亦称"会首")制度,一村之中会有几位威信高的人士被公认为带领村务的首事。这些被村民公认的人士还参与村内的调解工作——由他们之中的一位或(在重大纠纷情况下)多位,与纠纷双方当事者分别会谈,凭"仁"与"和"的道德理念来劝诫双方,促使双方互让来解决纠纷,而后由双方"见面赔礼",由此"息事宁人"。这样,大部分的民间"细事"纠纷都通过社区本身来解决,既起到和谐的作用,也减轻了国家正式机构的负担。这一切在19世纪的县级诉讼档案及20世纪30年代和40年代在华北的(满铁)经济和社会人类学的实地调查研究中(主要是详细具体的对村民的按题访谈记录),都有详细的资料为凭据。(黄宗智,2014a.1:203—209;调解见黄宗智,2014b.1:49—57;亦见黄宗智,2014b.3:20—29)它较好地展示了崇高的道德理念和简约的实用运作的二元合一治理系统。

3.国家与村庄的二元合一

与现代西方(特别是英美的)政治思想传统相比,中国的基层治理没有设想国家和村庄(社会/个人)非此即彼的二元对立,一直坚持把国家和人民(村社)视作一个二元合一体。那样的基本观点的优点在于其比较崇高的道德理念,并由此形成了中国比较独特的简约正义体系,借助民间的非正式调解体系来辅助国家的正式法律制度,借此解决了大部分的民间"细事"纠纷,没有形成英美的过分对抗性的法律制度。

伴随"简约治理"实用意识形态而呈现的另一关键性实践方式是国家和社会在互动、互补中所形成的"第三领域"中的半正式治理制度。半正式的"乡保"可以从两个不同视角来理解:一是国家机构的权力凭借不带薪但由国家认可的半正式人员来延伸,是县衙权力伸向基层农村社区的具体体现;二是基层民间组织通过国家的认可而半国家化,向国家的正式机构延伸。半正式的"乡保"所代表的是国家和社会的互动、互补的交接点。

更具体而言,笔者之前详细论证了在诉讼案件进行的过程中,县衙常会榜示其对当事人的告状和之后呈禀的文件的批示,而当事人通过乡保或榜示,或通过衙役传达,会由此获知知县对一个案件进程的陆续反应。而那样的信息会直接影响社区由于诉讼而引发更为积极的调解或重新调解。而社区的非正式调解一旦成功,当事人便可以具呈县衙,要求撤诉。县衙则会在简约治理实用意识形态下(民间细事纠纷应该优先由社区本身来处理),几乎没有例外地批准销案。在这个国家与社区互动的"第三领域"中,乡保处于重要的衔接地位。(详细论证见黄宗智,2014b.1:第 5 章)

正是这样的国家和社会/社区的互动、互补,具体展示了国家和社会二元间的二元合一设想。它是国家以"仁"与"和"为主的道德意识形态,与其"简约治理"实用意识形态的搭配下所产生的非正式和半正式治理现象的具体体现。西方传统中的国家与社会二元对立的基本思维则不会产生这样的二元合一治理实践,而是会更多依赖非此即彼的国家与民间、正式与非正式的划分,也会更多依赖必分对错的方式来解决纠纷。这也是西方的中国研究大多忽视国家正式治理体系之外的非正式和半正式治理的根本原因。(黄宗智,2007)它堪称中国治理不同于西方的一个重要"特色"。

(二)民国时期

进入民国时期,上述的中国治理系统既有演变也有延续。首先,"现代"国家更为深入地渗透村庄,具体体现为在"县"级机构之下,组建了"区"级正式带薪的区长(其下设有武装人员)的正式政府机构(近似当代的"乡镇"行政阶层)。(黄宗智,2014a.1:235—237,243—245)其次,建立了村长制:之前最底层的半正式治理人员"乡保"是设置在村庄之上的,而村长则是设置在村庄本身的半正式人员。在华北平原一般是自然村,在江南松江地区则是在小型自然村(埭)之上,合并几个"埭"而组成的"行政村"。

"村长制"仍然是一种半正式的制度,村长由村社体面人士举荐,县政府批准,但不是一个带薪的正式国家人员。新村长的主要职责(像之前的乡保那样)是征税和治安,也包括(与村庄自生的其他领导人士一样)协助解决社区内的纠纷。在盗匪众多的淮北地区,不少村长还会领导、组织村庄自卫,如红枪会。(Perry,1980)河北、山东的村庄中也有那样的实例。(黄宗智,2014a.1:206—211,224—225)

这样,民国时期的中国在一定程度上也步入了具有较强渗透力的"现代国家政权建设"(modern state-making)的过程。虽然如此,其仍然维持了传统崇高的"和"的道德理念以及仍然是比较简约的基层实用治理,包括依赖非正式和半正式的人员以及民间的调解,与西方的"现代国家"仍然有一定的不同——无论是韦伯(Weber,1978 [1968])所论析的现代"科层制"国家,还是迈克尔·曼(Michael Mann,1986)所论析的"高渗透力"(high infrastructural power)现代国家——它们都是高度正式化的治理体系。(黄宗智,2007)

在军阀战争频发和盗匪众多的民国时期中,有的村庄呈现出传统村社秩序的衰败乃至于崩溃,从而导致所谓的"土豪劣绅"或"恶霸"势力的兴起,显示了传统实用道德主义治理系统的衰败。在被调查的华北平原村庄中便有如此的实例。他们成为后来土地革命运动中的重要斗争对象之一。(黄宗智,2014a.1:225—230,230—233)

(三) 集体化时期

在集体化时期,村庄经历了进一步的改组和演变。首先是在村级的行政组织之上,成立了村社的党支部,使得政党—国家的体制权力深入村社。这个新制度是伴随 20 世纪 50 年代中后期的"社会主义建设"运动而设定的。后者全面改组了村庄的一些最基本的制度,包括土地和生产资料的集体化、村庄劳动力的(集体)组织化以及村庄生产的计划化。其次,社区的调解制度被"干部化",不再是主要由村社内受村民尊敬的非正式威望人士来进行纠纷调解,而是主要由新设的村支书和村长来调解村庄内部的纠纷。伴之而来的是国家(政党—国家)权力深入每个村庄。这一切在笔者 20 世纪 80 年代在江南和华北所做的实地访谈研究和当地县法院诉讼档案的研究,以及笔者其后在 20 世纪 90 年代所做的聚焦于纠纷处理的访谈研究中,都有比较翔实的资料为证。(黄宗智,2014a.1:151—164;黄宗智,2014b.3:30—37)

在"大跃进"时期,政党—国家体制下的全能统治大趋势达到其顶峰。国家试图把农业完全产业化,使用类似工厂乃至于军队的组织,认定生产和组织规模越大越好,把村民完全纳入庞大的人民公社,甚至把一般生活组织化,一段时期中还设立了公共食堂来取代一家一户的分爨。同时,把人可胜天的革命意识推到了极端,要求完全克服自然条件的制约,要求把农业跃进到不可思议的高产水平。在政党—国家高度集权体制中,出现了由上到下的政策实施过程中的极端化和简单化("一刀切")。由于政策严重脱离实际,更引发了由下到上的作假现象,导致了完全背离实际的浮夸和弄虚作假等恶劣的状态。加上自然灾害的影响,导致1959—1961三年困难期的严重危机。① 它是当时体制可能失衡的重要实例。在思维方式的层面上,"大跃进"更把国家和社会二元合一中的"合一"推到了"统一"的极端,实际上抛弃了二元共存互动、互补的传统。②

(四)改革时期

在去集体化的改革时期,先是一定程度上返回到类似于民国

---

① 在笔者调查的华阳桥村(和松江县),对中央的"大跃进"路线有一定的抵制,而因此被认作是反对毛泽东的"彭(德怀)主义"的一个据点。尤其是在种植业方面,华阳桥把极端的种植方式限定于少量的"卫星地"试验田(总共才6亩土地),其总体的粮食生产因此相对稳定,直到1961年、1962年的春季多雨和秋季早寒气候的天灾时方才明显下降。虽然如此,我们也可以从华阳桥的经验据看出当地大队干部(乃至于县领导)所面对的压力。在"大跃进"风暴的影响下,华阳桥也终止了自留地和家庭副业,并一度执行了大食堂政策,对村庄生产起到破坏性的影响。虽然,在发展村(大队)级工业方面,做出了一定的正面成绩(黄宗智,2014a.1:230—236),但从全国范围来看,"大跃进"的结果无疑是灾难性的。
② 应该说,如此的"统一"和中国传统中对马列主义中的二元辩证对立统一的认识不无关系,与中华文明中的(变动中的)二元合一(持续的互动、互补)思维有一定的不同。后来的"文化大革命"则可以被视作相反的,由社会运动吞食国家的二元辩证对立统一的极端。

时期的状态:国家管制范围收缩到主要限于保安和征税(加上1980年后严格执行的计划生育政策),但较少管制生产,并把纠纷解决制度重新非正式化(从以村主任和支书为主降到越来越多依赖村社本身的其他威信高的人士的"调解委员会",乃至于完全非正式的人士来处理纠纷)。同时,借助新型的半正式化的国家机构,如乡镇政府下属的法律服务所和警察派出机构,来处理村社的(半正式化)民间"调解委员会"所不能解决的纠纷和问题。(黄宗智,2014b.1:37—51)一定程度上,这一切是对过去极端化治理的反应,返回到比较平衡的二元合一实用道德主义治理传统。

其后,在2006年正式完全废除农业税之后,中国更经历了重要的历史性变化:国家不再从村庄汲取税费,而转入越来越多地凭借"项目"和其他类型的"转移支付"来试图"发展"经济。2016年以后计划生育的全面松弛化也促使村庄"管制型"治理的收缩。如今的国家和村庄间的关系,已经成为一个"给"多于"取","放任"多于"管制"的关系。表面看来,这是国家从汲取到给予、从管制到服务村庄的"现代化"和根本性改变。

二、村庄社区的衰落

最新的状态对村庄来说应该是个划时代的大好事,国家不再汲取村庄资源,反之,将"反哺"农村,"以工补农",以政府的"转移支付"和"项目"来补农。但在实际运作中,却没有那么简单。

首先,废除税费——特别是农业税和之前的"三提五统"收费——的实际效果并不只是减轻了农民的负担,同时也掏空了最接近村庄的乡镇政府的财政收入。周飞舟(2006)把这个过程称作乡镇政府财政的"空壳化"以及乡镇政府之成为"悬浮型政权"。由于村庄不再是他们的重要收入来源,乡镇政府不再十分关心村务,除了直接与项目和上级政策相关的事务,很少介入村社的治理。其中的一个关键问题是村级的公共服务,包括村级水利维修、村级小道路和桥梁的建设和维修、村庄内部的垃圾和污水处理、医疗卫生以及环境保护的措施等诸多方面。

在这个层面上,国家的"转移支付"(主要是通过项目制)所起的作用是有限的,因为项目制的运作机制非常容易使政策实施偏离国家的原意,存在"形式主义"倾向的作风和问题,这也是目前中央所极力反对并要重点解决的问题之一。许多官员们真正关心的是自己的政绩。为此,不少乡镇政府倾向于把项目经费拨给条件最优越的村庄,甚至把项目经费集中起来,"打包"给几个典型和示范的村庄,甚至打造"示范区"来应付上面的项目验收,证明自身施政的成绩。同时,国家农业政策实施中又特别强调扶持龙头企业、大户、大型专业合作社,以及成规模的"家庭农场",也存在相同的问题。(黄宗智,2014c;亦见黄宗智,2017a)

之所以如此的部分原因在于国家这些年来所采用的激励机制,即目标责任制,其对推进 GDP 的增长产生了一定的成效,但也导致了公德价值方面的问题。(黄宗智、龚为纲、高原,2014;王汉生、王一鸽,2009)项目制的设想基本源自同一战略:依赖个人逐利机制来推动竞争和发展,推动乡村的现代化。但是,在那样的去道德化的逐利实用意识形态下,村庄公共服务几乎完全陷入真空状态,村民个体顾不上,乡镇政府也顾不上,因为村庄社区已经不再是其财政收入的重要来源,而村社本身则缺乏必需的财源(除非是村领导依赖自身的关系网从企业或大户筹借)。中华文明的"仁政"理念和政党—国家体制下的为人民服务的道德理念受到了个人逐利意识形态的冲击。

正因为村级公共服务面临危机,才会促使成都市 2009 年以来采用广受称道的、针对村级公共服务真空问题的新政策:由财源丰厚的市政府每年直接拨给每一个村庄一笔公共服务费用(开始是 20 万元,2016 年预期达到 60 万元)来填补上述空白,意图凭借那样的资源来带动村社和村民的公共性、民主性和参与性。(田莉,2016;亦见杜姣,2017)

根据城镇化及西方的视角和理论预期,小农户及其村社必然行将完全消失,要么转化为城镇居民、市民,要么转化为个体化的、类似于城镇产业的农业企业的工人。但社会实际则是,中国农村仍然主要是由亿万"半工半耕"的小农户所组成的,在近期内不可能像理论意识的预期那样消失。

中国在基层治理的过程中也出现了一些反面的现象。一个例子是征地和拆迁中呈现的"征迁公司",堪称一种异化了的"半正式"行政机构。(耿羽,2013)另一个例子是近十年来兴起的"劳务派遣公司",其将一些国企、私企,乃至于事业单位的原有正规工人以及新雇全职职工(多是农民工)转化为非正规的(名义上是)"临时性、辅助性或者替代性"的"劳务派遣工",借此来减轻企业在福利和劳动保护方面的"负担"。(黄宗智,2017a、2017b)两者都该被视作异化了的营利性"半正式"机构,与本文重点论述的仁政和为民服务理念下的简约半正式机构性质十分不同。

"仁"与"和"道德理念主导下的国家与社会二元合一的传统已经再次陷于失衡的状态。在笔者看来,这是改革后中国今天面临的至为庞大、至为重要、至为紧迫的问题。

三、国家与村庄关系的三大模式

根据以上的百年回顾论述,除中国传统的实用道德主义治理模式之外,我们可以区别之后的两大不同农村治理模式:一是改革期间的市场经济和资本投入模式,二是其前的计划经济与集体化模式。以下先分别论析两大模式的得失,进而建议采纳既综合两者优点又承继古代和革命传统优点的第三模式。

(一)市场经济与资本投入模式

国家 20 世纪 80 年代以来对农村采用的战略基本是去计划经济化和去集体化,一定程度上也是去社区化,转而把农民视作在市场经济大环境中的一家一户的"个体"。这是联产承包责任制的基本精神,要从"集体"激励转为"个体"激励,从社区公益驱动机制转为个人私利驱动机制。这是伴随(古典和新)自由主义经济学理论而来的观点,其代表乃是舒尔茨(Theodore W. Schultz),他争论,在市场经济的环境中,每一家农户都会"理性"地追求自己利益的最大化,这是最基本、最高效的激励机制,能够导致资源的最佳配置。国家只需为小农提供适当的技术条件,便能够推进农业和农村的发展和现代化("改造传统农业"),但绝对不可干预市场"看不见的手"的运作,更不要说采用计划经济了。(Schultz,1964)"专业合作社"的设想便是一个试图模仿美国的设想,无视村庄社区,试图以农业企业为基本单位,让其合作追逐其"专业"的市场利益。20世纪90年代以来,主导国家政策的实用意识形态把上述的战略具体化为尽力扶持龙头企业、大户、专业合作社以及规模化(超过100亩的)"家庭农场",同时推动(扶持、补贴)现代投入(化肥、良种、机械),意图借此来发展中国农业。(黄宗智,2008;修改版见黄宗智,2020a:第3章——《舒尔茨〈改造传统农业〉理论的对错》)

在最近十多年"转移支付"的"项目制"实施下,这一切更体现为凭借地方各级政府以及农村各种实体之间的竞争来确定国家转移支付资本的投入,想借助"典型"和"示范"实体来带动农村的发展。正是这样的国家政策,促使相当比例的企业公司和农业大户"发展"的兴起。

但是,那样的村庄、企业和大户迄今明显仍然只是农村和农民中的少数,充其量最多可能达到总耕地面积的6%—10%。(黄宗智、高原、彭玉生,2012;黄宗智,2020a)伴随以上政策而来的是农村中逐渐呈现的一系列问题。这些事实的具体体现之一是城乡差别没有得到改善且日益显著:全球各国的基尼系数比较显示,中国已经从集体时代的全球较平等的国家之一转化为较不平等的国家之一。(黄宗智,2016a:23—26)说到底,这是在发展过程中逐渐丧失了中国古代和现代政党—国家本身的崇高道德理念。

这里,我们应该清楚区别中国之前的"典型"和如今的"典型"。之前的典型多是"劳动模范"型的,为的是借以拉动广大人民的积极性。如今的则是"让一部分人先富起来"战略下的少数人的"典型",存在过分逐利的道德偏差。

即便如此,我们仍能看到小农经济的强韧生命力。首先是近三十年来小规模"新农业"(高值农产品,主要是生鲜农产品,包括菜果、鱼肉禽、蛋奶)的发展,它凭借的主要是中国人民伴随国民经济发展和收入提高而来的食物消费的转型,从传统的粮食、蔬菜、肉食8∶1∶1的比例,朝向城市生活水平较高的人们(以及日本、韩国和中国台湾的食物消费结构)的4∶3∶3比例的转化,由此扩大了对高附加值农产品(菜果、鱼肉禽、蛋奶)的需求和其发展的市场机遇,推动了(一、三、五亩的拱棚蔬菜,几亩地的果园,乃至十几亩的种养结合)小农户这方面的发展。(黄宗智,2016a)而推动小农户从旧农业转向新农业的动力其实主要并不是国家偏重资本的资助,而是市场营利的激励以及农户自身的打工收入。(黄宗智、高原,2013)近三十年来,农业生产的产值(区别于某些作物的产量)一直以年均(可比价格的)约6%的速度增长。如今,小规模的高附加值"新农业"的产值已经达到(大)农业总产值的三分之二,其耕作面积为总耕地面积的三分之一。(黄宗智,2010;亦见黄宗智,2016a;黄宗智,2020a:第2章)

但是,我们也需要清醒地认识到,这一切是在没有小农户所必需的现代型"纵向一体化"物流服务体系来应对"大市场"情况下,必须依赖低效且昂贵的旧型商业资本获得的,包括千千万万的小商小贩来进入市场。结果是,即便是新农业的农户,也多处于广泛的"种菜赔、买菜贵"的困境。这是个既不利于小农生产者,也不利于城镇消费者的局面,这也导致部分新农业农民仍然需要依赖打工和农业的半工半耕兼业来维持生计。(黄宗智,2018;亦见黄宗

智,2020a:第15章)

至于"旧农业"(大田农业,尤其是谷物种植)中的小农户,他们固然由于打工工资的上涨(农业劳动的机会成本的上涨),而国家又相当大力地支持机械化,如今已经越来越多借助自身的打工工资来雇用机器进行耕—播—收服务,并由此推动了那方面的农业现代化。(黄宗智、高原,2013)虽然如此,他们同样由于现有物流体系的缘故,相当广泛地处于(可以称作)"粮农贫、粮价贵"的困境。如今,中国的粮价已经高于国际市场的价格,但旧农业的小农仍然收入很低。(黄宗智,2020a:第15章,以及第8章的后记)

无论是新农业还是旧农业的小农户,其年轻的父母亲都需要靠打工来维持家庭生计。后果之一是他们大多要依赖孩子的爷爷奶奶来为他们把子女带大(因为孩子不能进入就业地的公立学校,除非交纳昂贵的"择校"费),从而造成了普遍的、大规模的"留守儿童"以及"隔代家庭"的现象。在那样的家庭中,孩子们自小便会形成一种源自父母亲缺席的深层不安全感,也会缺乏对村庄社区的认同,而且,祖父母不会和父母亲同样、同等、具有相似权力地来教养留守儿童。那样的留守儿童,到成年后进城打工而成为"新生代农民工",在城市也将同样缺乏安全感和认同感,因为他们大多无法获得大城市的市民身份,无法购置房屋,无法过上稳定体面的生活而真正融入城市,只能像他们的"农民工"父母亲那样以"流动人口"的身份在城市干最重和最脏的工作,其中大多数不享有基本的福利。(黄宗智,2017b:153—155;黄宗智,2020c)黄斌欢(2014)把这种现象称作"双重脱嵌"——留守儿童—新生代农民工是个既"脱嵌"于农村,也"脱嵌"于城市的群体。换言之,"新生代农民工"多是一种惯常性流动的群体,他们带着一种无根者和流浪者的心态在城市打工。他们既不会真正扎根于城市,也不会返回村庄,实际上组成了一整代持有"无家可归"心态的"迷失"群体。(黄宗智,2020c;亦见吕途,2013、2015)他们使"三农问题"和农民工问题变得更为严峻。也就是说,国家与农民间的关系再度失衡。

在那样的客观实际下,一再宣称农业已经越来越高度"现代化"实在无补于事。相对其逐年扩增的转移支付和各种补贴与资助的投入量而言,这种扶持对广大的农民影响并不大,其绩效大多只可见于"典型""示范"村庄和个别的大户。可以说,"三农问题"仍然是未来很长一段时期国家必须重视和解决的问题。

(二)计划经济与集体化模式

改革前的计划经济和集体化模式确实失于过分控制农民、农村和农业,最终脱离、违背了小农的利益,导致了走向极端的"大跃进"(和"文化大革命")政策实施。总体而言,农村每工分的报酬久久停滞不前,农民生活久久不得改善。

但是,我们也要认识到,其中实际的失策并不在于早期的互助组和合作社,而是在于当时脱离民众利益的"越大越好"和国家过分控制农村的政策。早期的互助和合作无疑协助了占比不止一半的"贫下中农"解决其生产要素不足的问题(土地不足、牲畜不足、农资投入不足,甚至由于打短工而劳动力不足)。(高原,2017)而且,在"大跃进"高潮之后(1963—1978年)的"三级所有、队为基础"(生产小队平均才约30户)制度下,农村社区组织再次返回到比较合理的规模,比较贴近农民的切身利益。那样的制度,虽然仍附带着一定的依赖过分管制和僵硬的计划经济,但仍然在1952到1979年期间实现了粮食产量平均每年2.3%增长率的成绩(这是珀金斯的比较权威的研究的数字——Perkins and Yusulf, 1984:第2章)。(黄宗智,2020a:第16章,第三节)其间,固然有失于压制农民在市场环境中营利的自我激励机制,但我们也不该无视适度规模的(相对较小的)小集体在许多方面的成就,不仅是农业持续的增长,还是水利以及其他公共服务(特别是村庄秩序和村级公共服务)的绩效,更包括普及("民办公助")教育("小学不出队")和医疗卫生(每村一名"赤脚医生")方面的显著成绩。后者是诺贝尔奖得主阿马蒂亚·森和他的合作者比较印度(同样是小农经济农业大国)和中国的专著研究中特别突出的优点。(Drèze and Sen, 1995:第4章)那些成绩不该伴随"大跃进"的极端现象而被全盘否定。

到改革时期,在过去过分僵硬的计划经济和国家过分管制的体制下,全盘去集体化和去计划经济化的反动当然是可以理解的,这也在一定程度上释放了农民在市场经济中自我激励的积极性(如上述的"新农业")。但与此同时,我们也要问:完全依赖"资本"(实际上多是旧型的榨取性商业资本而不是新型的产业或物流资本——黄宗智,2018),抛弃社区组织的传统和其优越的贡献方面,是不是有点矫枉过正、再次失衡了?如果是,今后有没有可能提出综合、再平衡这两大模式的优点而又避免其弱点的方案?

(三)社区合作社推动模式

要简单总结的话,集体时期国家更多关注国家计划,过分管制农村,未足够重视小农户个体,使其生活久久不得改善;而其后的改革时期,则过分关注资本,同样不够重视小农,导致村级公共服务不足、社区解体。相比之下,这正是日本、韩国与中国台湾地区所谓"东亚合作社模式"的优点所在。它既借助了市场经济来激发个体农户的生产积极性,又借助了社区整合性来组织新型的农产品公共服务,尤其是其在市场经济环境中所必需的纵向一体化(物流)服务。一方面,它借助了农民营利的自我激励机制;另一方面,它又借助了传统社区的凝聚性而组织了农民为其社区利益("公益化了的私利")服务的体系。国家则扮演了在社区基层之上的组织角色,特别是组建现代化的服务性批发市场,通过拍卖和大规模的批发交易来让农产品能够系统有序地进入大市场交易,为小农户提供了低成本的高效服务。

合作社与批发市场的搭配,成功地塑造了完整的新型物流体系,包括在原产地的规范化加工、分级、包装,以及其后的"供应链",更包括对生鲜农产品来说至为关键的具有冷冻条件的屠宰、加工、包装、储藏、运输、交易、配送中的完整的"冷链",大规模降低了生鲜农产品进入市场的损耗,为新农业提供了完整的新型物流服务,也包括为"旧"农业(大田作物,主要是粮食作物[谷物和豆类])提供高效的加工、包装、运输、储藏、销售等条件。相比较而言,"社区合作社+国家"的批发市场提供了相对高效和廉价的物流服务,为小农户提供了较高收入的条件,成为全球国家中分配比较均匀(社会公平的基尼系数)的国家和地区。当然,上述的新型合作社的物流体系服务逻辑是一个不同于之前的互助组和初级合作社为了解决贫下中农要素不足问题的合作逻辑。(黄宗智,2018)

更有进者,东亚模式的综合型合作社农业现代化模式,较好地联结了传统的小农及其社区凝聚性与新型的市场化农业发展,较好地融合了国家由上而下的角色和农民由下而上的参与,体现了农民自身的主体性以及农村社区及其原有的公益价值观。(黄宗智,2018)同时,日本和韩国,也较好地综合了社区的调解机制和新型的法律制度,以及其间的半正式型司法体系,由此组成了一个源自中华文明传统的多维正义体系,避免了西方国家的偏重私人、偏重私利、偏重必分对错的法律体系,较好地搭配了国家功能与民间组织,道德意识形态与实用意识形态。(黄宗智,2016b:20—21,16—19)

在更深层面上,它也是一个延续传统中华文明核心价值观和思维方式的模式。它拒绝简单和偏一方的非此即彼二元对立思维,而维护了长期以来中华文明倾向二元(乃至多元)合一的思维和价值观。在这个意义上,目前的过分个人私利化的"市场和资本推动模式",与其前身的过分国家威权化的"计划和集体化模式",同样不符合中华文明核心中的二元合一中庸价值观与思维模式。"社区合作+市场经济"模式实际上是一个更为符合中华文明基本"特色"的模式,也是一个原来来自中华文明基本治理哲学的模式。在这个框架下,我们还可以纳入二元互补的民间半正式化的调解组织,如村庄的调解委员会,以及官方的半非正式化的调解组织,

如乡镇法律服务所以及公安局的调解。(黄宗智,2016b)

如今,农村社区的凝固性与农民的家庭和社区伦理观虽然受到一些私利价值观的冲击,但其核心仍然顽强、坚韧地存续着,尤其是在人们深层的家庭和社区观念以及对待道德和实用二元的思维方式层面上。农村解决社区纠纷的调解制度仍然存在,其所依据的道德价值观完全可以取代追逐一己私利所导致的伦理真空和村级公共服务真空,可以取代在国家与村社二元之间非此即彼地偏重单一方的错误抉择。后者是对中国近现代百年国难的过度反应。如今,在恢复了国家与民族的尊严和自信之后,我们已经具备采取更为平衡、中庸的抉择的基本条件。如此的抉择所涉及的不仅是长远的经济效益问题,一定程度上更是中华文明延续还是断裂的问题,以及中国的未来是否真能具有优良的"中国特色"的问题。

四、新型的民众参与模式

更具体地来说,什么样的国家与农村关系的模式才能够连接传统与现代,才能够既不同于西方现代传统也不同于中国过去的皇帝专制体系,才能使国家和民众有效地平衡二元互补、形成良好互动?

笔者认为,要回答这些问题,我们首先需要梳理清楚现当代中国三大传统(古代中国、共产党革命、西式现代化)历史中的得失、优劣,借此来塑造一个新的综合性的前景。此中的关键问题是,怎样才能够避免过分依赖国家威权来强制执行不符实际或违反大多数民众利益的政策,怎样才能够防范过去趋向极端和脱离实际的政策倾向——特别是关乎民生的重大公共政策。显然,现当代中国不可能简单依赖西方的经验和选举制度,虽然目前的人民代表大会已经起到一定的代表民意的作用,但要更有效、更有力地纠正过去的错误决策,中国需要从共产党本身的执政历史和理论中来挖掘可用资源,其中,既有值得警惕的错误和失败的倾向,也有值得突出、强调和进一步制度化的资源。

(一)调查研究、试点和民意

在党内长期以来使用的重大公共政策决策和实施过程的传统中,向来有比较清晰的"调查研究""试点""推广""调整"等不同阶段的划分。首先是"调查研究"("没有调查就没有发言权")的传统,在最理想的状态中,甚至要求决策者深入民众进行"三同"(同住、同吃、同劳)。笔者认为,在维持这个调查研究传统的优良一面之上,可以更明确地要求决策者广泛虚心地聆听民意(如已有的个别访谈或小规模座谈的传统,或新型的半正式协商会议等),不仅是了解实际情况而后据之来拟定政策,更是虚心地深入了解民意——这是过去决策过程中没有被十分明确突出的一点。今天,应该特别突出以这样一个维度来作为对过去的"调查研究"传统的补充和改进,把深入了解民众的意愿也定为"调查研究"传统的一个关键部分,为的是体现真正的民主精神和为民服务的党性。

其次,一旦形成一个初步的政策思路,应该仍采纳过去传统中的"试点"方法来确定初步拟定的政策是否真正可行,通过实验来检视其实际效果并做出相应调整。(韩博天,2009)这里,同样应该加上民众的反应来作为试点的一个重要衡量维度,而不是简单依赖决策者自身的衡量,也不是简单依赖"目标责任制"下的"数字化"管理技术。

(二)民众参与和群众路线传统

更为关键的是,在实施关乎民生的重大公共政策的过程中,应该明确加上由下而上的民众参与,把其当作关乎民众切身利益的重大政策的必备条件,而不是简单依赖政府管制或党组织的"动员"和"宣传"来执行政策。这是因为,民众的积极参与才是最实际可靠的民意表达,绝对不可以凭借官僚自身的形式化民意估计来替代实质性的民众参与,或以意识形态化的"理论"来推定和宣称民众的支持。毋庸说,其中的关键在于官员们真正尊重民众意愿的道德观念和党性,而不是官僚体制中存在的走形式、满足上级要求、追求自身政绩等行为。当然,在大众传媒高度发达的信息时代,媒体也是一个重要的民众意愿表达器和测量器。近年来一再被使用的广泛征求学者、专家意见的做法也是。新信息技术当然也可以用来鼓励更为广泛的民意表达。在经过试点后的推广阶段,民众的参与更为关键。好的关乎民生的重大公共政策是民众真正愿意参与实施的政策。

在党的历史中,最接近上述设想的是党的群众路线传统。(许耀桐,2013;张雪梅,2013;卫建林,2011)未来,也许应该把群众路线的优良面定位于"民众参与",处于形式化的选举制度和过度运动化的制度之间。不同于选举,它不是每几年一次性的、针对某些竞选人的选举,而是要求其成为每一个关乎民生重大公共政策的实施过程中的必备条件,要求借助民众参与的力量来进行政策的拟定和实施,尽可能把衡量政策优劣的标准定于是否真正受到民众积极参与所表达的欢迎。当然,也不同于"大跃进"和"文化大革命"那样的运动政治。

这样的话,不会像如今的西方国家那样把国家重大涉民公共政策设定主要依托于选举的形式,因为那样的选举只是多年一度的检测,而且多会取决于民众对某一竞选人的表面——如容貌、谈吐、风度、言词等——的反应,而不是真正对其实质性的人格和具体政策的反应。通过民众是否积极参与政策拟定和实施的检验,可以得知政策的成功与否不会简单取决于政党—国家体制下超级政党的"动员"能力,更不会取决于在西方常常是关键性的政党竞选经费数额,而是取决于实质性的民众参与。笔者认为,这才是中国革命的"群众路线"的至为优良的传统。此中,至为重大的实例也许是抗日战争和解放战争时期民众的积极参与和对共产党的积极支持,验证了"得民心者得天下"的传统治理道德理念。它是国家与人民二元合一的相互依赖、互动、互补的最佳体现。

(三)东亚合作社的实例

与本文议题直接相关的实例是东亚型合作社的历史。它自始便强调,参与合作社与否必须完全取决于每位社员的自愿。在那样的基本要求下,扎根于社区的、主要服务于小农户的东亚型综合合作社几乎做到了所有农民自愿参与,这就和中国2007年以来推动的"专业合作社"的经验形成极其鲜明的对照。(黄宗智,2017a:140—144)在东亚模式的经验中,合作社既由于政府把相当部分的支农资源让渡给了民主管理的合作社,也由于那些合作社成功地由社区农民自己为绝大多数的小农户提供了其所必需的"纵向一体化"新型物流服务而赢得了绝大多数农民的积极参与。(黄宗智,2015b、2018)

总体来说,群众路线的优良的一面,也可以说是其真髓,在于要求国家行为不只限于由上而下的民生决策和施行,而是要求广泛的由下而上的参与。那才是共产党群众路线传统中至为核心与优良的含义,才是值得我们今天发扬光大和进一步制度化的传统,也是防范、制约不顾民众意愿的威权政治和错误政策偏向的一个实用的方法,一个能够排除强加于民众的"瞎指挥"的方法。它可以成为结合崇高道德理念与实用性实施的一个关键方式,是促使国家与民众间的二元合一良性互动、互补的重要制度。

如此的设想其实是比较符合中华文明(包括中国共产党的执政)长期以来的治理传统和思维方式的一个方案,它把国家和人民设定为一个二元的合一体(也可以说,一个二元而又合一的系统工程),拒绝现代西方的二元对立、非此即彼的偏向。它不是一个抽象的、不顾实用的理念,而是一个结合道德理念和实用运作的方案。它要求的是,通过民众参与的基本要求来排除脱离实际、脱离民众意愿的重大公共政策的拟定和实施。它也是迥异于西方制度传统的一个真正具有中国特色的治理模式,更是针对帝国传统以及政党—国家体制传统中部分负面倾向的一种制度化约束。

参考文献：

杜姣(2017)：《资源激活自治：农村公共品供给的民主实践——基于成都"村级公共服务"的分析》，《中共宁波市委党校学报》第 4 期，第 100—106 页。

高原(2017)：《工业化与中国农业的发展》，载《中国乡村研究》第 14 辑，福州：福建教育出版社，第 196—217 页。

耿羽(2013)：《当前"半正式行政"的异化与改进——以征地拆迁为例》，载《中国乡村研究》第 12 辑，福州：福建教育出版社，第 79—95 页。

韩博天(Sebastian Heilmann)(2009)：《中国异乎常规的政策制定过程：不确定情况下的反复试验》，《开放时代》第 7 期，第 41—48 页。

黄斌欢(2014)：《双重脱嵌与新生代农民工的阶级形成》，《社会学研究》第 2 期，第 170—187 页。

黄宗智(2020a)：《中国的新型小农经济：实践与理论》，桂林：广西师范大学出版社。

黄宗智(2020b)：《中国的新型正义体系：实践与理论》，桂林：广西师范大学出版社。

黄宗智(2020c)：《中国的新型非正规经济：实践与理论》，桂林：广西师范大学出版社。

黄宗智（2018）：《怎样推进中国农产品纵向一体化物流的发展？——美国、中国和"东亚模式"的比较》，《开放时代》第 1 期，第 151—165。

黄宗智(2017a)：《中国农业发展三大模式的利与弊：行政、放任、合作的利与弊》，《开放时代》第 1 期，第 128—153 页。

黄宗智(2017b)：《中国的劳务派遣：从诉讼档案出发的研究（之一）》，《开放时代》第 3 期，第 126—147 页。

黄宗智（2017c）：《中国的劳务派遣：从诉讼档案出发的研究（之二）》，《开放时代》第4期，第152—176页。

黄宗智（2017d）：《中国的非正规经济再思考：一个来自社会经济史与法律史视角的导论》，《开放时代》第2期，第153—163页。

黄宗智（2016a）：《中国古今的民、刑事正义体系：全球视野下的中华法系》，《法学家》第1期，第1—27页。

黄宗智（2016b）：《中国的隐性农业革命（1980—2010）——一个历史和比较的视野》，《开放时代》第2期，第11—35页。

黄宗智（2015a）：《实践与理论：中国社会、经济与法律的历史与现实研究》，北京：法律出版社。

黄宗智（2015b）：《农业合作化路径选择的两大盲点：东亚农业合作化经验的启示》，《开放时代》第5期，第18—35页。

黄宗智（2014a）：《清代以来民事法律的表达与实践：历史、理论与现实》。第1卷，《清代的法律、社会与文化：民法的表达与实践》；第2卷，《法典、习俗与司法实践：清代与民国的比较》；第3卷，《过去和现在：中国民事法律实践的探索》，北京：法律出版社。

黄宗智（2014b）：《明清以来的乡村社会经济变迁：历史、理论与现实》。第1卷，《华北的小农经济与社会变迁》；第2卷，《长江三角洲的小农家庭与乡村发展》；第3卷，《超越左右：从实践历史探寻中国农村发展出路》，北京：法律出版社。

黄宗智（2014c）：《"家庭农场"是中国农业的发展出路吗？》，《开放时代》第2期，第176—194页。

黄宗智（2010）：《中国的隐性农业革命》，北京：法律出版社。

黄宗智（2008）：《中国小农经济的过去和现在——舒尔茨理论的对错》，载《中国乡村研究》第6辑，福州：福建教育出版社，第267—287页。

修改版见黄宗智(2020a),第3章《舒尔茨〈改造传统农业〉理论的对错》。

黄宗智(2007):《集权的简约治理——中国以准官员和纠纷解决为主的半正式基层行政》,载《中国乡村研究》第5辑,福州:福建教育出版社,第1—23页。亦见黄宗智(2015a),第18章。

黄宗智、高原(2013):《中国农业资本化的动力:公司、国家,还是农户?》,载《中国乡村研究》第10辑,福州:福建教育出版社,第28—50页。

黄宗智、高原、彭玉生(2012):《没有无产化的资本化:中国农业的发展》,《开放时代》第3期,第10—30页。

黄宗智、龚为纲、高原(2014):《"项目制"的运作机制和结果是"合理化"吗?》,《开放时代》第5期,第148—159。亦见黄宗智(2015a),第20章。

焦长权、周飞舟(2016):《"资本下乡"与村庄的再造》,《中国社会科学》第1期,第100—116页。

吕途(2015):《中国新工人:文化与命运》,北京:法律出版社。

吕途(2013):《中国新工人:迷失与崛起》,北京:法律出版社。

田莉(2016):《成都市推进村级公共服务和社会管理改革的实践》,载《成都发展改革研究》第3期,转引自四川经济信息网,http://www.sc.cei.gov.cn/dir1009/223968.html,2017年10月15日访问。

王汉生、王一鸽(2009):《目标管理责任制:农村基层政权的实践逻辑》,《社会学研究》第2期,第61—92页。

卫建林(2011):《党的历史是形成和完善群众路线的历史》,《中国社会科学》第4期,第11—19页。

许耀桐(2013):《关于党的群众路线形成和发展的认识》,《理论探索》第4期,第5—10页。

张雪梅(2013):《群众路线面临的时代挑战与对策解析》,《求实》第1期,第30—34页。

周飞舟(2006):《从汲取型政权到"悬浮型"政权——税费改革对国家和农民关系之影响》,《社会学研究》第3期,第1—38页。

周雪光(2008):《基层政府间的"共谋现象"——一个政府行为的制度逻辑》,《社会学研究》第6期,第1—21页。

Drèze, Jean and Amartya Sen(1995). *India: Economic Development and Social Opportunity*. New Delhi: Oxford University Press.

Hsiao, Kung-Ch'üan(萧公权)(1960). *Rural China: Imperial Control in the Nineteenth Century*. Seattle: University of Washington Press.

Mann, Michael(1986). *The Sources of Social Power, VolumeⅠ: A History of Power from the Beginning to A. D. 1760*. Cambridge, New York: Cambridge University Press.

Mill, John Stuart(2000[1859]), *On Liberty*, in *On Liberty and Other Writings, Cambridge Texts in the History of Political Thought*, edited by Stefan Collini. Cambridge, England: Cambridge University Press.

Perkins, Dwight and Shahid Yusuf(1984). *Rural Development in China*. Baltimore, Maryland: The Johns Hopkins University Press.

Perry, Elizabeth J.(1980). *Rebels and Revolutionaries in North China, 1845—1945*. Stanford, Calif.: Stanford University Press.

Schultz, Theodore(1964). *Transforming Traditional Agriculture*. New Haven, Conn.: Yale University Press.

Schurmann, Franz(1970[1966]), *Ideology and Organization in Communist China*. Berkeley and Los Angeles: University of California Press.

Smith, Adam(1976[1775—1776]), *An Inquiry into the Nature and Cau-*

ses of the Wealth of Nations, 4th ed. .London: n. p.

Weber, Max (1978 [1968]), *Economy and Society: An Outline of Interpretive Sociology*, edited by Guenther Roth and Claus Wittich, trans. by Ephraim Fischoff et al. .Berkeley: University of California Press.

"一体多面":中华帝制时期的国家—社会关系再研究[①]

周黎安

一、引言

中华帝制时期的国家与社会关系的特征在国内外学术界存在不同的理论概括。一种很有影响的观点认为,传统中国的国家治理是"皇权不下县",乡村社会实际上享有士绅主导的自治状态。比如费孝通(1991:46)先生就指出,皇权统治所形成的"自上而下的单轨只筑到县衙门就停止了,并不到每家人家大门前或大门之内",而乡村社会是"地方自治的民主体制",士绅在其中扮演关键角色,由此形成皇权与士绅的"双轨政治"。温铁军(2000)也提出中国晚清以前的政治是"皇权不下县"的观点,概括起来就是"国权

[①] 本文发表于《社会》2022年第5期,收入本书时略有修改。

不下县,县下惟宗族,宗族皆自治,自治靠伦理,伦理造乡绅"。以萧公权(2018)、瞿同祖(2003)为代表的学者则明确否认了中国传统乡村在中央集权之下享有自治的说法。秦晖(2004)进一步提出了"吏民社会"的假说,认为皇权统治通过基层胥吏深入乡村,对百姓的人身、财产、纳税、言论等方方面面实施了严格的控制。在"乡村自治"与"吏民社会"两种对立的观点之间,也有学者提出国家与社会相互调适、密切互动的观点(卜正民,2009)以及介于国家与社会之间的"第三领域"的理论概括(黄宗智,2008)。

上述学术争论主要围绕着国家权力对于社会的渗透和控制程度而形成不同的判断。以迈克尔·曼为代表的西方学者则从资源汲取和动员的国家能力视角提供了新的理论概括(Mann, 1986; Weiss and Hobson, 1995)。根据这种观点,中华帝国属于"专制性权力强、基础性权力弱"的治理形态,中央朝廷看似高度集权,拥有发号施令、生杀予夺的权力,但基础性权力不足,难以渗透至社会基层大规模汲取资源,例如税赋占可征用的经济资源比例就很低。韦伯也表达了类似的观点,即中华帝国的中央集权难以渗透到乡村社会(韦伯,2010)。[①] 与韦伯、曼的理论概括相对照,黄宗智(2008)提出了"集权的简约治理"的分析概念,强调中华帝制治理形态一方面是皇帝专制权力的集中性和绝对性,所有官员均由皇帝任命;但另一方面,帝国在基层治理上是高度简约的,利用准官

---

① "事实上,皇权的官员行政只施行于都市地区和次都市地区。……出了城墙之外,行政权威的有效性便大大地受到限制,因为除了势力强大的氏族本身之外,行政还遭遇到村落有组织的自治体之对抗。……'城市'就是官员所在的非自治地区;而'村落'则是无官员的自治地区。"(韦伯,2010:140—141)

员和非正式制度治理社会,区别于现代国家的官僚政府依靠正式化的公文系统、规章制度和法律条文。只要民间治理有序、没有重大社会冲突,县官并不干预,默认士绅的乡村治理;除了钱粮上缴和地方治安,更多的社会事务则委托给准官员(如乡保)和士绅办理。例如在司法领域,传统中国除了官方正式的司法判决,广泛依赖半官半民的非正式调解制度。"集权的简约治理"在一定程度上"解构"了曼所强调的"专制性权力"与"基础性权力"之间的巨大张力,指出看似"基础性权力弱"的表征——如"皇权不下县"、基层社会依靠准官员和士绅治理——其实是王朝国家借助庞大的准官员队伍,以低成本、广覆盖的方式统治如此庞大的帝国疆域。

关于国家权力对基层社会的渗透方式,傅衣凌(1988)曾深刻揭示出中华帝制一元化与多样性的奇妙结合。一方面是中央政权的高度集权和皇权的绝对强制性,另一方面是国家权力介入基层社会的多样性和包容性,如多元的财产所有形态(官田、族田、民田)、多元的司法权(如官方律例与法庭审判、宗族裁决审判、民间调解,以及政府的律例与民间族规、惯例并存,法庭裁决与民间调解、宗族裁决并存)。"用西欧模式看起来互相矛盾的各种现象,在中国这个多元的社会传统奇妙地统一着,相安无事,甚至相得益彰"(傅衣凌,1988:5)。而且一元性与多样性的统一还具有历史的维度:

> 这种既早熟又不成熟的弹性特征,使中国传统社会具有其他社会所无法比拟的适应性,不管是内部生产技术的提高,还是外部环境的变化,这个多元的结构总是能以不变应万变,

在深层结构不变的前提下迅速改变自己的表层结构以适应这些变化。中国历史上多次遭受变乱和分裂,而最后仍然作为一个统一国家长期存在,其奥秘正在于此。(傅衣凌,1988:第5页)

沿着傅衣凌的思路,结合黄宗智的概括,我们可以说:中华帝制的一元性与多样性的结合不仅体现在财产制度和司法权方面,也体现在帝国人口的多元化的身份特征,如官吏、准官员(如里正、乡保)、士绅、百姓等。这些多元性身份是从官府到民间社会的连续性延伸,而且在不同历史时期也呈现出动态调整与持续演化的特征,比如政府内部从秦汉的"官吏一体"到明清的"官吏分流",乡村基层治理从正式的乡官制过渡到职役制,准官员代替了正式官吏,宋元之后士绅阶层代替了魏晋南北朝的豪族大户。

以上所综述的理论对于我们理解中华帝制时期国家与社会关系都有重要的学术价值和启发意义。但是,当我们将这些理论放在一起加以检视和对比,有些理论之间存在明显的抵牾之处,而有些理论若仔细推敲其内在逻辑和适用范围,也有不少值得商榷之处。

例如前面提到的"乡村自治""吏民社会""官民合作"三种假说,已有的文献经常把它们提升到对于中华帝制时代国家与社会关系的总体性概括而加以比较和讨论。虽然这些假说都能找到一些支持性证据,但显然只适用于特定的治理领域或特定的历史时期,而难以作为总体性理论概括而存在。例如"皇权不下县"的假说主要适用于明清时期,显然不适用于唐中期之前,尤其是乡官制盛行的秦汉时期。秦汉的乡官——三老、有秩、啬夫、游徼——都是朝廷正式任命的官吏,通过乡、亭、里多级基层行政组织,对乡村社会进行全面治理。即使明清以来,乡官制已不复存在,但皇权的正式建制不下县并不代表皇权的统治止于县。有研究表明,在清朝,县佐官(县丞、巡检)等官署位于县以下,承担大量行政职能(胡恒,2015);更重要的是,王朝国家通过官方授权的乡里制(如里甲制、保甲制)对乡村社会实施管理与控制,在赋税和治安方面的控制一直较为严密(赵秀玲,1998)。在此情况下,"士绅自治"的确切含义是值得推敲的。"吏民社会"假说强调朝廷通过乡官制度、税赋、意识形态控制等多元化手段深入乡村日常生活,政权控制高度渗透民间社会,这与"士绅自治"或"皇权不下县"的描述构成鲜明对照。"吏民社会"理论对于汉唐时期,尤其在赋役、司法和意识形态控制方面,可能是适用的,但要延伸到明清时期,尤其在宗族内部管理、教化、赈灾、兴修水利等治理领域,则难以成为一种准确的概括。有学者指出,明清之后因为宗族与赋役、救恤、治安等基层治理功能合流,中国南方地区已经出现"基层社会自治化"的趋势(郑振满,2009a)。"官民合作"假说(如卜正民,2009)指出,上述两种描述忽略了许多属于中间状态的治理领域,如乡约、赈灾、兴修水利等,在这些领域官民合作的情形极为普遍。但是,"官民合作"或"官民互动"作为一种理论概括的有效性也只限于地方公共产品的供给方面,如果延伸到钱粮、治安、意识形态控制等属于皇权强力控制的领域,就很难说是官民合作了。概言之,对于具体治理领域或特定历史时期不加区分,不讨论适用范围,只是以官民关系的某种特征笼统刻画中华帝制时期国家与社会关系的总体特征显然是危险的。

曼的理论概括如果以18世纪的西欧国家为基准有其正确的一面。近代西方国家之间频繁而残酷的战争,推动着中央权力机构的强化、军事财政能力的提升,以及民族国家的形成。例如在战争压力之下,英国18世纪从包税制转型为国家机构征税,发明公债制度,一举获得竞争对手难以匹敌的国家融资能力。相比而言,中华帝国在绝大多数历史时期并不面临如此严峻的国家生存压力,其内在的汲取和渗透能力自然难以发展出来。事实上,在一些朝代,皇帝主动将征税规模限定在某个固定水平(如明代的"原额主义"和清代康熙朝的"滋生人丁,永不加赋"政策),说明皇权是有意限制其资源汲取水平的。但是,如果我们将秦汉帝国与同一时期的罗马帝国进行对比,中国官僚体系的完备性、国家对于社会的渗透性和资源汲取能力则是后者所无法比拟的(沙伊德尔,2020)。这里显然有一个比较基准的问题。更关键的是,如黄宗智的"集权的简约治理"和"第三领域"①所指出的那样,中华帝国发展出一系列的官民互动的合作机制,而这是王朝政权应对国家职责扩充、同时又不引发大规模财政支出的治理利器,为曼等许多西方学者所忽略。

基于以上的文献梳理,关于中华帝制时期国家与社会关系的特征描述,可谓众说纷纭。如果说"士绅自治""吏民社会""官民合作"各有其适用的治理领域或历史时期,那么是什么因素决定了这些特征在不同治理领域(或历史时期)的大致分布呢?对于大致

---

① 第三领域是介于西方理论所强调的国家与公民社会之间、半官半民处理公共事务的一种混搭式实践(黄宗智,2001)。

相似的国家治理形态(例如皇权与基层社会看似松散的关系),学者赋予了很不相同的解释(如国家与社会之间的"双轨政治","专制性权力强"与"基础性权力软"的组合,以及国家治理的一元性与多样性和灵活性的结合)。我们究竟应该如何看待这些相互关联却旨趣各异的理论概括呢?傅衣凌关于中华一元性与多样性的概括非常具有洞察力,尤其放在中西对比的背景之下,更彰显中华帝制国家治理形态的鲜明特色。但进一步的问题是,中华帝制的一元性与多样性之间是什么关系?如傅衣凌所述的中华深层结构的稳定性、统一性与表层结构的多样性、适变性又是如何联结起来的?其内在的驱动力量和治理逻辑是什么?这一系列问题的提出说明中华帝制时期国家与社会关系仍然有待于重新审视和进一步分析。

本文尝试运用行政发包制理论对中华帝制时期的国家与社会关系进行重新研究。相比如上概述的国家社会关系理论,行政发包制理论(周黎安,2008,2014a,2016;周黎安、王娟,2012)蕴含了一个对于中华帝制国家治理的解释性框架。它不仅通过"行政内包"的视角理解从朝廷到州县官的行政发包链条和具体形式,揭示国家从中央到地方的官僚体系的运作特征,而且还从"行政外包"的视角透视国家与社会的联结部分,解释行政外包的重要特征与内在机理,探索官民互动的诸种形式,包括国家组织边界的伸缩,如从"官吏一体"到"官吏分流"(周黎安,2016)。该理论借鉴了威廉姆森(Williamson,1985)交易经济学的分析方法,将经济组织的治理结构(如科层制、市场关系或两者混合形式)与经济交易的具体特征(如交易的不确定性、有限理性、资产专用性)联系起来。受此分析方法的启发,本文认为,从王朝国家的视角看,在不同的治理领域,如资源汲取和维护社会稳定、地方性公共产品供应、民间内部秩序维护,国家—社会互动关系面临不同程度和范围的统治风险,政府处理这些关系也涉及不同规模的行政治理成本。王朝政权面临的预算约束使得政府有动机在统治风险可控的前提下尽量节约行政治理成本;在其他条件不变的情况下,预算约束越紧张,政府节约行政治理成本的动机就越强烈。为此,政府迫于预算压力将一系列公共事务"外包"给社会团体和个人,具体的行政外包形式则依据公共事务和治理领域的特征而相机变化,进而引发国家—社会关系丰富多变的治理形态(周黎安,2014a,2016)。

后面我们将论证,"行政外包"的概念特别适合分析中华帝制时期国家—社会关系。原因在于,中华帝国的"大一统"和"一元化"权力使得王朝政权面临"无限治理责任",所有涉及政权稳定的事物都是政府关心的事务,王朝国家以相机控制权为基础,向官僚体制之外、满足一定"资质"条件的社会团体(个人)外包政府事务,赋予后者"半官方"身份,并给予必要的引导、监督和奖惩。在此过程中,不同领域的公共事务的治理特征决定了"行政"机制与"外包"机制之间的组合配置,塑造相应的治理模式特征,国家治理由此呈现出"一体多面"的总体格局。

站在本文的视角看,学术界关于"吏民社会""士绅自治"或"官民合作"的争论,其最大问题在于:只适用于特定治理领域(或历史时期)的理论概括被上升到帝制时代的总体性、全景式的描述。我们的分析可以将这些不同的理论概括各归其位,匹配到它们最适合的公共事务领域,并揭示其内在统一的治理逻辑。

借助行政发包制理论及本文的拓展分析,我们也可以对西方学者关于中华帝制国家—社会关系的一些理论概括进行重新评价。例如曼关于"专制性权力强"与"基础性权力弱"的概括只是注意到了在中华帝制时期国家与社会关系的"行政"与"外包"两个极端情形:在国家—社会关系的"行政"这一端是等级权力、强力控制等特征,在国家—社会关系的"外包"这一端,尤其在涉及民间内部秩序,是民间自主管理的特征。而中华帝制时期的国家治理最奇妙的地方恰恰是联结和整合"行政"与"外包"的丰富多变的治理机制,忽略这些处于中间地带的联结整合机制显然无法真正理解国家社会关系的性质和特征。再例如,西方历史学家经常感叹于中华帝国仅仅依靠一支规模很小的官僚队伍治理了一个如此幅员广阔的帝国(费正清,2003)。有学者把明清时期的中国与同一时期的英国、法国、德国做比较,发现中国官民比所反映的政府规模之小是惊人的,简直就是一个悖论(弗里斯,2018)。这些西方学者显然只聚焦于中国正式的官僚体制以及国家权力对于社会的直接渗透,而明显忽略了正式官吏系统之外庞大的准官员队伍以及由此推动的形式多样的"行政外包"和官民互动过程。在这个意义上,黄宗智的"第三领域"理论突破了传统上将国家与社会二元对立的分析范式,有助于引导人们关注真正具有中国特色且反映中国治理奥秘的国家—社会互动关系。但是,"第三领域"以及"集权的简约治理"理论更接近一种特征描述,并未给出关于官民互动的内在机理的系统分析。例如,在赋役、司法判决、道路水利和宗族管理等不同领域,国家与社会互动方式显然不同,乡村治理的简约程度和具体形态亦有显著差异,集权与简约治理的联结与互动机制仍然有待进一步的分析。事实上,目前关于国家与社会关系的研究之中描述性、概括性的理论偏多,而真正提供解释性的分析理论偏少。本文旨在提供一种解析性理论,揭示国家与社会、官与民互动关系的内在治理逻辑和运行特征,剖析中华帝制国家治理的"一元性"与"多样性"的内在关系与作用机制。这是本文的一个重要贡献。

本文的另外一个贡献在于,提供一个新的视角看待国家权力与社会团体自主性之间的关系特征。目前考察国家—社会关系的文献深受西方国家建构理论的影响,倾向于将国家权力对社会的直接控制力与可渗透性作为分析的焦点,经常将国家权力的强弱与社会团体的自主与否置于二元对立或零和博弈的状态(黄宗智,1999)。笔者认为,这种关于国家权力的传统观点直接或间接地影响了学术界关于中华帝制的国家社会关系的研究。本文提出的"行政外包"理论视角,指出了关于国家权力的另一种解析视角,强调国家权力在支配和强制的基础上作为一种资源配置手段的意义;这类似于科斯提出的,区别于以契约为中心的市场,企业通过行政权力的协调功能优化资源配置。按照这个观点,国家与社会关系所涉及的国家行政控制与基层社会自主管理如同一个权威组织(中华帝国)内部的"行政管理"过程,国家与社会的权力配置旨在节约行政成本,实现国家治理目标,而非以追求国家权力的强力渗透和直接控制为目标。这对应着在中华帝制的"大一统"结构内部,一元化和中心化的王朝政权将行政和社会事务"外包"给处于从属地位的社会团体或个人,并施加一定的行政性约束和相机性控制。国家权力的控制与社会团体的自主性在各个治理领域的不同搭配组合不是以国家支配力、控制力或渗透性的最大化为目标,而是为了节约稀缺的国家治理资源,更加有效地实现王朝政权的治理目标。在一些官民利益冲突明显的领域(如赋役和治安),国家控制相对严格;而在更多的官民利益兼容的领域,如区域性公共产品(如道路、水利、抚恤、乡勇)和民间内部秩序维护(如乡约、宗族、会馆)等领域,国家的相机性控制与民间自主管理相互促进,相得益彰,而不是你进我退、此消彼长的二元对立。

二、中华帝制时期的国家—社会关系:一个分析框架

为了维持国家权力机构的正常运作和社会基本秩序,国家一方面需要向社会民间团体和个人汲取剩余产品,获得财政供给,另一方面需要向社会提供基本的公共产品(如道路、水利、赈灾、教化、司法、国内治安与国防安全)。国家与社会主要通过两个层面发生关联。第一个层面是国家政权渗透介入社会,实现资源汲取和社会动员,如征集税收、招募兵员、征集人力修建大型公共工程。为了征收税赋,除非采取彻底的"包税制",国家需要建立相应的人口登记、财产和收入稽查等制度。中华帝制的不同时期,王朝赋役对于人丁和土地的依赖程度并不相同,总体上经历了以人丁为主到以田亩为主的赋税制度的演变。但只要涉及人身意义上的人丁税和徭役派征,就需要保证税收规模和徭役负担的公平分配,否则就会引发人员逃匿,导致徭役负担更加集中于少部分人,税赋分配进一步恶化。为此,政府必须相对准确地掌握户口和人员信息,制定相对公平的轮流服役规则,并控制人员跨地区流动。这是王朝

建立乡里制、"编户齐民"的重要原因,明朝的里甲制就是这方面的例子。

第二个层面是国家通过某种方式提供全社会或社区范围的公共服务(包括维持民间内部秩序)。这涉及国家与社会在公共和社区事务领域各自介入的程度和范围,或者说国家与社会之间的"组织边界"。从经济学的角度看,国家与社会的边界如同企业与市场的组织边界一样,核心问题是公共产品(包括社会秩序的维护)是由政府直接提供还是社会(社区)提供,还是两者共同提供?有意思的是,当这个问题被正式提出来的时候(如Hart et al.,1997),经济学隐含的假定都是两者理应有一个清晰的边界,抑或是政府提供,或者社会(社区或私人机构)提供。在西方国家建构的历史背景下,给定"公民社会"与国家权力的清晰边界,这个视角总体上是契合现实的。然而,当它被应用于中华帝制时期的制度场景时,大量的情形却是政府与社会多种形式的互动与合作。

行政发包制理论包含了国家官僚体制内部和国家—社会关系两个方面的分析(周黎安,2014a,2016)。第一个方面探讨国家(官僚体制)内部的行政发包过程——也称为"行政内包",试图理解从朝廷到州县官、从州县官到胥吏的行政发包链条和具体形式,揭示国家从中央到地方(包括政府内部)官僚体系的运作特征。第二个方面研究所谓的"行政外包"过程,即国家将一些区域性公共事务或影响皇权统治安危的事务(如宗族、邻里的民间内部秩序)"外包"给官僚体制之外的社会组织(如宗族、保甲、会馆)或社会群体(如士绅)。这里行政发包的"内"与"外"的主要区别是承包方是否在官僚体制之内,是否享受官僚体制的行政晋升序列和品秩待遇。另外,是否在体制内也影响到承包方所面临的行政约束和程序控制的差异。"行政外包"的"行政性"代表了王朝政权对于"体制外"承包主体必要的行政监督和社会控制,也包括对于承包主体的资格认定、身份的"官方化"和特殊化,如授予官方许可、个人头衔、荣誉特权(如选定里正,为宗族、会馆发放牒牌使之合法化,赐予个人国家称号,给予士绅免除徭役的特权等)。这些官方许可、头衔和特权形同"抵押品",社会承包主体一旦表现失当就可能失去它们,甚至遭受官方的惩罚。① 国家向"体制外"的民间团队和个人的"行政外包"区别于"体制内"的"行政发包"关系,前者比后者承担更多的资源筹资和动员责任,但也享有更大的自由裁量权决定发包事务的完成方式,官府的监督考核也相对简单(如目标任务大致完成、不引发社会抱怨和动荡)。社会外包关系之上所施加的单方面、等级性的"行政控制"和不平等的权利义务关系(如职役的成本付出与享受的徭役豁免不对等,士绅承担地方性公共产品的筹资和组织任务更多像是单方面履行社会责任)也使得行政外包区别于纯粹市场上的平等化的外包契约。当然,在"行政外包"

---

① 在承包主体的资格认定与行为控制上,行政内包是在既定的行政层级内部选择下级行政承包人(即朝廷命官),对于他们的绩效考核、奖惩和行政约束比较容易规定;而行政外包涉及的是体制外的社会承包方,谁适合做特定公共事务的社会承包方,授予多少社会职责和权力,如何约束其行为,并非如行政内包那样一目了然。在有些治理领域(如赋役和治安)国家直接介入承包方的选择、认定和监督,而在有些领域(如民间秩序管理),则可能经历一个逐渐摸索和适时调整的内生过程,例如乡约、宗族和商人会馆的社会外包过程就是如此(参见后面的分析)。王朝对于社会承包方的行政约束和控制主要是贯彻"胡萝卜加大棒"的思路,对于表现良好的社会承包方授予国家荣誉特权,对于表现不好者剥夺其荣誉特权,甚至直接弹压惩罚。

之下,官府与民间组织之间也可能展开合作,比如官方提供必要的经费资源,引导和组织民间力量,赋能"社会外包"主体。

本文聚焦的国家与社会的关系,尤其是国家与社会的联结和互动领域(如黄宗智所概括的"第三领域"),主要涉及的是多种形式的"行政外包"。根据行政发包制理论,在国家与社会的关系当中,朝廷在分配行政职责是否外包以及采取何种外包形式,主要取决于统治风险、治理成本和预算约束这些因素的考量。统治风险是指特定领域因治理失败所引发的危及王朝政权稳定的各类风险,如社会动荡、民众抗议、农民造反、外敌入侵等。① 潜在统治风险的评估显然是王朝国家在决定事务发包程度与范围的关键因素。给定统治风险,接下来要权衡的就是在特定治理领域国家直接统治需要付出的治理成本与国家面临的预算约束。这里定义的治理成本是指国家为实现特定的治理目标(如征税和维持治安)而直接介入(如设立行政机构、雇佣行政人员和监督行政机构的运行)所需花费的总成本;预算约束代表了王朝国家在正常治理技术之下所能汲取的财政资源总量。在中华帝制时代,由于国家税赋主要来自农业领域,大多数时期的盐铁收入和商税占比不高,传统的农耕技术和生产率水平限制了每亩可产出的农业剩余的规模,这决定了国家能够向农民征税的极限。考虑到征税本身引发的委托—代理问题(如州县官、胥吏与里正、乡保之类的职役层层盘剥

---

① "统治风险"概念最早由曹正汉(2011)引入中国国家治理的分析。周黎安(2014a)借鉴"统治风险"概念并重新加以阐述,以此作为决定行政发包程度与范围的一个重要决定因素。关于笔者和曹正汉对于"统治风险"的不同解释,请参见周黎安(2014b)。

农民),农民实际的税收负担可能比国家名义规定赋税比例高出数倍之多。因此,除非是昏君或特殊时期(发生大规模战争),正常情况下君主对于增加税赋是极其谨慎的。在一些朝代(如明朝),皇帝承诺将税赋总额固定在事前确定的某个水平不予突破,即所谓的财政"原额主义"(岩井茂树,2009),试图用祖宗之法捆住国家潜在的"掠夺之手",这反映了王朝国家对于严峻的财政预算约束的一种清醒认知和理性反应。传统农业社会的预算约束直接限制了王朝国家所能维持的官僚队伍和行政机构的规模,而不同历史时期王朝面临战争、农业歉收、人口变化、可税土地的统计问题等不同程度的挑战,国家预算压力也随之变化,这反过来影响政府外包社会事务的程度和范围。

对于王朝国家来说,一边是必须谨慎评估的统治风险,另一边是不得不考虑的预算约束和行政治理成本,两者的权衡取舍在相当程度上决定了国家与社会、官与民互动关系的具体治理形态。从行政内包转向行政外包一方面有助于降低国家所投入的财政资源和行政监督成本,另一方面也让承包主体享受更多的决策自主性和自由裁量权,但这些自主行动空间也可能给王朝统治带来一定的威胁和风险。总的来说,在统治风险可控的前提下最大限度节约国家治理成本和放松预算约束是国家—社会治理模式选择的内在驱动力。

我们也必须看到,不同治理领域(包括不同历史时期)所涉及的统治风险和治理成本并不相同,国家面临的预算约束也不一样,这为理解官民互动的组合谱系及历史演变提供了重要的线索。例如国防、征税、社会稳定或关系国计民生的大型水利工程,这些属于统治风险高的公共事务,政府倾向于直接参与,完全委托民间提供这些服务容易面临多方协调的困难,也可能面临社会承包方打着官方名义恃强欺弱、过度搜刮老百姓而引发社会动荡的危险。对于这一类事务,政府直接供应无疑耗资巨大(如建立行政机构、雇佣政府人员、组建职业化军队等),但相比潜在的统治风险而言,这些成本付出也是值得的。而对于统治风险较低的公共事务,节省行政治理成本的考虑会更重要一些。如区域性的道路、水利、赈灾、宗族内部管理,政府将视情况做出反应,为了降低政府投入负担,国家倾向于将这些公共事务程度不同地外包给社区(宗族)和士绅。

"行政"与"外包"在统治风险、预算约束和行政治理成本等因素的驱动下相互调适。即使在统治风险高、国家直接介入程度高的治理领域,国家也会有降低治理成本的动机,寻求更加有效的官民组合方式。例如,钱粮上缴和社会治安属于州县官两大政绩考核指标,尤其是钱粮上缴每年都有硬性上缴任务。为了完成这些基本任务,皇权强化对乡村社会的控制,编户齐民、里甲制、鱼鳞册等统治工具深入每家每户,乡民之间的血缘关系和自然聚落关系被国家设定的"里甲制""什伍制""保甲制"进行了人为的切割与组合,进而在自然的社会关系结构之上打上了国家意志的印记。从这一个侧面看,皇权依据自己的意志"塑造"了民间结构与秩序,通过乡里制深入乡村汲取税源,派发徭役,支撑朝廷和地方政府的财政运行。县以下的乡村行政建制则依情况而变,例如秦汉时期盛行的乡官制到唐宋之后就变成了职役制。乡官作为国家正式官吏,享受国家正式薪俸,履行政府职责,属于典型的"行政内包";而职役(如里正)一方面是官方任命,承担政府指定的公共职责,但同时又是农民身份,花费自己的时间和金钱为政府"勾摄公事",属于典型的"行政外包"(但伴随着相对严格的行政控制),可以称之为"准官员"。大约在相似的历史时期,官僚体制逐渐由"官吏一体"走向"官吏分流",胥吏从体制内走向体制外,从州县官到胥吏的行政发包链条由"行政内包"变成了"行政外包",国家官僚体系的组织边界因此而收缩。造成乡官制向职役制的原因是复杂的,其中一个驱动因素是国家治理规模的显著扩大和财力的相对紧张(徐茂明,2006:104)。唐宋之后随着乡的人口规模相比秦汉时期的大幅度减少,乡的数量显著增多,职役制代替乡官制可以相应减少国家的财政压力。

在统治风险总体不高的领域,如区域性的公共产品提供(道路、水利、救助),国家就会寻求更加开放、多样和灵活的"行政外包"方式,以减少国家的行政和财政负担。但即便在这样的场合,国家也并非"撒手不管",而是仍然保留行政的相机控制权,犹如一只隐性之手,视情况随时准备干预,民间社会只有在不威胁国家政权和社会稳定的情况下(此时国家不干预)才能享受"自主性"。另外,视政府财力情况,官府仍然选择程度不同地参与地方公共产品的提供。例如在水利、赈灾方面,当国家财力充裕的时候,政府会直接组织动员,主要以"官办"形式兴修工程和提供救灾设施,保证社会免受水患、灾荒的困扰;但如果财力紧张,则更可能外包给民间力量,政府只是负责引导和监管。

表1 治理领域与国家—社会关系的治理模式

治理领域	资源汲取与社会稳定(赋役、治安、礼仪政教、大型水利工程等)	地方性公共产品(道路、水利、救恤、乡勇)	民间内部秩序(三老、乡约、宗族、商人会馆)
统治风险	高	中	低
影响范围	全国性	区域性	俱乐部性质
行政、发包组合	强行政、弱外包	行政、外包均衡结合	弱行政、强外包
官民互动方式	官为主、民为辅	官民合作	官督民办

表1将国家不同治理领域的特征与国家—社会关系的特定治理模式进行了联结和匹配。我们根据统治风险的大小区分了三类治理领域。第一类是资源汲取和社会稳定,包括赋役、治安、国家意识形态控制(礼仪政教)以及大型基础设施(如跨区域的水利、道路、驿站)。这些方面均直接涉及国家的财政供给和政权稳定,属于统治风险高的治理领域,因此,国家治理一般采取"强行政、弱外包",或者说"官为主、民为辅"的模式。具体形式有国家直接供应(如乡官制、国家组织人力和物力修建大型水利工程、州县官主持基层司法审判)或者在国家严格控制下的行政外包(如里正制、保甲制、什伍制)。郡县制与乡里制互为表里,相互支持,通过编户齐民深入每个村庄和家庭,国家实现了对于百姓人身和财产的严密监督和行政控制。这是最接近于秦晖所强调的"吏民社会"的状态。当然,国家迫于财政压力,在统治风险可控的前提下尽量寻求经济上更为节省的治理方式,如以职役代替乡官、县官判案以司法

审判与民间调解相结合,等等。第二类治理领域是区域性公共产品的供应,如道路、水利、救恤、乡勇。地方性公共产品的影响范围相对有限,统治风险属于中等,其典型的国家治理模式是"行政与外包均衡互动"或官民合作型。官府根据预算状况或许提供一部分财力和物力支持,但更多是引导、组织和监督民间力量,保障最基本的地方性公共产品的供应。第三类治理领域是民间内部秩序的维护与管理,主要涉及村庄内部的礼仪教化与民间组织的日常管理,如三老、乡约、宗族、商人会馆等。因为局限于一个相对更小的群体范围(如同俱乐部产品一样),单一村落或宗族的失序对于国家来说威胁不大。从州县官的角度看,一个县所面临的村庄聚落、宗族数量之多,远超县衙门的监管能力,因此只能委托(外包)给这些民间组织自我管理,采取"官督民办"的治理模式。这是最接近于费孝通等学者所强调的"士绅自治"的领域了,但我们很难将这种"自我管理"看作是"士绅自治"或者类似于市场上平等化的外包契约治理。原因很简单,且不论三老、乡约(约正)本身就是官方授权且享有半官半民的身份,即使宗族和会馆的内部管理也只是一种政府相机控制下的自主性(后面将详加分析)。

表1已经清晰地呈现,国家和社会的关系依不同治理领域的特征而相应变化。关于国家—社会关系的三种理论概括,"士绅自治""吏民社会""官民合作",实际上只是分别接近于某个特定治理领域的官民互动特征。另外,不同领域的国家与社会关系特征还相互影响,例如当赋役制度从人丁为主逐渐转向以土地为主,里甲制趋于衰落,国家对农民的人身控制下降,但注重维护社会治安的保甲制的重要性随之上升。而在一些地区宗族与保甲制、乡约

制合流明显,士绅、宗族以其准官方身份日益获得官府青睐,在承包地方公共产品方面发挥了更为重要的作用。

三、透视中华帝制国家—社会关系的"一体多面"特征

如傅衣凌所言,中华帝制时期的国家治理体系呈现了惊人的多样性、灵活性、伸缩性,同时又都归于国家权力的"一体性"或"统一性"。我们上一节提供了一个分析框架,利用统治风险、行政治理成本与预算约束这些变量,解释中华帝制时期国家—社会治理形态的多样性和灵活性的具体呈现及内在的治理逻辑。从国家权力的"一体性"到国家治理模式的多样性、丰富性,看似悖论式共存,其实是多层次、多面向的国家行政发包体系的具体体现,蕴含着可追溯、可归约的有机统一的治理逻辑。下面我们就运用这个分析框架,结合历史文献,进一步详细解析中华帝制时代国家治理形态的多样性如何在国家—社会不同治理领域具体呈现和历时演化,其背后所服从的国家权力配置逻辑究竟是什么。

(一)资源汲取与社会稳定:强行政、弱外包的组合

自秦汉以来,皇权通过"编户齐民"等方式对乡村社会进行严格控制,周代分封时代以血缘关系(如氏族)为基础、相对自治的村社共同体被全面彻底地改造和重构。"编户齐民"通过严格的人口登记、户籍管理和什伍连坐制等方式主要实现两个最重要的统治目标:一是征收税赋和派发徭役(包括兵役),为整个王朝实施统治

提供财政资源和军事动员;二是维持社会稳定,解决百姓诉讼纠纷,抑制豪族大姓,防止盗匪扰民和农民造反。为了维护社会稳定,缉盗、剿匪、司法审判是一方面,王朝国家对于百姓的思想言论和意识形态的控制也极为关注(如秦始皇"焚书坑儒"、汉武帝"废黜百家,独尊儒术"、清朝的"文字狱"),严厉防止异端邪说的传播。

秦汉时期皇权深入乡村,在乡村设置三老、孝悌、力田乡官,负责教化、赋税等事务,对于统治者极为重视的社会治安,还有配有县令长、县尉的属员游徼、亭长,作为县政府的派出人员专门"驻乡"负责(万昌华、赵兴彬,2008)。用现代的术语来说,在乡一级基层政权,秦汉采取了"条块结合"的形式。在多层级治理(乡、亭、里、什、伍)之下,王权的资源汲取和户籍管理直至每个家庭,每个人的言行甚至都处于严密的控制之中,按商鞅的说法:"乡治之,行间无所逃,迁徙无所入。行间之治,连以五,辨之以章,束之以令。拙无所处,罢无所生。"秦晖所提炼的"吏民社会"概念主要来源于秦汉深入乡村、细密严苛的社会控制这个重要观察。从世界范围看,中华帝制时期的皇权对基层社会的控制程度在前现代社会都是空前的,其权力渗透性和资源汲取能力远胜于罗马帝国、波斯帝国(晏绍祥,2021),这也是中华帝制时期能够在如此广阔的疆域内建立郡县制中央集权的治理基础。

皇权对乡村的控制程度在很大程度上取决于资源汲取的方式。秦汉时期的户籍管理与人口控制之细密可能是空前的。单是民籍簿就包含五类:民宅田园户籍、年细籍、田比籍、田命籍、田租籍,其中宅园户籍就涵盖每家每户住宅、园圃、房屋、奴婢、衣器、家畜、田产等极为详细的反映家庭财产的信息(张信通,2019)。这类信息的采集既是为征收资产税服务,也是为核实乡举里选提供依据(家资十万和四万是秦和西汉推荐官吏的条件)。年细籍包括家庭所有成员的籍贯、爵位、身高、面貌特征、婚姻等相关信息,掌握年龄、爵位、身高等信息是因为秦汉时期的口赋、算赋、徭役均是根据年龄、身高、爵位而变化,如未成年、成年、老年所面临的税赋和徭役差异较大。每年八月是案比户口之时(即"八月算民"),男女老少要到官府,核验其年龄、面貌、身高等信息。田比地籍涉及田地形状和面积大小,这与秦汉的授田制有关,在三年大比之时,新人应该获得授田,而去世的人应该退回田地,掌握详细的田地信息是为国家再分配土地、获取租税服务。田命籍和田租籍分别记录的是爵位情况与授田数量(在秦汉不同爵位可以享受不同的授田数量)以及田租交纳记录,缴税是获得土地所有权的前提条件。

从这些户籍管理的制度细节可以看出,国家对于人口和财产(包括土地)等基础信息的掌握和控制程度取决于赋税和徭役的特性,例如是以人丁税为主还是以土地税为主,人丁税与人丁本身的年龄、体貌特征的对应关系,这些决定了国家对每家每户的控制程度。秦汉以人丁数量(而非资产等差)为基础的税赋和徭役系统与授田制、西汉(尤其是汉武帝时期)打击豪强地主也是密切关联在一起,国家通过"授田制"与门阀士族抢夺自耕农,竞争税源。一切的关键在于获得人口与土地("民数")信息,最大限度创造自耕农为主的人口基数,为国家政权提供最充实的资源汲取来源(鲁西奇,2019)。这使得国家必须深入乡村和每家每户,作为一级政权运行的乡官制也是为此目的服务的,乡官、里吏依靠国家层面制定的各种法律条文和非正式制度(如父老制)多层次、多维度介入百姓生活和生产,形成当时历史条件下的高水平的"数目字管理"。

但是,严密控制社会不是皇权自身独有的偏好,最大化程度的人身控制更不是统治目的本身,而只是实现统治目标的手段,社会控制的松紧随着税赋征收方式而变。隋唐之后,为了应对人口流动、土地买卖频繁等因素带来的赋役分配不均问题,从"两税法"到"一条鞭法""摊丁入亩",赋役的重心从人丁转向地产,对于人口登记和户籍管理的需求大为下降,人身控制也就随之减弱,户籍与里甲相脱离,里甲制逐渐流于形式。唐宋尤其是宋以来,富民阶层兴起,国家层面也"不立田制""不抑兼并",开始承认土地所有权及其民间交易,但此时赋税的基础也由人丁转向财富(田产),户籍控制由翔实的人口特征转向财富分等评估,"人无丁中,以贫富为差",徭役征派也以"户等"为基础。税基转向财富一方面有助于抑制贫富分化,实现税收公平,同时让富民承担里正、乡书手等职役,富民在乡村社会也因此发挥更积极的治理作用,政府顺势从乡村的具体事务中撤出(谷更有、林文勋,2005)。

隋唐以后,伴随乡的规模不断缩小,由秦汉时期的一万户变为五百至一千户左右,乡一级行政组织开始式微,①作为曾经具备完整行政建制和综合治理职能的一级基层政权不复存在,钱粮催征、禁奸缉盗的重要事务直接发包给里甲、保甲之类的专门化组织和个人;乡官也逐渐沦落为职役。区别于乡官制,里正、保甲(包括明

---

① 《通典》卷三《食货三》云:"苏威奏置五百家乡正,令理人闲词讼。李德林以为:'本废乡官判事,为其里间亲识,剖断不平,今令乡正专理五百家,恐为害更甚。且今时吏部总选人物,天下不过数百县,于六七百万户内铨简数百县令,犹不能称才,乃欲于一乡之内选一人能理五百家者,必恐难得。又即要荒小县有不至五百家者,复不可令两县共管一乡。'"

清的约正、族正、乡保)作为平民百姓,经官方授权认定,有义务配合州县官、胥吏,自费"承包"一定的政府职责("勾摄公事"),行政与外包的结合产生了职役"亦官亦民"或"半官半民"的混合身份。明清里甲制衰败之后,国家基于社会治安目标的人员管制的统治需求依然强烈,于是保甲制应运而生,保甲的职能也逐渐"泛职化",从社会治安到钱粮赋税催征、礼仪教化、纠纷调解、救济协助等综合职能(王先明、常书红,2000)。

(二)地方公共产品的供给:行政、外包均衡互动下的官民合作

魏特夫(1989)认为,中国历史上中央集权的官僚体制(即"东方专制主义")的起源与大规模治水有关。此说虽然夸大了河流灌溉和防洪工程对于国家起源的作用,但是中华历朝历代皇权对于大型公共工程的高度重视则是不可否认的。中国古代水利公共设施的修建和管理一般分"官办"和"民办"两种基本类型。那些具有跨地区影响的大型水利灌溉、航运、防洪设施历朝历代都是由政府组织人财物兴建,例如历史传说的"大禹治水",黄河流域引浑淤灌工程郑国渠、成都地区的都江堰、京杭大运河;而地方性和小规模的农田水利设施则主要是民间组织力量负责修建。区域性、中等规模的水利设施更多依靠官民合作来完成,其具体形式要视政府财力和民间社会精英参与度等因素综合决定。古代政府大多设置专门的水利职官和水利机构,反映了国家对于兴修水利工程的重视。但据一些研究表明,明清以来地方水利兴修更多从中央层面

条线化的管理职能转移到地方官的属地管理职能,例如清代水利职官逐渐退出地方水利工程的垂直管理,且多不专设,转由地方官兼任(钞晓鸿,2005;周邦君,2006)。明清以来的水利兴修经费来自国家直接的财政拨款日益下降,而地方自筹比重不断上升;在人力征调方面,国家强制性徭役派发逐渐被市场化的"雇募制"取代(袁明全,1987;熊元斌,1995)。明代"一条鞭法"改革之后,地方政府的财政体制进入分级分类定额包干,超过常规性财政支出范围的突发性支出,包括水利、交通、救灾等应急性需要,就只能依靠募捐或民间自行解决(郑振满,2009b)。[①] 清朝基本沿袭了明中叶之后的财政体制,省以下地方财力因战事或其他原因经常被裁减,行政职能趋于萎缩。财政约束的收紧直接导致地方政府在地方水利、交通等公共设施修建的参与程度下降,促成了以士绅为代表的民间力量占据主导地位。但即便政府直接征集的物力和人力规模在下降,地方官也未将这些公共事务彻底"外包"给地方士绅,而是仍然积极扮演多方面的角色,如组织讨论、商议方案、出面劝捐、免除民间科徭、处理地方纠纷、建立良好管理制度等,克服公共工程修建、维护和管理当中经常遇到的"免费搭车"等各类问题。地方士绅出钱出力、动员民间力量是"补官治之不足",而地方官的组织协调、监督管理,赋予士绅必要的官方权威,又是"补民治之不足"。"行政外包"——行政性协调控制与公共事务外包、民间自主管理相结合——最大限度发挥了官民合作的优势互补效应。在这里,

---

[①] 在明朝前期"一条鞭法"改革之前,各级地方政府可以通过随意征用劳力而转嫁其财力负担。明中叶的赋役改革逐渐将民间的各种赋役负担定额化,进而限制了地方政府的"预算软约束"现象。参见郑振满(2009b:260—265)。

民间力量的上升和参与度增加直接替代了政府的财政资源投入，而地方官发挥的引导、协调功能有助于提高地方公共产品的供给效率；与此同时，官府仍然保留了相机控制权，旨在时刻防范任何可能引发的统治风险。

黄宗智(2001)关于清代司法判决与民间调解关系的研究提供了基层司法领域官民合作的重要案例。该研究发现，当民事纠纷告到官府，县官一般会先鼓励当事人庭外民间调解，县官只是居间主导民间调解过程。如果民间调解失败，案件才正式进入法庭审理。在民间调解过程中，县官尽力引导社区或宗族介入调解过程，寻求纠纷双方的和解，而亦官亦民的乡保也发挥着上传下达、沟通官民意见的重要作用。当然，乡保作为中间人上下其手、滥用权力的情形也时有发生。民间诉讼发生之后，官方主动引导、协调和促成民间调解，司法审判只是作为最后的手段启用，这充分显示了在民间纠纷解决过程中代表国家权力的司法审判与代表民间秩序的社区调解之间高度互补，相得益彰。在清代的司法实践中，介于官方正式判决与民间非正式调解之间的官民合作占据非常重要的位置。据统计，在清代三县的628件民事纠纷案例中，有2/3是通过这种半官半民的庭外调解结案。司法判决与民间调解相结合，一方面通过民间调解的协助显著节约了基层司法治理的行政成本，另一方面借助民间权威人士居间协调——相当于县官将纠纷处理外包给宗族或社区权威人物，辅之以县官的引导和监督，在很多情形下比简单的司法判决能够更为彻底地解决双方矛盾，有助于提升纠纷处理质量，降低统治风险(周黎安，2019:45—46)。

事实上，"第三领域"不仅限于司法领域，也广泛存在于国家与社会之间,例如在晚清和民国时期,处于国家与社会结合部的士绅在公共领域如治水、修路、救济、办学、民事调解、荒政①等方面发挥了日益重要的作用(黄宗智,1999)。

(三)民间内部秩序:相机控制下的自主管理

如萧公权、瞿同祖等学者所言,在古代中国,乡绅自治是不存在的。本文也认为,民间秩序的自我管理是在行政相机控制下的自主管理:一方面,对于乡村事务,国家相机控制那只隐形之手无处不在,只要不发生威胁统治秩序、突破皇权底线的严重事件(如拒绝纳税、民变造反、"邪教"流行),政府的"有形之手"不会轻易干预;另一方面,士绅对于特定乡村事务(如宗族、乡约)的自主决策必须在国家控制范围之内。在这个意义上,费孝通提出的"双轨政治"在严格意义上是不准确的。我们下面从三老、乡约、宗族和商会演变过程中所呈现的国家与社会的互动关系,揭示在民间内部秩序的维护上"行政外包"的具体内涵及演变逻辑。

1.三老制

汉高祖二年设置乡、县三老,主要负责地方社会的道德教化,

---

① 关于荒政方面的官民合作的情况,参见魏丕信(2002)。

一般由乡里德高望重的老者担任。① 三老享受国家赐爵赐物、免除兵役力役等优待,在民间也享有特殊荣誉。三老不仅负责乡村礼仪教化,而且还可以直达县廷表达意见,行使参政议政的权利。当然,如果乡里出现伤风败俗的事情,三老也要承担责任。从行政外包的视角看,汉代三老制具有几个有趣的治理特征,值得加以强调。② 首先,汉代三老作为民间领袖和社会精英,其身份具有"准官员"性质。三老被置于乡官之首,但关于三老是否属于在编正式乡官,学术界存有争议。笔者更倾向于牟发松(2011)的说法,即汉代三老具备"非官非民""亦官亦民"的双重身份,或者说"非吏而得与吏比",即不属于正式的乡官序列,但具备强烈的官吏色彩,体现为选拔聘任采取与官吏一样的程序,法令赋予其编制员额,位列乡官之首,以教化之师受到社会尊重与官员认可,直接参议县政。乡三老经过察举产生,县三老则从乡三老当中择任,这是一个民间推举和官方认定相结合的选拔和聘任过程,本身就是官府与民间良性互动、通力合作的产物。其次,汉代三老其实是一个从里父老、乡三老到县三老的序列,随着职责重要性(统治风险程度)的提高,三老呈现了民间身份减弱、官方色彩加重的排列。三老产生于乡一级基层政权,里父老则来自乡基层行政组织——里和接近纯民间组织的僤,主要由民间推举,也不享受官方补贴。但里父老不同于乡里一般的父老或长辈,他必须达到一定资产标准,且承担均平

---

① 《汉书》卷一九上《百官官卿表上》:"乡有三老、有秩、啬夫、游徼。三老掌教化。"另据马端临,"至汉时乡亭之任,则每乡有三老、孝悌、力田,掌观导乡里,助成风俗"(《文献通考》卷一三《职役考二》)。
② 这一部分主要借鉴了牟发松(2011),尤其是此书的第9章和第10章。

赋役负担、照顾贫弱者的官方职责,类似于明清时期的职役,仍然带有一定的官方色彩。如果说从乡官制到三老制已经体现了国家与社会关系在不同治理领域有弹性且有区别的横向组合搭配,三老序列则在同一个治理领域呈现了差异化的纵向组合搭配,反映了国家深入社会的多元形态和灵活组合。最后,汉代三老制反映了国家对于基层社会精英的"吸纳"与"制约"。三老要经过官府的认定和监管,他们并非因为财富或社会地位就可以自动获得"三老"资格。选为"三老"一定要符合官府标准(如德高望重),体现官府意志(如正确引导社会风尚),横行乡里的豪族大姓和富商巨贾不仅没有资格充任,反而要受到打压。三老制既吸纳符合国家要求的社会精英,引导其发挥良好的治理作用,同时又潜在制约豪强势力在基层社会的影响力,这很好地体现了王朝政权对于社会承包主体的资格认定原则和偏好。

汉代之后制度化的"三老制"不复存在,但进入魏晋南北朝仍然可以看到类似"三老"的民间领袖(如乡望、民望)发挥基层治理作用,并得到官方认可;盛唐之后更进一步,魏晋南北朝所建立的"乡望"秩序又向激活秦汉"父老"秩序的方向演化(牟发松,2011:245—247)。从"亦官亦民、非官非民"的角度看,明朝早期的老人制、明清的乡约制也可以理解为是传统"三老制"的沿袭和发展。

2. 乡约

乡约制最早发源于宋代陕西蓝田的《吕氏乡约》,宣扬"德业相劝、过失相规、礼俗相交、患难相恤"为核心的规约,在当时完全是民间自发组织,乡民自愿参加(杨开道,2015;王日根,2003)。南宋时期朱熹对《吕氏乡约》进行了增损,主要添加了"能肃政教""畏法令,谨租赋"等内容,改变了《吕氏乡约》之中比较严厉的处罚方式,避免了与国家权力争夺刑罚权的嫌疑,同时对宣讲内容也施加限制,例如不传播"神怪邪僻悖乱之言",使之符合国家主流意识形态。朱熹看到了《吕氏乡约》在恢复乡村礼仪教化上的巨大价值,但也认识到一份纯民间性质的乡约所面临的局限,因此通过增损改造既规范了其组织形式,又注入必要的国家意志,让原来饱受质疑和非议的民间乡约具备了合法性基础。到了明朝,尤其嘉庆之后,官府逐渐认可乡约的价值并加以提倡。担任赣南巡抚的王阳明在《吕氏乡约》和朱熹增损的基础上,颁布《南赣乡约》,进一步在乡约中强化国家意志,并与他独创的"十家牌法"相结合,促使乡约与保甲合流,演变成基层乡村治理的正式行政组织,以期实现人人"小心以奉官法,勤谨以办国课,恭俭以守家业,谦和以处乡里"①的目标。嘉庆九年,广西学政黄佐制定《泰泉乡礼》,将乡约与保甲、社学、社仓、乡社融为一体,构建一个扬善惩恶、礼乐教化的基层治理体系和乡村秩序。黄佐强调乡绅士人在乡约中的主体地位,同时也强调乡约与官府之间既分工又协作的微妙平衡:"凡乡礼纲领,在士大夫,表率宗族乡人,申明四礼而力行之,以赞成有司教化。……凡行乡约、立社仓、祭乡社、编保甲,有司俱毋得差人点查稽考,以致纷扰。约正、约副姓名,亦勿遽闻于有司。盖在官则易为吏胥所持。……其有好为异论、鼓众非毁礼义、不率教之

---

① 王阳明:《十家牌法告谕各府父老子弟》,《王文成公全书》,明隆庆六年谢廷杰刻本。

人,亦以姓名闻于有司,有司严惩治之。"①从最早的《吕氏乡约》,到朱熹的《增损吕氏乡约》、王阳明的《南赣乡约》、黄佐的《泰泉乡礼》,再到章潢的《图书编》、吕坤的《乡甲约》、刘宗周的《保民训要》等乡约文献,展现了乡约从民间自发性质逐步走向与国家权力调适与融合、日益获得合法性资格的演进历程,最终形成以乡约为纲、社仓、社学、保甲为目的乡村治理模式(王日根,2003;杨亮军,2016)。在整个过程中,连接朝廷与乡民的士大夫和地方官员自始至终扮演了关键性和主导性角色,否则纯粹依靠民间自发力量难以支撑乡约作为一项正式制度融入国家治理体系。

在清朝,乡约制度进入大规模普及阶段,乡约的民间性和自愿性逐步让位于行政性和强制性特征。在此过程中,国家利用民间素有教化劝善的传统,钦定读法内容(如康熙《圣谕十六条》和雍正《圣谕广训》),规范组织形式(设立乡约组织),使之发挥礼仪教化的作用。朝廷要求约正、约副名字在官府备案,而具体职责和运作细节则"发包"给民间社会精英,以最大限度节约国家层面的治理成本。清朝乡约与乡村基层行政组织(如保甲制、里甲制)彻底融通合流,职责不只局限于宣传教化,还与催证钱粮、勾摄公事等基层传统政府事务相结合,约正、约副也沦落为里正、保甲长之类的职役,在不少地区的充任者大都是奸猾赖皮之人,难觅年高有德或殷实富家者,即使赋予道德教化的职能也发挥不了而成了摆设。

---

① 黄佐:《泰泉乡礼》,台北:商务印书馆,1986年,第601页。转引自杨亮军(2016)。

3.宗族

在明代之前,尊祖敬宗是天子士大夫的特权,庶民不得设立家庙祭祀,及至明朝中叶庶民被允许建置祠庙祭祀始祖,宗族逐步从王室贵族走向缙绅平民,乡村(尤其在一些南方地区)聚族而居的现象日益普遍。宗族以祠堂、族籍、族田三位一体,敬宗收族,凝聚乡民,形成强大的社区力量。如何规范引导宗族,使其符合国家对于乡村的治理需求,而不至于变成挑战与威胁皇权统治和乡村秩序的异己力量,显然是摆在王朝政权面前的重大任务。明清宗族的迅速发展一方面来自其内在整合资源、凝聚人心的功能,另一方面也得益于国家主动的"吸纳"、宗族积极对接回应国家需求。① 这主要体现在两个方面。首先是宗族对于官方治理目标的认同与支持。祠堂聚集族人宣讲内容主要是儒家经典和雍正的《圣谕广训》,乡约和族规也都是强调"移孝作忠",要求遵守国法,及时完粮纳差。这相当于宗族主动承担了国家道德教化任务,同时又自我约束,尽量体现国家意志,至少不发生抵牾,以换取合法性资格。其次,清朝明确扶持族权,鼓励发展宗族组织。随着清朝"摊丁入亩"之后,里甲制趋于瓦解,乡村治理的一系列职责(如行

---

① 宗族与国家、族权与政权的关系经历了几个重要阶段(冯尔康,2005)。先秦时期分封制与宗法制相结合,周王既是天子又是宗子,分封的诸侯、卿大夫、士也是相应层级宗族的宗子,于是政权与族权合二为一;汉唐时期,士族崛起,门阀制度盛行,族权与君权形成抗衡、共治之势;君权必须依靠士族治理天下,皇帝也无法过问宗族内部事务(包括依附于豪族的荫户)。宋之后士族逐渐衰落,宗族以官僚、绅衿、富人为主体,已经失去抗衡君权的势力而依附于君权了。

政、司法、教化、救济)逐渐向宗族、乡族等民间组织转移,朝廷给予宗族、乡族作为乡村基层组织的"综合承包方"身份和相应的治理权。从康熙《圣谕十六条》的"敦孝悌以重人伦,笃宗族以昭睦邻,和乡党以息争讼"到雍正《圣谕广训》进一步阐发立家庙、设家塾、置义田、修家谱的重要意义,再到雍正四年(1726)正式规定宗族与保甲并列成为乡村基层行政组织,责令"如有堡子村庄聚族满百人以上,保甲不能编查者,拣选族中人品刚方素为阖族敬惮之人,立为族正,如有匪类,报官究治,徇情隐匿者与保甲一体治罪"。① 族正、族约承担宗族内的粮差完纳和礼仪教化,作为宗族负责乡约的族约,必须在朔望日讲解"圣谕十六条",淳化风俗。宗族还被赋予一定的司法裁决权,酌情处理族内纠纷,情节严重者则"禀官究治"。雍正曾下谕准许宗族对于族人的生杀大权。政府专门奖励表现优异的宗族(如旌表义门和节孝、奖励模范宗族),保护祠宇、祭田、义庄田等宗族公共财产,进一步巩固宗族制度。当然宗族的发达与强势也是一把双刃剑,一些强大的宗族依仗人多势众组织械斗,如争地争坟、分塘分水,或横行霸道,武断乡曲,直至抗拒官府,也最终受到官府弹压。宗族发达带来的负面作用也引起诸多地方官的忧虑,如何节制族权在政府内部也产生了争论。如江西巡抚陈宏谋强调宗族可以弥补官治之不足,"一县之内,地处涣散,责之官司,耳目难周",所以应该发挥宗族"便于觉察,易于约束"的优势,"官给牌照,假以事权,专司化导约束之事"。② 但也有反对者,如江西巡抚辅德(陈宏谋的后任)就发起过大规模的撤毁宗祠

---

① 《清朝文献通考》卷二三《职役》,浙江古籍出版社 2000 年版。
② 陈宏谋:《培远堂偶存稿》卷一三,《谕议每族各设约正》。

的运动。乾隆帝先后两次否定族正制,用家法处死族人可减等免死的法律规定也被收回。但在乾隆之后,一些地区(如福建、广东、江西、湖南等地)仍然在局部施行族正制(张研,2000)。这也说明宗族内部的看似"自治"充其量只是相机控制下的准自主,必须在朝廷划定的范围内才能实现自我管理,否则势必招致官府弹压、限制。

4.商人会馆

随着明朝"一条鞭法"、清朝"摊丁入亩""滋生人丁,永不加赋"的赋役制度的变革,跨地区的人口流动大幅增加,各地涌现形式多样的商帮、会馆和行业组织。当人们离开家乡涌入城市,备考、经商或谋生,两个方面的问题随之产生:一是作为客居城市的异乡人如何寻找安身之处,二是传统的基于户籍和人身控制的城市管理如何应对来自四面八方、各行各业的庞大的流动人口。作为"易籍同乡人士在客地设立的社会组织"(王日根,1995:29),明清会馆正好适应了这两方面的需求。首先,会馆提供了同乡人在异地崇拜神灵、聚会娱乐、暂厝归葬、维护集体利益的功能;其次,对于地方政府来说,会馆也提供了集中管理、维护秩序、履行政府职责的场所,如同一个属地性的基层行政组织。事实上,随着时间的推移,会馆日益被官府视为一个综合性的基层管理单元。在明清会馆发展和演化过程中,政府的态度经历了一个从观望到默认再到支持和保护的变化(王日根,1995:249),这类似于乡约、宗族的发展过程。而政府的态度变化又与会馆的一系列与国家意志衔接嵌合、加强合法性的努力分不开。官府与会馆相向而行,相互调适融合,最终实现了"官民相得"的结果(王日根,2002)。从会馆方面看,明清会馆大都是官绅捐修或者有其介入,即使商人具备足够的财力也愿意让官绅出面建造,这首先保证了会馆的"半官方色彩",有助于增强政府方面的信任感。更重要的是,会馆主动将其功能定位与国家治理目标衔接起来,①以化解外界(包括官府)对其组织意图可能产生的猜忌和非议,并主动承接来自官府的发包任务(如包收包纳国家税收、赈贫恤弱)和监管要求(如加强流动人口管理等)。

在近代城市的发展过程中,商人群体逐渐介入城市的管理。新型商会与地方行政机构密切合作,承担城市公益事业、治安、调解商业争端等事宜(罗威廉,2016)。新型商会相当于"承包"了部分政府职能,既包括像维持商会内部秩序的"分内"之责,同时也像乡村士绅一样承接了一些与自身功能定位不直接相关、更属于政府的职责,如城市公益、修路和治安。鉴于会馆为政府"排忧解难",官府也积极回应,支持和保护商人群体的一些利益诉求,例如作为仲裁者调解会馆之间的纠纷冲突,以国家权力保护会馆备案的财产。当然,政府对于商会也保有"行政性"的相机控制,如果会馆出现扰乱社会治安、威胁朝廷利益的情形,如土客之间、客客之间或同乡之间的斗殴冲突,或藏匿奸宄,或囤聚私盐、走私货物,官府则会严加惩戒,强化约束(王日根,2003)。

---

① 同治潮州《汀龙会馆志·馆志序》:"……会馆之设,有四善焉:以联乡谊明有亲也,以崇神祀明有敬也,往来有主以明礼也,期会有时以明信也,使天下人相亲相敬而持之礼信,天下可大治,如之何其禁耶?"(转引自王日根,1995:255)。

概括起来,相机控制下的民间组织的自主管理不等于"士绅自治",士绅、商绅的自主管理空间决定于他们与国家目标相向而行的表现。这包含两层涵义:第一,宗族、会馆等民间组织必须认同和响应国家的政策意志,才能获得政府授予的社会外包方的合法资格。如上所述,政府职能——如礼仪教化、税赋完纳或代理征税、查验商人身份、维持内部秩序——大规模外包都是发生于民间组织与国家意志相向而行之后。社会承包方的内生选择过程既有国家的积极吸纳和塑造,也有民间力量的主动靠拢和效忠,其核心是将统治风险控制在合理范围,在此基础上再寻求行政治理成本的最小化。第二,这些民间组织的行政承包方的资格持续受到政府监管,一旦出现威胁社会稳定和国家统治秩序的行为,政府一定会强力干预,甚至取消其合法资格(如取消宗族的死刑判决权)。换言之,政府对于这些民间组织的"发包式"治理仍然是在"行政性"控制的框架之内,而且行政干预的时机和条件并非如白纸黑字、清晰界定的,主动权完全在官府,而这正是"相机控制"的含义,非西方国家与社会的二元对立所能涵盖。

四、"一体多面"之间的联结与互动:进一步的分析

如上分析的多层次、多面向国家行政外包体系并非都是王朝自上而下、精心设计的产物,历史的路径依赖、经济社会因素的复杂互动经常不在王朝的掌控之中。但是不同政府层级有意识的机制设计、制度改革也从来没有停止过。许多制度创新先是从少数地方官员的局部试验(如"均平法""一条鞭法")开始,逐渐被更多

地方官员仿效和改进，最后上升到国家层面的政策。即使朝廷正式推广，各地执行起来仍然保留巨大的差异性。从乡官制到职役制，从"官吏一体"到"官吏分流"，从租庸调制到"两税法""一条鞭法"，再到"摊丁入亩"，既有历史车轮本身的推动和路径依赖，也有政府（包括地方政府）的理性选择与主动调适。这一切都说明国家治理体系为了应对时代变化和外部冲击而经常调适、改革。

整个天朝帝国就是一个等级化的行政组织，在此背景之下，官僚不存在对抗天朝的权力，百姓也无完全独立的财产权利。如果进一步透视古代中国的治理秩序与结构，可以发现，从朝廷到地方官再到民间社会呈现了一个等级化的国家治理结构和地方化的层层分包体系。朝廷之下，从巡抚、知府到州县官是一个层层分包的体系，每一级的地方官员是其辖区治理事务的综合承包人，尤其是州县官，作为地方事务的最终承包人，既要负责国家的资源汲取（纳税完粮），又要直接或协助提供地方公共产品。总承包方的身份促使地方官与地方社会精英（士绅、商人）既存在潜在利益冲突（如在完税纳粮、派发徭役），又经常成为利益共同体（如提供地方公共产品和维护民间私人秩序），地方官尽力与地方精英携手，一起面对朝廷的考核与问责。地方官一方面将相关公共事务外包给社会精英，同时又履行引导、组织和监督的职责，助力地方士绅提供必要的地方公共产品（如道路、水利、救恤、团练），维持地方的社会稳定。

从皇帝开始，层层属地化行政发包体系呈现了"一元化权力"与"多元化治理体系"的结合与互动。一方面，国家权力是统一和绝对的，"普天之下，莫非王土；率土之滨，莫非王臣"。中华帝制治理体系的权力一元化强调皇权的"支配性"和"可控性",表现为官府权力对于社会方方面面的渗透与控制,既包括国家直接占有土地(官田)、控制战略性资源(如"盐铁专卖")和国家意识形态(礼仪教化),也包括国家对于乡约、宗族、会馆等社区性或准私人性活动的监管,贯彻了国家治理的"全覆盖""无死角"原则。如果出现了新的社会团体或利益主体(如宋以后出现的地方宗族、明清时期涌现的商人会馆),或新的意识形态活动(如佛教、乡约、民间祭祀),国家将观察、评估其潜在的统治风险,根据具体情况采取不同的应对策略。其中比较典型的策略是"吸纳",如民间自发产生的乡约最终"官方化",宗族演变成了国家的准行政治理单元(官方授权"族正"管理宗族内部的综合事务),商人会馆取得官方许可并主动"承包"部分政府治理职能。如果国家政权受到威胁,则采取"弹压"的方式将其消灭在萌芽状态(如焚烧寺庙、严禁民间祭祀)。帝国治理的底线是不允许任何社会团体彻底"游离"于国家权力体系之外而成为对抗性力量。而这正是"行政发包"这个视角特别契合中华帝制时代国家与社会关系的地方:一切社会团体和个人都必须笼罩在国家"一统性"权力的直接或间接影响之下(如里甲制、保甲制、什伍制),不同适度地接受"行政性"力量的覆盖和相机调控,最大限度控制统治风险。一些满足合法性要求(如贯彻国家意志)的精英群体或社会团体获得行政外包资格,被指定承担国家"发包"的相关公共事务,如催征赋役、主持教化、兴修水利道路、组织团练乡勇、维持宗族内部秩序等等,与此同时还要自筹经费资源,组织人力物力完成这些任务。这是国家权力的"全覆盖"的内涵,行政外包的不同形式反映的是国家"行政性"控制和"吸纳性"策略的不同表现,国家权力体系的"全覆盖"和"吸纳性"的结合是中华帝制在变动不居的治理环境下维持统治秩序的制度基础。

另一方面,在权力的一元化基础之上,国家治理体系又呈现了多样性和相机性特征。从官僚体制的行政内包到不同形式的行政外包,从"强行政、弱外包"的里甲制、职役制,到地方公共产品领域的行政—外包均衡互动及官民合作,再到国家相机控制下的自主管理(宗族、义庄义塾、会馆),中华帝国在维持政权的支配性和覆盖性(即统治风险的可控性)的前提下,以行政发包形态的多样性和灵活性,最大限度降低国家治理成本,减缓王朝财政约束的压力。只要在"统治安全"的范围内,社会承包主体的利益多元性、决策自主性在强大的皇权之下是基本得到承认和保障的(这也符合统治者的自身利益),充分体现了国家治理的多元性、包容性和灵活性。

中华帝制时期行政外包的多样性和灵活性催生了形态各异的"社会承包方"或"行政外包者",他们构成了一个"准官员"或"亦官亦民"群体,从里正、保甲、三老、约正、族正到明清士绅和晚清商绅。他们是国家—社会关系中多样化"行政外包"的人格化载体,为"行政外包"这个概念提供了直接的经验证据。如黄宗智的"第三领域"概念所强调的那样,古代中国官民之间、公私之间并不存在截然分明的界限,半官半民、非官非民的情形非常之多,官中有民,民中有官。如同三老、里正一样,明清士绅属于王朝公共事务的"外部"承包方,其身份可视为某种"准官员",介于官与民之间,既有"民"的身份,处于国家政权、体制之外,但又具备"官方"色彩,如联结科举仕途、享受国家优免特权、接受政府考核、履行部分政府职责。如同三老的选择一样,士绅的社会地位并非由财产状况直接决定(这与英国中世纪的乡村士绅相区别),而更多是由他们与官府和王朝权力的亲和性所决定,凸显了作为"行政外包者"的身份属性和制度特征。公私之间也是边界模糊,互相参合,相向而行,半公半私、亦公亦私的情形非常普遍。例如乡约、宗族、会馆既有社会群体内部的"私",又有主动承担国家任务、贯彻国家意志的"公"。这一切导致了中华帝制时期国家与社会更多不是二元对立,而是二元互动调适、相互渗透。当然官民之间和公私之间并非总是和谐共处、水乳交融。掣肘冲突也时常发生,如前述清朝皇帝对于宗族的态度演变所示,即使发生冲突和矛盾,也并非总是一方压制另一方,而是相互调适、相互妥协,体现了统治风险、行政成本与预算约束等因素之间的内在张力。我们基于行政外包概念的分析有助于进一步揭示丰富多变的"第三领域"的内在治理逻辑。

王朝权力的一元化与国家治理体系的多样性的结合——笔者称之为"一体多面"——构成了中华帝制时期国家与社会关系最鲜明的特征。这从一个崭新的角度诠释了傅衣凌所强调的帝国治理的"深层结构"的稳定性与"表层结构"的多样性、适变性的奇妙结合。国家—社会关系的"一体"与"多面"的关系是不可分割、相互支持的。首先,如果没有皇权的"一统性",没有国家权力的支配性和覆盖性,也就不可能有大规模的公共职能的外包,国家—社会关系领域就不会出现如此丰富多彩的行政发包形态。如前所述,所有这些行政外包形态都是联结着国家权力,依赖于国家权力的相机控制、引导、组织、监督各类社会外包者。行政外包形态随着治理领域和治理条件的变化而相应变化,但唯一不变的是处于权力中心的行政发包方。其次,国家—社会关系的"多面性"支持和巩固了皇权的"一统性"和"一体性"。在中华帝制时期,国家与社会之间是"有限汲取"与"有限服务"之间的交换,这可以理解为古代中国隐含的"社会契约"。"有限汲取"表现为政府相对固定的资源汲取(定额化的钱粮上缴),除非发生战争之类的重大意外事件,否则不额外加税。明朝的原额主义和康熙提出的"滋生人丁,永不加赋"是这种"有限汲取"理念最直接、最鲜明的表现形式。与此相对应,国家对社会只提供最低限度的公共服务,如司法和社会治安,在此之外的公共服务则更多是依国家财力状况寻求多种形式行政外包,如我们在诸多治理领域所看到的官民合作、官督民办等。随着国家治理规模的扩大,"原额主义"所体现的有限资源汲取及明清以土地为主的赋役制度,直接导致了士绅力量的兴起,在地方性公共产品和民间内部秩序方面自主性管理空间的扩大。我们的分析一再表明,形式多样的行政外包根据治理领域的统治风险、政府的财政压力而相应调节着行政性介入的比重和社会外包的程度。因此,失去了多样化行政发包形态,王朝政权根本无法在如此人口众多、疆域广阔的帝国实现"大一统"。

以上分析隐含地假定国家的资源汲取能力是相对固定的,因而它所呈现的具体形式和范围直接受制于预算约束。这对应于古代中国在大多数历史时期外部军事威胁较少、帝国接近于一个相对封闭和平的地缘政治环境。但是,国家资源的汲取方式及其程度也取决于外部竞争压力。在汉武帝时代,为了抗击匈奴,皇权不断加强资源汲取能力,开征资产税,扩大政府专卖和直营范围,从盐铁到酒茶,并将国营体制深入流通领域。当清政府面临西方列强坚船利炮、国内大规模农民起义的威胁之时,不得不推出厘金制度,发行公债,建立现代警政和学校,而这些转型的背后是一系列军事—财政国家体系的建立以及国家权力对社会渗透的不断强化(哈尔西,2018)。

五、超越国家权力的传统视角

现有分析中华帝制国家和社会关系的文献隐含的一个分析假设是,皇权对基层社会控制得越严,越能深入每人每户,表明国家的统治能力越强。按照这个假设,一旦看到皇权对村社和人户控制较以前变弱了,如明清随着税源从人丁逐渐转向田地,基于编户齐民的里甲制趋于衰败,国家对农民的人身控制显著放松,就下结论说皇权的潜在统治能力下降了。按照我们前面的分析,这其实只是资源汲取的方式发生了变化,反映了皇权统治为顺应时代发展(如商品经济的发展、人口流动增加和白银的普及)而做出的弹性调整。官府扶持族权、选拔族正、族约,支持士绅提供地方公共产品,赋予会馆管理商人职责,宗族、士绅、会馆因此享有"自主管理"的空间,并不必然代表国家权力的削弱。事实上,从国家的角度看,授权它们管理本来属于政府管理的事务,旨在"补官治之不足",比国家直接管理效果更好,成本更低。看似减少了国家控制,但其实不仅并未削弱国家权力,反而伸张了国家权力(如反映国家意志,增强统治合法性)。

造成上述认识分歧更为深层的原因是对于国家权力的不同理解。目前讨论中华帝制时期国家与社会关系的多数文献直接或隐含地借鉴了西方的国家—社会关系理论。在这个理论中,"国家内嵌于社会之中"(state in society),国家的权力被宪法、议会、司法、习俗和思想观念所限制和"包裹",由此确立了"市民社会""公民社会"的自治地位,两者在一种权力分立和利益对抗的语境中保有清晰的边界。这也大致反映了西欧国家建构的历史进程,国家一方面通过中央集权、征税和资源动员等方式,日益渗透于社会之中,但社会团体依靠城市特许状、议会、宪法、司法等强大的制度力量限制了国家权力的扩张。受到这种理论的影响,现有文献讨论中华帝制时期国家权力的控制力和渗透性更多强调国家与社会关系的二元对立与零和性质:当国家权力渗透和触及社会领地,就意味着社会自主性的丧失;反之,如果社会自主性进一步增强,则意味着国家控制力的下降。前述的"士绅自治"与"吏民社会"以及引发的争论,都隐约反映了西方国家—社会关系理论的潜在影响。笔者认为,这些学术语境反映了韦伯对于权力的一种代表性解释。韦伯将权力定义为一方不经对方同意而施加、贯彻其意志的能力(韦伯,2010)。这个定义强调了权力的强制性和支配性特征,更具有零和博弈的性质,即一方权力的增强对应的是另一方意志贯彻力(权力)的减弱,当两方存在潜在利益(意志)冲突时尤其如此。

本文使用"行政外包"的概念提供了一个不同的关于国家权力的解释性视角。"行政外包"概念强调的是:中华帝制时期的国家—社会关系是帝国"大一统"结构下发生的、中心化的发包方与处于附属地位的社会承包方的关系,"社会内嵌于国家之中"(society in state)。中华帝制的王朝国家在大多数历史时期保持了对于经济社会制度的设置权,总体上支配着国家与社会互动的游戏规则。在这个意义上,行政外包所驱动的国家—社会关系更接近于权威组织(权力一元化的帝国)内部的关系,而非两个独立的权力主体之间博弈谈判、斗争对抗的关系。中华帝制的国家—社会关系所涉及的多样化的行政外包形态如同一个权威组织内部的控制权、决策权、执行权的不同配置结构,更多涉及的是"行政管理"问题,以追求组织效能和降低治理成本为目标。在中华帝国,至少在理论上,朝廷之下一切都是可以设计、制造或施加限制(例如里甲制和保甲制对于乡村自然居住结构的改造),如同一个组织的最高权威对于组织内规章制度和游戏规则的控制权。与此相对照,西方国家—社会关系的视角所涉及的是国家与社会作为不同利益主体、权利主体,两者之间对抗、冲突、制衡的"政治较量"过程;这个过程不存在一个类似中华帝国的皇权——中心化的行动者——调节着国家与社会的关系,任何一方都无法完全掌握设计政治游戏规则的能力,而解决双方利益的冲突更多依靠政治协商、谈判,甚至抗争。为了建立确保各个利益集团不受侵犯,关于政治秩序的社会谈判或宪政设计势必划定各自的权利和利益边界,这是西方国家"市民社会""有限政府"理念产生的深层背景。① 如果以西方的国家—社会关系为基准做比较,中华帝制时期的国家—

---

① 就像处于敌意的两个邻居,为了避免冲突一定要事先划定各自的财产或权利边界,而且在日常的接触中双方一定非常警惕对方是否"越界"。而这种锱铢必较、寸土必争的态度又会进一步让两家的财物"边界"尽可能清晰,消除一切因模糊而可能导致的冲突隐患。反过来说,隶属于一个大家庭的两个小家庭相邻而居,可能并不介意划分清晰的边界,有些地段可能完全不划界,出现了"越界"行为大家也不一定计较。更重要的是,为了共同利益,两个小家庭借助大家庭的协调可以"跨界"合作。

社会关系的特征是将国家—社会之间潜在的政治问题"行政化",通过赋予社会承包方"准官方"身份而将社会团体纳入行政外包体系,不同利益群体与国家权力的政治博弈、对抗、冲突也被"吸纳"在行政维度之内加以协调解决。

我们给出的关于国家权力的新解释与科斯界定的关于企业科层制的权力功能的定义有相似之处(Coase,1937)。科斯认为,企业内部通过(行政)权力完成交易,相比市场主体之间通过平等协商谈判而言,更有助于发挥统一指挥的协调整合功能而降低交易成本。虽然企业科层制的行政权力的法理基础仍然是以产权为基础的强制性和支配性,但科斯更强调权力强制性和支配性所支撑的资源配置功能,即行政协调相比市场协调的优越性——降低交易成本。从韦伯到科斯,对于权力的诠释相当于从权利的对抗性和再分配性转移到利益的兼容共赢和资源的优化配置。我们所聚焦的形式多样的行政外包形态,可以理解为在"大一统"的帝国组织之内国家权力与民间团体的自主性的不同配置组合,在控制统治风险的前提下降低行政治理成本、实现王朝国家的治理目标。按照这个新的分析视角,理解中华帝制时代国家—社会关系(官民互动)的核心维度就不再仅仅是国家权力的支配性、控制力和渗透性,而应该还包括国家权力与社会团体之间互动所发挥的资源配置功能。这就像一个科层制企业不会特别关心委托人的权力对于代理人行动的渗透性和支配性,更关注的是委托人与代理人的集权—分权的组合模式如何促进企业目标(如利润最大化)的实现。

因此,在保持政权稳定的条件下,国家以治理效能为目标,而非以直接控制和渗透为目标,国家与社会之间的权力配置和行政外包形态更多是一种基于国家目标与约束条件的权衡、取舍结果。如前所述,在许多公共事务领域,如道路、桥梁、水利、救荒、教化,官民合作极为普遍,这些方面政府的人力和资金投入相对有限,但借助官民互动撬动了社会各方力量的参与,在相当范围内提供了重要的社区公共产品。很显然,宗族、会馆(或商业协会)的"自主管理"空间是以履行国家职责、认同国家意识形态、接受国家监管为前提条件而获得的,并非通过与国家抗争争取过来的,也不被法律或正式制度所保护,这与西方国家"市民社会"的形成相区别。民间组织的发展,如会馆、社仓、善堂,一方面代表了以士绅为代表的自主性的扩张,但因为这种自主性是在国家划定或容忍的范围之内(士绅也经常主动配合),因而总体上与国家目标相兼容,就在相当程度上替代了政府维持社会稳定的职责,"民治"弥补了"官治"之不足。民间组织的发达并不对应着国家权力的衰减,而更接近于延伸和加固国家权力。这使得国家权力与士绅、商人之间不是西方意义上的"政治"关系,即不同权利主体/利益集团/政治团体之间的制约、抗衡关系,而是受到国家权力的管制、调节的"行政外包"关系。在形式多样的行政外包体制当中,国家权力吸纳、协调、赋能民间力量而实现其治理目标,国家权力的相机控制权与民间自主管理之间不是简单的二元对立、此消彼长,而经常是相互促进、相互加强。我们也不能将明清时期官府与士绅、商人的密切合作狭隘地解释为士绅、商人依附或寄生政府或官员的关系,而应将其视为双方在这些领域的互惠性的合作关系。

当然,行政外包机制所依赖的一个关键性前提是国家权力的实际控制权——在许多情况下表现为相机控制权,即国家视治理情况而出面干预、扭转治理局面的能力。这是行政发包体制当中各种"行政性"设置和中心化调节的最终来源。一旦王朝国家失去了实际控制权，国家—社会之间的行政外包关系就不再成立，"行政管理"关系就有可能演变为独立的权力主体之间的"政治较量"关系。魏晋南北朝时期形成的门阀制度使得皇权的威力被严重削弱，地方豪强势力盘踞、控制地方政权，甚至渗透朝廷政治，族权直接与皇权分庭抗礼，国家与社会的行政外包关系基本消失。晚清太平天国运动导致地方厘金制度兴起，为抵御起义军，清政府不得不委派地方乡绅发展团练，承担教化、赈灾等社会职责，地方乡绅因此获得向百姓征收税赋的权力。乡绅前所未有地深度参与地方的经济、军事和社会的方方面面，绅权在基层社会的正式权威随之高涨，这不是朝廷所想看到的，只是为了保住政权而不得不一时容忍的权宜之计。随着士绅权力的上升，尤其在太平天国运动等一系列农民起义的致命打击之下，皇权的实际控制力和统治力都遭到重创。国家权力与士绅之间通过"行政外包"所实现的均衡互动被基本打破，朝廷的相机控制权无法像以前那样发挥中心化的调节作用。这正是晚清传统国家走向崩溃、地方自治运动兴起的历史背景(孔飞力,1990)。

六、简短总结

关于中华帝制时期国家与社会的关系存在众多的理论概念，诸如"士绅自治""吏民社会""官民合作""专制性权力强与基础性权力弱""集权的简约治理"等等。本文从行政发包制理论的视角对于中华帝制时期国家—社会关系的特征及相关理论概括重新进行审视,尤其聚焦"行政外包"这个分析概念,强调特定的治理领域特征与行政外包的具体形态之间的对应关系,进而揭示国家与社会、官与民互动关系的运行机制和内在治理逻辑。本文分析建立了关于中华帝制国家与社会关系呈现"一体多面"的总体性概括,为理解中华帝制的"权力一元性"与"治理多样性"的奇妙结合提供了一个理论解释。

本文的主要发现是,中华帝制时期的国家社会关系总体上呈现"一体多面"的特征,即按照行政外包的内在逻辑在不同治理领域或同一治理领域的不同历史时期形成了一个以国家为中心的多层级、多面向的分包治理体系;国家治理的每个侧面特征各异,但又相互联系,构成了内在一致、相互支持的治理体系,随时间而动态演化。首先,从国家权力的最顶端开始,逐级属地化分包,从官僚体制内部的层层属地化"行政内包",再到国家与社会的结合部的"行政外包"。在此过程中保持不变的"统一性"和"稳定性"是国家权力(皇权)的枢纽性支配和相机性调节,①这是所谓"大一统"的真正内涵。中华帝国的"大一统"并非代表国家权力对于社会的自上而下、四面八方的直接渗透和强力支配,帝国所面临的统治风险、治理成本与预算约束之间的张力驱动王朝权力的渗透方式发生多层次、多面向的灵活变化,包括国家(政府)内部、国家与社会之间"发包治理"的多元化形态,代表了皇权的控制力和渗透

---

① 中国自西汉以来就确定了儒家文化的国家意识形态地位,通过典章制度和礼仪政教,获得皇帝、官僚士大夫和乡村社会的普遍认同,无疑也加强了皇权在"软实力"上的统一性、支配性和渗透性。

力的多层次梯度变化;也包括在不同治理领域(包括不同历史时期),行政内包和外包的具体类型视统治风险和治理成本等组合因素而依次有序变化,呈现出中华治理形态的多样性和适应性,也体现了行政发包体系的多面向特征。

参考文献:

曹正汉(2011):《中国上下分治的治理体制及其稳定机制》,《社会学研究》第1期,第1—40页。

钞晓鸿(2005):《清代汉水上游的水资源环境与社会变迁》,《清史研究》第2期,第1—20页。

费孝通(1991):《乡土中国》,北京:生活·读书·新知三联书店。

费正清(2003):《美国与中国(第四版)》,北京:世界知识出版社。

冯尔康(2005):《18世纪以来中国家族的现代转向》,上海:上海人民出版社。

皮尔·弗里斯(2018):《国家、经济与大分流》,北京:中信出版社。

傅衣凌(1988):《中国传统社会:多元的结构》,《中国经济社会史研究》第3期,第1—7页。

谷更有、林文勋(2005):《唐宋乡村社会力量与基层控制》,昆明:云南大学出版社。

斯蒂芬·哈尔西(2018):《追求富强:中国现代国家的建构,1850—1949》,北京:中信出版社。

胡恒(2015):《皇权不下县——清代县辖政区与基层社会治理》,北京:北京师范大学出版社。

黄宗智(1999):《中国的"公共领域"与"市民社会"?——国家与社会间的第三领域》,载邓正来、J. C. 亚历山大主编《国家与市民社会:一种社会理论的研究路径》,北京:中央编译出版社,第421—443页。

黄宗智(2001):《清代的法律、社会与文化:民法的表达与实践》,上海:上海书店出版社。

黄宗智(2008):《集权的简约治理——中国以准官员和纠纷解决为主的半正式基层行政》,《开放时代》第2期,第10—29页。

孔飞力(1990):《中华帝国晚期的叛乱及其敌人:1796—1864年的军事化与社会结构》,北京:中国社会科学出版社。

鲁西奇(2019):《"下县的皇权":中国古代乡里制度及其实质》,《北京大学学报》第4期,第74—86页。

罗威廉(2016):《汉口:一个中国城市的商业与社会(1796—1889)》,北京:中国人民大学出版社。

牟发松(2011):《汉唐历史变迁中的社会与国家》,上海:上海人民出版社。

卜正民(2009):《明代的社会与国家》,合肥:黄山书社.

秦晖(2004):《传统十论》,上海:复旦大学出版社。

瞿同祖(2003):《清代地方政府》,北京:法律出版社。

沃尔特·沙伊德尔(2020):《古代中国与罗马的国家权力》,北京:生活·读书·新知三联书店.

马克斯·韦伯(2010):《中国的宗教:儒教与道教》,桂林:广西师范大学出版社。

魏丕信(2002):《18世纪中国的官僚制度与荒政》,南京:江苏人民出版社。

卡尔·魏特夫(1989):《东方专制主义:对于极权力量的比较研究》,北京:中国社会科学出版社。

萧公权(2018):《中国乡村:论十九世纪的帝国控制》,北京:九州出版社。

岩井茂树(2009):《中国近代财政史研究》,北京:社会科学文献出版社。

杨亮军(2016):《论明代国家权力与乡约的调适和融通——以黄佐〈泰泉乡礼〉为中心》,《兰州大学学报》第3期,第87—94页。

万昌华、赵兴彬(2008):《秦汉以来基层行政研究》,济南:齐鲁书社。

王日根(1995):《乡土之链:明清会馆与社会变迁》,天津:天津人民出版社。

王日根(2002):《中国传统政治文明中的"官民相得"》,《南通师范学院学报》第2期,第25—28页。

王日根(2003):《论明清乡约属性与职能的变迁》,《厦门大学学报》第2期,第69—76页。

王先明、常书红(2000):《晚清保甲制的历史演变与乡村权力结构——国家与社会在乡村社会控制中的关系变化》,《史学月刊》第5期,第130—138页。

温铁军(2000):《中国农村基本经济制度研究:"三农"问题的世纪反思》,北京:中国经济出版社。

熊元斌(1995):《论清代江浙地区水利经费筹措与劳动力动用方式》,《中国经济史研究》第2期,第90—98页。

徐茂明(2006):《江南士绅与江南社会(1368—1911)》,北京:商务印书馆.

晏绍祥(2021):《与距离斗争:中国和西方的古代世界史研究》,上海:上海人民出版社。

杨开道(2015):《中国乡约制度》,北京:商务印书馆.

袁明全(1987):《明代太湖水政初探》,《中国史研究》第3期,第139—146页。

张信通(2019):《秦汉里治研究》,北京:中国社会科学出版社。

张研(2000):《清代中后期中国基层社会组织的纵横依赖与相互联系》,《清史研究》第2期,第79—91页。

郑振满(2009a):《明清福建家族组织与社会变迁》,北京:中国人民大学出版社。

郑振满(2009b):《乡族与国家:多元视野中的闽台传统社会》,北京:生活·读书·新知三联书店。

赵秀玲(1998):《中国乡里制度》,北京:社会科学文献出版社。

周邦君(2006):《地方官与农田水利的发展——以清代四川为中心的考察》,《农业考古》第6期,第30—35页。

周黎安(2008):《转型中的地方政府:官员激励与治理》,上海:格致出版社/上海人民出版社。

周黎安(2014a):《行政发包制》,《社会》第6期,第1—38页。

周黎安(2014b):《再论行政发包制:对评论人的回应》,《社会》第6期,第98—113页。

周黎安(2016):《行政发包的组织边界——兼论"官吏分途"与"层级分流"现象》,《社会》第1期,第34—64页。

周黎安(2019):《如何认识中国:对话黄宗智先生》,《开放时代》第3期,第37—63页。

周黎安、王娟(2012):《行政发包制与雇佣制:以清代海关治理为例》,载周雪光、刘世定、折晓叶主编《国家建设与政府行为》,北京:中国社会科学出版社,第97—178页。

Coase, Ronald H. (1937). "The Nature of the Firm," *Economica*, 4

(16):386—405.

Hart, Oliver, Andrei Shleifer, and Robert Vishny (1997). "The Proper Scope of Government: Theory and an Application to Prisons," *Quarterly Journal of Economics*, 112(4):1127—1161.

Mann, Michael (1986). *The Sources of Social Power*, V. 1. Cambridge, New York: Cambridge University Press.

Weiss, Linda, and Hobson, John M. (1995). *States and Economic Development: A Comparative Historical Analysis*. Cambridge, MA.: Polity Press.

Williamson, Oliver E. (1985). *The Economic Institutions of Capitalism: Firms, Markets, and Relational Contracting*. New York: The Free Press.

行政发包制与中国特色的国家能力[①]

周黎安

一、引言

近年来,国家能力与经济发展、现代化的关系成为经济学、政治学、社会学等多个社会科学分支共同感兴趣的研究主题。按照文献普遍接受的定义,国家能力体现为国家征集税收,提供司法、秩序和社会公共产品,以及实现国家政策目标的能力。这包括国家政权渗透社会实现资源的汲取与动员、国家作为独立行动者自主制定政策并付诸执行等诸多维度的基础能力,涉及官僚组织的治理与运行、国家与社会的广泛关系。工业革命、西方世界的兴起高度依赖于在此之前西欧国家的政权建设和国家能力的塑造过程,例如中央权力机构的强化以及对社会的渗透、大规模的资源汲

[①] 本文发表于《开放时代》2022年第4期,收入本书时略有修改。

取和军事动员(Tilly,1975,1990;Ertman,1997)。西方国家的现代化也伴随着国家权力机构的集中化和自主化、预算的标准化与统一化、功能的层级化和理性化进程(Mann,1993)。一系列实证研究提供的丰富经验证据表明(Johnson and Koyama,2017),发达国家相比发展中国家,总体来说具有更高的税收占 GDP 的比例和人均税收水平、更发达的司法实施和更集中化的政治机构,贫穷国家则更可能处于内部政治割据和种族分裂的状态,而且也更可能陷入内战和社会冲突(Besley and Persson,2011;Michalopoulos and Papaioannou,2014)。跨学科研究的一个共识是,贫穷国家之所以发展失败,脆弱的国家能力难辞其咎,表现为基本的司法、社会秩序和公共产品(如教育、医疗和基础设施)供给不足(North et al.,2009;Acemoglu et al.,2014)。

深受国家能力理论的影响,关于中国国家能力的研究日益增多。有一支文献延续了西方国家能力经典理论的聚焦点,分析新中国的国家(尤其是中央政府)资源汲取能力、再分配能力以及公共产品的供给能力,如王绍光、胡鞍钢(1993)、王绍光(2002)、欧树军(2013),并进一步延伸到中国特色的重大决策机制,如举国体制(集中力量办大事)、共识型决策(王绍光、樊鹏,2013)、领导小组型的高位推动与统筹协调(贺东航、孔繁斌,2011;赖静萍、刘晖,2011)。另一支相关文献虽然不直接涉及国家能力,但因聚焦地方政府的政策执行过程和效果而间接相关,如选择性执行,正式制度的非正式化运作、上下级共谋、策略主义、层层加码、运动式治理等分析概念的提炼,刻画了在中国的制度背景下地方政府(尤其是基层政府)对于上级政策的策略性应对的丰富场景(O'Brien and Li,

1999;王汉生等,1997;周雪光,2005;欧阳静,2010;冯仕政,2011;周雪光,2012;周黎安等,2015)。这些理论概括均隐含地以理想的国家能力为参照基准,如国家政策的忠实执行,以正式制度和程序为基础的理性官僚制和法治化治理,而将现实生活中所观察到的这些治理现象解读为对于理想基准的一种"偏离"。就其分析旨趣来说,第二支文献可以归属到更大的一支文献中,即关于中国特色的国家治理机制或模式的研究,后者聚焦于委托人与代理人(如基层政府)关系中的代理人问题的性质及其解决机制(如激励和监督机制的设计、压力传递、统治风险控制、治理成本节省等)(荣敬本等,1998;黄宗智,2007;周黎安,2007,2014;曹正汉,2011;周雪光,2011)。

一个有趣的现象是,直接关注国家能力的研究文献更强调国家宏观层面的基础性能力,如资源汲取能力、协调整合或再分配能力,但很少涉及委托—代理视角下的代理人的激励和策略反应;国家经常作为单一行动者出现,不区分中央政府与地方政府,也不区分行政决策与政策执行,资源汲取与政策实施过程更像是一个黑箱。另一方面,直接关注地方政府政策执行的浩瀚文献,虽然包括聚焦国家治理模式的诸多理论分析,更侧重于运用委托—代理分析视角考察不同政策环境下代理人的激励和行为,但对于国家能力理论所强调的基础性能力则关注不足。事实上,除了代理人的激励,代理人的专业能力以及执行政策所需的资源支持(即俗称的"人财物")也不可或缺。更关键的是,国家治理机制与基础性能力之间的关系应该如同生产力与生产关系一样,既相对独立又相互作用,共同决定一国国家能力的强弱。然而,据笔者所知,这两支文献虽然存在如此明显的内在关联,却因受制于各自的分析范式,长期以来几乎是独立发展和演化,鲜有直接的对话与衔接。

如上两支文献的相互隔绝带来了不少分析上的问题和局限。例如,国家能力理论经常把国家作为单一的行动者,聚焦宏观层面的资源汲取能力和政策执行力。运用到中国的制度场景,它面对的问题是,中国的事权高度集中于地方政府,地方政府是除国防、外交几乎所有公共产品的主要供应者,在国家正式预算之外的土地财政收入作为最近20年中国资源汲取最重要的方式之一,为地方政府提供了占地方财政收入一半以上的比例。在这种情况下,离开了央地关系博弈和地方政府激励的视角抽象讨论国家能力,分析显然难以深入。更重要的是,如果没有代理人(地方政府)激励的驱使和支撑,基础性能力(如资源汲取能力、政策目标传递与执行)也无法转化为真正的国家能力。在国家宏观层面笼统讨论国家能力,导致我们无法解释:在同一国家体制下,中国为何在不同的治理领域国家能力呈现强弱并存的局面(周黎安,2014)。例如,为什么在有些治理领域呈现强大的国家能力(如"两弹一星"、高铁核电),而在有些领域却又问题重重(如食品安全、医疗教育等)?中国过去几十年国家能力的动态演进过程就更加难以解释了。例如为什么有些治理领域(如环境保护)可以实现从乏善可陈到显著改进的跳跃?类似地,关于领导小组型的协调整合能力的研究揭示了中国独具特色的重大决策和协调机制,但与此同时,我们在众多日常决策领域也经常观察到"条块分割""九龙治水"等"权力碎片化"现象(Lieberthal and Lampton,1992)。为什么内嵌于中国体制的协调整合机制只在特定领域或特定时期发挥作用呢?

反过来,因为缺失基础性能力的视角,关注代理人激励与策略反应的国家治理的理论分析也容易陷入解释上的困境。例如大量研究揭示了基层政府的"选择性执行"、上下级共谋、策略主义等等代理人行为,确实反映了基层政府在执行中央政策过程中的策略性偏离,在不少情境下造成了严重的政策扭曲效应。"一统体制与有效治理"的冲突(周雪光,2011)导致了央地之间收权—放权的周期性循环,这在历史上可以找到不少例证说明其内在的张力。又例如运动式治理理论(冯仕政,2011;周雪光,2012)揭示了在特定时期聚焦特定政策目标、集中资源解决治理问题的模式(如各类专项整治),体现为自上而下层层动员,短期成效明显,长期却难以奏效。所有这些分析都有其重要的理论价值和特定解释力,但是,当我们进一步追问,给定这些治理问题,改善中国国家治理模式的出路何在?答案似乎只能是官僚制的理性化、制度化、法治化。可是,中国在相对短的历史时期,从经济发展、精准脱贫到环境治理都获得了人类历史上罕见的成就,①这些领域从国家能力视角看也是经历了从弱到强的过程。在此过程中,中国在官僚制度理性化、制度化和法治化确实取得不少进步,但并不构成这些巨变的主要驱动因素。如果细致观察其演变过程,我们很容易看到"选择性执行""策略主义""上下级共谋""收放循环"等传统现象的发生,我们熟悉的"运动式治理"也不时夹杂其中。那我们又如何解释中国

---

① 中国经济发展的奇迹有目共睹,无须赘述;2015 年以来精准脱贫攻坚战让近一亿人脱贫,为世人瞩目(库恩等,2020);2013 年以来中国"污染防治战"使全国污染下降 40%,占全球同一时期污染减少的四分之三,中国七年所取得的成就在美国花了几十年的时间才完成(Greenstone et al.,2022)。

国家能力在这些领域的巨大进步呢？笔者认为，导致这些理论解释困境的一个重要原因是忽略了国家基础性能力的积累与进步。而且，基础性能力的形成与演进不是外生的参数，而是受到国家行动者或代理人建设基础能力的意愿和动机的影响，基础性能力的变化反过来又进一步影响代理人的激励和行为；国家代理人的激励与基础能力的互动过程最终决定了相关领域的国家能力和治理绩效。

本文试图将以上两支重要文献——以代理人激励行为为中心的国家治理的分析与以基础能力为中心的国家能力理论——进行对话和融合。这里笔者选取行政发包制作为基于代理人行为的国家治理模式分析的代表，与国家能力理论进行对话，主要基于两个原因。第一，行政发包制以属地化逐级行政发包为特征，构成中国长期稳态的国家治理形式，在不同历史阶段既体现了制度的延续性和路径依赖，也经历了持续的改造与演变，包含了极具中国特色的国家治理元素及结构特征（周黎安，2014，2017）。第二，在理论概括上，行政发包制所强调的三个分析维度——行政权的分配、预算分配与经济激励、内部控制与绩效考核，正好与国家能力理论关心的决策自主性、资源汲取动员以及政策执行形成了有趣的对应，因而特别适合与国家能力理论进行对话衔接。不仅如此，现有的国家能力理论侧重于国家与社会二分的视角，而对国家内部多层级政府的运行机制鲜有涉及。行政发包制涉及了三重关系——中央与地方，政府与市场，国家与社会，且将承包方（代理方）的激励行为、正式与非正式制度的关系放在一个突出的位置。承包任务的下达与分配、行政分权、公共收入的剩余索取权、结果导向的绩效考核和人格化问责均从不同层面塑造了承包方的激励性质与强度;而行政发包下承包方的权力(如自由裁量权)与正式授权、预算内正式财政与预算外多元筹资之间则体现了正式与非正式制度的互动过程。行政发包制的这些分析特色便于将国家治理与国家能力双重分析视角有机结合在一起。

本文首先以西方的国家能力理论为参照,探讨行政发包制作为一种国家能力形态的制度特征与治理逻辑,揭示中国国家能力形态的独特性和丰富性,并检视主流国家能力理论可能误读中国国家能力的"盲区"。总体而言,西方国家能力和政权建设理论所关注的国家相对于社会的自主性问题在中国并不凸显,而国家内部政策执行的代理人问题则表现突出。与西方国家治理机构的科层化和理性化相比,中国的国家治理表现为科层化进程与行政发包关系并存融合,制度化、规范化进程与人格化问责、体制动员性和弹性治理携手共进,"正式化与非正式化"二元互动混搭。国家权力的渗透性和基础性在中国则是另外一番图景,呈现为"垂直化与属地化相结合",不以中央机构垂直渗透社会为主要特征,而是通过层层属地分包,借助行政中介(如多层级地方政府)和社会力量的广泛参与,间接实现对社会的渗透与资源汲取。进而言之,在国家能力上,西方所体现的国家层面集中性财源汲取、国民信息集中性收集(如社会保障号码、个人收入信息)、法令集中性制定和统一性实施,在中国则借助逐级属地行政发包制,财源的中央集中征收与地方分散多元筹措相结合,信息的中央集中采集与地方属地化控制相结合,法令和政令的集中性制定下达与地方多样性实施相结合。在西方,国家与社会之间分工明确、职责清晰、边界分明的互动关系,在中国通过行政外包而表现为"政府引导、社会参与、协同治理"为特征的社会动员与整合模式。

行政发包制从中华帝制时代至新中国经历了重要的制度改造和治理形态演变,在不同历史时期国家政权建设和国家能力上也呈现巨大的差别。为了将行政发包制的不同治理形态与国家能力强弱对应起来,本文也力图借鉴和汲取国家能力理论的洞见,引入"基础能力"这一分析概念,既打通融合国家治理与国家能力两支文献,又进一步丰富和拓展行政发包制的理论谱系。这里定义的"基础能力"借鉴了曼提出的"基础性权力"概念(Mann,1986),反映的是发包方和承包方的专业化水平、资金预算、人员规模以及治理技术等方面的"基础设施"水平和供给能力,这与强调信息不对称、代理人激励和策略反应的"治理机制"形成了对应。行政发包制所蕴含的承包方激励的强弱,包括政治激励(如晋升激励)、经济激励(如财政分成比例)以及行政分权的激励效应,与它所依赖的"基础能力"的高低,可以形成不同的组合关系,每一个组合正好对应特定治理领域的国家能力高低和国家治理绩效的好坏。承包方激励特征与基础能力之间的互动关系为我们提供了一个简明清晰的分析框架,既可以内在一致地解释文献所揭示的诸多国家治理现象(如运动式治理、策略主义、共谋串通、装门面行为、九龙治水等),也可以解释中国何以在行政发包制的总体架构下依不同领域、不同历史时期而呈现不同国家能力的内在逻辑。

最后,基于以上拓展的分析框架,本文以中国近30年水资源治理的演变为例,分析中国的环境保护如何从治理相对失败演变为成效显著。具体而言,极具行政发包制色彩的"河长制"将中国特色的治理机制(如"分段承包"、人格化问责与政治激励)与信息技术相结合持续提高环境治理的基础性能力,形成了治理机制与基础能力之间的良性互动,进而显著改善了水资源环境的治理。我们进一步的讨论表明,中国水资源治理(包括更大范围的环境治理)的变迁从一个侧面反映了中国正在发生的国家治理变革,也预示了一种值得探索的中国国家治理体系与治理能力现代化的路径。关键的启示在于:国家治理的法治化、制度化和规范化进程不可能脱离中国现行的行政体制和治理模式而依靠外部移植或强行嵌入,而必须与现有国家治理体制衔接磨合,以此获得必要的激励驱动和资源支持;现代信息技术的发展使得传统的行政发包制获得"新生",如同河长制等新型治理形式所表明的那样,中国特色的治理机制、制度化和法治化与治理技术之间有可能形成良性互动关系,进而持续改善国家能力和治理绩效。

二、西方理论视野下的国家能力

关于国家建构与国家能力的早期文献聚焦于欧洲绝对专制主义国家之间的战争如何迫使封建君主建立中央权力机构,大规模征税和汲取社会资源,发展军事动员能力(Tilly,1975,1990;Skocpol et al.,1985;Mann,1986;Ertman,1997)[①]。与这个公权力渗透和军事动员过程相伴随的是国家权力的重新建构,中世纪后期至现代早期分散在封建诸侯、贵族或地方社会的行政、司法和军事权力逐

[①] 关于国家建构和国家能力的文献综述,参见 Johnson and Koyama(2017)、黄冬娅(2012)、张长东(2020)。

渐集中到统一的国家机构,国家成为疆域之内唯一行使强制力的行政组织。在这种理论视野之下,国家能力主要体现为国家的资源汲取动员能力以及法令在全国统一实施的能力。例如英国在17世纪的崛起与英国发展起来的强大征税机构、公债融资能力以及相对统一有效的司法制度分不开,而同一时期的法国落后于英国是因为法国享有诸多特权的地方贵族势力阻碍了国家权力的集中化,导致司法和财政能力趋于分散化和碎片化。

除了资源汲取,国家能力的另一个关键性维度是国家政策的制定及执行效能,这涉及国家提供安全秩序和公共服务以及实现国家目标的能力。许多学者从国家与社会的关系入手,研究决定国家目标实现能力的相关因素和条件。迈克尔·曼提出了"专制性权力"与"基础性权力"的区分(Mann,1986)。专制性权力是指国家不与公民社会团体协商而单独采取行动的能力,基础性权力是指国家渗透社会、实现其政策法令的"后勤"保障能力,后者构成国家能力的关键性维度。基础性权力主要与国家的"数目字管理""精细管理""国家权力的渗透性"直接相关。一个例子是现代国家对于每位纳税人收入状况的精准掌握,这是征收国民所得税的基本条件,反映了国家征税的基础性权力。专制权力强不能保证国家具备强大的汲取能力和政策执行力。曼认为,在帝制时代的中国,皇帝具有绝对的专制性权力,但皇权对于民间社会的渗透性却非常有限,代表了专制性权力强而基础性权力弱的组合(Mann,1986)。西方国家的现代化和民主化进程则指向另外一种组合,即专制性权力的削弱(如议会制、民主选举、有限政府)与基础性权力加强(公民自愿纳税、法治和有效政府)相伴随。

有一支文献则从国家与社会的互动关系的类型出发,提出了"强国家、弱社会""弱国家、强社会"概念(Migdal,1988)。米格代尔基于发展中国家广泛存在的地方强人现象,指出当地方强人(如酋长、部落首领)掌握地方社会的经济、文化资源进而实施强力控制,国家政策就很难直接进入地方社会。国家为谋求政治支持而不得不与地方强人进行政治交易、达成妥协,地方强人的既得利益得以维持。这就形成了"强社会、弱国家"的局面。国家渗透社会的能力受到严重抑制,自然谈不上了国家政策法令的有效实施。"二战"之后一些非洲国家在政权建设过程中面对部落和种族林立的挑战,其国家领导人只能以城市地区为权力中心,争取少数种族和部落的政治支持,而将大部分乡村腹地交给当地部落自我管理,国家机构基本不涉足其内部事务(Herbst,2000)。米格代尔等人的研究实际上是延伸了曼的关于"基础性权力"的理论,指出在发展中国家"基础性权力"难以形成的社会原因,即有限的国家权力资源、强大的地方势力和社会网络限制了国家权力的渗透。这种观点隐含的假设是国家与社会之间的潜在对立性,国家与地方强人围绕着社会控制权而相互竞争。

为了实现特定的政策目标,国家一方面需要制定和执行政策的自主性,另一方面为了政策落地,又需要深入社会加以落实。但是,国家机构和代理人与社会的密切关系也可能带来寻租腐败和利益捕获,致使国家政策执行最终偏离初始目标。埃文斯通过对韩国、印度产业政策实践的比较研究,提出了"嵌入性自主"的重要概念(Evans,1995)。"嵌入性自主"强调国家能力的两个关键维度,一是国家对于社会团体的"嵌入性",国家机构与社会的密切互动关系为资源的汲取和政策的渗透提供重要的保障；二是国家的自主性，即嵌入于社会之中的国家机器不被社会力量捕获和寻租，能够自主制定和贯彻国家目标。国家对于社会的"嵌入性"和"自主性"必须结合起来，才能使国家的产业政策得以有效实施。埃文斯的这个概念是在"发展型国家"概念的基础上，更为精准地界定了发展型国家之所以成功的制度性条件。"发展型国家"理论侧重强调国家通过职业化和专业化的官僚队伍自主制定积极赶超的产业政策，使国内企业在政府扶持下参与国际竞争，持续提高产业技术水平（Johnson, 1982；Amsden, 1989；Wade, 1990）。埃文斯认为，日本、韩国作为"发展型国家"的成功之处还依赖于日韩政府与企业之间密切互动的关系网络，这些国家"嵌入性"特征有助于政府与企业界的良好沟通和相互配合，促进政府产业政策的具体执行，并取得预期效果。相比之下，印度政府则缺乏这些政商关系网络，类似的产业政策实施效果不可同日而语。

主流的国家能力理论背后隐含了一个关于法理型科层制的形成与演化过程，理性化的行政科层组织是动员和汲取资源（如征税）、有效实施司法保护和提供公共产品的行动主体，构成国家基础性权力的重要基础。欧洲18世纪开启的国家政权和国家能力建设过程实质上是一个国家治理机构的科层化（或官僚化）进程（Mann, 1993）。国家行政机构逐渐从中世纪特殊主义、分散化和割据状态走向理性化、集中化、自主化（隔绝于社会力量的直接渗透）；随着国内关卡和贸易壁垒的取消，国内市场日益走向统一。官僚队伍也从传统世袭或家产制的任命与晋升变成统一考试选拔、依据业绩晋升、享受年薪和退休金，摆脱与国王、地方贵族的私人庇护关系,而成为国家雇佣的职业官吏。政治与行政的分离进一步塑造了官僚机构的独立性和专业性特征。官职的私人占有、买卖和牟利行为被逐渐禁止,地方诸侯、贵族或高级神职人员所控制的地方行政、司法权力集中到国家层面,保障了法令和政策的统一制定和实施。中世纪后期,欧洲的战争逐渐从雇佣军模式向常备军(军队职业化、科层化)模式过渡,政府征税由传统的包税制(即包税商征收)过渡到国家征税机构征收(Mann,1993)。到了19世纪末、20世纪初,大部分西欧国家的国家机构实现了行政的集中化与自主化、预算的标准化与统一化、功能的层级化与合理化的进程。韦伯关于国家官僚机构的科层制理论正好对应了一种国家能力的建构形式,基本反映了西方国家的科层化以及基础性权力的扩张过程,包括集中性的资源汲取和足额预算、组织严格的职能分工和层级关系、官僚的职业化和专业化、程序和规则主导的按章办事和依法行政(韦伯,2010)。韦伯意义上的理性科层制支持了政府的政策制定与官僚的严格执行力、有限政府(依法行政与规则程序至上)以及国家与公民社会的严格边界(杜绝人情关系和非正式关系网络介入)。

西方国家能力理论聚焦国家作为单一行动者的自主性,通过区分专制性权力与基础性权力,强调国家对于社会的渗透性和基础能力建设,国家政治机构的科层化和理性化被认为是提升国家权力渗透性、基础性和自主性的重要组织保障。这些关键性问题反映了西方工业化、现代化和民主化进程中国家能力构建的核心维度。在18世纪的欧洲,除了英国,法国、西班牙、波兰、普鲁士都曾因地方贵族和诸侯的强大而阻止了国家司法和财政能力的一体化(Johnson and Koyama,2017)。而一些发展中国家(如非洲、东南亚)所面临的脆弱国家或失败国家的困境与这些能力维度的缺失密切相关(Midgal,2009),如国家资源汲取(如征税)能力有限,国家治理机构科层化、官僚制理性化不足(如政治庇护关系、寻租腐败盛行),国家政策制定和执行缺乏自主性和渗透性。而其成功的"发展型国家"依靠理性化和专业化的官僚制既保证了国家政策的自主性决定,又与社会的私人部门保持良好合作网络,保障了产业政策的有效执行,创造了基础性权力的结构性条件。

国家作为单一的行动者大致符合西方国家政治机构集中化和全国化的事实,政党、阶级均是在全国层面组织活动和发挥影响。但这也导致了该理论较少分析产生这些效能所需的国家行动者及其代理人的行为逻辑和激励条件。后面我们将表明,中央和地方的互动以及国家代理人的激励与行为构成了中国式国家能力的关键性分析维度。

三、国家能力视角下的行政发包制

行政发包制是在一个权威组织(体制)的上下级之间引入的发包—承包关系,在三个维度上具有区别于理性科层制的鲜明特征(周黎安,2014,2016)。在行政权分配上,发包方的正式权威(包括剩余控制权)与承包方的自由裁量权(实际控制权或实质权威)并存,与科层制当中委托人的决策权与代理人的忠实执行形成对照;在经济激励与预算筹集上,承包方承担相当部分的经费自筹义务并享有一定的创造收入的剩余索取权,与韦伯科层制的足额预算、固定薪酬、代理人不承担公务经费筹措功能形成对照;在内部控制与监督考核上,发包方更强调对承包方进行结果导向的绩效考核(弱化程序控制)和人格化问责,与韦伯科层制的规则、程序控制为主和尽职免责形成对照。

如果把行政发包制嵌入在一个层级化的权威体制之中(正如中国的情形),这三个维度的特征与国家能力所涉及的几个关键维度形成了有趣的对应,如国家目标的自主制定与贯彻执行、资源汲取与动员、科层化(理性化、程序化和制度化)的程度。如果我们进一步区分权威体制内部的行政内包和向体制外社会力量的行政外包(周黎安,2016,2022),广义的行政发包制还涉及国家能力理论极为关注的国家与社会关系,为我们理解中国独特的国家能力与国家治理问题提供了新的视角。与此同时,广义的行政发包制还带来了更为丰富的视角和关注点,区分了三个层面的行动主体,上级(中央)发包方、下级(地方)承包方、处于公权力(官僚)机构之外的社会(如体制外的组织机构与个人)。

下面我们从行政发包制的三个维度与国家能力的核心维度进行对应和比较,由此界定行政发包制在构建国家能力上所呈现的特征。

首先,从行政权的分配看,发包方掌握了所有名义上的权威(如监督权、指导权、否决权),从发包方到承包方的权力转移与分配往往未经过清晰明确的授权过程,承包方所拥有的更多是实际控制权和自由裁量权。自由裁量权是一种相对模糊的相机授权,上级给予下级自由发挥的一定空间,但空间多大、边界何在,事前并未清晰界定,上级可以视结果好坏而决定是否干预。这正体现了权威体制内发包关系的独特性,它区别于市场上的发包关系,市场上的承包方对于产品设计和生产过程的自主性不是严格意义上的自由裁量权,而是法律保护的授权,发包方不能轻易干预(除非事前写在契约里)。它也区别于科层制下的正式授权,科层制的设计旨在消灭代理人的自由裁量权,代理人也经常以规则和程序的名义保护自己的利益(Crozier,1964)。美国官僚部门通常备有详细的行动指南,尽力让官僚的日常决策不超出授权范围,服从事前规定的程序与规则(Wilson,1989;Kelman,1990)。

虽然不完全一一对应,但曼关于"专制性权力"与"基础性权力"的区分在行政发包制的行政权配置维度上也有所反映。对于政府内部的发包方与承包方来说,作为上级的发包方拥有"专制性权力",它不受制于下级承包方或外部的社会团体而可以单方面采取行动。但是,发包方的政策和任务目标能否贯彻执行,即"专制性权力"能否转化为"基础性权力"取决于承包方贯彻上级政策的激励以及调动社会力量的能力(如人财物的配置和治理技术)。如果承包方通过政策变通、与社会团体合谋或数据造假等行为"忽悠""应付"发包方,"专制性权力"在体制内部就会受到阻碍而无法转化为"基础性权力"。上级政府的政策目标能否忠实执行、直达社会层面,也取决于行政外包的治理机制,即政府与体制外的行动主体(即"社会")的发包关系,作为内部承包方的地方政府如何与行政外包方(如企业和非营利组织)形成有效沟通、密切互动就变成一个重要条件。

国家能力理论所强调的国家自主性和"嵌入式自主"问题在这里也有具体体现。发包方制定目标和向承包方分派目标任务的权力是国家自主性的体现。在中国的制度背景下自上而下的政策制定和任务发包一般不存在国家政策制定层面的利益捕获或政治庇护,也不用担心发展中国家常见的"强社会、弱国家"或地方强人的情形,真正的挑战在于政策代理人(承包方)的自主性和执行性的问题,在于承包方层面政策执行的选择性、利益捕获、合谋串通和策略主义。承包方的自由裁量权有可能变成与社会利益团体合谋的基础,无数分散和局部的庇护主义网络可能穿透国家与社会的边界,借助国家的权力和资源,实现局部狭隘的利益交换与政策套利,变通、规避国家政策的执行,从而消解国家能力(Wank,1999)。在中国的情形下,国家对于社会的"嵌入性"也不构成严重问题,因为国家以"行政外包"的形式实现国家与社会行动的衔接与配合。历史上王朝政权尤其是地方官与地方士绅建立密切关系,在一系列地方公共产品领域(如水利、交通、救荒)形成官民合作(周黎安,2022)。新中国成立之后,国家政权直接进入城市街道和乡村。在改革开放时代,社会精英以各种形式被行政"吸纳"(康晓光、韩恒,1999),不同程度地参与政府主导或引导的治理过程,回应政府需求,尤其在公益慈善、抗震救灾、精准脱贫等方面表现突出;行政发包制借助"官场+市场"的双重竞争机制,实现辖区内地方政府与企业围绕"政绩—业绩"纽带的密切合作,共同实现地方经济和社会发展的目标(周黎安,2018,2021)。

其次,在经费自筹与经济激励方面,从国家能力的视角看,涉及资源汲取与动员的重要维度。国家能力文献强调战争促使欧洲君主发展中央集权和建立全国性征税机构,全面渗透公民社会汲取税源,因而更关注国家集中性财源汲取,如建立全国性征税机构统一征税,或在国内外资本市场上发行公债融资。然而,行政发包制作为一种国家能力形态,也存在发包方的集中性汲取(如中央层面的税收)和预算分配,但更重要的是承包方的经费自筹和财力分摊。实际上,为了解决一个大国资源汲取的难题,行政发包制在相当程度上以承包方的分散性经费自筹和多元化资源汲取替代相当一部分国家(中央)集中性征税和资源动员。

考虑到中国是在一个多层级政府体系中层层发包公共事务,其资源汲取与动员实际上伴随了层层财力分摊与多元化经费自筹的过程。在明清时期,国家名义上是一个高度集权的财政体系,地方很少有机动自主的财力(地方留存也是属于中央财源,受朝廷支配),但在实际运行上,州县官和基层政府在完成钱粮上缴之后主要依靠"非正式的经算体系"(如陋规、火耗及徭役派发等)维持政府的日常运行(包括幕僚聘用、胥吏薪水、办公设施修缮)以及必要的地方公共产品供应(曾小萍,2010;周黎安,2017)。计划经济时期国家的基础教育、医疗、养老等公共服务基本上是基层政府(县和人民公社)的职责,相当一部分又转给企业分担,即"企业办社会"。改革开放时代,20世纪八九十年代盛行政府间"财政包干制"和"预算包干制",预算外财政一直是地方政府提供公共服务的重要财源。① 这曾经导致政府部门"乱收费、乱摊派、乱集资"的行为。2010年地方政府的预算外财政被取消,部门预算统一管理和集中支付杜绝了部门的"小金库"。但是,财政预算的制度化和规范化并没有取消地方政府实质性"预算外"融资体系。2009年推出

---

① 在这一时期,乡镇政府高度依赖乡镇企业提供"预算外"财力补充公共服务资金之不足;类似地,高校依靠校办企业弥补办学经费的缺口。

"四万亿"刺激政策之后的地方投融资平台的崛起和土地财政的强势兴起相互推动,变成了地方政府广义预算体系和多元化融资机制的关键组成部分。

最后,在内部控制和监督考核方面,人格化问责与结果导向考核是在行政发包体制下国家目标执行与政策实施的重要保障机制。在西方国家,相对独立的司法体系和职业化、按章办事的韦伯式官僚组织是国家法令(政策)统一实施的组织保障;而在中国,政策执行主要依靠纵向监督(如巡视、督察)和人格化的绩效考核,与行政权力、预算分配和经济激励协同一致,促使承包方完成国家任务和目标。越是发包方重视的治理任务,承包方面临的绩效考核和问责压力也就越大。中国国家治理长期以来实施属地管理,贯彻"谁主管、谁负责"的原则,就是一种以行政区划边界作为责任边界的绩效考核方式。改革开放以来逐渐完善和规范的目标责任制则是绩效考核和问责的进一步精细化和技术化。曾经一度非常流行的市长"菜篮子""米袋子"工程在食品价格上涨时期也是一种目标清晰、责任到人的问责方式。从地方党政领导承包辖区重要产业或企业发展,再到近年来地方领导人对于地方债务、生态环境损害的终身追责,精准脱贫中党政负责人的责任追究和第一书记挂帅(如不脱贫就不允许调动职位)等等,都是在不同重要领域加强人格化问责的具体形式。

基于以上讨论,我们认为,行政发包制作为特定的国家能力形态具有以下三个鲜明特征,这些特征也是基于西方国家能力理论和现代化实践容易误读中国国家能力的地方。

第一,中央政府与地方政府之间的行政权分配体现的是行政发包式放权,它的相机性、灵活性与科层制的制度性、法理性授权形成鲜明的对比。韦伯式科层制的一个重要方面是基于法理基础的制度化、理性化过程,这也是西方官僚组织和国家能力现代化演进的总体方向。与此相对照,行政发包制是一种相对模糊和灵活的授权,糅合了正式和非正式的制度元素,中文语境下的"放权"——既可以下放也可以收回——是更为准确的刻画。中国的现行宪法第三条关于中央和地方国家机关职权的划分,表述为"遵循在中央的统一领导下,充分发挥地方的主动性、积极性的原则",说明地方享有的治理权力并非法律上清晰界定的分权或权力分割,而是组织内部自上而下的"权力下放"。

第二,中国国家的资源汲取和动员是以中央直接征税与地方多层次、多元化和分散化汲取动员相结合。如果以主流的国家能力理论看待中国国家财政汲取能力,一个潜在的误区是只看中央政府集中的财力,或者只看政府预算内财政汲取能力,而忽略了中国在资源汲取和动员方面的广泛性和多元性,进而低估和误读中国潜在的国家能力。西方国家的现代化过程就是国家预算统一化、集中化和标准化的过程;分税制改革以来中国也经历了一个预算统一化、集中化和标准化的过程,这是与西方国家能力现代化相似的一面。但是另一方面,中国各级地方政府一直依靠多元化的融资体系(包括延伸至民间和体制外各类组织)弥补国家预算资金的缺口,支持行政发包体系的正常运行。

第三,人格化问责与结果导向的考核以无限责任、责任落实到人为特点,看似有悖于现代科层制的尽职免责和有限责任逻辑,其实是中国政策执行机制的稳定化和程序化特征,而非临时权宜的制度安排。这一特征经常与饱受批评的"人治"联系起来,似乎与国家治理现代化所预期的法理化、制度化逆向而行。然而,有趣的是,随着中国经济的现代化和国家治理的演进,人格化担责和结果导向考核并未像人们预期的那样趋于减少和消失,而是广泛应用,甚至有向纵深发展之势,如近年来迅速推广的"河长制""路长制""街长制""链长制"等治理形式(后面将深入分析其背后的逻辑)。人格化问责事实上不仅赋予承包方以激励和压力,还有助于撬动承包方利用各种非正式手段如社会网络、个人资源去实现上级下达的正式目标(如对口支援、精准脱贫、领导包干产业发展)。

四、政治激励、基础性能力与行政发包制的谱系

上述讨论刻画了行政发包制作为一种国家能力形态不同于西方国家的独特性,但是对于国家能力的强弱未能予以区分。同样属于行政发包制的治理形态,其所对应的国家能力有可能天壤之别。从晚清、民国到新中国,行政发包制作为一种治理模式在总体上得以延续,但具体到组织形式和运行机制则差异甚大,政策执行力和资源汲取能力更是不可同日而语。比如在大众教育领域,中华帝制时代采取了松散的行政外包方式,国家层面极少参与,地方官不承担具体职责,只是发挥倡导规劝的义务,主要依靠士绅、宗族等民间力量兴办私塾、社学、义塾等乡村教育。晚清开始引入"新学",民国政府建立现代教育行政体制,推广新式学校,在基础教育普及上有所进步。但中央与地方的关系深受地方军阀割据等因素掣肘,国家政策难以深入基层政权。当国家试图增加乡村税

收以支持新学,带来的却是赢利型经纪现象和基层政权的"内卷化"(杜赞奇,1993)。到了新中国时期,基层政权得以重建,国家政权深入乡村,以党建和国家权力支持的层层动员体制迅速确立,乡村基础教育发展迅速,从建国初期的扫盲班、夜校到计划经济时期小学基本覆盖和初中教育的大规模普及。对比这三个时期的教育管理模式,自然会引出如下问题:行政发包制不同形态之间应该如何区分,它们与国家能力强弱之间又是如何对应的呢?

从国家能力强弱的视角看,行政发包制可以从两个方向上加以区分,进而丰富行政发包制的类型谱系。第一个方向是承包方在特定承包事项上所面临的激励强度。行政发包制的三个维度(行政权分配、预算分配与经济激励、绩效考核问责)均涉及承包方的激励强度。行政分权和承包方的自由裁量权的大小决定承包方做事的空间,权力下放可以激励承包方更努力地工作(Aghion and Tirole,1997);财政分成和预算分配决定承包方的经济激励,绩效考核和问责压力决定承包方的政治激励。这三者——分权激励、经济激励和政治激励——联合起来塑造了承包方在特定治理领域的激励特征。[1] 作为承包方的地方政府面对的是多任务、多目标的治理格局,在地方领导人注意力和治理资源的双重约束下,稀缺的注

---

[1] 根据笔者的分析(周黎安,2014),行政发包制的三个维度一般是朝着同一方向协同变化,当绩效考核和问责压力——政治激励——上升的时候,承包方的经济激励(包括预算外融资比例)和分权激励也会加大,至少不会朝着相反方向变化,因此我们可以将政治激励、经济激励和分权激励看作是朝着一个方向协同变化的激励系统,统一称之为承包方的"激励特征"。当然,在特定时期,不排除三个维度的变化不协同一致(如政治激励加大而分权程度或自由裁量权减少),但这种情况必然导致承包方避责懈怠,长期内难以持续。

意力和治理资源在各项治理目标之间如何分配,孰轻孰重,在很大程度上取决于地方领导人(承包方)所面临的绩效考核体系及其权重结构。

在中国的体制背景下,政治激励相比分权激励和经济激励在设置上更为灵活,也更为关键,直接决定了国家政策目标在地方层面的执行力。周黎安(2014)曾经从行政发包制与晋升锦标赛的结合类型区分我国在不同治理领域的国家能力的强与弱。这一分析聚焦于晋升锦标赛与行政发包制作为两种治理机制的互补性特征及其影响,发现中国过去国家能力的强项领域主要集中于"晋升激励强、行政发包强"的领域,如招商引资、流行病防控,或者"晋升激励弱、行政发包弱"的领域,如高铁、核电、南水北调等国家级工程项目;而"晋升激励弱、行政发包强"的领域(如食品安全、医疗教育、环境保护)则是国家能力弱项比较集中的治理领域。当特定的治理领域的绩效进入地方官员的考核体系且成为重要的考核指标,晋升锦标赛既强化了各承包方之间的竞争,又降低了发包方的监督和考核成本。

区分行政发包制所对应的国家能力强弱的第二个重要方向是引入"基础能力"这个分析维度。基础能力指的是发包方或承包方可以依赖的治理技术(如发包方的信息监测技术、承包方的征税技术)、资源汲取和动员(如预算、人员)、协调整合能力、专业技术(如发包方或承包方的人员素质、专业化技能)的总和水平,①它在一定程度上决定了发包方从"专制性权力"到"基础性权力"的传递效果以及最终实现的组织绩效。

基础能力的高低显然直接影响到行政发包制的结构参数和运行效率。发包方或承包方通过技术变革拥有更多的资源汲取能力(如金税工程大幅度提升增值税的征收水平,同时提高了中央和地方的资源汲取能力),或者承包方的职业化或专业化水平提高(如20世纪80年代以来强调党政干部的"革命化、知识化、专业化、年轻化"),均可以改善治理绩效。由技术驱动的基础性能力提升也可以通过放松行政发包制的信息约束而间接提高国家治理绩效。例如发包方借助信息化技术提升了监测、跟踪承包方行为的能力,减少了发包方和承包方之间的信息不对称,进而提高了整个治理机制的治理绩效。事实上,现有文献所揭示的"运动式治理""策略主义""合谋串通"等现象滋生的一个重要原因,是基层干部可以操纵上报的绩效数据或关键信息而蒙混过关。如果发包方可以更好地监测承包方的行为和绩效信息,这一类的政策扭曲将会显著减少。近年来借助信息化技术在全国各地建立的 GDP 统计数据的直报系统,要求企业不经过属地政府而直接在国家统计局的信息系统输入产值数据。这使得上级对于下级政府 GDP 绩效的考核更为

---

① 值得注意的是:基础能力与行政发包制的维度特征在概念上是相互独立的,比如基础能力所涵盖的资源汲取能力(如征税技术)或预算规模,在行政发包制的相关维度上是预算或税收分成比例以及代理方的收入与创收的关系;或者基础能力所强调的发包方对承包方的信息监测能力在行政发包制的维度上是利用监测到的绩效信息对承包方进行考核和问责。两者有联系,但并不相同。

真实可靠,①显著减少了围绕着关键性考核指标的信息不对称,地方竞争所造成的负面影响(如地方官员数据造假行为)可以得到扼制,正向激励效应将进一步加强。

至此,我们看到行政发包制所对应的国家能力与承包方的激励特征、基础性能力水平密切相关。图1提供了一个分析框架,将行政发包制所体现的承包方激励特征与基础能力分成不同的组合关系,识别不同治理领域的国家能力和治理绩效。首先,我们区分行政发包制之下承包方的激励特征的强弱,通常由政治激励的强弱牵引决定;其次是基础能力的强弱,包含发包方的监督技术、预算转移支付能力、承包方的资源汲取动员能力、协调整合能力、专业化水平等方面的高低。两者的组合情况给出了行政发包制的不同谱系,清晰地刻画了不同治理领域所对应的国家能力和治理绩效。

图1 行政发包制与基础能力的组合

基础能力 \ 承包方激励	强	弱
强	招商引资,计划生育,竞技体育,河长制,精准脱贫,疫情控制	日常化的跨区域、跨部门、条块之间的协调与合作
弱	各类专项整治,欠发达地区的"普九"达标等	帝制时代的大众教育,1980—2000年的环境保护、食品安全

---

① 安徽省蚌埠市提出的2021年GDP预期增长目标为8.5%,而官方公布的实际增长为0(参见《每日经济新闻》2022年1月23日报道《GDP零增长,真蚌埠住了?》),这在GDP统计直报制度改革之前是难以看到的情况。

行政发包制在何种条件下可以带来相对有效的国家能力,而在什么条件下它倾向于治理失败?根据图1的分析思路,这取决于承包方在特定治理事项上所拥有的激励特征与基础能力的组合情况。当承包方具有强大的政治激励、经济激励或分权激励,同时又有资源汲取和动员能力支撑,这往往对应着国家能力强的情况,如地区招商引资、精准脱贫等。在区域经济发展方面,围绕经济绩效的官员晋升锦标赛提供了强大的政治激励,而地方分权尤其在经济领域的放权,赋予地方政府发展经济的充分自主性;虽然从"财政大包干"到分税制以及之后,地方政府拥有的税收分成比例几经调整,整体上趋于减少,但地方政府通过经营城市、土地财政和房地产等联动机制内生发展出巨大的融资能力(赵燕青,2013;周黎安,2017),极大地支持了地方经济发展。地方政府在服务企业和产业的行政效率和专业能力也在不断提升,从早年经济开发区的"一站式服务"到近年来"放管服"改革和"最多跑一次",进一步简化审批手续、优化营商环境。2015—2020年精准脱贫的巨大成就也是与中央设计的"第一书记挂帅""责任落实到人"的强力问责机制密不可分。[①] 这也与全国贫困户"建档立卡"和动态跟踪、精准记录的信息化技术联系在一起,让以前脱贫实践经常遇到的业绩造假、争当贫困县等问题基本消失。与此同时,各地对于精准脱贫"一村一策"的充分授权,从中央各部委到各级地方政府调配专项公共资金支持,民营企业和社会组织的广泛参与,自然也功不可没。经济发展和精准脱贫的成功诠释了承包方激励与基础能力

---

① 关于中国精准脱贫的成功经验总结,参见汪三贵(2020);库恩、汪三贵(2020)。

的良性互动所带来的国家能力提升。

然而,行政发包制在有些条件下则容易陷入"国家能力弱"的治理格局,这往往对应着承包方激励弱化、基础能力(资源投入和治理技术)不足的行政发包体制,如曾经长期困扰国人的医疗教育问题、1980—2000年的环境保护问题、食品安全问题(周黎安,2014),此处不再赘述。还有一种情况是承包方激励强、基础能力弱的组合情况,这对应着短期内承包方"问责"压力陡然上升,上级强压任务指标,层层传递压力,但是下级承包方面临严重的资源约束(如人员、经费紧张)。各式各样的"专项整治"活动、达标评比等"运动式治理"就具有这些特征。作为承包方的基层政府只能"拆东墙补西墙",紧急调配资源,临时应付检查,①或者采取合谋变通的策略主义、形式主义的"避责""躺平"策略等等;专项运动结束、考核压力放松之后,一切都会回到原初状态。最后一种组合关系是承包方激励弱、基础能力强的情况,这对应着政府部门日常化的跨地区、跨部门的协调与合作。即使中国的党政体制赋予了特殊的协调整合能力(如领导小组、领导督办、工作专班),但对于日常程序化的许多决策通常缺乏强大政治激励支撑,又涉及利益冲突的不同地区和不同部门,往往表现为地方保护主义、"九龙治水"和"权力碎片化"(Lieberthal and Lampton,1992;周黎安,2004)。

值得强调的是,图1的分析框架还可以解释在特定治理领域国家能力和治理绩效的变迁。例如计划生育曾经作为一项基层政府的重要治理事项,早期是以"运动式治理"方式介入,但随着"一

---

① 例如关于"普九"达标评估中一些地方政府的"装门面"策略,参见 Fang et al.(2020)。

票否决"的考核制度引入以及专项经费、人员编制配置到位,计生人员的专业化和信息化技术的进步,计生工作逐渐进入常态化和规范化轨道,治理绩效也随之提高(陈恩,2015)。前述关于不同历史时期大众教育普及的例子也可以用上述框架进行解释。首先,地方官员的激励特征在历史上不同时期表现出显著的差异。在中华帝制时代,国家对于普通百姓的识字教育基本上不予重视,相比钱粮上缴和社会治安,地方官投注的精力和资源极为有限,基本上外包给了士绅;到了晚清民国,大众教育在地方政府的职责体系中地位有所上升,但由于中央对地方政府的有限控制力,国家政策的传导性明显受阻,与新中国时期国家对于教育普及的重视程度以及各级政府的执行力不可同日而语。其次,中国不同历史时期大众教育普及的差异性也可以从基础能力这个维度加以解释。相比中华帝制时代的有限汲取模式(如原额主义和固定税额摊派),民国政府加强了财政汲取能力,一度在中央层面大力投资国民教育(如1928—1936年)。中华人民共和国成立之后,国家全面、系统地重构和提升了国家基础性能力。具有巨大动员能力的党政体制全面嵌入国家治理体系,深入广大乡村,自上而下建立了强大的政治领导、统筹协调和政策执行机制[1];地方党委的中心化协调功能也便于打破传统部门的组织界限和壁垒,整合全社会资源和协调各部门的行动。除此之外,计划经济的资源配置能力和农村集体经济为全国范围的农村教育扩张和普及提供了重要的经济保障。基础教育作为一种准公共产品(具有收益的外溢性)由人民公社和

---

[1] 革命战争时期共产党的组织文化对于新中国的现代国家能力建设产生了重要影响(黄宗智,2019)。

生产大队负责投资正好克服私人经济激励不足的问题。

然而,农村教育在20世纪八九十年代面临了预算经费紧张、农民负担沉重的严峻局面(袁连生,2017)。这一方面与那个时期国家财政占国民收入比重下降有关,另一方面也源于行政发包制所依赖的基础能力和激励系统发生了重大变化。包产到户之后集体经济组织的资金积累能力被削弱,基层政府的资源汲取方式也发生了重大变化,从集体劳动力的统一配置和经济剩余的集中分配转变为面向农民征收税费和摊派劳力,沉重的税费负担引发农民普遍抱怨和抵制(陈锡文,2003)。相比计划经济时期,农村基层干部的政治激励的变化与资源汲取能力下降交织在一起,让情况更加恶化。20世纪八九十年代乡镇领导重视招商引资、忽视公共服务的激励特征也"挤出"了对于公共教育的资源投入,中西部地区普遍出现农村教师工资拖欠问题就是其中的一个表征。

五、行政发包制与国家能力的演进:以水环境治理为例

本节试图从行政发包制的激励特征与基础能力交互作用的视角解析行政发包制在水环境治理领域的演变及治理绩效。我们将看到,曾经一度被认为是中国国家能力不足代表的环境保护经过制度创新之后逐步取得显著进步,这背后诠释了行政发包制作为国家治理制度在新的技术条件下所发生的深刻变革,对于我们理解行政发包制谱系与国家能力的对应关系具有重要的启示意义。

随着工业化和城市化进程加速,中国河湖的生态环境遭到严重破坏,水质重度污染、生态功能退化、河湖水域大面积萎缩等问

题日益凸显。周黎安(2014)从纵向行政发包与横向晋升竞争的契合性质分析了长期以来环境治理问题重重的制度根源。虽然环境治理属于地方政府的属地发包责任,但在长时间内未能进入地方官员绩效考核的"硬指标"系列,致使晋升激励不发挥作用,弱政治激励下行政发包制的软肋——执法者与污染企业合谋以及监管者激励不足等问题——难以克服,环境治理乏善可陈。如同长期困扰我们的食品质量和安全生产问题,这也曾经属于我国"基础性权力弱"的典型领域。绝大多数地区环境治理的失败与中国普遍的招商引资和经济发展的成功形成鲜明对比,后者是行政发包程度高与晋升激励强的完美结合。

2007年无锡爆发太湖蓝藻危机,引发社会高度关注。作为一种应急方案,无锡为太湖流域在辖区内的64条主要河流设立"河长",由各级党政负责人担任,负责河湖的治理与保护,并出台了一系列强有力的配套措施。因为治理成效显著,2008年江苏在全省境内的太湖流域普及河长制,要求每条河流设立省、市双级河长。经过几年努力,太湖富养化程度迅速减轻,流域污染状况得到明显改善(朱玫,2017)。这一创新性举措产生了立竿见影的成效,很快吸引浙江、江西等地仿效,在没有上级政府压力的情况下,河长制逐步在全国推广和完善。河长制所负责的范围从最早的水污染防治扩大到包含水资源保护、水域岸线管理、水环境治理在内的流域生态环境的综合治理。2016年12月中共中央办公厅、国务院办公厅印发《关于全面推行河长制的意见》(以下简称《意见》),要求建立省、市、县、乡四级河长,实现所有江河湖泊全覆盖。这标志着一项由地方发起、带有应急性质的创新试验正式上升为国家层面的基本制度。2019年颁布的新修订《水污染防治法》进一步将河长制纳入国家法律框架。

河长制自创立以来不断完善,各地虽赋予其一些特色,但它总体上具备如下的基本组织架构和运行机制。① 在纵向维度上,各省设立总河长,从省、市、区(县)到乡镇和村,各级党政负责人担任河长。上一级河长负责督导下一级河长,并对其工作进行考核问责;层级越高的河长负责水域的范围越大。在横向维度上,除了直接与水域治理相关的环保、水利、农业、林业等部门,发改、经贸、财政、规划、建设、国土、城管、工商、公安等各部门也各司其职,协同发力,例如行政执法与司法执法联动,有些地区(如福建)成立生态综合执法局,加大执法力度。一些地区将网格化管理引入河湖治理,将河长制延伸到沟、渠、塘等小微水体,实现"纵向到底、横向到边"全覆盖治理网络。各级河长背负着相对明确的河湖治理目标,包括一些量化指标,并对结果负责,考核结果纳入党政领导干部综合考核评价,作为领导干部自然资源离任审计的重要参考。

与治理实践中广受欢迎形成对比的是,河长制出现伊始就受到不少学者的质疑和批评。河长制的高位推动、行政主导、层层动员、层层压责,看似集合了一些经常受人诟病的中国治理的传统元素,如强烈的"人治"代替"法治",行政主导替代公众的广泛参与。尤其是水污染治理中的层层动员、层层压责、集中整治也带有典型的"运动式治理"色彩,看似不可能形成持久的治理效果。河长制

---

① 关于河长制的详细研究,参见任敏(2015);周建国、熊烨(2017);沈坤荣、金刚(2018)。

也是一种典型的行政发包制的运用。① 从行政权的分配看,每个河长都是所分配河段流域治理任务和责任的总承包方。上级河长拥有正式权威,具有任命、督导、考核下级河长的权力,而下级河长拥有河湖治理的自由裁量权和实际控制权,这体现在因地制宜、"一河一策"的要求上。在财政预算和经济激励上,虽然上级政府可能会提供一定的资金支持(如专项资金),但更重要的是依靠本级河长的经费自筹和资源动员。一些地区河长需要缴纳保证金,不达标者将失去这部分保证金,而治理优秀者可以获得一定的奖励。从内部控制和考核看,河长制是一个典型的以结果为导向的人格化问责方式。河长对所辖流域治理承担"无限责任",他(她)无法动用免责条款为自己推卸责任。

为了理解河长制何以奏效,我们先来看看在2007年河长制出现之前水环境治理失败的原因。首先,如前所述,环境治理(包括水污染防治)虽然属于地方政府的职责,但在那一时期环境治理尚属于地方官员"弱激励"的领域。这直接导致的后果就是当经济发展与环境保护形成冲突的时候,地方政府往往以经济发展为重而牺牲环境质量。水污染问题的根源之一,就是各种化工、造纸等重污染行业沿江沿河布局。不仅如此,水资源和水环境治理的实际责任主体在环保部门,而非地方主官。当某地出现重大环境污染事件,受到处罚的一般也是地方环保部门的官员,最多是主管环保工作的副职市县领导,这实际上是对地方主官的一种行政"保护"。

---

① 从行政发包制的视角分析河长制的运行机理,参见周黎安(2017);杨华国(2018);李汉卿(2018);李利文(2019)。

其次，河湖管护"九龙治水"，涉及环保、水利、国土、交通、住建、农业、林业等多个部门，职能划分交叉重叠，责任边界模糊不清，导致出现问题时部门之间相互推诿扯皮，协调难度大。以环保部门的职权要协调多部门综合解决水资源和水环境问题，显然力不从心。虽然各地设有环境治理联席会议制度，但只是发挥会商协调的功能，经常是"议而不决"，即使形成了达成某种共识，也形成不了约束性行动方案。再次，人员配备和专业能力有限，日常监管巡查和执法能力也不足，导致难以发现污染源头，即使有确凿证据查处污染企业，也经常遇到"执法难"的问题。

针对上述流域治理的难点和痛点问题，河长制在相当程度上给出了解决方案。首先，党政负责人担任"河长"，且承担流域治理的领导责任，一旦考核不合格将直接面临"一票否决"的威胁。而党政负责人也同时面临经济发展绩效的"大考"，多任务环境下地方领导在经济发展与环境保护上必须统筹兼顾，权衡得失，致使经济发展、招商引资可能对水污染造成的"溢出效应"在党政负责人层面上内在化，迫使地方政府尽量寻求环境质量友好型的产业发展，提高企业准入门槛，调整和升级产业结构，从污染源头上做文章。通过直接赋予党政负责人的环境治理的领导责任，流域治理在源头上进行了有效的控制，至少避免了过去基本无视经济发展的环境后果的局面。其次，党政负责人承担环境治理的主体责任彻底扭转了过去环保部门负责环境治理的窘迫状况，虽然在河长制下，水利环保部门仍然是执行的主要机构，但借助地方主政官的威权行使职责，其协调力度大幅度提高。再次，针对过去"九龙治水"、多方协调失败的问题，河长制通过撬动河长的行政权威促成了领导小组统筹、多部门协调、社会各方力量参与的治理局面。自上而下多层级的河长体系使得上级河长有责任协调和督导下级相邻河长之间的跨界治理,有助于避免各承包河段之间的跨界治理可能面临的"公有地悲剧"问题。例如安徽省建立跨界河流联席会议制度,围绕重点敏感水域,全省签订跨界联防联控协议共达25份(徐文庆、黄卫良,2018)。随着河长制的全面落实,众多流域治理的责任主体的清晰塑造产生了财产"确权"的激励效应,在流域跨界"溢出效益"明显的地方,跨省之间的地方政府之间尝试生态治理的谈判与合作。

最后,与河长制相伴随的水流域治理的能力建设是关键的一环。凡是河长制取得显著成效的地区通常都伴随一系列基础能力的重构和升级,这包括大规模投资水污染处理设施、生态修复技术、一体化的信息平台、联防联控的执行体系等。这里特别需要强调的是,河长制伴随着信息化技术的大规模运用,显著改变了发包方与承包方之间的信息不对称,极大地提升了应对水环境问题的国家治理能力。河长制依托信息化、大数据、物联网技术,对河湖水域岸线、水资源、水质、水生态进行动态监测和实时跟踪,及时采集汇总河湖管护的相关信息,并进行信息共享和通报。河长制强调建立信息共享和报送的制度化和日常化,同时建立分级负责的举报投诉和受理处置及反馈机制。关于水域污染情况的全流程信息化监测、跟踪、反馈使得承包方的任务完成情况(如水域治理绩效)容易清晰界定,这不仅便利了发包方对于承包方的绩效考核与问责,免受承包方数据造假和绩效包装之苦,而发包方对于承包方治理绩效的精准监测、反馈和督办又促使承包方必须将更多精力放在任务的完成质量上,包括协调各部门聚焦问题,协同解决问题,而非数据造假或粉饰成绩上。对于流域治理的核心目标,如水资源保护、水污染防治、水环境治理可以形成清晰化的量化指标体系,而对于侵占河道、围垦湖泊、超标排污、非法采砂、破坏航道、电毒炸鱼等突出问题,则通过无人机航拍、摄像头实时监测、人工巡河、社会监督等多种形式发现和曝光。

治理界面精准信息的采集、监测与反馈,人格化的激励与问责,同多元化有效的监督机制相结合,发挥"组合拳"的综合治理效应。地方信息的精准采集与监测加上对于地方官员的人格化问责,仍然无法完全制止地方政府内部可能的合谋、串通与敷衍(包括多层级地方政府联合起来敷衍中央)。为了形成对地方责任人的事前威慑与事后惩罚,必须伴之以多重外部监督和制约机制,这包括纵向的中央环境督察和横向的人大、政协与社会公众监督。郁建兴、刘殷东(2020)以浙江省经历的中央环境督察为例,研究了党的十八大以来不断启用的中央督察制度对于降低委托—代理关系的信息不对称、强化地方的政策执行效果的重要意义。中央督察组派出经验丰富的专家,采取调阅资料、随机暗访、接受信访、"一竿子插到底"等形式,相对准确全面地获取代理人在环境治理方面的相关信息,以此对代理人产生强大的震慑作用。

如前所述,传统的运动式治理往往只是短期内动员、聚集资源,运动一结束,基本就会回到原初状态,而难以形成实质性治理能力的改善和提升。运动式治理发生的一个重要条件是治理目标与治理能力的不匹配,其中治理能力不足又与缺乏信息监测与共享、治污设施和人员配备不足密切相关,这导致了过去污染源头无从获取、污染问题难以精准确定,信息化技术的普及、治污基础能力的现代化弥补了以前治理能力的缺陷,为常态化有效治理奠定了重要基础。

一个有趣的观察是,河长制虽以落实党政负责人的人格化责任为契机,但它的行政发包色彩并非排斥法治化、规范化和制度化治理,事实上,常态化的河长制为环境监管和执法的制度化与规范化提供了动力和诱因。在河长制草创阶段,一些地区就通过出台地方规范性文件使之正式化和制度化,无锡、昆明等地更进一步以地方立法的形式加以规范。2016年《意见》颁布之后,新修订的《水污染防治法》正式规定地方政府党政负责人担任各级河长为法律职责,并加大了对违法行为的惩治力度,回应了过去关于河长制"职非法定"的质疑,同时为实施河长制提供了更有力的法律武器。河长制以治理目标清晰化和考核问责人格化形成倒逼机制,一些地区(如无锡)尝试加大环境执法力度的长效举措,例如在环保行政执法与司法执法之间建立制度化的衔接与联动机制,通过引入司法审判和多方联动(如环保、监察、公安、法院、检察院)克服以前环保行政执法长期存在的"执法取证难、现场处置难、强制执行难"的问题(张雨濛,2017)。

虽然河长制一直以来均是以政府主导和行政推动为特征,但它在一定条件下可以吸引社会多方力量的参与。一些地区在这方面积累了较为成功的经验。例如浙江省坚持"党政河长+民间河长"相结合的模式,民间河长包括"企业河长""乡贤河长""华侨河长"等,鼓励社会多方力量参与;江苏省探索设立"志愿者河长""义务监督员"参与河湖管理与保护(吴文庆、黄卫良,2018,第55页);

广东省制定地方性法规,将河长制实施情况纳入人大监督,深圳面向社会公开招募"民间河长",鼓励公众参与水环境治理(刘长兴,2017);湖南湘潭以环保协会为媒介,打造"河长助手·湘江卫士"的网格化管理平台,促进社会公众积极参与,助力"河长制"的有效运行(王园妮、曹海林,2019)。

六、延伸讨论

"河长制"之前流域治理的普遍失效的原因经常被归结为"九龙治水"和公共治理碎片化。然而,"九龙治水"和治理碎片化不是流域治理所面临的独特挑战,这是中国条块分割的治理体制所造成的普遍问题,权威的碎片化现象就是对这一现实的理论刻画。地方政府招商引资项目落地也涉及众多部门,如发改、财政、工商(市场监督)、国土、税务、公安、环保、消防等等,在制度设计上也是"九龙治水"和权力碎片化的局面,为什么在招商引资和经济发展方面很少引致普遍性问题?远在"放管服"改革之前,各地经济开发区就普及了"一站式办公"整合各相关办事机构,地方领导包干重要行业和重点企业,对于重大招商项目专门成立地方领导小组协调督办,这些做法也非常普遍。问题不在于条块分割所造成的权威的碎片化,而在于地方政府的激励的差异性,导致潜在协调整合能力激活不足。在强激励领域(如招商引资),领导小组体制、中心工作机制、党委的统筹协调机制、主管领导产业包干制等等中国特色的国家治理元素均可顺利启动。在弱激励领域,这些中国特色的治理元素缺乏启用的驱动力,九龙治水的问题就会凸显出来。

因此,在政府主导型的国家治理体系中,如何激发政府的内在驱动力,启用其独特机制实现有效治理,是一个关键性条件。在这个意义上,河长制成功的关键不在于克服"九龙治水"的问题,而首先在于嵌入启动特殊协同整合机制的政治激励。这同样适用于理解前面涉及的精准脱贫的巨大成效,"第一书记挂帅"和"责任到人"起到了纲举目张的关键性作用。

当然,行政发包体制的一种内在倾向就是以强化问责、压实任务作为解决问题的"杀手锏"。如前所述,如果治理任务和考核问责超出承包方的能力,承包方也会以各种代理人策略"应付",包括做表面文章、业绩造假、合谋串通等等,这就是"运动式治理"常见的治理效果。在许多地区河长制取得成效,除了党政负责人"挂帅",还包括信息技术变革对于治理体系和制度可能带来的深刻影响。借助信息技术与治理元素的交互融合,水环境治理从属地化发包到界面发包,从模糊性治理到清晰化治理,发包任务及其完成过程变得可视化、可量化、可追溯,从界面信息的精准采集、汇总到信息反馈、问题追溯、责任落实和问题解决,形成一个治理闭环,使得强化的政治激励所产生的动力不是朝着"装门面"和"策略应付"的方向(这是传统运动式治理的常见"套路"),而是朝着聚焦问题、寻找办法、解决问题的方向努力。凭借政治激励、问责和督察机制、基础能力提升之间形成良性循环,行政发包制本身也在被重构和赋能。河长制摆脱运动式治理陷阱的关键在于,治理界面清晰化[①]、激励问责人格化与基础能力持续提升之间形成了良性循环、

[①] 关于界面集中化在河长制所发挥的治理作用,参见韩志明、李春生(2021)。

相互强化的过程。治理界面不断细分和切割,实质在于使得河长(乃至沟渠的网格长)的责任边界尽可能明晰化、易识别,与不同层级的河长的治理能力相匹配,有助于强化河长的问责和激励。而水域治理状态的实时监测、信息反馈、传播共享(即通过水域治理信息平台的一体化提升基础能力)进一步清晰界定和反馈了河长治理的绩效,便于监督和考核,从而强化激励效应,促使河长采取更为有效的办法协调和整合多部门力量,加大水污染源头控制力度,增强水污染处理能力,反过来又增强了水域治理的基础能力建设。如果只有治理界面的清晰化和激励问责的人格化而无基础能力的持续提升,则极可能又陷入运动式治理的困境,资源的动员和整合是暂时性的,多部门协调也只是在专项治理期间发生,运动结束就基本回到原初状态,导致治理效果的短期化。

类似地,借助信息化技术,精准脱贫的建档立卡和动态信息跟踪是区别于以前脱贫实践的关键一环,如果没有这个技术赋能,书记挂帅所能发挥的作用就要大打折扣,问责压力在有些情况下可能就转化成合谋串通了。同样,中国应对新冠疫情的成功秘诀,除了传统的属地责任和以社区为基础的联防联控体系,健康码的创新为人员流动的精准信息跟踪、疫情监控和责任认定——本质上是"基础性权力"的渗透性——提供了极为重要的技术保障。虽然技术不可能解决所有的治理问题,必须与适当的治理机制相结合,但包括河长制、精准脱贫、疫情防控在内的治理实践,提供了通过中国特色的行政发包体制与数字化技术紧密融合进而塑造中国特色的数字化治理模式、提升国家能力的极佳案例。

从河长制的实践我们可以看到,行政发包制(如属地管理、人格化包责、"一把手"协调整合)与法治化、制度化并不像许多学者想象的那样相互排斥和二元对立,而是存在兼容共进之道。如前所述,河长制的推进和完善一直伴随着相关举措,使之纳入制度化和法治化的轨道,与此同时,一些地区为了有效治理水资源污染,加强行政执法和司法执法的衔接互动,解决过去以行政执法代替司法执法,或者司法执法乏力的诸多弊端。这可能预示了中国治理体系和治理能力现代化的一条可行路径,即法治化、制度化与行政发包制交织融合、动态演进,推动基础能力的累积提升,聚焦解决经济社会的痛点难点问题。与此相关联的一个现象是,近年来中央大力倡导的"依法治国"和"依法行政"的治理改革高度依赖地方政府的参与和推动,而地方法治建设更多是采取"承包型法治"模式加以推进:与国家治理的行政发包制相适应,地方政府作为承包方按照中央政府设定的"国家法治"的目标任务在自己的属地内自主设计和创新实施多样化的法治建设项目(丁轶,2018)。

河长制的成功催生了类似治理模式的产生,如"路长制""街长制""田长制"等等。这一方面说明基于清晰治理界面而设置人格化责任制具有一定的推广价值,另一方面也引发人们对基层党政负责人的责任负荷过重和有限注意力分配难题的担忧。如果这些新增治理责任与已有的经济发展、环境保护、社会民生等诸多属地责任叠加在一起,有可能导致基层承包方顾此失彼,不堪重负。在多任务环境之下,这是人格化考核与问责最终面临的瓶颈问题,也是"集中力量办大事"体制在特定时期聚焦特定治理事项可以奏效,但在常态化多任务目标下难以长期奏效的原因所在(周黎安,2014)。应对这种多元化目标的治理难题,中国的解决之道是,根据国家在不同历史时期所面临的最突出的挑战和任务,多元化治理任务被赋予不同的考核问责权重,使治理机制与基础性治理能力之间在共时和历时意义上形成良性互动。在每一个特定时期,地方政府的工作重心总是有所倾斜和取舍,但在历时意义上工作重心不断调整转换,多元治理的基础能力也得以动态积累和交替提升,国家的多元任务目标在动态过程中实现平衡和兼顾。中国过去四十多年的经济发展经验也表明了这一点。从 20 世纪 80 年代至 21 世纪初,地方政府以经济发展为中心,聚焦相对单一的政绩目标(如"以 GDP 论英雄");随着国家经济实力和人均收入水平的大幅度提升,地方政府的工作重心逐渐过渡到"不再简单以 GDP 论英雄",而是指导性目标(如经济发展)与约束性指标、一票否决指标(如环境保护、安全生产)相结合的多元化考核体系,环境保护的考核进一步分解为空气污染方面的"空气质量优良最低天数"和水资源治理的"河长制"。地方政府工作重心和目标体系能否顺利切换,多元治理领域的基础性能力的相继提升是关键性条件。当地方政府的工作重心从以经济发展为主切换到经济发展与环境保护并重,意味着经过几十年的招商引资竞争和引导地方经济发展,地方政府应该建立起相对有效的基础设施、产业集聚和行政服务能力,积累了必要的资源和条件容许当地企业通过技术进步和产业升级寻求经济发展与环境保护之间的平衡。类似地,随着"河长制"的实施与完善,绝大多数地方的水环境治理预期应该建立起相对制度化、规范化的运作机制和日渐成熟的治理技术和专业化能力,各级河长从繁琐的管理细节解脱出来,只需聚焦最关键、最迫切的治理问题。这样,治理机制的完善与治理能力的现代化就能形成良性互动,"以时间换空间",实现国家的多任务目标。

七、结论

本文以行政发包制作为国家治理模式的主导分析框架,与国家能力文献进行对话与融合。首先,笔者界定行政发包制所对应的中国国家能力的特殊形态,矫正从西方国家能力理论出发解读中国国家能力可能产生的误区和盲点;然后再引入"基础能力"概念,建立一个以承包方的激励特征与基础能力互动关系为核心的分析框架,以此揭示中国不同治理领域和不同历史时期的行政发包制所对应的国家能力的强弱以及内在逻辑。最后本文以中国过去30年水环境治理为例,借助我们建立的新分析框架,解释了为什么中国的水环境治理可以借助极具中国特色的"河长制"实现从治理失败到成效显著的飞跃。

本文的分析产生了几个重要的结论,具有一定的理论和政策含义。第一,中国因为自身的历史遗产和发展需要,通过常态化的行政发包制塑造了独特的国家能力形态,如国家权力渗透的"垂直化与属地化相结合",资源汲取动员的"集中化与分散化相结合",国家治理机构的"科层化与行政发包相结合",与西方国家现代化的独特路径所形塑的国家能力形态形成了鲜明的对比。如果简单以西方典型的国家能力形态,例如中央机构对社会的基础性渗透、资源汲取的集中化、科层制的理性化和法治化,判别中国国家治理的优劣或者国家能力的高低,必将陷入分析的误区。第二,由于基础能力视角的缺失,当前关于中国国家治理问题与现象的理论分析虽然有其特定的解释力和适用性,但无法解释为何中国在一个大致相似的国家治理机制(如行政发包制)之下却在不少重要治理领域获得了历史性的突破与显著进步。而聚焦于国家层面的"国家能力"分析通常回答不了中国在同样的党政体制下却在不同治理领域呈现国家能力强弱不等的问题。本文结合代理人激励系统与基础能力提出了一个新的分析框架,试图同时克服当前两支文献所面临的分析局限,为理解中国独具特色的国家治理与国家能力的演进提供重要的分析工具。第三,数字技术的发展有助于增强国家(尤其是中央政府)对于基层社会的基础性权力和信息治理的"穿透力",但基础能力的提升和引导仍然离不开关于代理人激励机制的设计和实施,数字化治理必须与合适的激励机制携手共进。第四,与学者普遍预期的中国国家治理现代化的理想路径——制度化、法治化和科层制理性化不同,本文的分析旨在强调,中国国家治理现代化更为现实可行的路径是,借助中国特色的治理元素和机制(如强化政治激励和行政发包的河长制),以此撬动和赋能法治化和制度化进程。国家治理体系和基础治理能力必须交织融合,相互促进,才能推动中国经济社会的现代化转型。

参考文献:

曹正汉(2011):《中国上下分治的治理结构及其稳定机制》,《社会学研究》第 1 期,第 1—40 页。

陈恩(2015):《常规治理何以替代运动式治理:基于一个县计划生育史的考察》,《社会学评论》第 5 期,第 63—77 页。

陈锡文(2003):《中国县乡财政与农民增收问题研究》,太原:山西经济出版社。

丁轶(2018):《承包型法治:理解"地方法治"的新视角》,《法学家》第 1 期,第 18—32 页。

杜赞奇(1993):《文化、权力与国家:1900—1942 年的华北农村》,南京:江苏人民出版社。

冯仕政(2011):《中国国家运动的形成与变异:基于政体的整体性解释》,《开放时代》第 1 期,第 73—97 页。

韩志明、李春生(2021):《治理界面的集中化及其建构逻辑——以河长制、街长制和路长制为中心的分析》,《理论探索》第 2 期,第 61—67 页。

贺东航、孔繁斌(2011):《公共政策执行的中国经验》,《中国社会科学》第 5 期,第 61—79 页。

黄冬娅(2008):《比较政治学视野中的国家基础权力发展及其逻辑》,载《中大政治学评论》第 3 辑,北京:中央编译出版社,第 211—249 页。

黄宗智(2008):《集权的简约治理——中国以准官员和纠纷解决为主的半正式基层行政》,《开放时代》第 2 期,第 10—29 页。

黄宗智(2019):《国家—市场—社会:中西国力现代化路径的不同》,《探索与争鸣》第 11 期,第 42—56 页。

康晓光、韩恒(2008):《分类控制:当前中国大陆国家与社会关系研究》,《开放时代》第 2 期:第 30—41 页。

罗伯特·劳伦斯·库恩、汪三贵等(2020):《脱贫之道:中国共产党的治理密码》,重庆:重庆出版社。

赖静萍、刘晖(2011):《制度化与有效性的平衡——领导小组与政府部门协调机制研究》,《中国行政管理》第 8 期,第 22—26 页。

马克斯·韦伯(2010):《经济与历史 支配的类型》,桂林:广西师范大学出版社。

欧树军(2013):《国家基础能力的基础:认证与国家基本制度建设》,北京:中国社会科学出版社。

欧阳静(2011):《策略主义:桔镇运作的逻辑》,北京:中国政法大学出版社。

容敬本、崔之元等(1998):《从压力型体制向民主合作制的转变:县乡两级政治体制改革》,北京:中央编译出版社。

王汉生、刘世定、孙立平(1997):《作为制度运作和制度变迁方式的变通》,《中国社会科学季刊》第 21 期,第 45—68 页。

刘长兴(2017):《广东省河长制的实践经验与法制思考》,《环境保护》第 9 期,第 34—37 页。

任敏(2015):《"河长制":一个中国政府流域治理跨部门协同的样本研究》,《北京行政学院学报》第 3 期,第 25—31 页。

沈坤荣、金刚(2018):《中国地方政府环境治理的政策效应:基于"河长制"演进的研究》,《中国社会科学》第 5 期,第 92—115 页。

汪三贵(2020):《脱贫攻坚与精准扶贫:理论与实践》,北京:经济科学出版社。

王绍光、胡鞍钢(1993):《中国国家能力报告》,沈阳:辽宁人民出版社。

王绍光(2002):《国家汲取能力的建设:中华人民共和国成立初期的经验》,《中国社会科学》第 1 期,第 77—93 页。

王绍光、樊鹏(2013):《中国式共识型决策:"开门"与"磨合"》,北京:中国人民大学出版社。

王园妮、曹海林(2019):《"河长制"推行中的公众参与:何以可能与何以可为——以湘潭市"河长助手"为例》,《社会科学研究》第 5 期,第 129—136 页。

徐文庆、黄卫良(2018):《河长制湖长制实务:太湖流域河长制湖长制解析》,北京:中国水利水电出版社。

郁建兴、刘殷东(2020):《纵向政府间关系中的督察制度:以中央环保督察为研究对象》,《学术月刊》第 7 期,第 69—80 页。

袁连生(2017):《中国教育改革大系:教育体制与教育财政卷》,武汉:湖北教育出版社。

曾小萍(2003):《州县官的银两:18 世纪中国的合理化财政改革》,北京:中国人民大学出版社。

张长东(2018):《比较政治学视角下的国家发展理论》,《北大政治学评论》第 1 期,第 197—234 页。

张雨濛(2017):《环境司法与行政执法联动机制的实践与完善:以无锡市为调研样本》,《福建法学》第 4 期,第 26—32 页。

周黎安(2004):《晋升博弈中政府官员的激励与合作:兼论我国地方保护主义和重复建设长期存在的原因》,《经济研究》第 6 期,第 33—40 页。

周黎安(2007):《中国地方官员的晋升锦标赛模式研究》,《经济研究》第 7 期,第 36—50 页。

周黎安(2014):《行政发包制》,《社会》第 6 期,第 1—38 页。

周黎安(2016):《行政发包的组织边界:兼论"官吏分途"与"层级分流"现象》,《社会》第 1 期,第 34—64 页。

周黎安(2017):《转型中的地方政府:官员激励与治理(第二版)》,上海:格致出版社/上海人民出版社。

周黎安(2018):《"官场+市场"与中国增长故事》,《社会》第 3 期,第1—45页。

周黎安(2021):《地区增长联盟与中国特色的政商关系》,《社会》第6期,第1—40页。

周黎安(2022):《"一体多面":中华帝制时期的国家—社会关系再研究》,《社会》第5期,第1—36页。

周黎安、刘冲、厉行、翁翕(2015):《层层加码与官员激励》,《世界经济文汇》第1期,第1—15页。

周建国、熊烨(2017):《"河长制":持续创新何以可能:基于政策文本和改革实践的双维度分析》,《江苏社会科学》第4期,第38—47页。

周雪光(2005):《基层政府间的"共谋现象":一个政府行为的制度逻辑》,《社会学研究》第6期,第1—21页。

周雪光(2011):《权威体制与有效治理:当代中国国家治理的制度逻辑》,《开放时代》第10期,第67—85页。

周雪光(2012):《运动型治理机制:中国国家治理的制度逻辑再思考》,《开放时代》第9期,第105—125页。

Aghion, Philippe and Tirole, Jean (1997). "Formal and Real Authority in Organizations," *Journal of Political Economy*, 105(1): 1—29.

Amsden, Alice (1989). *Asia's New Giant: South Korea and Late Industrialization*. Oxford: Oxford University Press.

Besley, Timothy and Torsten, Persson (2011). *Pillars of Prosperity: The Political Economics of Development Clusters*. Princeton, N. J.: Princeton University Press.

Crozier, Michael (1964). *The Bureaucratic Phenomenon*. Chicago: University of Chicago Press.

Ertman, Thomas (1997). *Birth of the Leviathan: Building States and Re-

*gimes in Medieval and Early Modern Europe.*Cambridge：Cambridge University Press.

Evans，Peter B.（1995）. *Embedded Autonomy：States and Industrial Transformation.*Princeton，N.J. ：Princeton University Press.

Fang，Hanming，Chang Liu，and Li-An Zhou（2020）."Window Dressing in the Public Sector：A Case Study of China's Compulsory Education Promotion Program，"NBER Working Paper w27628.

Greenstone，Michael，Guojun He，and Ken Lee（2022）."The 2008 Olympics to the 2022 Olympics：China's Fight to Win its War Against Pollution，" Working Paper.

Herbst，Jeffery（2000）.*States and Power in Africa：Comparative Lessons in Authority and Control.*Princeton，N.J. ：Princeton University Press.

Johnson，Noel，and Mark Koyama（2017）."States and Economic Growth：Capacity and Constraints，" *Explorations in Economic History*，64：1—20.

Kelman，Steven（1990）.*Procurement and Public Management：The Fear of Discretion and the Quality of Government Performance.*Washington：AEI Press.

Lieberthal，Kenneth & David M. Lampton（1992）.*Bureaucracy，Politics and Decision Making in Post-Mao China.*Berkeley，CA：University of California Press.

Mann，Michael（1986）. *The Sources of Social Power*，V. 1.Cambridge，New York：Cambridge University Press.

Mann，Michael（1993）.*The Sources of Social Power* ，V. 2.Cambridge，New York：Cambridge University Press.

Michalopoulos，Stelios，and Elias Papaioannou（2014）."National Institutions and Subnational Development in Africa," *Quarterly Journal of Economics*,129(1):151—213.

Migdal,Joel(1988).*Strong Societies and Weak States: State-society Relations and State Capabilities in the Third World*.Princeton,N. J. :Princeton University Press.

North,Douglass C. ,Wallis,John Joseph,Webb,Steven B. ,Weingast, Barry R.(2009).*In the Shadow of Violence.Politics,Economics,and the Problems of Development*.Cambridge,New York:Cambridge University Press.

Johnson,Charlmers(1982).*MITI and the Japanese Miracle:The Growth of Industrial Policy,1925—1975*.Stanford,Calif. :Stanford University Press.

O'Brien Kevin, and Lianjiang Li(1999)."Selective Implementation in Rural China",*Comparative Politics*,31(2):167—186.

Skocpol T,Evans P,Rueschemeyer D.(1985).*Bringing the State Back In*.Cambridge,New York:Cambridge University Press.

Tilly,Charles (1975). *The Formation of National States in Western Europe*.Princeton,N. J. :Princeton University Press.

Tilly,Charles(1990).*Coercion,Capital,and European States,AD 990—1990*,Cambridge,MA.:Basic Blackwell.

Wade,Robert(1990).*Governing the Market:Economic Theory and the Role of Government in East Asian Industrialization*.Princeton,N. J. :Princeton University Press.

Wilson,James(1989).*Bureaucracy:What Government Agencies Do and Why They Do It*.New York:Basic Books.

Wank,David L. (1999).*Commodifying Communism:Business,Trust, and Politics in a Chinese City*.Cambridge:Cambridge University Press.

国家—市场—社会：关于中西国力现代化路径不同的思考[①]

黄宗智

在国家与社会、国家与市场的关系问题上，现代西方需要我们从其双重性来认识和理解。一方面，如其英美主流自由主义的表达和理论那样，它带有崇高的自由民主理念，也有令人羡慕的先进的经济发展；但另一方面，它也有其贪得无厌的一面，可以相当具体地见于其帝国主义和殖民主义的历史实际，也可以见于其全球化主义。

社会科学的两大主要理论和意识形态——自由主义与马克思主义——则主要仅强调其单一面。西方理论的影响是如此之强

[①] 本文发表于《探索与争鸣》2019 年第 11 期。文中的许多经验叙述都在笔者的三卷本"实践社会科学与中国研究"（黄宗智，2020a、b、c）中有比较详细的论证，这里不再一一注明。

大,即便是在受害于现代西方的"第三世界"国家中,也同样似乎只能要么仅是偏重其正面,要么仅是其反面。中国便是一个例子,在其近现代史中,一再从一端转向另一端,似乎不可能同时考虑到其双重性。先是表现在清政府对西方的(逐层)拒绝,后是国民党执政时期对其的模仿意图;到中华人民共和国的计划经济时期再度拒绝,再到如今的改革时期,再度试图借鉴。但是,从历史实践来考虑,现代西方的实际,区别于其本身的主流和反主流表达、理论和意识形态,从来都是双重性的。

区别西方的英美新自由主义意识形态与其历史实际的不同,我们才能够跳出凭借其建构的理想化普适理论的陷阱来认识现当代中国,才可能通过对比现代西方和中国的实践历史来认识两者在建立现代国力、国家和市场关系,以及国家和社会关系之间的不同历史路径。那样,才能够建立一个具有中国主体性的社会科学,想象一个超越现有西方主流理论范围的未来。那既是认识中国实际的关键,也是设想一个不同于西方现代化的长远道路的关键。

一、现代西方的双重历史实际

我们可以先从国家与市场的关系进入讨论。亚当·斯密在1776年针对之前17、18世纪的"重商主义"提出,没有国家干预的自由贸易,包括城乡、不同地区和不同国家之间的贸易,是对双方都有利的。抽象地说,甲地能够较便宜地生产某产品 A(后人将其更明确精准地表述为:由于其"资源禀赋"方面的"比较优势"),而乙地则须花较高的成本;但在产品 B 方面则正好相反——两地交换无疑对双方都有利,可以使两地都降低其产品 A 和 B 的总成本和价格,由此促进经济整体中的分工、效率和增长。据此,斯密争论自由市场经济乃是推动经济发展的关键动力。(Smith, 1976 [1777]:尤见第四编[Book IV])

之前的重商主义理论则认为,贸易逆差的国家会受损,而顺差的国家受益(由于获得更多金银,能够赖以建立强大的军队),因此,必须凭借国家的(贸易)保护主义来促使贸易逆差最小化,顺差最大化,亦即如今反全球化的新重商主义的核心观点,那无疑是失之片面的。

亚当·斯密的目的是要为市场经济争得其自由发展的空间,他认为它会导致全经济体的广泛增长。他没有可能预见到后来的帝国主义—殖民主义的侵略全球实际,他更不可能预见到如今的全球化经济实际。全球化固然有其推进贸易双方和经济发展的一面,但也有其主要由发达国家,特别是其巨型跨国公司凭借使用发展中国家的廉价劳动力来获得更高利润,并在不平等国力(和经济发展水平)的两方的国际交易之中,占据交易利益的大头的一面。

如今,跨国公司的贪婪行为已经不简单是一小撮人或公司的,而是全球化的金融市场整体的运作逻辑。核心是一个(上市)公司在金融市场的股价,它才是主宰公司管理人员行为的真正"老板"。一个公司的股价和股值主要取决于其营业的利润率:一般来说,公司的利润率越高,其股价对收益的比率也越高。这是因为,股票评估专业人士一般都会根据一个公司近年的利润率来预测其前景,由此直接影响到购买股票者的抉择,进而影响到公司的股价和股值。苹果公司,作为目前全球股值最大最成功的上市公司,便是至为"典型"的例子。它通过中国台湾的富士康公司来雇佣超过百万的中国廉价劳动力,来为其在中国——特别是在郑州和深圳——进行手机零件的生产和装配。如今,仅郑州35万员工的富士康厂便能生产苹果公司iPhone总数的一半。那样,苹果公司可以凭借富士康公司所能接受的较低利润率——一般才约7%——来降低其产品的劳动成本(而中国地方政府则为了属地的发展为其提供了各种各样的激励,包括免税或减税、基础设施、贷款、低成本劳动力等)。苹果公司自身则主要只集中于利润率最高的——不止30%——设计和销售两端,因此而占到全球智能手机行业的90%的利润(即便在销售手机的总数量上仅占其12%),凭此获得了令几乎所有的上市公司羡慕的高利润率、股价和股值。[1] (Barboza 2016;黄宗智 2018a)

正因为如此,它会被绝大多数的股票分析专家们评为最好的股票,能够让购买者获得较高额的回报,由此成为众多基金组织和千千万万私人投资者所最想拥有的股票之一,转而促使股价(及其股价相对利润的比例[price/earnings ratio])持续上升。股价和股值则成为对公司管理人员表现评估的至为关键的一个标准。如今,这样的逻辑已不简单是任何个人或一小撮人或公司的恶意的后果,而是一个被人们视作定理的超巨型金融市场的无可辩驳的制度化基本运作逻辑。在那样的制度中,追求利润最大化(和尽可

---

[1] 当然,此中原因也包括其在爱尔兰设立公司总部来避免、减轻美国国家的税额等其他利润率最大化的手段。毋庸说,其高超的销售和服务也是其成功的重要因素。

能压低劳动力成本)乃是理所当然的事。① (黄宗智,2017)

这也是促使跨国公司执行许多不顾劳动者利益的举措,包括由于雇佣外国廉价劳动("外包")而威胁到本国人民的就业机会的原因。跨国农业公司会不顾其产品的可能毒性而尽力推销;跨国制药公司会无视患者(尤其是贫穷国家的患者)的生死而尽量提高其所发明的药品的价格。此类行为是同一逻辑所导致的后果,也是许多人们反对全球化的原因。

斯密的后人,从古典自由主义到新自由主义经济学和新保守主义,则将斯密的自由市场理论建构为适用于一切经济发展的意识形态。他们争论,经济发展,也可以说,资本主义发展的历史,全过程是出于"理性经济人"在市场经济竞争中所做的最优化抉择;在市场竞争的交易、定价大环境中,他们的抉择将会促成"资源的最佳配置",推进螺旋式的发展,导致最大多数人的幸福("水涨船高")。他们借助斯密反对重商主义的论述,而特别突出如此的逻辑唯有在没有国家对经济"干预"的"放任"(laissez faire)条件下,方才能够让自律的市场的"看不见的手"充分发挥作用。他们将如此的理念建构为所有现代经济发展的普适经济"科学"。

那样的建构无疑是言过其实、失之片面的概括。它不符合资本主义经济发展的实际历史。我们已经看到,在其早期的17、18世

---

① 2019年8月19日,由192位美国大公司执行总裁组成的"商业圆桌"(Business Roundtable)组织发表了具有其中181位总裁署名的声明,一反从1997年以来明文定下的总原则——公司应该"以其股票拥有者的回报为主要目的"(简称"股东至上"[shareholder primacy])——而指出,公司还应该考虑到客户、员工、供货商、社区等的利益。(Washington Post, August 19, 2019)毋庸说,真正的改革尚待未来。(新宣言见"Statement on the Purpose of a Corporation," 2019)

纪重商主义时期,它是由新兴民族国家大力推进的:国家为了在国际争夺中扩充国力和战力,大力支持(能为其提供财政收入的)贸易公司的扩展。大英帝国赋予垄断权力的东印度公司便是很好的例子,该公司甚至一度拥有相当规模(25万人)的军队,更成为统治印度殖民地的政府机构。也就是说,国家实际上直接卫护和推进了重商主义下的国际贸易和资本主义发展。但斯密以来兴起的主流自由主义经济学理论,却将资本主义的经济发展建构为完全是由国家"放任"的市场经济来推动的,将即便是资本主义前期的两个世纪中的发展历史,都重构为放任型政府和市场看不见的手的运作的结果。至于其后的 19 世纪,亦即古典自由主义经济学的极盛时期,他们也使用了同样的建构来论述帝国主义和殖民主义国家的实际,并将其作为其侵略的借口。再其后,即便是 1929—1933 年的资本主义经济大萧条之后兴起的福利国家通过社会保障和劳动立法给予了资本主义经济重兴的生命力的历史实际,也被他们建构为基本是自由主义市场机制的历史。再其后,他们更将发达国家和其巨型跨国公司推动的全球化建构为同样的放任主义市场经济。

新自由主义经济理论的影响是如此之强大,有些带有批评观点的论者虽然强调了新自由主义理论并不适用于所有的国家,论证它被一些后发展国家的实际经验所证伪,但仍然将主要西方现代国家特别是英国和美国的历史经验,基本全让给了新自由主义理论,仅将其批评意见限定于某些后发展的国家。

笔者这里要特别强调的是,即便是从主要的新自由主义的英国和美国的历史实际来回顾,新自由主义理论建构也是片面的话语/理论,绝对不该被认作历史的真实写照。资本主义国家的实际历史显然是一个双重性的历史。总体来说,资本主义经济的发展历史一直是和国家密不可分的,和新兴西方现代民族国家的国际竞争和频繁的战争及其后对欠发展地区的帝国主义侵略密不可分,更和之后的资本全球逐利历史密不可分。从这样的角度来考虑,放任型市场经济无疑仅是一种单一面的、理想化了的虚构,遮蔽了另一面的实际。当然,也绝对不仅仅是为大多数人带来最大幸福的道路。在这点上,马克思—列宁关于资本主义—帝国主义的论析相对比较明晰,与(新)自由主义的建构截然不同。

也就是说,我们需要认识到现代西方的实际的双重性格:一方面是其比较崇高的民主自由理念、治理制度及蓬勃的现代化工业经济发展,也包括其所建构的自由市场主义和近几十年的全球化主义;另一方面则是其重商主义时期的民族国家的军事竞争和战争,其后的对后发展国家/地区的侵略(如大英帝国的海上霸权),以及再其后(尤其是美国)的全球霸权追逐(美国在其境外全球各地拥有约 800 个军事基地便是最具体的例证)(Vine,2015;根据 Johnson,2007 的扎实专著研究,在 2006 年共 737 个),包括其跨国公司的制度化无穷逐利,不顾劳动者的利益。两个方面缺一不可。面对这样的双重历史实际,我们绝对不可仅仅完全依赖任何单一方的理论来认识、理解。

但是,不仅在现代西方的自我表述中,甚至在近现代发展中国家的历史之中,也充满了对现代西方偏向单一面的认识和理解。一是简单地追随西方建构的自由民主主义的一面,二是拒绝资本主义和市场经济的马克思主义的一面。中国本身在一定程度上便经历过对这两个截然不同的认识的不同态度：一是国民党政府之试图模仿现代西方资本主义的中华民国，二是拒绝现代西方资本主义的共产主义革命政权和计划经济时期的中华人民共和国，三是改革时期的借鉴模仿新自由主义市场经济发展的当代中国。

伴随单一面的认识而来的是对现代化路径的截然对立的认识。在西化和追求民主自由理念的时期中，中国的改良思想错误地以为民主和自由的政治经济体系乃是现代化和现代国力的关键。中国的戊戌变法和五四运动时期的主流思想都显示其深层的影响。而在中国共产党领导的革命时期，则相反地将自由民主和市场经济贬为完全是"资产阶级"所制作的虚构，将其认作不过是遮蔽阶级剥削和帝国主义侵略实际的虚构。在前一阶段，没有认识到西方现代国家能力建设的双面实际；在后一阶段，则没有认识到市场经济推动经济发展的能力。我们需要将现代西方主流理论置于一旁，聚焦于中西实践历史的不同，才有可能认识到其历史实际，才有可能设想一个不同于西方主流的社会科学、不同于西方的现代化路径。

二、现代国家能力

乍看起来，现代西方自由民主政府的权力似乎要远低于高度中央集权的中国古代国家，更不用说当代共产党政党国家体系下的国家。但那仅仅是单一面的，乃至于错误的认识，因为，正如历史社会学家麦科尔·曼（Michael Mann）所说明，现代西方国家虽然是低度中央集权的国家，但却是高度基层渗透力的国家。相比来

说,中国古代的国家虽然是高度中央集权的国家,但却是仅具低度社会基层渗透力的国家。(Mann,1984,1986)

在国内过去的论析中,有过错误地将政府的"中央集权"度简单等同于强大国力的论析,忽视了其基层政府运作机制与西方的不同,也就是说,混淆了中央政府(相对地方政府)的集权度和国家能力两个不同概念。① 实际上,正如曼所论析的,国家基础设施渗透基层力才是现代西方国力真正的特征,不是中央政府的集权度。

现代国家能力和资本主义工业经济及市场经济的密不可分,更和民族国家间的竞争和战争密不可分。正是现代工业经济发展赋予了现代西方国家机器和现代国家军队以不可或缺的远远超过农耕社会经济的财政收入。它也和现代西方(韦伯型的)专业化、条条化和高渗透力的科层制体系密不可分,同样和其财政收入紧密相关,那是决定西方现代民族国家基层渗透力的关键条件。一

---

① 李强针对王绍光和胡鞍钢的著作《中国国家能力报告》的评论较清楚地指出了此点,但是,王和胡指出中国财政体系在 1990 年代初期已经过分偏重地方分权,需要加强中央政府的权力,无疑是极其重要的学术和政策贡献,并且被中央采纳实施。而且,他们非常清晰地认识到中国国家在其经济发展及社会保障中所需要起的作用。但同时,一定程度上,他们的部分论析确实将"国家能力"较简单地等同于"中央集权"度。(李强,2011;王绍光、胡鞍钢,1993)至于西方政治学关于国家能力的一些论述,可以参考薛澜等,2015 的叙述,但总体来说,距离中国的历史实际较远。至于美国的中国研究学者们对这方面的研究,称得上五花八门,几十年来都没有形成"共识",一定程度上仍然是各种各样对原先的"极权国家"模式(见下文)的某种修正。其中,许多难免仍然带有要么是来自新自由主义的"极权模式"的影响,要么是其相反的,同样来自新自由主义的"公民社会"模式的影响,说到底大多都仅凭借西方理论来认识中国(刘鹏,2009 转述了不少文献)。本文从历史视角来指出新自由主义意识形态的误导,从"集权的简约治理""第三领域"和共产党的特性与其"社会动员"的传统来讨论国力问题,与以往的这些研究颇不相同。下文不将与这些文献进行更直接和详细的对话。

定程度上,它更和自由民主政治体系的建立——那是企业家们从贵族和王权那儿争得权利和权力的一个历史过程——紧密相关。资本主义工业+市场经济+现代科层制国家+自由民主体系乃是现代西方国力缺一不可的来源,乃是现代西方国家能力这个多因素化合物的关键组成因素。

三、中国国力的不同的现代化路径

回顾中国革命历史,它的现代国家能力建构历史路径和西方截然不同。首先,它的历史背景不是侵略他地的帝国主义—殖民主义国家,而是被侵略的"半殖民地"国家。而且,在其革命过程中,主要依赖的绝对不是资本主义工业经济,而是中国农村的小农经济,与现代西方民族国家兴起的过程截然不同。中国革命所面对的最艰难问题是:怎样才能从那样的社会经济基础中,建立一个能够与现代工业经济国力和军力抗衡的政治经济体系。

众所周知,中国革命所发明的是,凭借共产党的组织力量来动员小农社会中的民众("群众路线"),凭借高度依赖民众支持和情报的游击战和游动战术来与现代工业化的国家军力抗衡。它靠的不是国民党(和日本侵略者)所倚赖的最高度工业化和现代化的城市中心地带和运输枢纽,而是在偏僻的交通不便的省际交界的落后地区所建立的革命根据地。它采用的不是阵地战,而是游击战术。凭此,逐步赢得了抗战和内战中的优势和最终胜利。这些因素虽然在过去的学术中多被关注到,但并没有从对比中西现代国力建设路径不同的角度来论析,没有真正认识到中国革命建立的国家能力的基础是多么不同于一般的现代工业化国家。

那是中国革命的真正独特之处。它居然能够在小农经济的基础上凭借革命政党组织和动员民众的力量来对抗现代工业国家的国力,不仅出人意料地取得了对掌控中国城市现代工业、拥有美式装备的军队的国民党的相对优势和最终胜利,更是对更高度现代工业化的日本侵略者进行了有效抗御。后来,由此传统而来的国力和军力,甚至更出人意外地在朝鲜战争中,争得了与当时全球现代工业和军事能力最先进最强大的美国打成平手的拉锯局面。这些经验和成绩展示了一种迥异于现代西方获得国力和军力的模式,乃是出乎一般预料的历史实际。其后,更凭借共产党领导的国家的组织能力和决心而取得"两弹一星"的成功。在仍然是农业为主的薄弱工业经济基础上,取得能够面对原子弹和氢弹威胁和庞大的现代西方资本主义工业国家的敌视("遏制并孤立"[containment and isolation])而确保国家安全的成绩。这也是迥异于一般关乎现代化和现代民族国家能力的论析的历史实际。

这里,我们不妨借助(制度经济学所常用的)"路径依赖"这个概念来讨论中国现代的政治经济体系。显然,它不可能像西方那样凭借资本主义工业化市场经济+科层制+自由民主国家来进行"现代国家建设",因为那些条件在中国都缺乏历史基础,其现实与现代西方相隔距离实在太远。它必须沿着自己已经走出的革命历史路径来进行其现代国家的建设。

正因为其特殊的、深深扎根于社会和革命历史的国力建设路径,中国后来不会像苏联和东欧大部分国家在"转型"过程中那样简单接纳"休克治疗"的方案而试图全盘采纳西方的模式,试图浓缩西方历时多个世纪(从重商到"放任",到帝国主义—殖民主义,再到全球化中的霸权)的发展路径。对中国来说,那是完全不可思议的选择。中国的选择是要沿着已经开辟的历史路径来建立其与西方截然不同的现代化,包括其国力的现代化。

今天,我们无论是在关于中国古代还是在关于现当代的政治经济体系的思考中,都需要从中国本身的历史路径、本身的古代和革命经历出发来思考,而不是试图模仿实际上在中国不可能的西方现代化历史路径,更不用说其片面化了的不符实际的新自由主义理论所建构的路径。这是中国近现代历史所指向的,也是必然的方向。它是在革命(及受到古代影响)的原有路径上添加借鉴模仿西方的进路,而不是简单的全盘模仿西方的进路。那才是中国发展道路之与西方的不同及其所以相当成功的关键。

四、中华帝国的治理传统

以上所说的选择背后不仅是中国革命的传统,也是中华帝国的一些关键传统,包括被革命传统所承继与改造的古代传统。

(一)集权的简约治理

首先是笔者称作"集权的简约治理"传统。(黄宗智,2007)在中央政府层面,中华帝国固然是个高度集权的体系,皇帝拥有远大于西方民族国家国王的生杀大权。但是,正如上文历史社会学家曼指出,它不具有西方现代民族国家的基层渗透力。后者既拥有伴随资本主义发展,尤其是工业经济的发展而来的几何级数的国家财政收入增长,也拥有伴随现代深入基层社会的韦伯式科层制的条条式专业化公务员体系——无论是在基层公共服务还是控制能力上,都远超过基于农耕经济的中华帝国。

与其不同,中华帝国则有意识地采用了尽可能简约的治理方式。那既是出于卫护中央集权的有意选择(集权的体系高度依赖官员个人对皇朝/皇帝的忠诚,每多隔一层便会多一层的离心威胁),也是出于对农耕社会的有限财政收入的考虑。因此而形成的制度是在基层层面高度简约的治理体系:县令乃是中华帝国最低一层的直接由中央委任的官员,在19世纪,每位县令要管理平均约25万人口。(黄宗智,2019a)

在县衙门内部,相当广泛采用(可以称作)"行政发包"的制度来委托某当地人为其各房体系中的主要(承包)负责人,由其出资来"承包"该房的责任和其所附带的收入,转而将房内的其他职位也进一步分别由房主"发包"给各房内部的任职者。① 这个做法在收入最多的刑房和户房两房尤其明显。而县令在执政中一般都会让各房自行其是,不会直接干预各房的运作,只有在其执行任务中遇到纠纷,或者需要更替人员时方才介入。这些是已经被详细的经验研究所证实的实际,县政府的各房的运作乃是"简约"治理的一个简单明了的实例。(黄宗智,2019a)它是中华帝国集权的简约

---

① 这里借用的是当今中国的用词,也是周黎安教授的用词和论析框架,来表达笔者对当时县政府的组织逻辑的研究和认识。(周黎安,2014)

治理行政体系"特色"①的具体形象,和高度渗透基层的带薪酬的现代科层制公务员体系十分不同。

(二)分块的集权体系

同时,笔者也将其称作"分块的集权体系"。那也是中华帝国行政体系与韦伯型科层制体系的一个基本不同。中华帝国时期逐步形成的国家治理体系的一个基本原则是,地方政府都是模仿中央的小规模复制体,而县令乃是皇帝和中央政府的地方代表。正因为如此,其权力结构也与中央相似,高度集中于县令一人("父母官")。也就是说,其权力组织主要是块块型的,而不是现代科层制中的各部门高度条条化的体系。一定程度上,地方政府本身也是个集权的简约治理体系,是中央政府的小型复制品。这也是其仅具有低度渗透基层权力的一个原因。它和高度条条化、专业化和具有巨大基层渗透力的现代西方政府截然不同。(黄宗智,2019b)

(三)第三领域

更有进者,在集权的简约治理体系与相对被简约治理的基层社会之间的互动过程中,还逐步形成了一个相当庞大的笔者称作"第三领域"的体系。在那个第三领域中,形成了较多的"半正

---

① 所谓"特色",当然仅仅是相对西方理论、从西方主流理论视野来判断的"特色";我们若将那样的视野颠倒过来,依据中国经验的理论来判断,当然便会看到西方众多的悖论"特色"之处。

式"——既非纯国家也非纯社会——的组织和治理形式。一个具体的例子是19世纪处于国家和基层社会交接点上的关键性"乡保"——他是个不带薪酬的、由社会威望人士推荐的、但县衙委任的半正式官员,平均每人管辖20个村庄。他是原来的基层治理蓝图中的治安的保甲,征税的里甲和主管社会道德教育的乡约(Hsiao,1960)简约化合为单一半正式职位的关键性基层治理人员。相对乡村社会,他一方面代表县衙的官方威权,包括执行县衙派下的任务和传达县衙饬令;另一方面,则代表民意(包括处理民间纠纷)并协调地方显要向县衙举荐人员等的工作,既是相对乡村的政府代表,也是相对政府的乡村代表——较为典型的"第三领域"人员。(黄宗智,2001[1996];黄宗智,2019a)

一如县衙内部各房的运行模式,19世纪的相关地方档案资料显示,县令一般都会让乡保们自行其是,要到有了涉及乡保执行任务中引起纠纷或委任新乡保的时候方才会介入。其所采纳的同样是简约的治理方法,在正常运作中,基本任由乡保像承包"行政外包"①的人员那样来执行其职权。县令要遇到问题/纠纷方才会直接介入(譬如,对某乡保滥用权力问题的处理),更多的时候是因其辞职或"退休"而必须重新选人的时候方才介入。(黄宗智,2007,2019a)

第三领域另一具体的例子是,非正式的民间调解和正式的县衙办案两者间的互动所形成的"第三领域"纠纷解决机制。一旦(民间细事)纠纷一方提起诉讼,村庄社区便会重新启动或加劲进

---

① 即不处于正式官僚体系晋升机制之内的、负责在其之外的社会中运作的"外包"人员——又是周黎安教授的用词。(周黎安,2016;亦见黄宗智,2019a)

行村庄内部的非正式纠纷调解。同时,通过县衙榜示或衙役传达,纠纷双方或调解人士会获知县令对案件中的双方逐步呈禀的批复内容,而那样的批复会直接影响到村内的调解,常会促使一方或双方让步,由此达成协议,终止纠纷。然后,会由纠纷一方或调解人士具呈县衙,说明纠纷双方已经达成协议并已"见面赔礼",借此恳请县衙销案。县衙则会几乎没有例外地批准。那样的纠纷解决过程是由民间非正式的调解和县衙间的互动而达成的——笔者称之为典型的"第三领域"运作,乃是整个正义体系中的一个重要组成部分。档案中有这种记录的纠纷占到所有县衙处理的细事纠纷案件中的三分之一;如果我们纳入没有结案记录,但很可能是因为双方不再配合案件审理的进程(但又没有具呈销案)而使案件记录中止的那些案件的话,其总比例可能高达三分之二。那也是集权的简约治理体系中的一个关键组成部分。(黄宗智,2001[1997]、2019a)

五、当代的中国国家体系

以上三大古代治理传统的特色,一定程度上仍然可见于今天的治理体系,与中国革命传统同样赋予了中国更显著的迥异于西方现代治理体系的"特色"。

(一)通过革命政党组织动员社会的现代国家能力

以上我们已经看到,由于客观历史情况,现当代中国别无选择地只能"发明"迥异于现代西方的途径来建设足可与高渗透能力的现代西方(和日本)国家抗衡的国家体系:通过社会动员来克服物资和财政资源的贫缺;通过极其高度组织化的民主集中制的庞大革命党组织来动员众多民众;通过特殊的战略——尤其是基于民众支持和情报优势的游击战和游动战来克服相对落后的军火方面的不足,来与高度工业化、机械化的现代装备国民党和日本军队抗衡;通过偏僻地区的根据地而不是城市中心地带,来与国民党和日本军队基于城市和运输枢纽的现代化驻点抗衡。最后还凭借这些传统获得的国力和军力(虽然没有国内战争那样的民众支持的维度和游击战维度),在朝鲜来与当时世界上最强大最先进的美国机械化军队抗衡,并且居然能够争得僵持拉锯的平衡局面。

以上这一切尚未被主流经济学、社会学和政治学充分重视,但应该被视作强有力的对一般现代化理论的挑战并促使对其的修改,开阔我们对国家能力的根据的认识眼界,包括国家与社会、国家与市场的关系。也就是说,应该成为对一般的西方现代化理论和理念的强有力的挑战。

(二)当代的简约治理以及分割了的集权体系

在国家治理方面,现代中国也摸索出了与西方十分不同的行政体系。其形成过程再次是与西方现代迥然不同的历史背景。先是凭借共产党政党组织来推进国家机器现代化的尝试,而且走到了全盘计划经济的极端,结果造成一个臃肿低效和高度官僚化的庞然大物的行政体系,虽然在有些方面,如重工业发展和"两弹一星"工程上,仍然展示了可观的功效,但是,总体来说,无疑是举步艰难和低效治理体系的一面高过其成功高效的一面,并且形成了一个高度"官僚主义化"的、僵硬的、妨碍社会创新力的体系,缺乏市场经济那样的创新性、激励性和高效性,也形成了对未来的改革的严重阻碍和沉重负担。

在"大跃进"和"文化大革命"时期,中国试图依赖革命时期的社会动员能量来改进这个臃肿的体系,但最终导致了混乱,包括弄虚作假,以及脱离实际的极端"革命"暴力行为,不仅没有激发建设性的动力,还严重伤害了国家的经济发展。虽然在基层卫生和民众教育等方面,也起到可观的作用。那些经验说明的是,共产党政党国家的社会动员能力必须配合真正符合民众的愿望和能够得到民众持续拥护的目标——如之前的抗日战争、解放战争的革命及基层卫生和教育方面的政策——才会发出强大和可持续的能量;反之,不符实际或民众利益的政策——如"大跃进"和"文化大革命"的过激方面——则会导致混乱,乃至于相反的后果。

在痛定思痛之后,中国方才采纳了建设市场经济,以及凭借中央放权和激发社会和地方政府的积极性来激活沉重低效的官僚和计划经济体系的方法。其中,至为突出的改革,不是简单来自西方的现代化模式,而是通过承继和改组古代和革命传统中的特殊机制来激发整个政治经济体系的活力和渗透力。一方面凭借市场经济的竞争机制和个人创新和逐利的激励来推动在市场化中兴起的私有企业的发展;另一方面,又借助地方政府的分割成块块的高度集中的权力来克服计划经济遗留下来的官僚体制障碍,凭借地方政府的强大自主权力来克服官僚体系本身所形成的保守、臃肿、低效等政治体制性毛病。更具体地举例来说,在沉重的官僚体系的压制下,要创办一个民营企业,必须办好几十个不同部门的程序和图章,需要花费极大的精力和成本,但在块块化的地方政府的集权权力的积极赞助、支持下,那些体制性障碍可以被轻而易举地克服。

一定程度上,这也是和革命经验直接相关的中央和地方"两个积极性"传统的延续。当时,在抗战和内战的客观环境中,中央的根据地和各地的偏远地区的根据地缺乏(电报和收音机之外的)电子信息网络。而且,在敌人一再的"围剿"之下,只可能高度依赖各个地方的自主性来建设和卫护全国 19 个不同革命根据地的发展和治理,由此而形成了中央和地方"两个积极性"的传统,进而影响到后来的发展模式。

这一切既是通过也是源自古代第三领域/集权的简约治理传统的"行政发包"制度来执行的——中央在设定了"经济发展是硬道理"的大目标下,一方面放权给地方,一方面又通过中央高度集权化的组织体系,在设定的"目标责任制"下,凭借官员晋升的激励机制来激发地方官员(关键的省、市、县级的领导干部,如党委书记和省、市、县长)的积极性。以 GDP 发展率为主要指标的机制,激发了地方政府和当地企业之间的合作,促使地方政府向企业伸出"帮助的手"(而不是"无为"[放任]或"掠夺的手"),由此而激发了地方政府和企业之间的具有极其强大能量的合作,推进了经济发展,并克服了极其昂贵的创业的体制性障碍成本的问题(除了最后一点,其余见周黎安 2007、2018)。

当然,这样的做法也引发了一定程度的"官商勾结"的贪污腐败现象,但同时,市场竞争的机制又对政府和企业都形成了一种有力的"优胜劣败"选择,既加强了动力,又抑制了地方政府官员们可能的不经济行为,一定程度上约束了不符合当地资源禀赋或不过是形象工程等缺乏市场竞争力的官僚主义型的不经济决策。(黄宗智,2019a)

正是这样的"第三领域"的政府+企业、国家+市场的携手并进机制,大力推动了各地的快速经济发展;正是这样的机制在中国官员和企业之中选择了最能干的经济人才和最具生命力的企业;正是这样的机制造就了中国改革以来几十年中的9%—10%的年增长率。也就是说,每七到八年翻一番的经济增长率。在1979年到2017年间做到了"举世瞩目"的GDP增长到之前的34.5倍的成绩,成为世界上仅次于美国的第二大经济体。(中国统计年鉴2018:表1-2)虽然,我们必须同时认识到,以人均生产总值来计算的话,还仅是美国的1/6.7——根据一般的国际衡量标准,中国仍然只是个"中等收入"而不是个"发达"国家。(同上:附录表1-5)

虽然如此,我们同时还要认识到,以上的成绩是有代价的。地方政府和私营企业的发展成绩中的一个十分重要的因素是,廉价的农村剩余劳动力。正是长期潜在农村的剩余劳动力,组成了改革期间新兴国内外企业的大多数的劳动力。他们几乎全是被当作"非正规工人"来使用的,即没有或少有法律保护和福利保障的劳动力,几乎全都被置于非正规的、理论上是"临时性、暂时性、替代性"的"劳务关系"下,而非具有法律保护和社会保障的"劳动关系"中的正规工人。他们是全球资本之所以能够在中国获得高达20%甚至更多的年回报率的一个关键因素,也是中国之所以能够成为全球资本的第一理想去处的关键原因。如今,农民工和下岗工人和劳务派遣工人已经达到城市就业人员中的大多数,占75%以上。加上较显著的城乡差别,它是中国今天社会不公问题的主要来源。(黄宗智,2009、2010、2019b、2020c)

这种不公平是个不符合国家社会主义理念的实际,也是个不经济的实际,直接影响到国内市场的发展不足,也是如今中国社会经济的头号问题。固然,国家宪法和共产党党章都非常明确地将为人民服务、最广大人民的根本利益、共同富裕等一再设定为奋斗目标,其背后毋庸说是具有深厚革命传统的社会主义理念,也是和古代的"仁政"理念带有一定关联的道德价值。迟早,国家应该会对改革数十年以来的"让一部分人先富起来"的权宜措施下的劳动去正规化和非正规化决策做出反思,做出相反方向的决策和改革。

当然,要真正贯彻那样的转向,恐怕必须抑制一些具有强势权力人员的既得利益——这不像纸上谈兵那么容易。历史上的既得利益者罕有自愿放弃自身的利益来造福全民的先例。这就更要依靠中国特有的政党国家体系的中央集权权力。中国是否真能朝向那样的方向来进行二次改革,无疑要取决于政党国家体系的组织和动员的贯彻能力。这当然还是个不可确定的未知因素,但社会公平理念无疑乃是中国共产党的一个称得上根深蒂固的理念,也是其在国家宪法和党章中所一再明确表达的核心道德价值,更是其治理正当性的来源。当然,这并不意味市场经济将会被再次废弃,而主要是在目前已经被认定的"社会主义市场经济"大框架中如何来实施和贯彻的问题。

同时,这并不意味着中国不需要采纳西方的许多经验,譬如市场经济的活力及激励和竞争机制,再如其具有相当高渗透力的科层制体系,如今已经可见于不少中国的国家部门之中,特别是必须具备高度专业化知识或新设立的部门,如财政、外交、卫生、食品安全、医药、工业信息等部门。这些是需要相对高度条条化的部门,也是直接关乎渗透社会基层的国家能力的部门。但这并不意味着中国将和西方完全相似,而放弃其有许多截然不同的方面,譬如党政机构中相对特殊的、革命的或传统的部门,如组织、军事、宣传、纪律、文化、农业、公安等各个部门。一定程度上,中国的治理体系,一如其政党国家各部门,必定会不可避免地具有迥异于西方的"特色",必定会同时来自中国(古代、革命和现代西方的)三大传统。其中,至为突出的是既来自古代传统,也来自现代革命传统的通过国家和社会二元互动的、源自"第三领域"中政府与社会—市场互补的国家能力。

六、"社会主义市场经济"的内涵与可能的未来

目前,"社会主义市场经济"——虽然常被学术界认作一种官方用词——的大框架已经有一些比较明晰和可以初步确定的内涵。首先是中国的经济结构。如今,国有或国有控股企业在非农国内生产总值中的占比大约是40%,与之相对的是民营企业占60%。(黄宗智,2012),前者主要是大型企业。这是个接近两分天下的结构,与现代西方资本主义国家十分不同,也迥异于所谓"发展型"的东亚国家。在后者之中,国家固然相对较高度介入经济运作,积极领导、扶持企业发展,采取各种各样的措施来推进国家的

经济发展,迥异于仅是"规制型"的现代西方国家(regulatory state)。相比自由主义的国家,东亚国家固然更为积极地介入市场来推动经济发展,亦即所谓"发展型国家"(developmental state)(Johnson[1982,1999]是主要关于日本发展经验的研究;亦见黄宗智,2018b),"国家指导的市场"(guided market)(Amsden,1991,是主要关于韩国的研究),或"国家治理的市场"(governed market)(Wade,1990,是主要关于中国台湾的研究)。他们的共同点是,国家比新自由主义建构的放任国家更为积极地参与了经济发展,通过国家设定发展战略、贷款和补助、价格调整,乃至介入企业管理等措施,导致与纯市场机制很不一样的资源配置(特别是资本投入)的后果,由此来挑战新自由主义经济学的主流理论,在经济学和政治学界都起到较广泛的影响。其中的关键是,国家与企业之间的关系不是对立的,而是协作的——尤其可见于日本和韩国的政府与"财阀"(zaibatsu、chaebol)间的紧密关系。

中国的"社会主义市场经济"则与以上两者都不同,首先可以见于主要生产资源尤其是土地仍然基本完全是国有的现实,也可以见于其国有企业占生产总值的较高比例的国营企业。显然,在中国现有的模式中,中国国家能够发挥远大于不仅是西方自由民主主义国家,更是大于东亚发展型国家的作用。(黄宗智,2020a)

当然,其未来的具体形态仍然是个未知之数。但目前我们已经可以看到一些清晰明了的初步设计和可能方案:譬如,设定国有企业,作为全民所有的企业,应该将其利润的一定比例用于民生——这是个已经具有一定实践经验和比较清晰和实际可行的模式,是个已经被证实可以扩大国内市场,为经济整体提供长远可持续的动力的措施(黄宗智,2011);又如,部分国有企业所有权可以逐步转化为由各层人民代表大会所有,受到法律保护,借此来更进一步确保其利润被用于民生/民众福利。

此外,我们已经可以看到另外一些清晰明了的建设性建议:譬如,将政府行为基本限于宏观经济的调控,将微观经济行为基本让给市场自律和法律保护。国家的调控不仅可以通过货币供应调控,还可以通过政府制定国家金融机构的利息率、税收政策等西方国家常用手段来进行,还可以凭借国家所严密管控的金融体系来收放融资贷款,通过国家所有的生产资料(特别是土地)的收放来进行调控,必要的时候,还可以凭借政党国家更为强大的管控权力来进行,当然也包括国营企业的行为。但同时,又凭借法律来维护微观层面的私营企业和市场经济机制的运作(虽然必要的时候,国家仍然可以凭借行政手段将某种类型的纠纷置于法院受理范围之外,譬如,企业"改制"中所引起的劳动纠纷)。(黄宗智,2020c)

以上一切应该足够说明中国政治经济体制和现代西方的深层不同。我们绝对不可简单认为,中国的现代化只能全盘引进、完全依据西方国家的经验来执行,当然更不能仅依赖其新自由主义理论单一面的意识形态建构来执行。

七、传统"第三领域"的现代化

在以上众多因素所组成的近现代中国政治经济体系(即包括国家与市场、国家与社会的)这个化合物中,最少为一般社会科学研究所关注的是正式国家和非正式社会之间互动所组成的"第三领域"。这和西方主流理论将国家与社会—市场建构为二元对立的思维直接相关。一个明显的对比是,现代西方社会没有像中国基于传统紧密聚居的社区组织和儒家道德理念所产生的非正式纠纷调解机制,因此也谈不上由其与正式国家体系互动所产生的第三领域的半正式纠纷处理,所以,根本就想象不到中国古代和现代的正义体系中起到庞大作用的第三领域。(黄宗智,2020b)同时,中国古今的治理体系中(源自集权的简约治理和分块的集权体系)的发包与承包的运作方式也一样,不能通过"放任国家"的模式来认识和理解,也不能通过"极权国家"的模式来认识和理解,当然也不能仅通过韦伯型的科层制体系来认识和理解。它是中国治理思想和实践中的一个核心概念。"发包"和"承包"如今已经成为中国治理体系中的一个主要关键词。(黄宗智,2019b)

此外还有在中国进入工业化进程之后所形成的一些崭新的第三领域体系的传统。在清末和中华民国时期,中国的中心城市相当广泛地兴起了新型第三领域的"商会"。它们既是政府领导设立的,也是社会自身生成的一种组织,既类似于传统基于地缘关系的"会馆",又是新型的基于共同职业/专业(商业)的组织。它们相当广泛地执行半正式、半官方的职务,包括处理同业纠纷,传播国家法规,推进地方经济和公共服务等。这也是西方现代历史中罕见的现象。这样的商会今天仍然较少见,但未来说不定会成为第三领域中的另一重要实例。医疗卫生[①]、环境保护、农产品加工和销售("纵向一体化")、农村公共服务等领域也许也会展示类似的

[①] 田孟博士的新专著是很有意思的关于目前基层医疗卫生困境的论析和如何改良的思考(2019a、2019b)。

趋向。

更有进者,在集体化时期,农村社区的大队长和党支部书记一定程度上也是第三领域的半正式人员——吃的是社区的"集体饭"而不是国家的薪俸,既代表社区的利益也代表国家的政策。他们是发挥中国国家组织动员能力的一个关键。过去在城镇中的"单位"组织,同样也是半官方、半民间的组织,也是一个关键性的组织。这些是基于中国迄今仍然广泛存在于紧密聚居的村庄和城镇社区的实际的现象,同样相对罕见于现代西方。如今的村两委和城镇的社区组织也同样。

更有进者,现代西方自由民主国家没有近似中国共产党这样的既深深嵌入社会,又高度组织化、集中化的组织。正是这样的国家与社会的关系超出了西方新自由主义理论的认识范围。西方学术据其二元对立思维,多将中国的政党国家合一的政治体系置于一个国家 VS. 社会的二元对立、非此即彼的框架中来理解,由此将中国共产党简单认定为一种"极权"(totalitarian)组织,将其排除于社会之外,简单纳入完全控制、压制社会的"极权国家"(totalitarian state)的范畴之内,并将国家与市场之间的关系也纳入同一概念,认为两者不可能二元合一,而必定是像其理论所建构的那样二元对立。因此,也只能将中国的国家—社会想象为一个国家极权管控市场和社会的体系。

在中国的革命时期,共产党似乎颇像那样的想象中的组织。在敌人全力压制和打击的环境中,作为一个地下党组织,它当然只可能由最先进和积极的革命分子来组成,对待社会的态度当然也只可能是一个积极的精英团体对待要争取、动员、领导的相对落后的社会,只可能形成一种主要是由上而下的组织和动员态度和作风。(然而在稳固的根据地中,则展示了相对比较符合国家与社会二元合一理念的实际。)在执掌全国政权之后,一度由于建立了计划经济,也似乎颇像西方所想象的完全由上而下的"极权"管控体系。但是,西方新自由主义理论建构的"极权"模式所没有考虑到的是,即便如此,中国共产党革命之所以胜利是因为它获得了广大民众的支持。①

何况,中国共产党如今的客观情况已经十分不同。党和社会间的关系不再简单是革命地下党相对其所动员的落后社会,而更多是社会的代表性力量——当然,不是通过西方式的投票选举来选定,而是通过党组织按照其理念来选择党员。如今,共产党的组织逻辑已经从一个代表占人口少数的"无产阶级"的革命地下政党,转化为一个多元结合、具有9000多万党员的巨大执政政党——相当于全球第16大国家的总人口,仅在第15名的越南(9600万人口)之后(Worldometers,2019)。它已经纳入了社会的主要不同阶级和阶层:工人、农民、知识分子、企业家、商人等。同时,它已经从仅尊奉马克思主义的革命理论转化为一个马克思主义和新自由主义兼容的组织,从仅代表劳方到兼容资方与劳方(有的学者会说偏向资方)的组织。而且,也已经在其治理体系中纳入众多从西方移植的形式主义法理和法律。

---

① 美国一般人民正是通过这样的思路来想象中美朝鲜战争的,他们不会进一步追问:一个后发展国家真能仅凭"极权的共产党"的管控来和全球最强大、最高度现代化的国家打成平手? 因此,也认识不到中国共产党的特殊组织动员社会的能力,更看不到中国人民的意愿。

新自由主义的非此即彼二元对立的"极权"概念不能想象,今天的共产党组织中竟然会有类似于西方社会和政治中的左中右、进步和保守及其间的中间意见的分歧,以及新自由主义和马克思主义及其间的不同意见。笔者认为,中国共产党不应该被简单视作一个"国家"或"政府"的统治管控组织,被设想为一个与社会对立的组织,而更多应该被认识为一个同时带有国家与社会互动性质的组织,未来应该更加如此:一方面,它相当高度"嵌入"社会;另一方面,作为"执政党",它当然也与非政府的社会不同。其中的关键也许是,它对自身的要求是作为全社会的最崇高和先进理念与人士的组织,而不是像西方社会科学根据其习惯的二元对立思维而建构为管控、摆布全社会的"极权"组织。正因为中国共产党乃是一个深深"嵌入"社会的组织,它才有可能发挥社会动员的强大能力。

当然,在国家和社会权力、国家和市场权力非常悬殊的情况下,如此的组织确实可能成为一个似乎近似西方社会科学关于中国共产党的"极权"建构,似乎是一个一切都由党中央说了算的体系,完全谈不上民众的意愿的体系。在革命和计划经济时期,实际确实似乎比较接近那样的建构和想象。但回顾近40年的演变,中国已经将命令型的计划经济改革为指导/引导型的半社会主义半市场经济,已经将农地的经营权让渡了给农民,已经大规模地建立了"以法"和"依法"的治理,并辅之以第三领域的治理和运作,大规模地维持来自社会的非正式民间调解以及半非正式半正式、半调解半判决性的基层法律服务所、消费者协会、公安调解等众多第三领域的组织方式和治理。(黄宗智,2020b)而且,正如周黎安教授指出的那样,将国家与社会合作互补的"第三领域"扩延到基层社会"综合治理"的战略性大方针下(周黎安,2019:45—46),结合正式机构的"打击""惩罚"和社会参与的"防范""改造""教育"等方法,包括对青少年的犯罪、改造和教育等措施,来进行尽可能高效和较低成本的"综合性""社会治安"。这个体系在1990年代便已形成,并被确认为具有中国"特色"的综合性社会治安方案。而且,在治理体系的整体中,大规模地援用发包与承包的(经过现代化的)传统简约治理模式。

根据郁建兴教授(2019)对中央最新(十九大)关于乡村振兴思路的解读,其战略性的思路是"三治结合",即"法治、自治、德治"的结合。其实施方案具有两个主要方面,一是加强党的引导作用(包括要求未来村两委领导合于同一人——村书记),一是加强民众各种形式的参与,包括村合作组织;同时,又辅之以"法治"和"德治"。这样的思路与本文提出的思路带有一定程度的交搭。笔者更要特别指出,法治+德治的框架更应该被理解为一种源自中国长期以来基层治理中的"第三领域"做法,在"法治"方面,不仅要包括成文正式法律,还要包括民间非正式调解以及源自正式法治和非正式调解互动而产生的"第三领域"的组织和机构,譬如乡镇级的"法律服务所",即"半正式"的法律服务和调解以及司法机构。而且,一旦考虑到非正式和半正式的基层治理,我们便不可避免地会采纳古代和革命传统中的"德治"维度——因为它是调解的根本,不会将"法治"简单认识为现代西方的高度形式主义化成文法律。(黄宗智 2020b)

以上一切都和现代西方的发展路径形成比较鲜明的对照。中国无疑将会循着近百年来已经从实践中摸索出来的,相当明显的不同于西方的道路前进。正因为其不同于,乃至于相反于西方的历史起源,其现代化的道路也必定会十分不同于西方。其中的关键在于不同的国家与社会、国家与市场间的关系的历史经历。我们不可一再坚持必定要依据西方新自由主义非此即彼的二元对立思维惯习所建构的理想类型化理论来认识中国的过去、现在和未来。恰当和创新性地概括、总结、建构中国的现代转型实际才是我们学者应该努力去做的研究和理论建构。

八、想象一个未来的图景

最后,我们要进一步问:根据以上从实践历史概括的思路,我们如何想象一个中国未来的、新颖但长远的国家与社会、国家与市场的图景?

(一)国家与社会和市场的二元合一而非二元对立

我们首先要认识到,西方 19 世纪自由主义建构的放任国家和完全由市场"看不见的手"所主导的政经体系理想类型,即便对西方自身的经历来说,也是一个虚构多于实际的理论。西方资本主义经济发展的实际从其早期开始便带有积极的国家参与,在其后期更带有积极地通过福利国家来缓和资本主义的贪婪剥削性,并且自始至终,都与国家为了战争而建设现代军事能力紧密相关。自由主义经济学的建构是为了争取市场经济不受国家干涉和限制的权利而兴起的,随后被建构为普世真理,但绝对不可简单等同于实际全面。19世纪的英国资本主义工业发展,如果没有国家法律、货币和财政体系方面所起的作用,如果没有国家将伦敦建设为一个国际财政中心,如果没有国家军力(海上霸权)作为经济扩张的先锋和后盾,如果没有国家和大型跨国公司的积极携手,是不会形成帝国主义的实际的。对中国知识界来说,由于经历过大英帝国在中国发起的鸦片战争和后来的"瓜分"中国,新自由主义的英美国家的这一面的实际应该是比较容易认识到的。

至于后期,我们还要认识到,在1929—1933年的经济大萧条危机中,如果没有国家的积极措施以及福利国家的兴起来缓和资本主义的无限逐利本质,它是不会获得新生命力的。之后,在全球化的过程之中,客观局势已经十分不同于19世纪的大英帝国工业那样达到几乎垄断国际贸易(和海上霸权)的程度。在今天众多国家的全球化的竞争过程中,任何国家都更不可能仅凭借虚构的"放任国家"来在全球化贸易中稳占其地盘。今天,在全球化的竞争体系之中,强大的国力其实要比19世纪时期更加必要得多——正是那样的动力,形成、巩固了美国的全球军事和经济中的第一霸权建设(尤其可见于其遍布全球的800个军事基地)。在那样的历史实际下,"放任国家"的理想类型是个更加远离历史实际的"理论",更完全地是一种将资本主义经济理想化的虚构,更加实际上是为了扩大资本主义的政经体系的"软实力"的话语建构和意识形态。①

面对如此的现实,我们更加需要构建中国自身的理论和发展途径/模式。我们已经看到,鉴于其历史背景,中国是不可能真正

---

① 当然,在特朗普总统的领导下,美国所展示的则已经成为不再带有"软实力"的资本主义贪婪性的至为狰狞的面貌。

简单模仿现代西方的发展模式的,不仅需要,也不可避免地必定会形成十分不同于西方的发展道路。其中的关键乃是不同的国家与市场、国家与社会间的关系的历史经历。中国的国家几乎必然会更加嵌入于,而不是像新自由主义构建的那样二元对立于市场和社会。

问题是,我们能否想象一种迥异于西方、扎根于中国的(古代、革命、计划经济和改革)这些主要传统的图像?在笔者看来,中国国家要比虚构、夸大了的放任国家具有更强大的作用是必须的,也是必然的。国家与社会和市场更紧密地结合也是必然和必须的。

(二)中国长远的"第三领域"VS. 英美短暂的"第三道路"

这里,有的读者也许会联想起,在西方近几十年的国家与社会和市场的关系的历史中,以上论述的"第三领域"路径与世纪之交在英国和美国一度影响较大的"社会民主"(social democracy)"第三道路"(The Third Way)思路是否有一定的交搭之处?那是个处于保守的新自由主义意识形态和左派的社会主义之间的"进步"的"中靠左"(center-left)派的意图和思路,强调国家应沿着福利国家的进路起到更为积极和公平的社会福利方面的作用,拒绝放任无为的新保守主义(新自由主义)国家理论。其主要理论家乃是英国的社会学理论家安东尼·吉登斯(Anthony Giddens),他强调的是,国家应该更积极地推进社会公正、环境保护、教育、基础设施等方面,更积极地协调公共部门与社会组织的合作。(Giddens,1998)但是,实际上,在世纪之交的短暂的影响(主要是对英国(新)劳动党的托尼·布莱尔首相[Tony Blair, 1997—2007]的影响,也包括对美国克林顿总统[Bill Clinton, 1993—2001]的影响)之后,"第三道路"思想便逐渐式微,主要是因为私有产权制度在英美根深蒂固,新自由主义的资本主义体系、全球化体系和意识形态占据几乎不可动摇的地位。"第三道路"实际上并没有能够对其经济体系形成真正的挑战,主要只局限于社会措施的方面。

但中国今天的实际很不一样,再次是因为其起点不同:英美的"第三道路"尝试是在稳固的私有产权制度、放任国家—全球化意识形态的环境中推行的。中国的改革环境则正好相反:它是在全盘公有化和计划经济化后的出发点上开始的,虽然如今已经进展到民营企业占据非农国内生产总值的大约60%,但大型国企仍然掌控40%,国家仍然拥有关键生产资料的所有权,包括至为关键的土地所有权。在农村,土地产权仍然属于国家,国家仅对农民出让了土地的经营权,不包括其所有权,并且保留了按需要来征地的权力。这就给予了中国的"社会主义市场经济"十分不同于英美"第三道路"的经济基础。中国国家所可能起的作用和所能动员的资源,远比英美型第三道路要宽阔。它具有更可能实施和持续的经济基础和制度空间。

同时,我们也要考虑到,历史经验已经告诉我们,国家与社会权力过度悬殊的话,可能会导致严重的历史性错误——一如过去的计划经济体系、"大跃进"和"文化大革命"等抉择那样。如今中国正在摸索的方向是,怎样更好地结合国家与社会—市场。两者的二元合一无疑是国家能力和发展的关键,怎样将其做到最好是未来的关键问题。笔者初步倡议的是,逐步走向两者间更加对等的权力关系，让社会积极参与成为重大公共决策中的最主要的测验，让高度发达的社会力量来抑制当权者决策中所可能犯的错误。中国如果真能做到重大公共政策必须获得社会的积极和持续参与、结合由上而下的领导和由下而上的参与，那才是能够发挥最大能量的国家与社会—市场间的关系的政治经济体系和道路。更多、更大的民众参与应该能够起到防御或缓解长期以来的官僚主义体制性问题的作用。如此的治理当然会更高度渗透社会基层，但其性质会与现代西方国家高度渗透基层的科层制权力的模式迥然不同。它的国力将源自政党—国家和社会间更紧密的互补互动和携手合一，不简单是垂直条条型的韦伯科层制或新自由主义所建构的放任国家，而更多会是第三领域型的组织。

更有进者，中华文明长期以来的"己所不欲，勿施于人"的道德理念，既是古代的"仁治"、现当代的"为人民服务"及"共同致富"的理念的依据，也是"不争霸"的全球国际关系理念的依据。以自身长期的道德理念为依据，而不是"纯竞争性自由市场""理性经济人"等新自由主义经济"科学"的排他和唯我独尊的、单一面的和美化资本贪婪性的建构（并成为强加于人的自我追逐最大利益、最大霸权的借口）。中国的理念应该会接纳、尊重其他文明的价值选择，它不会以自身的选择强加于他人；它会想象一个更加和谐的世界，更加互补互助的社会，乃至于一个道义化的全球经济体系。这才是真正符合中国历史走向的道路。我们作为社会科学研究者，应该根据过去的实践经验概括出中国与西方不同的现代化路径，并着力将其进一步理论化、系统化，让其不仅成为能够适当概括中国历史经验的新型全球化社会科学，更成为对中国长远发展道路的初步概括。

参考文献：

黄宗智(2007[2001])：《清代的法律、社会与文化：民法的表达与实践》，上海：上海书店出版社[英文版1996]。

黄宗智(2007)：《集权的简约治理：中国以准官员和纠纷解决为主的半正式基层行政》，载《中国乡村研究》第5辑，福州：福建教育出版社，第1—23页。亦见《开放时代》2008年第2期，第10—29页。

黄宗智(2009)：《中国被忽视的非正规经济：现实与理论》，《开放时代》第2期，第51—73页。

黄宗智(2010)：《中国发展经验的理论与实用含义》，《开放时代》第10期，第134—158页。

黄宗智(2011)：《重庆："第三只手"推动的公平发展?》，《开放时代》第9期，第6—32页。

黄宗智(2012)：《国营公司与中国发展经验："国家资本主义"还是"社会主义市场经济"?》，《开放时代》第9期，第8—33页。

黄宗智(2017)：《中国的非正规经济再思考：一个来自社会经济史与法律史视角的导论》，《开放时代》第2期，第153—163页。

黄宗智(2018a)：《中国的非正规经济再思考：一个来自社会经济史与法律史视角的导论》，载《中国乡村研究》第14辑，福州：福建教育出版社，第1—15页。

黄宗智(2018b)：《怎样推进中国农产品纵向一体化物流的发展？——美国、中国和"东亚模式"的比较》，《开放时代》第1期，第151—165页。

黄宗智(2019a)：《重新思考"第三领域"：中国古今国家与社区的二

元合一》,《开放时代》第 3 期,第 12—36 页。

黄宗智(2019b):探寻中国的长远发展道路:从承包与合同的差别谈起》,《东南学术》第 6 期,第 29—46 页。

黄宗智(2020a):《中国的新型小农经济:实践与理论》,桂林:广西师范大学出版社。

黄宗智(2020b):《中国的新型正义体系:实践与理论》,桂林:广西师范大学出版社。

黄宗智(2020c):《中国的新型非正规经济:实践与理论》,桂林:广西师范大学出版社。

李强(2011):《国家能力与国家权力的悖论——兼评王绍光、胡鞍钢〈中国国家能力报告〉》,http://www.aisixiang.com/data/47341.html。

刘鹏(2009):《三十年来海外学者视野下的当代中国国家性及其争论述评》,《社会学研究》第 5 期:第 189—213 页。

田孟(2019a):《富县医改:农村卫生事业的制度变迁与现实困境》,北京:社会科学文献出版社。

田孟(2019b):《理顺农村三级医疗卫生机构关系的政策建议》,《中国农村卫生》第 9 期,http://www.snzg.net/article/2019/0530/article_42207.html。

王绍光、胡鞍钢(1993):《中国国家能力报告》,沈阳:辽宁人民出版社。

薛澜、张帆、武沐瑶(2015):《国家治理体系与治理能力研究:回顾与前瞻》,《公共管理学报》第 3 期,第 1—12 页。

郁建兴(2019):《乡村治理的新议程》,http://www.aisixiang.com/data/118020.html。

《中国统计年鉴》(2018),北京:中国统计出版社。

周黎安(2007):《中国地方官员的晋升锦标赛模式研究》,《经济研究》第 7 期,第 36—50 页。

周黎安(2014):《行政发包制》,《社会》第 6 期,第 1—38 页。

周黎安(2016):《行政发包的组织边界:兼论"官吏分途"与"层级分流"现象》,《社会》第 1 期,第 34—64 页。

周黎安(2018):《"官场 + 市场"与中国增长故事》,《社会》第 2 期,第 1—45 页。

周黎安(2019):《如何认识中国?——对话黄宗智先生》,《开放时代》第 3 期,第 37—63 页。

Amsden, Alice H. (1989). *Asia's Next Giant: South Korea and Late Industrialization.* New York and Oxford: Oxford University Press.

Barboza, David (2016). "How China Built 'iPhone city' With Billions in Perks for Apple's Partner," *The New York Times*, Dec. 29. https://www.nytimes.com/2016/12/29/technology/apple-iphone-china-foxconn.html.

Giddens, Anthony (1998). *The Third Way: The Renewal of Social Democracy.* Cambridge, England: Polity Press.

Hsiao Kung-Ch'üan(萧公权)(1960). *Rural China: Imperial Control in the Nineteenth Century.* Seattle: University of Washington Press.

Johnson, Chalmers (1982). *MITI and the Japanese Miracle: The Growth of Industrial Policy, 1925—1975.* Stanford, Calif.: Stanford University Press.

Johnson, Chalmers (1999). "The Developmental State: Odyssey of a Concept," in Meredith Woo-Cumings (ed.), *The Developmental State.* Ithaca, N. Y.: Cornell University Press, pp. 32—60.

Johnson, Chalmers (2007). *Nemesis: The Last Days of the American Republic.* New York: Henry Holt and Company.

Mann, Michael (1984). "The autonomous power of the state: its origins, mechanisms and results," *Archives européennes de sociologie*, 25: 185—213.

Mann, Michael (1986). *The Sources of Social Power, Vol. I: A History of Power from the Beginning to A. D. 1760*. Cambridge: Cambridge University Press.

Smith, Adam (1976[1776]). *An Inquiry into the Nature and Causes of the Wealth of Nations*. Chicago: University of Chicago Press.

"Statement on the Purpose of a Corporation," 2019, https://opportunity.businessroundtable.org/ourcommitment/.

Vine, David (2015) "The United States Probably Has More Foreign Military Bases than any other Nation, people, or Empire," *The Nation*, Sept. 14, 2015.

Wade, Robert (1990). *Governing the Market: Economic Theory and the Role of Government in East Asian Industrialization*. Princeton N. J. : Princeton University Press.

Washington Post (2019). "Group of top CEOs says maximizing shareholder profits no longer can be the primary goal of corporations," August 19. https://www.washingtonpost.com/business/2019/08/19/lobbying-group-powerful-ceos-is-rethinking-how-it-defines-corporations-purpose/.

Worldometers (2019). "Countries in the World by Population (2019)," https://www.worldometers.info/world-population/population-by-country/.

从土地的资本化到资本的社会化:中国发展经验的新政治经济学[1]

黄宗智

土地属于国家所有是中国发展模式的一大特点。在中国发展过程中,城市建设用地既是新兴市场经济中的主要长期性固定资本,也相当容易被转化为短期性流动资本,形成了中国"资本"的特殊性质,其作用与西方资本主义初始的"生产资料"资本和20世纪以来的金融证券资本有些相似。有论者将其简单理解为类似于资本主义历史中的资本,但本文认为,它实际上具有明显的"社会化资本"特性。除了土地属于国家所有外,国家的长远社会经济发展决策也是其转化的关键。最近几年,中共中央开始明确将其转向社会化资本的决策。它已经成为既不同于西方资本主义,也迥异于计划经济时代的"资本"。正是"社会主义资本"的特殊性质和

---

[1] 本文发表于《东南学术》2021年第3期。

"最大多数人民的根本利益"的治理理念相结合,为现今和未来的中国朝向新型的、上下协同治理的"人民参与化的社会主义"演变提供了巨大的潜力和可能。正是如此的现实和前景呼唤着一种新型的中国政治经济学。

一、中国与西方经济发展历史背景的不同

在资本主义社会中,企业家所掌控的资本无论其初始来源是什么(诸如继承、淘金、储蓄、借贷、抢取),具体都表现为资本家所拥有的营业资产(即"生产资料")、资金和利润。20世纪以来,企业的资本越来越多来自和体现于金融证券,资本主要来自"上市"(销售股权)集资和股票市场增值(公司的高利润、股票的高回报、高声誉等)。在前金融霸权时期,"资本"主要见于企业的固定资产(如厂房和生产工具),如今则主要见于其在全球化金融证券市场上的股值(关于资本主义不同阶段历史演变的总结性论析,见黄宗智[2021a])。

至于土地,在地广人稀的"新大陆"美国,原始资本的积累首先出现于19世纪后半期兴起的"强盗贵族"(robber barons)。大资本家中相当一部分是土地贵族(land barons),凭借金钱与政府关系,甚至用剥夺、霸占等手段拥有了大量土地,从而创业致富。这是"新大陆"美国资本主义一种早期积累现象,也广泛见于帝国主义时期在殖民地霸占土地资产的殖民企业家和企业。当然,在其他西方资本主义国家(如西欧各国),土地长期以来大多已经是私有财产,主要是贵族所有,转化为资本后也都属于私有。

而中国改革开放以后出现的资本的性质与形式和上述形态不同。首先,中国计划经济时期的所有土地皆为国家所有或村社集体所有,国家拥有征用权,可以按其工商业和城市发展的需要而征用土地。这与西欧的大量私有土地及美国的空闲土地不同。其次,中国在改革时已经具有一定的计划经济时期奠定的工业基础,尤其是重工业。改革开放促进了现代制造业和服务业飞速发展,以及较快速的城市化发展。我们也许可以用"起飞"("起飞"[take off]是 W. W. Rostow 于 1962 年率先使用的形象化词语)来表达该阶段的经济发展态势。在那样的发展阶段中,中国全经济体的发展相对快速。

在短短 40 多年中,伴随中国经济起飞阶段的发展,大规模劳动力从农业转入工业和服务业(现有约 3 亿农民工),快速城市化,城镇人口在总人口中的占比从 1978 年的 17.9% 增长到 2018 年的 59.6%(常住人口)(董继红、贾森,2020:表 2),中国的城市化速度和幅度都大大超过西方国家。在一些西方国家,城市人口从占总人口的 30% 发展到 50%,共花了 40—65 年时间(美国约 40 年,英国、法国约 60 年,德国约 65 年),而中国仅花了 15 年的时间(董继红、贾森,2020:表 1)。这样迅速的城市化发展意味着在全世界范围内前所未见的对城市住房的巨大需求。1998 年国家启动"房改"(不再为职工提供单位住房),促进了一个巨型房地产市场形成。由于人多地少,中国的城市住房绝大多数是高楼公寓式"房子"而不是美国常见的"别墅"型房子,而中国的亩土地价值也远超美国经验中的土地价值。中国拥有一个稳定的巨大需求和近乎必然增值的市场,这促使城市房地产成为全经济体中的一个巨大、稳定和高报酬的部门。在北京、上海等主要一线城市,房地产投资占所有固定资产投资的比例大约为50%,在其他主要城市也占到较高比例(重庆21%、天津16%)。东部沿海各省城市化程度较高、速度较快,房地产投资也占了较大的比例,如广东31%、浙江25%、福建20%、江苏18%(《全国30典型城市房地产占GDP比重》,2017)。房地产在国民经济发展中起到关键性作用,成为中国经济起飞阶段中的引擎和主要动力之一。

二、土地的资本化和中国的发展模式

在中国"起飞"阶段发展历程中,古代农业经济时期人多地少的负担,一定程度上反而成为土地资本化发展的有利条件。巨大的人口数量为城市新兴房产经济提供近乎无穷的需求,成为新兴房地产业持续增值的前提条件,促进形成了中国独特的新兴房地产市场和经济。作为商品,房地产的需求和稀缺程度远远超过其他物品。它虽然有点类似于现代经济史中一系列快速扩展的商品——如收音机、电视、汽车乃至电脑和手机,但其长期性和价值总量要远高于其他商品。正因为如此,私人"房子"的建筑很快成为中国经济快速发展中的主要产业。同时,中国普遍使用的高楼公寓形式也赋予其单位建设用地更高的市值。房地产成为资本和金融市场中的强大基石。要特别说明的是,虽然国家统计局将房地产划归"第三产业",即服务业,但实际上"服务"仅是其中一个侧面。问题是规范化的第一、二、三产业范畴的划分不易处理固定资产。仅据一般的统计数字来将房地产业占国内生产总值GDP的比例来考虑,并不能看到其在中国的特殊地位和作用。

由于土地资本的特殊性质,它既有一般固定资产的长期价值,也有使金融机构乐意为其提供抵押贷款的高度稳定性和可预期性,因此具有高度的资金流动性。政府/企业可以凭借土地(建设用地)和房产进行贷款融资。也就是说,它既带有资本主义初期固定资产的性质,也带有资本主义后期金融资本性质和流动性。其中,国家和经济整体、国家和市场、国家和资本都形成了极具中国特色的一系列运作关系和机制。由于土地为国家所有,征用多少土地、如何征用、如何补贴城郊农民、如何开发、如何获得长短期资金(融资)、如何运作、如何与市场和开发商合作等均由国家决定。

至于国家机构本身,更形成了在中央政府领导下,与各地方政府合作的运作模式。从某种意义上说,国家等于将建设用地"发包"给地方政府,由其来进行基础设施建设,然后由地方政府进一步转包("出让")给开发商来建筑公寓大楼并在公开市场上销售。这样发包—转包—承包的三角运作关系——由中央、地方政府和开发商企业协同来开发并建筑公寓高楼,在西方资本主义经济的发展过程中是比较罕见的(关于"行政发包"以及"内包"与"外包"机制的原创性和权威性研究,见周黎安,2007、2014、2019)。

在实际运作中,由国家(中央)决定土地征用,摸索出一种能够被人民接受且可较长期运作的模式,即将土地征用总量限定于不超过全国耕地面积的10%(划定保留18亿亩耕地的"红线"),总共征用全国20亿亩耕地中不超过2亿亩的土地来支撑和推进城市和房地产业的发展;同时,决定补贴给被征耕地的城郊农民6—30倍于其农业年收入的补偿,宅基地和房子则补偿货币或房屋安置。

城市化进程的不断深入需要大量的基础设施投入。以重庆市为例,其组建的基础设施"八大投"公司负责城市建设、高速公路发展、高等级公路、地产、城市交通、能源、水务(包括水资源开发、自来水供应、污水处理、水力发电)以及水利(灌溉和水资源管理保护)的投资建设(黄宗智,2011)。实际做法是借助政府将土地"出让"给开发商的可预期收入来支撑所需的资本和开支。运作模式是先由地方政府将征地得来的"毛地"发展成带有基础设施的"熟地",然后"出让"给开发商来建楼房。出让的"市值"收入不仅能负担征地补偿费用和基础设施支出,还包含了一部分土地未来建设房产的增值利润,剩余利润归开发商所有。模式化地来说,征用一亩土地需要补偿农户基本费用约 1 万元,但带有基础设施的"熟地"价格将相当于其 10 倍(10 万元)甚至更多,而开发建房之后的同一亩土地的市值则高达 100 万元或更多。若以 100 万元/亩来计算,全国两亿亩建设用地"资本化"后的总值是 200 万亿。如果以这个数字来对比中国的外商直接投资 FDI 会发现,在历年最高峰值的 2013 年,中国全年所招引的 FDI 共约 2900 亿美元,即约 1.74 万亿人民币,才相当于中国土地资本化后的资金总额的 1/115。由此可见,土地资本在中国金融所起的作用要远远超过 FDI 的总数(CEIC data,2021)。对当时的地方政府来说,这笔来自土地资本化的资金对招商引资及其所必需的基础设施投入而言十分重要。在资本增殖过程中,政府提取了要支付给被征地农民的补偿,还有城市基础设施建设所需的资金,此外还有盈余来支撑其他发展项目。正因为如此,较发达地区的地方政府的预算外收入有 60%—70%来自土地开发(天则经济研究所,2007)。事实是,建设用地是地方政府经济建设资金的最主要来源。

所谓的"土地财政"的真正核心含义——地方政府在国家划拨的固定预算支出之外的收入,其最终来源是建设用地的资本化。重庆市前市长黄奇帆(2001—2009年任副市长,2009—2010年任代理市长,2010—2016年任市长)对市政府财政运作进行了详细解析(黄奇帆,2009)。重庆市基础设施"八大投"公司的(土地)资本,包括了市政府廉价收购的1700家亏损的国有企业所掌控的建设用地,市政府"储备"的建设用地共30万亩,以100万元/亩计算,其市值不低于3000亿元——成为政府新设的"八大投"公司的主要资金来源(黄宗智,2011)。在不少地方政府资金短缺的情况下,土地资本化无疑起到了至为关键的作用,化解了地方政府所处的困境,给予其强大的资金来源和活力,使之后的地方政府"八大投"类型的基础设施部门与开发商协同来强力推进属地经济的快速发展。可以说"土地的资本化"无疑是21世纪中国快速发展的一个关键性条件。

在政府"八大投"和私营企业的联手协同发展中,房地产开发商仍然能够在政府获取其"土地财政"的支出和收入之后获得较高的利润;而且,其回报是可以预期的并且比较稳定可靠的,因此也是国家所管控的金融机构(银行)最愿意接纳的贷款抵押对象。正是以上的模式和机制确定了中国过去20多年的新型"土地资本化"大趋势的特色。

这一切说明,中国经济"起飞"的主要发展资本与西方国家不同,既不是厂房和机械等固定资产的资本,也不是企业"上市"(Initial Public Offering,"IPO")带来的社会集资营利资本,而是由中央和地方政府基于土地所有权，在巨大市场需求和可预期利润的前提下进行融资，作为其基础设施建设和经济发展的资本。中国的土地资本和西方的新型金融资本的共同特点是具有可预期的市场和稳定的利润。也就是说，中国21世纪的"资本市场"的原始基石实际上是土地资本市场，而不是金融证券市场，主导其运作的实体不单是私人资本而是中央、地方政府以及房地产开发商三者。（关于土地资本化的充满启发性的论析，见赵燕菁，2014、2019；亦见赵燕菁、宋涛，2020）在中国发展起飞的整个历程中，中央政府追求的是发展经济，地方官员追求发展绩效（包括官员们的晋升激励），开发商追求的是在发展中获利。三者围绕土地资产的资本化来实现各自的目标。由此，具体展示了中国快速发展经验中的基本动力和运作机制。若与美国相比，美国联邦政府固然拥有占全国较高比例的土地的所有权，这方面与中国有点相似。但长期以来，美国一直在公有土地和私有土地、国家和企业之间，划有清晰的红线：前者是不允许营利的，唯有后者才可以营利。像中国这二十多年来那样，国家和私企在新兴房地产业中协同合作并分别从中获取资本的做法，在美国是不可能的。中国的"土地资本化"实际上是一种特色的社会主义市场经济模式，与美国的联邦主义不可相提并论。

另外要注意的是，中央将土地"发包"给地方政府来进行城市基础设施建设，再让地方政府与房地产开发商来分利，也远远超出了一般发包、承包的关系。它涉及地方官员晋升的激励机制和市场经济中私营企业的逐利机制，是二者的互动结合。由于土地资本的独特性质，它涉及社会主义国家所有的国营企业和资本主义市场经济的私营企业的协作。它不仅关乎地方官员的个人晋升,更是直接决定地方的经济基础。在中国特色社会主义和市场经济的大环境中,中国独特的"土地财政"以及中央与地方间的实际发包与承包运作关系得以形成。而地方政府和私营企业的合作共赢是这个体系真正的"秘诀"。

三、社会主义资本 VS. 资本主义资本

一如笔者长期以来详细论证的那样,在国家"让一部分人先富起来"的决策下,中国对待劳动人民的主要做法是,将之前具有高度"社会主义"劳动法律保护和社会保障的劳动人民"去正规化",大规模采用"非正规"的用工,特别是农民工。2008年以来,国家通过新修订的《劳动合同法》将这一做法法律化,建立了新的"劳务派遣"法律范畴来适用于非正规的、少有法律保护和福利的用工。而如今,这部分用工已经达到城镇就业人员总数中的75%。(黄宗智,2017a,b)但是,2018年以来,中国明显从改革开放初期的"让一部分人先富起来"的权宜决策转向"共同富裕"目标,具体表现为近年来的脱贫攻坚和农村人口基本社会保障已基本覆盖广大农民和农民工。2015年启动的针对约8000万贫困人口的脱贫攻坚战,已于2021年宣告全面胜利。而2018年启动的"乡村振兴战略规划",则要求在2050年完成中国乡村的基本现代化发展。这个规划所起的作用应该会远大于脱贫工程(黄宗智,2021e)。

另外,国家决定将国有企业的部分股权(10%)"划转"到国家社会保障基金,用于全民福利保障。这一举措于2017、2018年"试

点"后,2019年"全面推开",2020年"完成"。这也是转向"共同富裕"社会主义大目标迈出的重要方向性的一步(《划转部分国有资本充实社保基金全面推开》,2019.7)。这样的措施近似2009—2011年间,重庆市将国营企业利润的一半用于民生的决策(黄宗智,2011)。

在党章和宪法中明文规定的追求"代表中国最广大人民的根本利益"的崇高理念之下,当前的体制及其走向说明中国具有一定程度的"资本的社会化"的实际。官方将改革开放所形成的经济体系称为"社会主义市场经济",但我们也许可以用"市场化的社会主义"来表达其实质内容和潜能。这也更能表达其实际演变的先后顺序,即从社会主义的计划经济和公有制,到社会主义市场经济和混合所有制的演变。无论如何,中国的发展实际与"资本主义"或"资本主义的市场经济"(capitalist market economy)以及"国家资本主义"(state capitalism)是截然不同的。

何况,我们可以从中国近年来的"一带一路"倡议清楚地看到,中国已经从古典自由主义经济学中凝练出了"平等互利"的双向贸易理论核心。模式化地来说,甲地由于其资源优势能以一半的成本生产甲产品,而乙地可以同样如此生产乙产品,两地交换产品,对双方都有利。这要区别于帝国主义和资本霸权下的不平等贸易。起码在理念层面上,在全球化大环境中重新定义的"社会主义市场经济",区别了社会主义市场经济和资本主义市场经济的不同——前者为了平等互利和共同发展,后者为了霸权资本的逐利(黄宗智,2020a)。

同时,国家的土地所有权,以及如今国有企业仍然占据国内非农生产总值的大约40%,并且包含关键的重要战略性产业,显示了中国的政府能力和权威要比自由主义的"无为政府"大得多。只要中国共产党有造福人民的决心,它在这方面的潜力无疑要比西方的自由主义"无为政府"大得多。与东亚的"发展型国家"(主要指日本、韩国)相比,中国的国家能力显然要更强。虽然日韩做到了相对平等的社会分配,但其国家与垄断性"财阀"密切结合,政府想要在资本主义法制环境中,从财阀手中划分一部分利益分配给民众,无疑非常艰难。

在社会主义转向方面,中国的"资本社会化"无疑具有做得更多、更彻底的潜力。其中的关键在于,中国国家所掌控的"社会化资本"或"社会主义资本",特别是国家所有的"土地资本",在国民经济中所占比例要远远高于西方国家所掌控的比例;即便相比东亚"有为"的发展型国家,也要大得多。这就直接影响社会主义发展的未来前景。

四、从由上而下的治理到上下协同的治理

如今,中国已经从由上而下的社会主义计划经济,动员型、运动型的"群众路线"治理方式,逐步转向民众由下而上有序参与的治理模式。改革开放以来,国家已经大规模赋权赋能予农民,通过联产承包责任制赋予其经营决策的权利。新兴的媒体、教育机构、社会组织、各级人民代表大会等也都掌握了远超过计划经济时期的权利和权力(黄宗智,2021b)。

规模巨大的中国共产党组织本身也带有一定的综合国家与社

会的性质:其成员人数已经达到一个中型国家的人口数量(截至2019年12月共9191.4万,仅次于全球人口排名第15的越南人口数量9620万)。它是个名副其实的"超级政党",与西方一般的政党十分不同,它代表了最广大人民的利益。它不仅仅代表上层精英或基层工人和农民,实际上是一个比较典型的(笔者称作国家与社会互动的)"第三领域"组织,相比西方惯常性地将国家和社会建构为二元对立体,中国共产党毋庸说乃是个罕见的组织。它有着比西方一般政党要紧密得多、强大得多的纪律,但我们绝对不可以仅凭西方流行的"极权主义"(totalitarianism)的片面化虚构模式来认识、理解这个组织(黄宗智,2019b)。

上文说过,改革开放的中国已经大规模将"发包"与"承包"机制运用于中央和地方之间,以及国家和社会的治理之中。中央"发包"("委托")地方政府来操办具体项目,给予地方政府一定程度的自主性和能动性。如此的行政发包治理手段已经成功地在发展经济和城市方面起到了积极作用,促使地方政府积极推进中央的战略规划。正如周黎安指出的,其中一个关键的激励机制是(中央政府具有集中的人事权之下的)官员晋升机制(周黎安,2007、2019)。这和西方高度科层制化的治理体系十分不同——譬如,在美国,委托—代理的模式和机制仅用于社会私人领域之间,若用于官方,基本限于跨部门的临时性委员会(ad hoc committee),较少用于科层制体系内部。

中国模式的发包—承包治理模式也有弱点和局限。譬如,它会导致地方政府对一些比较"软"的指标(区别于GDP增长等"硬"指标)——如社会福利保障、公众卫生医疗、环保、教育等的相对忽视。同时,地方政府也采用了同样的模式和机制治理基层的乡镇和村庄,结果类似于中央和省、市间的行政发包制——对中央定下的关键指标("发展是硬道理")的倾斜,但对非关键领域则相对忽视。

更有进者,在政府和私企协同追求GDP增长的大框架下,政府难免会采用一些非常手段来促进发展。比如地方政府在大规模"招商引资"的竞争中,较多依赖诸如低价出让土地、税收优惠的政策吸引,而对企业是否严格落实工人的社会保障和医疗保险政策睁一只眼闭一只眼。2008年推行新《劳动合同法》,用合同——双方自愿接纳的逻辑和借口——来替代旧的对劳动者保护的法理,但这样会导致滥用雇工的恶习,对劳动者的保障有一定损害(黄宗智,2010、2013、2017a、2017b)。

至于政府与非政府的社会之间的"外包"关系(周黎安区别了国家内部的行政"内包"以及国家和其外部社会的"外包",是个强有力的概括——周黎安,2014;黄宗智,2019b),改革过程中同样高度依赖由上而下的"发包"与"承包"运作机制。无论是大到高楼大厦的建设工程,还是小到一个行政村或个别学术人员的研究项目都如此。其优势是能够激发一定的由下而上的"抓"项目的积极性,劣势是一切都以个别单位或个人追逐利益为激励机制。这一方面释放了追逐私利所附带的积极性和能量,另一方面也不可避免地抑制、弱化了社会原有的公德观念和激励,塑造了一种越来越私利化的价值观和人际关系,随之而来的是人们在一定程度上对公众和社会公益的忽视,乃至于欺骗、敲诈等行为。

重塑中国传统道德文化背景下的公益道德价值和行为规范尤

为重要。为此,要让社会更多、更积极地参与到公共和公益方面的工程和治理。在这些方面,改革前的中国虽然早已展示了高度的社会公共积极性,不仅在农村的"集体"村庄中如此,在城镇的"单位"中也如此,但其中的关键机制主要还是党和国家的由上而下的管制或"动员"。国家决策一旦有失误(譬如"大跃进"和"文化大革命"),会导致灾难性的偏颇。计划经济解体后,国家有序地给社会赋权赋能,释放了巨大的能量,但这是惯常以个人私利的激励为主,很快促使市场私利的个人逐利价值观蔓延全社会,导致公德、公益心的萎缩。连带而来的是,将"人不为己,天诛地灭"的谚语转化为私利化的理解和滥用。

面对如此的社会文化环境,有论者将希望主要寄托于村庄自发性的公益活动,并强调一些成功案例。吴重庆指出,在莆田孙村,虽然中青年大多已经外出打工,使村社中缺少公众化行动,但在外工作的有心人,最近建立了微信群,发动了具有强大生命力的公益募款工程。从一开始修建一个景观性的墙屏,延伸到加宽一座旧桥,再拓展到加固村庄道路,起到填补村庄内部公共服务空白的作用(吴重庆等,2020)。这就说明,长期以来的农村社区的社会网络仍然具有强大的生命力,仍然具有弥补村庄社区公共服务真空状态的潜力。

鉴于此,我们固然可以寄希望于村庄的自治潜能,但笔者认为,更实际、可持续与大规模的进路是既由下而上又由上而下的做法,既是党的"为人民服务"的优良传统,也是改革开放以来大规模有序释放由下而上的能量的优良传统。两者结合既能够避免官僚主义脱离实际、无视民众意愿,也可以借助社会能量来推行和落实乡村振兴的共同目标。

其中关键在于，政府行为必须真正符合人民所需，能够激发村民积极性，能够满足村庄社区的公共需求。村庄公共卫生、道路修补、河溪疏浚等都是直接涉及村庄社区公共利益的工程，是政府与村庄应该合作处理的问题，新冠肺炎疫情防控也是如此。只要政策恰当并符合村庄真正的需要，现有的村庄两委组织能够重新激发社区活力和凝聚力，而不是花尽心思和力气来追逐官僚们所特别关注的形象工程。重点在真正依赖由上而下的领导和由下而上的积极参与、支撑、配合。这才是乡村振兴真正应走的道路，由此能释放更大的由下而上的能量。（董磊明、欧阳杜菲［2020］的近作根据湖南一个村庄防控新型冠状病毒感染的深入调查，对其上下协同的运作机制做了有说服力的阐释和论析。）

五、迈向国家与社会的二元合一

实际上已经产生了不少符合中国实际需要的实验和呼声。从较小的实例谈起，譬如新型的"政府主导+社会参与"的农村养老安排，由本地低龄、有行动能力的老年人来辅助失能和半失能老年人的生活。它是一种政府（建设养老院）和社区人员参与的低成本、可循环、可持续的做法，非常符合中国农村当下极速扩增的养老问题的需要（贺雪峰，2020）。类似的做法在城市社区中更早实行，也是"政府+社会"和社区参与的"居家养老管理体系"（吕津，2010）。在西方，养老服务一般由营利性公司（如保险公司、慈善组织和教会等）提供，在中国则由国家和社会互动所组成的"第三领域"提供,非常顺理成章地形成了半正式、半非正式制度,所借助的正是可以用(西方比较罕见的)由国家领导和社会参与的"第三领域"来概括的传统和现实。这当然也是可以扩展到更多社区发展和公共服务领域的做法(黄宗智,2019b)。

在改革之前,"第三领域"性质的组织一定程度上类似于农村集体和城市的单位组织,虽然它们当时是一种比较高度管制化和官僚化的组织。伴随改革的转向,国家大规模转向将许多领域开放给私企、私人的做法,一定程度上甚至可以说是一种矫枉过正的转向。村庄的公共服务也因此一度成为一种政府顾不到、私人不理的真空地带。而由逐利机制驱动的项目制管理模式下的工程,则大多只有营利性的追求,少见社区性、合作性、服务性的追求和组织,当然更谈不上小农户和小(自然)村庄社区人民的积极参与。

关于基层公共服务真空状态,已有不少社区合作的实践,上述的养老组织便是一个例子。新近的基于农村集体产权(包括产权未经明确但是被公认为属于村庄社区的荒地、林地、水面、山坡等),扎根于中国实际的农村社区合作社(亦称"集体经济组织"),而不是过去十多年的"专业合作社",它有可能会起到将之前未经明确的集体产权资本化的作用,成为推动乡村发展的一个重要资源和动力(黄宗智,2021f、2021c;亦见黄宗智,待刊a:第10章)。之前的"专业合作社"导致产生了一些虚、假、伪的,以争取政府补贴和税收优惠为目的的营利型合作社,对农村社区公益和公共服务所起的作用比较有限(黄宗智,2015)。

这里指的绝对不是"回归"到计划经济时期的集体经济,而是新型的、基于改革实践经验而得出的,综合计划经济与市场经济、结合公益和私利追求来克服眼前弱点的动向。2017年开始在烟台市的11个村试点,采用的模式是村党支部来"领办",农民直接参与的村"集体经济合作社",对推进村庄民众的共同利益起到了显著的作用。到2020年8月,这些集体经济合作社已经覆盖全市的2779个(行政)村社,占全市村庄的42%,自愿入社入股的农民达到35万人。与过去"专业合作社"不同的是,它们以村庄社区而不是"专业"和企业为基础,以村党支部而不是科层—官僚主义化的政府机构来"领办",小农户为了其共同的利益而积极参与,而不仅仅是由上而下的官僚主义化组织。其理念和机制不是资本主义企业或规模化经营农场,而是中国共产党本身的核心理念"为人民服务"和谋求"最大多数人民的根本利益",较好地结合了公益和私利的追求,因此得到了民众自愿广泛的参与(于涛,2020;江宇,2020;彭海红,2017)。

至于城市人口住房问题,赵燕菁提出,国家可以考虑"先租后买"的公租房方案,给下一层级的城市人口进入中产阶层提供路径。他的设想是,如今中国已有约3亿的中产阶层,通过"先租后买"的方案,可以再拓展3亿人,也可以借此带动下一步的经济发展(赵燕菁,2019、2020)。

这使我们联想到2009—2011年重庆采取的方案,为200万—300万农民工提供月租500元的50—60平方米的房子,在租赁3—5年后允许购买。这项政策所需资金主要来自市政府在房地产项目中可预期的增值和盈利。重庆主要为全市400万农民工中达到条件(在重庆已经工作3—5年的农民工)的人提供融入城市的计划。转换户籍的计划原来预计要三年(2011年8月)完成,结果提前完成(黄宗智,2011)。2010年11月17日,国家"三部委"(财政部、发改委、住房和城乡建设部)发出通知要在全国推广公租房的建设,并要求把指标落实到地方官员的"目标责任书"层面上(《三部委要求全国推广重庆公租房融资模式》,2010年11月17日;《关于保障性安居工程资金使用管理有关问题的通知》,2010年11月16日)。这一方案最终将大规模扩大中国的中产阶层,让达到条件的农民工也进入"城市化2.0"的阶段(赵燕菁,2019、2020)。

一项最新的比较系统的国际研究(所使用的是中西研究人员于2002年共同设计的、持续至今的抽样样本的数据)显示,2013年,来自农村的城市居民占城市中上阶层的10%。这里的"中上阶层"是欧盟国家对中产阶级的定义,即在2013年每户每"人"(指一户中的第一成年人,第二成年人以0.5计算,14岁以下孩子则以0.4计算)每日花费36—120美元,按照购买力平价(purchasing power parity,PPP)换算成人民币约为135—451元人民币(Gustafsson, Yang and Sicular,2020)。其中许多是土地被征用的城郊农民。用上述的定义来计算,2013年9亿户籍农民中,有3.6%可以称作"中产阶层",比例虽然不高,但其绝对数(2500万)已经相当可观。

如果以中国较普遍使用的"中产阶层"定义(每人每日消费10—50美元),人数和占比当然要更多,也许达到户籍农民总数中的20%或更多。其中,应该包括大部分拥有系统性社会保障的农民工(2014年的2.7亿农民工总数中的17.6%和16.7%,《2014年农民工监测调查报告》;2015年以来的按年监测报告不再给出参保数字),也包括大部分务农农民中的"新农业"农户(黄宗智编著,2020b)。

中国对贫困户的基本定义——人均每日消费1美元以下,共约8000万人。在这个(实际上是)"赤贫"阶层和上述的"中产"阶层之间——日消费1—10美元的人,合起来占到所有户籍农民中的多数。这固然是个贫富相对悬殊的社会形态,但我们也不可忽视其中的获益者,即一定比例的进入社会中层和中上层的户籍农民。如果中国真能像赵燕菁建议的那样,再增加3亿人的中产阶层,那将是中国真正进入"小康"社会和发达国家的重要标志,真正全面迈向"共同富裕"的新局面。

相比政府机构,中国共产党组织更具有超越"官僚主义内卷化"(黄宗智,2021a)的能力,不会陷入官僚和科层机构中常见的媚上欺下、重形式大于实质、自我封闭、自我僵化、脱离实际等弊端,能够凭借先进的治理理念和富有远见的政策来激发民众的参与积极性。当其推进真正符合人民切身利益的政策时,更能够排除官僚制和科层制的弊端,进一步激发民众由下而上参与的能量。当然,如果社区本身已经陷入分裂状态,党支部的领导更需要超越社区内部的族群或派系争夺,以更崇高和清晰的理念来激发、带领民众参与。

改革前期的村庄治理主要依赖个人利益,而不是社区共同利益。无论是规模化的企业还是政府补贴的项目,都带有强烈的个人倾向,因此,造成农村社区公共领域的真空状态,具体表现为村庄满地垃圾、道路不修等。在私利当头的价值观下,地方政府和村民本身都无暇关注最基本的公共服务。

2010年,成都市政府开始给各村两委拨款至少20万元(后增加到40万—60万元),以解决农村居住环境卫生问题,凭借地方政府的科层制组织,雇佣人员承担清洁工作。一开始确实起到比较明显的作用,但久而久之,很可能又会陷入行政机构中常见的官僚主义弊端,包括重形式大于实质,过分繁杂的程序和表格、文书等,容易陷入官僚主义内卷化的状态(黄宗智,2021d)。随之而来的是,投入越来越大但效果越来越小。这是过去基层治理常见的状况,其中关键在于民众没有积极参与。

"烟台模式"的优点是以党的"共同富裕"理念为指导,形成了受民众切身的"公+私"利益的推动而有序参与的机制。其效果主要见于村庄社区实际利益的推进和发展,而不见于形式化的官僚文书和审评。它不是回归到高度偏向由上而下的计划经济时期的集体经济,也不是过分极端的群众运动,更不是单一的私有化的资本主义型激励机制,而是结合党的崇高理念的领导传统,加上个人化的市场经济的运作机制,来追求人们至为关心的"切身私利+公益"的有序做法。

这里还要特别提到与此紧密相关并符合中国国情的"东亚"国家,从"二战"结束后到20世纪90年代,基于农村社区的合作社为农产品提供"纵向一体化"的加工、运输和销售服务,由国家设立与之搭配的现代化批发服务市场,配合农村社区合作社建设完整的加工、运输和销售服务体系,使得小农户能够得到更高比例的农产品收益,这是笔者多年来呼吁的进路(黄宗智,2015、2018)。乡村振兴战略规划已经初步提出了与其近似的方向和设想(中共中央、国务院,2018;黄宗智,2021e)。

更有进者,中国可以借助人民的积极参与来协助国家建设,完成农村道路建设,大规模发展农村和城镇的双向商品流通,一反过去主要由乡村输出粮食、棉花、蚕丝、肉、禽、鱼和其他优质农产品的单向城乡贸易(黄宗智,2021e)。建立一个可以完全依赖中国自身"内循环"的经济体系,才是能够真正协助新型小农户应对"大市场"的办法。

六、前瞻性的新政治经济学

国家需要更积极地使用国家资源来引导已经在社会广泛存在的半自发性现象,这不是一个西方古典和新自由主义的"无为"国家虚构,也不是"国家"VS."社会"二元对立的思维所能认识和理解的做法。这是中国传统和现代社会上下互动的"第三领域"实际和运作机制的方向(黄宗智,2019b)。本文提倡的是更广泛地借助历史和社会治理资源来应对今天的发展和治理需要,它是一个可能克服小农业内卷化和官僚主义内卷化弊端的重要方法和模式,可以成为将"三农问题"彻底改为"三农发展"的方案(黄宗智,2021c)。

如果能够良好地结合由上而下的"为人民服务"治理理念和由下而上的社会积极参与,中国未来的走向也许可以被称作"人民积极参与的社会主义"(区别于由上而下的"计划经济社会主义"),是社会主义共同富裕理念的体现,甚至可以视作自由主义民主(和无为国家)与革命群众运动之间的新型"人民主义",是融合并超越了中西不同经验的长远发展道路。本文提倡的正是如此性质的兼顾国家与经济—市场—人民,综合西方一些先进的民主理念和中国的社会主义共同富裕理念的长远发展道路。当然,本文提倡的也是拥有如此视野和抱负的新型政治经济学中的新型国家与经济—社会关系的研究。

简单总结,新型政治经济学研究的焦点在社会经济和治理体系双重维度的交接和互动,研究重点不在现有的各家各派的理论,而在中国改革开放实践。中国的改革开放是成功的经验,甚至是"举世瞩目"的发展经验,它并不来自任何既定的理论,而是在实践中逐步摸索出来的道路;它的形成不仅是中国本土的塑造,也是西方经验的引进;它的特殊性在于突破了西方主流理论惯常的二元对立逻辑思维(如国家 VS. 社会、西方 VS. 中国、主观 VS. 客观、意志 VS. 结构,乃至于理论 VS. 经验),而实践则必然是超越简化、虚构的二元对立思维的抉择。中国摸索出了一条崭新的发展进路,既是中国的也是全球化的,既是市场经济的也是国家领导的,既是国家治理的也是人民参与治理的进路。它是笔者长期以来提倡的、带有前瞻性的"实践社会科学"研究进路(黄宗智编著,2020b)。具体到中国改革开放的发展经验,土地的资本化和市场化,以及资本的社会化和社会主义化,是既充满中国特色又综合中西经验的超越性进路;中国这一经济体的发展进路既是私有的也是国有的,既是市场经济化的也是社会主义化的进路。正是这样的实践经验,组成了笔者提倡的新政治经济学的实质内容、理论与方法。

七、以往的和新型的政治经济学

回顾以往的政治经济学研究,影响力最大的无疑是古典自由主义政治经济学和与其对立的古典马克思主义政治经济学。作为

"政治经济"学,两者共同点是主要关注国家(政治)和经济之间的关系。前者突出"无为的国家"的理念和虚构,亚当·斯密的论述针对的是18世纪后期仍然占主流地位的重商主义——强调国家对经济的积极介入,要求通过国家支撑对外贸易来积累金银,为的是更有效地和其他新兴民族国家竞争。亚当·斯密代表的是新兴的资产阶级,要从国家和贵族中争得更多的自由贸易活动空间,推动新型资本主义经济的发展。因此,提出了"无为"或"放任"(laissez faire)国家的建构理念,通过平等互利的贸易来推进社会(和国家、地区)分工,推进产业工场及其劳动生产率的发展。《国富论》全书从以下具体实例出发:棉花纺织针(大头针)的生产有十多个程序,若由单人生产,一天可能连一枚都生产不了,但若由十个人分工协作,一天可以生产48 000枚针或更多(Smith, 1976[1776])。这是产业化分工的原始实例,由此建构了自由主义经济学最基本的模式,要求国家"无为",让市场经济规律"看不见的手"充分运作,形成最佳的资源配置。国家财富将会因此螺旋式发展。这些关键概念至今仍然是新自由主义经济学和一般的"教科书经济学"的核心。

马克思主义政治经济学则指出,自由主义的建构完全无视至为关键的实际运作机制,即资本家和工人之间的"生产关系"。马克思将一切价值最终来源认定为劳动(根据其"劳动价值论"),资本家的利润来源是劳动者生产的"剩余价值"(即其实际生产价值和从资本家所获得的工资之间的差值)。资本家会尽可能地将工资压到最低,借此将利润提到最高。这就是资本主义生产方式的至为关键的("剥削"型)生产关系。

19世纪中期,面对日益泛滥的帝国主义,包括"大英帝国"对中国发动的鸦片战争和侵略,马克思非常清晰地指出了资本主义的丑恶面、侵略面和剥削面。针对中国来说,他极其清晰地说明了偷运鸦片"商品"和鸦片战争的实质,有力地批评了自由主义的单一面和关于"自由贸易"的自我虚构和理想化,点明了资本主义的恶劣面(Marx,1853—1860)。这是后来马克思主义在中国思想界引起广泛反响的一个重要原因。

虽然如此,经典马克思主义和古典自由主义同样强烈倾向高度简单化的线性历史发展观,将资本主义视作普适的必经历史阶段。固然,马克思也曾经充满启发性地提出,在原始社会、奴隶社会、封建社会、资本主义社会和社会主义社会五种生产方式之外的,独特的"亚细亚生产方式"。但是,其学术理论在苏联的国家意识形态构建过程中,特别是1931年在列宁格勒召开的会议中,"亚细亚生产方式"被正式排除在正统马克思主义历史理论之外,后来在当代中国也基本如此(Fogel,1988)。

"东欧剧变"后,来自古典自由主义的"新自由主义"占据了霸权地位,自我宣称为一门"科学"和普适的理论体系与意识形态。自由主义经济学虽有其洞见,譬如自由平等的互利贸易,会促进社会分工,起到推进经济发展的作用,但也有其不符实际的自我理想化、单一面化的虚构。譬如"无为"的国家既不符合"西方资本主义+帝国主义"历史实际,更不符合后发展国家的实际需要,因为"无为"的国家是不可能有效抗拒帝国主义的。同样,我们也要认识到,经典马克思主义既有其洞见,譬如资本主义会尽可能压低弱势的劳动人民的工资获取更高利润的实际,以及其无穷逐利的基本性质,也有其局限性,譬如拒绝市场经济而坚持计划经济。

另一需要讨论的是,近几十年影响越来越大的自由主义经济学中的"新制度经济学"理论基本接纳了古典自由主义经济学的主要论点,但更加突出私有产权及其相关法律的关键性。在诺斯和科斯的论析中,私有产权是资本主义(和一切经济发展)不可或缺的条件:有了稳定的私有产权才有可能激发"理性经济人"的营利追求,并降低"交易成本",这是经济发展的最基本的动力和机制。这一观点应该被视作古典自由主义政治经济学的一种延伸(North,1981、1993;Coase,1990、1991)。

除了总结古典自由主义政治经济学(及"新制度经济学")和经典马克思主义理论外,我们还要考虑到一些主要的非主流的学术理论,来参考如何建立更符合中国发展经验实际的新政治经济学。

相比古典自由主义的国家,特别是英国、美国和20世纪七八十年代进入发达国家行列的"东亚"国家(主要指日本和韩国),中国更积极地介入市场来推动经济发展。约翰森将日本的发展经验和模式总结为"发展型国家"(developmental state)(Johnson,1982、1999),而安姆斯登则将韩国的经验总结为"国家指导的市场"(guided market)(Amsden,1989)。两者针对的都是古典自由主义"无为国家"的虚构。他们指出,日本和韩国政府积极参与经济发展,通过设定国家发展战略、贷款和补助、价格调整,甚至介入企业管理等措施,取得了与纯粹的市场经济机制不一样的资源配置(特别是资本投入)效果。基于此的挑战新自由主义经济学的"无为国家"主流理论,在经济学界和政治学界产生了较广泛的影响。其中的关键论点是,国家与企业市场之间的关系不是对立的,而可以是协作的。在实际层面上,体现为日本和韩国的政府与"财阀"(zaibatsu、chaebol)间的紧密关系(黄宗智,2019a)。

相比之下,科尔奈的理论则将市场经济和计划经济视为两个截然对立的体系,前者服从市场的"预算硬约束"(hard budget constraints),后者拒绝市场经济规律而依赖计划经济下国家给予企业的"预算软约束"(soft budget constraints)(即便亏本,仍可依赖国家拨款而经营);前者会按照市场的价格信号和需要来配置资源维持供需平衡,后者则拒绝市场机制而依赖计划,无视价格信号,必将导致经常性的"短缺"。科尔奈的观点相当片面,他把社会主义和资本主义的政经体系视为分别自我连贯一致的体系,所遵循的逻辑是截然对立的。在他看来,社会主义是一个共产党"极权"的体系,而资本主义则是一个自由民主的体系,二者互不相容。他狭隘地认为二者的混合只可能导致矛盾和冲突:极权和公民社会权利只可能对立,官僚管理只可能和资本主义市场经济企业相互矛盾,预算软约束只可能和预算硬约束对立,计划生产只可能和市场价格与竞争机制相互矛盾等。因此,他错误地认为,在那样非此即彼对立的矛盾和冲突之下,混合两者的结果只可能是官员的贪污和唯利是图(Kornai,1992:尤见第15章;亦见第21章,第509—511页;亦见第570—574页)。正是基于如此错误的逻辑链,形成了对共产主义的苏联和东欧进行的所谓"休克疗法"的"转型"药方,包括废除共产党和计划经济。

与科尔奈的理论相比,"发展型国家"理论及其所阐明的实际经验起码修正了那样绝对化的对"有为国家"的完全拒绝。但是,它并不足以解释中国40多年来的发展成绩——不但远远超过采用"休克疗法"的苏联和东欧各国,也超过英美国家之前的发展速度和经验。

约翰森和安姆斯登研究的日本和韩国经济体主要是资本主义型的市场经济实体,他们虽然指出了国家所起的积极作用,但并没有真正动摇根深蒂固的自由主义经济理论中关于资本主义市场经济的基本信条。说到底,约翰森倡议的"发展型国家"不过是个发展型国家的资本主义。即便是安姆斯登倡议的不过也是"国家指导的市场"的资本主义,也同样没有真正挑战资本主义的经济体。

在国际学术界关于中国的研究中,影响较大的是戴慕珍(Oi Jean C.)和魏昂德(Andrew Walder)夫妇对中国20世纪80年代乡镇企业发展的"地方政府公司主义"(local state corporatism)的理论概括(戴慕珍,1992、1999;魏昂德,1995)。他们论析,中国的乡镇政府直接建设乡镇企业,使其成为当时中国乡村工业发展的主要载体和动力。在理论层面上,他们提出,中国当时乡镇政府的行为实际上类似于资本主义的公司,借助了市场竞争的资源配置机制和私有企业不挣钱便倒闭的"预算硬约束"机制。因此,他们采用了"地方政府公司主义"的表述和理论建构。他们说明了基层政府能够像私有企业那样运作,并由此成为20世纪80年代中国经济发展的关键。

我们可以看到,归根到底戴慕珍与魏昂德借助的依然是自由主义经济学中的核心信念——市场竞争及其资源配置机制乃是发展不可或缺的关键条件。他们虽然拓宽、修正了古典自由主义和科尔奈理论对共产主义国家的完全否定——说明后者也能够借助经典市场经济的运作机制来推进经济发展,但同时,他们也再次强调了古典自由主义的市场主义经济学的核心信念,而没有真正挑战资本主义经济体及其基本信条。

另外,经济学家钱颖一等关于"中国式联邦主义"的论析将中国的地方政府比拟于美国联邦主义下的州政府,说明它们是"维护市场"的,因此,起到了推进经济发展的作用(Qian and Roland, 1998; Qian and Weingast, 1997; Montinola, Qian and Weingast, 1995)。这固然能够起到和美国自由主义经济学领域沟通的作用,使用他们的词汇来概括中国地方政府在经济发展中扮演的角色,同样拓宽了对政府所能扮演的角色的认识和理解,挑战"无为"政府的虚构教条。但这也模糊了中国特殊的中央和地方政府间的关系:美国在联邦制度下,除了战争期间,根本无法像中国这样保持中央与地方步伐一致,以及其所包含的(周黎安所阐明的)特殊"发包"与"承包"机制,既高度统一,又充满地方能动性(我们只需比较新冠肺炎疫情防控中两个国家的中央和地方政府间关系的深层不同,便可明白)。当然,更不可能想象中国发展经验中那样的土地资本化,更毋庸说结合社会主义国家所有和资本主义私人所有的体系,及其在"土地的资本化"过程中两者合作共赢的模式。

可以说"公司型地方政府""中国式联邦主义"与"发展型国家"理论的共同点是拓宽、修正了经典自由主义"无为"国家的虚构,一定程度上指向了另一种政治经济学。但和发展型国家一样,他们遵从和引用的依然是自由主义经济学理论中的将私营企业市场经济设定为最佳的资源配置方式这一信条。对戴慕珍与魏昂德来说,中国乡镇企业的发展不是推翻或修正了自由主义经济学的这个核心信念,而是再次确证了其不可质疑;意即中国乡镇政府成功地模仿了资本主义市场经济私营企业的运作原理和机制,才推动了中国的乡镇企业蓬勃发展。对钱颖一来说,中国地方政府起到了维护市场经济的作用。归根到底,他们强调的还是对资本主义市场经济的基本信念,绝对不是超越性地综合资本主义和社会主义的思路。

而且,"地方政府公司主义"的论析并不能解释中国在20世纪90年代由省、市、县级政府借助中央的政策及其土地所有权,通过"土地的资本化"和其所包含的"发包"与"承包"运作机制,推动中国经济快速发展。在此阶段,中国经济借助的不再是简单的基层政府模仿市场经济的公司运作方式和机制,而是崭新的、具有中国特色的中央、地方和私企三者协作的运作模式。其中一个关键条件是,源自计划经济时期的中央政府凭着对全国土地的所有权,在蓬勃发展的新兴房地产市场和产业中,借助快速资本化和增值的建设用地来支撑政府的融资。加上地方政府的竞争激励机制和市场化的私营企业公司,特别是房地产公司,响应市场需求而积极营利,由此而推动了蓬勃、快速的经济发展。三者在房地产业方面的结合起到关键的"起飞"引擎作用和动力,实际上还是整个体系的基本运作机制。正是中央和地方政府及其组办的国营企业,协同私营企业,在市场经济大环境中的协作、"分利",推动了中国经济和城镇的快速发展。它的运作不再是简单的乡镇政府企业模仿西方资本主义私营企业的市场行为和机制,而是一种更复杂和新颖的中央和地方通过独特的政府内部"内包"来激发地方政府的积极性,再通过地方政府同样"发包"(外包)给私营房地产和其他产业公司,借助其逐利的积极性组成一个新颖的政治经济体。它既非纯粹的逐利型资本主义市场经济,也非死板的"社会主义"计划经济,而是兼用两者运作机制的新型政治经济体系。

中国的成功发展经验已经充分说明了简单的、科尔奈似的市场 VS. 计划、资本主义 VS. 社会主义的二元对立逻辑和模式的不足;反之,其中的关键正在两者的有效结合,借助中央的明确指导和其掌控资源的独特权力和资源(特别是土地),激发地方政府的积极性,使其积极配合中央,然后由地方政府"发包"(外包)给私营企业。这激发的不仅是企业家们的积极性,也是地方政府官员们竞争的积极性。同时,又借助市场经济的竞争机制来淘汰、克制、排除不具有市场竞争力的企业(如空洞的"形象工程")。结果是国家的运作机制和市场的运作机制的高效结合。其中关键在两者的协同,而非两者的对立;也不仅仅在国家对私营企业所起的"发展型国家"作用,或"地方政府公司主义"的作用,或维护市场的"联邦主义"地方政府,那样的模式都仍然是资本主义市场经济,与社会主义国家不搭界。

但在中国两者的结合、协同运作模式中,中央引导,官员和企业家们共同协力,公有企业和私有企业也共同协力,有效地推动了中国经济的快速发展。其中,国有和私有两大经济实体携手合作,特别鲜明地体现于政府借助国有土地的资本化设置的"八大投"类型基础设施建设公司,配合追逐稳定和高额利润的房地产私营企业,携手共同创出了中国经济"举世瞩目"的发展成绩。它来自国有经济和"中央政府+地方政府"的协同运作,与私有经济/市场经济的共同协作,不能够借助简单的私有、资本主义、自由主义经济理论来认识和理解,也不能够仅凭国家对资本主义企业的有效帮助的理论来认识和理解。当然，也不可能仅凭基层政府模仿资本主义公司，转化为市场化的企业的运作主体来理解。它是一个有效结合公有和私有、社会主义和资本主义的经济体，依据的是特殊新型的政治经济组合、国营和私营企业的协同运作，乃至于分享市场盈利，展示的是十分不同的一套机制。

正是公有和私有、社会主义和资本主义的"矛盾"结合，组成了中国经济的发展特色。它是个新型的政治经济现象和形态，有待我们摆脱现有成见去认识和理解，其中关键无疑仍在国家与经济间的关系，即政治经济。它需要我们超越，而不仅是小调或小修小改现有的经济理论模式去认识和理解。我们需要将过去的国家VS. 社会/经济的二元对立基本思维，以及单向偏重资本主义市场经济（将其等同于所有国家的经济发展）的思维置于一旁，聚焦于中国的新"国家+社会/经济"融合体中的一些新的关键机制。譬如国家由于社会主义性质拥有土地所有权，而起到大规模将土地资本化的融资作用；地方官员通过中央政府严格管辖下的官场竞争的机制而带有能动性、自主性地与中央良性结合，成为地方企业发展的重要动力；地方政府的国有"八大投"基础设施公司和属地的私企间的协同合作，乃至于分享利润来追求经济发展。这些都在中国的经济发展中起到不可或缺的推进作用。此外，还要考虑到市场竞争机制对新兴的地方政府工程和辅助的私营企业的有效检验和约束——一个在市场竞争中没有活力的企业，无论地方政府的支持、辅助程度如何，都是没有生命力的。正是以上方方面面的互动、协同运作机制推动了中国经济，尤其是21世纪以来的"起飞"型发展。中国提出的"一带一路"倡议的运作模式中，也有同样的"国家+国营企业(中央和地方)+私营企业"的有机结合。

其中,还有一个过去鲜为经济学理论所考虑到的特殊因素,即作为一个权力相对集中的"超级政党"的中国共产党所认定的长远目标——"最大多数人的根本利益"和"共同富裕"所起的经济与社会作用。如今,中国政府是一个与计划经济时期不同的引导型(而非指令型)政府,中国共产党是一个具有坚定的"服务人民"和"共同富裕"理念的超级政党。中国正在探索一个国家与社会/经济二元合一的新型政经体系,走向着一个带有高度民众参与的新型人民参与化、民主化的"社会主义"所可能起到的经济社会和治理改革作用的新型政经体系。固然,其未来的走向尚有不确定性,其初步迈向的新方向还处于形成过程和实践摸索以及实验之中。但我们可以明确认定,中国所具有的前景和潜力不是现有政治经济学理论框架所能认识和理解的。正因为如此,我们需要有意识地提出一个依据中国迄今的实践经验,还要依据中国共产党的核心前瞻力和巨大潜力,更依据中国社会的更广泛参与到政治和经济决策与运作的,具有鲜明中国特色的政治经济理论。其中,一个主要的关键机制是,依赖人民的积极参与来克服过去官僚主义的偏颇和弊端,通过党和国家的明智决策和有效领导来推动、激发更大的国家与社会/经济的二元合一能量。

如此的转变也可以被认为是通过社会的发展来推进国家治理和经济的发展。社会积极参与涉及民生的决策,足可抑制官僚主义倾向,也可以抑制类似国家在追求发展中曾经有过的失策和弊端(如过度强调规模经济效益,忽视小农经济的现代化实力和贡献,以及过度依赖官僚主义的完全由上而下的运作)。由下而上的参与及其释放的能量能够激发更大规模的社会基层市场的发展，给予中国的经济发展更平稳、更可持续的动力。也就是说，推进中国经济体的"内循环"，以避免过度依赖出口和"外循环"的弊端，同时要继续维护中国积极参与全球经济的发展。说到底，中国可以成为一个有效结合国家领导和经济社会自身潜力的政治经济体，一个借助社会发展来推动可持续的国家治理和经济发展的联同综合体。其中的多种新型运作机制尚待系统研究，并借此来创建新型的、扎根于中国发展经验和实践的新政治经济学。

参考文献：

CEIC Data(2021)：《中国外商直接投资(1998—2020，季/百万美元)》，CEIC data. https://www.ceicdata.com/zh-hans/indicator/china/foreign-direct-investment。

董磊明、欧阳杜菲(2020)：《乡村场域中社区性治理与技术性治理的整合机制研究》，《社会学评论》第6期，第69—82页。

董继红、贾森(2020)：《中国城镇化政策演变及其特征》，《中咨研究》，http://www.ciecc.com.cn/art/2020/9/7/art_2218_62452.html。

国家统计局：《2014年全国农民工监测调查报告》，http://www.stats.gov.cn/tjsj/zxfb/201504/t20150429_797821.html。

贺雪峰(2020)：《互助养老：中国农村养老的出路》，http://www.snzg.cn/article/2020/0928/article_42498.html。

《划转部分国有资本充实社保基金全面推开》，2019.7，https://baijiahao.baidu.com/s?id=1645426233739314369&wfr=spider&for=pc。

黄奇帆(2009)：《重庆城市基础设施建设领域投融资体制改革和发展情况》，http://www.macrochina.com.cn/100/huangqifan。

黄宗智(2022):《国家与社会的二元合一:中国历史回顾与前瞻》,桂林:广西师范大学出版社。

黄宗智(2020):《中国的新型小农经济:实践与理论》,桂林:广西师范大学出版社。

黄宗智(2021a):《探寻没有股市霸权的市场经济发展道路——兼及乡村振兴问题》,载《中国乡村研究》第16辑,桂林:广西师范大学出版社,第1—29页。

黄宗智(2021b):《民主主义与群众主义之间:中国人民与国家关系的历史回顾与前瞻愿想》,《文史哲》第2期,第5—15页。

黄宗智(2021c):《资本主义农业还是现代小农经济?——中国克服"三农问题"的发展道路》,《开放时代》第3期,第32—46页。

黄宗智(2021d):《再论内卷化,兼论去内卷化》,《开放时代》第1期,第157—168页。

黄宗智(2021e):《中国乡村振兴:历史回顾与前瞻愿想》,载《中国乡村研究》第16辑,桂林:广西师范大学出版社,第30—53页。

黄宗智(2021f):《"集体产权"改革与农村社区振兴》,载《中国乡村研究》第16辑,桂林:广西师范大学出版社,第54—71页。

黄宗智(2020a):《中国的新综合性视野和远瞻性愿景:"一带一路"倡议与亚投行》,《开放时代》第7期,第93—104页。

黄宗智编著(2020b):《实践社会科学研究指南》,桂林:广西师范大学出版社。

黄宗智(2019a):《国家—市场—社会:中西国力现代化路径的不同》,《探索与争鸣》第11期,第42—56页。

黄宗智(2019b):《重新思考"第三领域"——中国古今国家与社会的二元合一》,《开放时代》第3期,第12—36页。

黄宗智（2018）：《怎样推进中国农产品纵向一体化物流的发展？——美国、中国和"东亚模式"的比较》，《开放时代》第1期，第151—165页。

黄宗智（2017a）：《中国的劳务派遣：从诉讼档案出发的研究（之一）》，《开放时代》第3期，第126—147页。

黄宗智（2017b）：《中国的劳务派遣：从诉讼档案出发的研究（之二）》，《开放时代》第4期，第152—176页。

黄宗智（2015）：《农业合作化路径选择的两大盲点：东亚农业合作化历史经验的启示》，《开放时代》第5期，第18—35页。

黄宗智（2013）：《重新认识中国劳动人民——劳动法规的历史演变与当前的非正规经济》，《开放时代》第5期，第56—73页。

黄宗智（2012a）：《国营公司与中国发展经验："国家资本主义"还是"社会主义市场经济"》，《开放时代》第9期，第8—33页。

黄宗智（2012b）：《〈中国式"社会主义市场经济"？——中西方学者对话（五）〉导言》，《开放时代》第9期，第5—7页。

黄宗智（2011）：《重庆："第三只手"推动的公平发展？》，《开放时代》第9期，第6—32页。

黄宗智（2010）：《中国发展经验的理论与实用含义——非正规经济实践》，《开放时代》第10期，第134—158页。

江宇（2020）：《"烟台经验"的普遍意义》，《开放时代》第6期，第13—26页。

吕津（2010）：《中国城市老年人口居家养老服务管理体系的研究》，吉林大学管理科学与工程博士学位论文。

彭海红（2017）：《塘约道路：乡村振兴战略的典范》，《红旗文稿》第24期，第15—17页。

《全国30典型城市房地产占GDP比重》,《中国房地产报》2017年2月28日,https://m.sohu.com/n/482069224/。

《三部委要求全国推广重庆公租房融资模式》,《重庆时报》2010年11月17日。

天则经济研究所中国土地问题课题组(2007):《城市化背景下土地产权的实施和保护》,www. unirule. org. cn/Secondweb/Article. asp? ArticleID = 2516。

吴重庆、鲁西奇、熊春文、狄金华(2020):《农村中的危机与危机中的农村》,《中国农业大学学报》第5期,第5—16页。

于涛(2020):《组织起来,发展壮大集体经济——烟台市推行村党支部领办合作社、全面推动乡村振兴》,http://www.hongqi.tv/mzdxueyuan/2020-02-25/17476.html。

赵燕菁(2014):《土地财政:历史、逻辑与抉择》,《城市发展研究》第1期,第1—13页。

赵燕菁(2019):《是"土地金融"还是"土地财政"?——改革的增长逻辑与新时期的转型风险》,《文化纵横》第2期,第68—79页。

赵燕菁(2020):《中国城市化的下半程》,《爱思想》2020年7月2日。

中共中央、国务院(2018):《乡村振兴战略规划(2018—2022年)》ht-tp://www.gov.cn/zhengce/2018-09/26/content_5325534.html。

周黎安(2019):《如何认识中国?——对话黄宗智先生》,《开放时代》第3期,第37—63页。

周黎安(2014):《行政发包制》,《社会》第6期,第1—38页。

周黎安(2007):《中国地方官员的晋升锦标赛模式研究》,《经济研究》第7期,第36—50页。

Amsden, Alice H. (1989). *Asia's Next Giant: South Korea and Late Industrialization.* New York and Oxford: Oxford University Press.

Coase, Ronald H. ([1988]1990). *The Firm, the Market and the Law.* Chicago: Univ. of Chicago Press.

Coase, Ronald H. (1991), "Ronald Coase Nobel Lecture," www.nobelprize.org.

Fogel, Joshua A. (1988). "The Debates over the Asiatic Mode of Production in Soviet Russia, China and Japan," *American Historical Review*, v. 93, no. 1 (Feb.), pp. 56—79.

Gustafsson, Bjorn, Xiuna Yang, and Terry Sicular (2020). "Catching Up with the West: Chinese Pathways to the Global Middle Class," *The China Journal*, no. 84, July, pp. 102—127.

Johnson, Chalmers (1982). *MITI and the Japanese Miracle: The Growth of Industrial Policy, 1925—1975.* Stanford, Calif.: Stanford University Press, 1982.

Johnson, Chalmers (1999). *The Developmental State: Odyssey of a Concept*, in Meredith Woo-Cumings (ed.), *The Developmental State.* Ithaca, N.Y.: Cornell University Press, 1999, pp. 32—60.

Kornai, Yanos (1992). *The Socialist System: The Political Economy of Communism.* Princeton, N. J.: Princeton University Press.

Marx, Karl (1853—1860). "Marx on China," *New York Daily Tribune.* https://www.marxists.org/archive/marx/works/1853/china/index.html.

Montinola, Gabriella, Yingyi Qian and Barry R. Weingast (1995). "Federalism Chinese Style: The Political Basis for Economic Success in China," *World Politics*, 48 (Oct.), pp. 50—81.

North, Douglass C. (1981). *Structure and Change in Economic History*. New York: W. W. Norton.

North, Douglass C. (1993). "Douglass North Nobel Lecture," www.nobelprize.org.

Oi, Jean C. (1999). *Rural China Takes Off: Institutional Foundations of Economic Reform*. Berkeley: Univ. of California Press.

Qian, Yingyi and Barry R. Weingast (1997). "Federalism as a Commitment to Preserving Market Incentives," *J. of Economic Perspectives*, 11, 4 (Fall), pp. 83—92.

Qian, Yingyi and Gérard Roland (1998). "Federalism and the Soft Budget Constraint," *American Economic Review*, Vol. 88, No. 5 (Dec.), pp. 1143—1162.

Rostow, W. W. (1962). *The Stages of Economic Growth*. London: Cambridge University Press.

Smith, Adam (1976[1776]). *The Wealth of Nations*. Chicago: University of Chicago Press.

第三编

国家与市场经济

本编从治理与国力的问题转入国家与市场间的关系的问题。

首先,我的《市场主义批判:中国过去和现在不同类型的市场交易》说明,在自由和新自由主义理论中,"市场"常被赋予不符合实际的笼统含义。我们需要清楚区别历史中所存在的多种不同类型的市场经济,包括榨取型的(如殖民主义和帝国主义下的)市场交易,与不平等的(如发达国家与后发展国家间的)市场交易,包括中国长期以来城乡间不平等的和内卷型的交易。它们都与亚当·斯密(在18世纪英国的农业革命与新工业革命同时来临的偶合历史条件上)所建构的理想化了的平等互利交易十分不同,我们不该像一般经济学理论那样将所有的交换都建构为平等互利的贸易。即便在今天的中国,城乡间真正平等互利的贸易尚有待将来。

周黎安的《从"双重创造"到"双向塑造":中国经济改革中的政府与市场关系》说明,西方主流经济学的建构(例如,"华盛顿共识")要求政府在经济中扮演的角色最小化,让私有化的经济和贸易自由发展。但是,发展中国家面对的实际一般不仅是市场失灵的问题,也是政府失灵的问题。苏联和东欧无视这个基本实际,导致其经济体面对巨大困境。中国则自始都在探寻政府与市场的"双重创造",进而成为政府与市场间的(互动)"双向塑造",由地方政府给企业提供"帮助之手",而市场和企业间的竞争又反过来抑制地方政府的"掠夺之手"和"形象工程"等。正是那样的"双向塑造"推进了中国成功的经济发展。

在后续的《经济学的制度范式与中国经验》一文中,周黎安将此问题置于更宽广的框架中来讨论。从"张五常之问"——中国到底做了什么"非常对的事才产生了我们见到的经济奇迹"——出发,梳理了制度经济学理论、"国家能力"理论,以及新近的国家之"帮助之手与掠夺之手"和政治制度与经济制度之互动等学术新动向的讨论,而后进入总结自己的"官场+市场"以及"行政发包制"理论的阐释,突出其与西方主流的国家 VS. 经济二元对立基本思路的不同。

然后是《地区增长联盟与中国特色的政商关系》文,周黎安全面总结了他在"官场+市场"、发包与承包、内包与外包、政府与市场、正式与非正式等诸多方面的理论论析。周黎安的研究指出:不同于西方的政府与市场、政府与社会的二元对立思路,中国所展示的是多维的二元"混搭",包括政府与市场、国企与私企、政与商之间的多维二元互动,也包括正式制度化和法律化的关系与非正式人格化的官商关系的互动合一。正是其中的二元和多元互动,才能够解释中国奇迹般的发展。

相比周黎安的以上三篇文章,我的《农业内卷和官僚内卷:类型、概念、经验概括与运作机制》更多考虑了中国目前面对的两大问题、弱点:一是还在艰苦摸索中的农业、农村和农民发展问题;一是治理体制中强大的官僚主义倾向问题。由于中国的人多地少基本国情,中国城乡差别的问题仍然严峻:过去过分迷信西方的"规模经济效益"农业发展模式,忽视了小农经济本身的发展潜力,也忽视了农村社区在传统和现在所能起的重要作用。2018年国家在乡村振兴战略规划中给予了小农经济和小农社区前所未见的关注,是个很好的转向。同时,国家也开始关注到"党民合一"的优良传统,其在过去展示了的巨大能量,包括依赖民众的参与来克服官僚主义弊端的优良治理传统。

我在此编的最后一章《从简约治理的第三领域和党民结合的第三领域》总结了中国传统中长期以来的"第三领域",倡议今天延续并发扬那样的传统。特别可资借助的是革命经验中的党民合一优良传统。今天我们应该有意地将那样的传统发扬光大,特别是在关乎民生的政策设定和实施层面上,应该将民众的积极参与和支持作为不可或缺的条件,借此来克服官僚体系中不可避免的脱离实际、强制执行、媚上欺下等中央纪委已经明确指出的问题。承继中国革命中的民众参与传统是又一种不同于西方主流理论和意识形态的发展道路。

市场主义批判：中国过去和现在不同类型的市场交易①

黄宗智

以兼顾专业上的权威性和表达上的简易性著称的《不列颠百科全书》(Encyclopedia Britannica)，有两篇关于"市场经济"的词条，一篇题为《市场》(Market)(Robinson, n. d.)，出自以"后凯恩斯主义"著称的顶尖的剑桥大学经济学教授琼·罗宾逊(Joan Robinson[1903—1983])，另一篇为《经济体系》(Economic System)，其中包含"市场体系"的内容(Boettke, n. d.)，则来自一位美国中青年主流市场主义—资本主义经济学家，乔治梅森大学(George Mason University)副教授，彼得·波特克(Peter J. Boettke)。② 两者对照，正好

---

① 本文发表于《开放时代》2022年第1期。
② 波特克在一定程度上也认同哈耶克(Friedrich A. von Hayek)代表的所谓"奥地利学派"的经济学传统。

为我们展示了经济学界常见的一些主要意见和分歧。本文借助他们的两篇文章来对这个巨大的题目做出选择性的界定,同时,也将他们当作陪衬和对手来澄清一些概念,并争取用同样平白的文字(而不是众多的学术专业词汇)来说明一些中国经验的理论含义。

一、中国历史中不同类型的市场经济

(一)前现代小商品市场

正如罗宾逊所说,历史和现实中有众多不同类型的市场、商品经济,不可一概而论。首先是马克思所谓的前现代小商品(petty commodities)市场,主要由个别生产者所生产的商品的交易组成。几代的优秀研究和理论概括,从恰亚诺夫(A. V. Chayanov)和马林诺夫斯基(Bronislaw Kaspar Malinowski)到波兰尼(Karl Polanyi)和沃尔夫(Eric Wolf),再到吉尔茨(Clifford Geertz)和费孝通,[①]探究了小商品市场。他们大多说明小商品市场具有社会嵌入性,不可仅凭古典自由和新自由主义理论来认识。在中国,那样的交易可见于长期以来高度社区化的"集市",从明清时期到近现代仍然是整个经济体系的重要组成部分,至今在中国的市场经济中还占有一定的比例。我们思考中国市场经济的过去和现在都需要考虑小农经济中的小商品经济,它的长期顽强存在是中国(以及其他发展中国家)和西方发达国家的诸多不同方面之一。然而,主流经济学

[①] 新近有用的概括见宋靖野(2021)。

家波特克将那样的商品经济笼统表达和论述为全球"前现代"商品经济,认为它已经完全成为过去,与今天的"现代"经济没有关联。

(二)榨取型市场经济

罗宾逊则在小商品经济之上,进而指出,还有由地主/领主(而非直接生产者)卖出其所收取的实物地租而推动的商品经济。(Robinson, n. d.)她并没有给那样的市场行为冠以某种名称。笔者则根据明清时期到近代长江三角洲的实地调查和文献资料将其表达为一种"榨取推动的商品化"(extraction-driven commercialization),以区别于买卖双方平等交换的商品交易。(黄宗智,2014,第 2 卷)①

这个概括有助于我们认识、理解中国长期以来的商品经济的实质的一个非常重要的方面:它主要是一种单向的商品流通。明清时期和近现代中国的市场经济中的最大宗交易,乃是农民与农民之间的剩余粮食换剩余棉布(包括经中间商乃至于长距离运输)的交易。(棉布和粮食对中国经济的关键性也可以见于计划经济时期的布票和粮票制度。)从农村与城镇之间的贸易来考虑,它主要由农村输出到城镇的商品组成——除了粮食(特别是"细粮"),还包括肉禽鱼、(优质)棉纱和棉布、生丝(当时农民仅穿着棉衣,罕用丝绸衣着)等。反向地从城镇输出到农村的则只有较少量的商品。根据 20 世纪的"满铁"实地调查资料,农民日常使用的简单小

---

① 此外,罗宾逊指出,像朝贡体系下中国皇朝那样"给予""赐予"性质的物品交换,不是现代意义上的平等商品交流。(Robinson, n. d.)

商品,如酱油、糖、盐、食油等,在华北农民购买的所有商品中大约仅占10%,在较富裕的长江三角洲约占20%(还有少量的烟草、茶、酒等)(黄宗智,2014,第2卷:表6.2,6.3,6.4)。那样的交换不是一种对等、双向的城乡贸易,而是一种,从普适性市场主义经济理论视角来看是"畸形"的,主要是单向的由乡村输出给城镇的贸易。那样的"城乡差别"下的市场经济一直延续到中国革命胜利之后,在一定程度上仍然可见于今天中国这个已经是全球第二大的经济体中。

那样的发展经历与波特克所转述的亚当·斯密(Adam Smith)提出的商品经济模式十分不同。首先,斯密在1776年所建构的城乡、地区与国家间双向的平等互利贸易模式,所依据的是英国在18世纪率先同时经历农业革命和初始工业革命所导致的城乡双向贸易。当时,(根据大量的遗嘱记录而被证明)农村从城市购买的产品包括镜子、油画、书籍、钟表、台布及银器等(Weatherhill,1993:尤见219—220,表10.2及表10.4),这与中国的经验十分不同。那样的城乡双向贸易仅能代表当时英国这个世界上第一个进入城乡双向市场经济的国家的实态,乃是比较特殊的经验。我们不可以像波特克那样将其虚构为普适或必经的经验或道路。它显然不符合中国这样的后发展小农经济国家的历史经验。

(三)内卷型市场经济

与榨取型商品经济和城乡不对等贸易直接相关的,是笔者研究中特别突出的明清以来的"内卷型商品化"。在中国越来越沉重的人地关系下,小农户只能逐渐转向劳动密集化程度越来越高,越来越多地从事单位劳动报酬递减的商品型农业生产:在长江三角洲主要是逐步从已经是高度劳动密集型的水稻种植转入按亩需工18倍于水稻劳动投入的棉花—纱—布生产,来换取当时市场条件下的约三四倍的亩均收入;从水稻种植逐步转入需工9倍的桑—蚕—丝生产(丝织用具比较昂贵,仅在城镇进行),来换取也才三四倍的亩均收入。根据国内优秀的经济史实地调查、访问和文献研究,那样的以农村剩余棉布(和蚕丝)换取剩余粮食的商品交换构成了当时全国商品经济的主要部分,大约相当于其总量的4/5。(许涤新、吴承明,1985;徐新吾,1992)

这种变化给小农户带来的亩均三四倍的收入,是用其全家,包括妇女、老人、儿童,投入亩均18倍劳动量的棉花—纱—布生产,或9倍劳动量的桑—蚕—丝生产来换取的——笔者称之为"农业生产的家庭化",是内卷型商品化的一个基本特征。它带来的是进一步的商品化和市场化,但绝对不是斯密所描述的英国进入现代经济发展中那样的城乡双向商品经济,以及伴之而来的分工和发展,并由此进入单位劳动生产率(和收入)螺旋式上升的现代型发展。斯密的经典著作《国富论》的开宗明义的实例是,没有社会分工,十个人一天可能都生产不了一枚需要18个不同生产环节的针,但经过分工生产,十个人一天便可以生产48 000枚,从而导致现代经济的劳动生产率的提高和工业产业的兴起。(Smith, 1976 [1776])18世纪长江三角洲所见的则主要是从农村单向地输出优质农产品到城镇的商品经济,较少反向的商品流动。因此,笔者称之为"没有发展的增长",亦即农业"内卷化"和"内卷型商品化"。

之所以说这是"没有发展的",是因为劳均产出的上升乃是现代经济"发展"的核心含义,"内卷型商品化"则指极高的劳动投入密度换来的却是有增长无发展的商品化和市场经济,展示的是单位劳均报酬的递减而不是剧增。它是中国革命中所谓"三大差别"的一个核心内容,而不是被斯密模式化的平等互利商品经济及其导致的螺旋式现代工业发展。

罗宾逊没有考虑到中国那样程度的人地压力下的商品化,也许是因为,18世纪英国的户均耕地是150英亩,即900华亩,而清朝长江下游的户均耕地仅为10亩。对她来说,中国的人口相对土地的密度几乎是不可思议的。毋庸说,经典自由主义学者波特克则完全无视所有上述各种不同类型的市场经济。

二、"现代"型市场经济

(一)斯密型古典自由主义市场经济

从中国历史实际的视角来思考国际"市场经济",和从18世纪后期英国或20世纪中期以来美国的视角来思考国际"市场经济",是十分不同的。它迥异于斯密所提出的经过理想化的平等互利国际和城乡市场经济模式,即(模式化地来说)如果甲地(由于资源禀赋的比较优势)能以较低的成本生产产品A,而乙地能同样低成本地生产产品B,两地交换无疑对双方都有利。多边的贸易当然更加如此。

在斯密1776年所写著作《国富论》所处的历史环境中,他关于国内和国际贸易的理想化建构首先是为了批评当时的主流经济思想"重商主义",即由国家组织贸易公司以赚取更多的金银,与其他新兴民族国家竞争,甚至交战。他建构没有国家"干预"的,自由和平等互利的市场经济模式,一个主要目的是让新兴的企业从政府、贵族手中争得更多的自主权力和权利,相对当时英国的情况来说,既有一定的经验依据,也有被片面化和理想化的方面。(Smith, 1976 [1776])

斯密所阐述和建构的 18 世纪英国市场经济,之后被经济学家们设定为普适性的经济规律,被波特克那样的主流经济学家等同于所有"现代"的市场经济。它被西方帝国主义国家,特别是先后占据全球霸权的英国和美国的经济学主流建构为一种统治意识形态,声称其乃客观的、"科学的""普适"真理,其巨大影响一直延续到今天,包括具有权威性的《不列颠百科全书》。相对罗宾逊论述的多种不同类型的历史实际中的市场经济,波特克争论的则是,那样模式化和单一化的市场经济乃是"现代"世界所特有和必须的,是"普适"的真理。

根据他的论析,主流自由主义和新自由主义理论说明,市场经济乃是人类有史以来唯一经过其所有成员的自主、自由的消费抉择而形成的纯竞争性体系,是通过平等互利贸易而推进发展和实现最佳资源配置的经济体系。唯有那样的自由主义贸易,才可能促成、推进社会分工,而后形成产业化、规模化的生产而大规模提高现代的劳动生产率。波特克断言,那样的纯竞争性市场必定会导致经济整体达到需求与供应间的平衡,将会按照经过自由市场竞争而定的价格来促成最佳的资源配置,促使经济整体进行螺旋式现代发展。

固然,波特克也提到,资本主义市场经济曾经在大萧条中出现危机,并产生了提倡国家更多地"干预"经济的凯恩斯主义经济理论,虽然如此,他继而非常自信地宣称,之后,由于国家在经历了20世纪30年代的经济大衰退之后过分干预经济而出现偏颇,古典自由主义经济学卷土重来,形成"新自由主义",再次成为今天所有经济学理论的主流。在他看来,斯密所代表的资本主义和市场主义理论,乃是人类经济史中的"普适"真理,是"现代化"的终极意涵。言下之意是,它是在全人类中已被完全证明的普适经济规律,甚至还是"历史的终结"。

(二)帝国主义下的不平等市场经济

在真实世界的历史中,斯密之后的 19 世纪乃是帝国主义的榨取型商品经济盛行的世纪,虽然,这种商品经济仍然多被主流经济学表达为与斯密建构的模式性质相同的市场经济。在斯密之后,广泛兴起的是19世纪的帝国主义侵略和战争之下的不平等的国际贸易,包括占领、攫取,和利用非法"商品"的交换——譬如,"大英帝国"的东印度公司以卖出偷运(其在印度组织生产)的鸦片来换取中国所生产的茶和丝、瓷等商品,显然与斯密理想中的平等互利的交易十分不同。这点连罗宾逊都没有明确地指出,更不用说波特克了,但马克思在 1858 年为《纽约论坛报》(*New York Daily Tribune*)写的系列文章中便将鸦片贸易和鸦片战争的实际性质论析得非常清楚了。(Marx,1858)

虽然如此,斯密的片面化和理想化建构依然被主流经济学视作普适性的真理,一直在经济学界(尤其在英美学界)具有近乎霸权的影响。一个和中国直接相关的实例是,美国的中国研究中的两位杰出的华裔学者,在其导师费正清(John Fairbank)的指导下,一位将中国的鸦片战争归因于西中之间的"文明冲突"(Chang, 1964),另一位将清朝在1861年设立总理衙门之后的国际关系论析为"中国之进入国际大家庭"(Hsu, 1960)。两者实际上都是在用市场主义来为帝国主义辩护。20世纪60年代笔者在美国读研究生的时候,这些学者的著作都是我们必读的权威性专著。

(三)美国金融霸权下的不平等市场经济

再其后,则是20世纪后期的全球化以来的现今的市场经济。它固然有可能是平等互利的,特别是在西方发达国家之间的交易中,但同时它更多的是主要由大型跨国公司所推动的不平等贸易。其历史前驱首先是称霸海洋的大英帝国的垄断性公司,例如东印度公司推动的"贸易",之后才是帝国主义时期的侵略性国际贸易。在全球化时代,则是跨国资本主义公司主宰的市场经济,特别是"二战"以后的全球第一霸权国家美国的巨型跨国公司所主宰的市场经济。

后者也应当被视作"现代"的贸易和市场经济实际的一个方面。它以相对资本密集型的高价产品来换取相对劳动密集型的低价产品,凭借的是以资本的投入来换取更高额的收入和利润。如今苹果公司的智能手机便是很好的例证——苹果公司占据的是手机生产链条中资本投入最多，利润率最高（一般不止30%），位于价值链两端的设计和销售这两个环节，而中国台湾的富士康公司从事的是中间的零配件生产和装配（利润率约为7%）环节，中国大陆提供的则是低廉的劳动力。那样的生产具体可见于深圳和郑州两大苹果手机装配中心，它们总共雇佣约五十万名中国员工（以农民工为主）。凭此，即便苹果公司仅占全球智能手机总销售量的12%，却霸占了该行业高达90%的利润，获得了令几乎所有上市公司羡慕的高利润率和股价（Barboza, 2018），成为股票市场投资者心目中最想拥有的股票。

那样的贸易和市场经济绝对不简单是斯密所理想化的两地平等互利、相互促进的贸易。它在一定程度上像马克思所论析的凭借资本来榨取劳动力剩余价值的不平等生产和贸易。虽然，它也在一定程度上给中国带来了就业和经济发展的动力，但其利益大头是属于跨国公司的。根据美国著名智库布鲁金斯研究所的一项研究，正是那样的不平等的市场经济机制，促使廉价劳动力特别丰富的中国成为全球跨国资本最理想的去处，从1979年到1992年其资本投入年均收益率大约高达25%，之后在1992年到2006年仍然约为20%（亦即三四年便可翻一番）。（Bai, Hsieh, and Qian, 2006）这是通过依赖极其廉价的中国农村剩余劳动力做到的。这是中国高度内卷化的小农经济所遗留下来的历史实际，也是其仍然会较长期持续的现实。但这一切都被波特克片面化地划归平等互利的市场经济。

(四)现代市场经济的实际性质

与波特克代表的主流经济学相比,罗宾逊的视野无疑要宽阔得多。在她 20 世纪六七十年代的写作和思考中,以及收录于《不列颠百科全书》文章(词条)的总结中,她指出了古典和新古典经济学的关键盲点,即当时影响极大的自由市场主义经济学的均衡理论并不符合实际:它设想通过全社会的理性个人的自由抉择和竞争的市场价格机制达到供需平衡的最佳资源配置状态。但是,罗宾逊指出,它完全没有考虑人们实际的主观意愿和臆想以及感情,后者既可能不符实际地过分乐观,也可能不符实际地过分悲观。两种不同的态度,在一定的时间跨度中,都会对真实世界产生巨大的影响。在经济体系的历史演变中,人们的这两种不同的态度会导致非"理性"的抉择行为直接影响整体经济,使偏离被视作客观的、必然会导致最佳状态的供需均衡。历史说明,人们不理性的预期和行为会导致灾难性的通货膨胀,也会导致灾难性的经济萧条。它需要国家的干预来调控。那样的论析正是罗宾逊一度被视作凯恩斯主义经济思想的重要代表之一的原因。

诺贝尔经济学奖获得者乔治·阿克尔洛夫(George Akerlof, 2001 年)及罗伯特·席勒(Robert Shiller, 2013 年)详细论证,市场经济体系中的一种常见的状态是,在买卖双方信息不对称的情况下,众多企业会依赖人们的不理性倾向和弱点来推销无用的,甚或是有害的产品以营利,一如互联网上的"钓鱼"(phishing)那样来"钓愚"(phishing for phools)。他们所举的实例包括(赌场的能够使有的人上瘾的)老虎机、过多的烟酒、无用或易上瘾的药品、虚拟的金融产品、垃圾食品等。那样的产品和交易比比皆是,当然不符合被理想化为纯理性竞争和供需均衡的市场虚构。(Akerlof and Shiller,2015) 如今,中国的经济体经过大规模的市场化之后,也已出现众多类似的问题。

罗宾逊进而指出苏联和中国的计划经济体系的弱点。这种经济体系过度依赖国家计划来进行生产资料的配置,完全拒绝自由市场机制。在消费品方面,它虽然依靠零售市场来将物品销售给个体,但其商品的生产方和供应方都是由国家计划来控制的,不能很好地适应消费者的需求。在罗宾逊之后,那样的思路导致制度经济学家科尔奈(János Kornai)后来提出关于计划经济成为"短缺经济"(economics of shortage)的论析,并将人民经常性地排长队购物作为佐证。(Kornai,1992)

至于该用什么样的方式来处理两种不同体制的问题,罗宾逊在其有生之年并没有给出明确的答复。她超越了对古典自由主义经济学的盲目信任,但除了受凯恩斯的国家干预理论的影响,和后来对其也带有一定的反思,并没有提供一个完整的替代性设想。她没有系统地讨论中国 20 世纪六七十年代的经济体系。① 当然,她更没有看到中国在改革之后的"摸着石头过河"探寻不同的经济体系和市场经济的思考和成绩,不可能对其提出意见或论析。

---

① 她一度对中国"文化大革命"中提出的自下而上的社会动员的理想表达了一定程度的认同(见其短作,Robinson,1969)——虽然,并没有将那样的思考纳入为《不列颠百科全书》所撰写的这篇文章(词条)。

三、中国半计划和半自由的市场经济

（一）中国改革后的农业经济

中国对计划经济体制进行改革是从农业领域开始的。首先是农业联产承包责任制的建立，基本将经营决策权让给农民，由其根据（新兴）市场的需求而自主决定其生产，并让小至农村的小商小贩，大至新兴的农产品商业公司，联合起来组成农产品的供应和销售体系，以替代国家之前建立的计划主导的供销社体系。

伴随着20世纪80年代开始的计划生育政策的积极实施，在世纪之交后（当代）中国首次出现新增农业劳动力数量逐步递减，以及伴之而来的农业劳均耕地面积的逐步递增。加上伴随着中国经济发展城市人民的收入率先上升而开启的食物消费转型——从8：1：1的粮食：肉食：蔬菜比例逐渐转为中国香港和中国台湾等地区的4：3：3的食物消费新模型，推动了（被笔者称为）"新农业"的发展，即响应市场需求而转入高值蔬果、肉禽鱼和蛋奶而来的"新农业革命"。那是"资本和劳动双密集化"的演变，例如一、三、五亩地的小、中、大拱棚蔬菜生产，数亩地的果园，以及一二十亩地的种养结合农场。到2010年，那样的高附加值新农业已经达到中国农业总产值的2/3，耕地总面积的1/3，促进了前所未见的新型农产品市场的兴起。它大规模扩大了自由市场经济在农业中所占的比例，推动了中国农业历史的划时代变迁。（黄宗智，2016）

虽然如此，粮食生产仍然带有较大成分的行政主导计划经济性质。国家设定稳定粮食价格的行政体系,由国家大规模储备粮食(约占全国粮食总产量的1/6),设定粮食最低收购价格,当粮食市场价格降到此价格时,国家便会按最低收购价格进行收购;而当粮食市场价格超过设定的最高价格时,国家便会出售其储备的粮食,借此来稳定粮食市场价格。这虽然不再是之前的简单计划经济,但仍然是一种行政化程度较高的农业市场经济(黄宗智,2017);其中还带有一定的计划经济性质,尤其凸显于政府在全国一千个"产粮大县"的按计划管理粮食生产,包括其仍然强力推广的,对农民来说不划算的双季稻种植。后者需要双倍于单季稻的投入,但只为小农户带来还不到一茬单季稻的按亩纯收益。(那是因为多种一茬会导致地力和产量在一定程度上递减,其劳动和农资投入则要几乎加倍,而且由于农民不爱吃早晚稻因而早晚稻的市场价格要低于单季稻。)国家只能通过补贴和项目制的奖励来维持这一政策,即便如此双季稻的种植仍然遭到小农户和基层干部的抵制。(黄宗智、龚为纲、高原,2014)

以上两种实际在中国今天的农业中并存说明,中国经济整体之走向结合计划与市场经济,既承继社会主义计划经济的遗产,又纳入市场经济,两大体系和机制并存和互动。

(二)乡镇企业的发展

伴随农业联产承包责任制而来的另一结构性变迁是,在国家的领导下,中国的乡镇政府纷纷建立私营企业类型的自负盈亏的"乡镇企业",根据本地条件和需要而创业,借此推动了20世纪80

年代乡镇企业的蓬勃发展,使其成为改革时期中国经济发展的前沿。它们遵循的不是计划经济的无论盈利还是亏本都由政府出资维护的(被科尔奈称作的)"软预算约束",而是在市场上不挣钱便倒闭的"硬预算约束"。那样的实际情况促使美国政治学和社会学理论家戴慕珍(Oi Jean C.)和魏昂德(Andrew Walder)两夫妇将乡镇政府概括为创办市场企业的"公司型政府"(corporatist state),来解释其所推动的蓬勃发展。(Oi, 1992, 1999; Walder, 1995)不言而喻的是,乡镇企业发展主要是因为这些基层地方政府采纳了资本主义市场经济公司的运行模式。之后,乡镇企业虽然经历了一段时期的萧条,但实际上,迄今仍然在乡村起到十分重要的作用,并为其后的高一级地方政府新阶段的"招商引资"和"土地财政"做了铺垫。

四、土地的资本化:中国发展经验中的特色

中国经济新阶段的发展与之前的乡镇企业的不同是,不再是简单地由乡镇政府来创办企业的模式,而是在20世纪90年代及其后形成了新型国有企业与民营企业互助、互动合作的模式。其中,既有民营企业的扩展和推动,也有政府主办的新旧国有企业的改组、发展和积极参与,由两者的协同发展来推动经济发展。

其结合尤其可见于"土地的资本化"和新兴房地产业的发展。首先,中国经历的是比历史上西方各国要快得多的城镇化发展:城镇化率从30%上升到50%,一些西方国家经历了40年至65年(美国用了约40年,英国、法国约60年,德国约65年),而中国仅用了

15年(董继红、贾森,2020:表1)。在1998年国家启动"房改"(不再提供单位住房)之后,一个巨大的房地产业便非常快速地兴起。在此过程中,地方政府利用建设用地来融资,借此在国有基础设施投资公司中注入大量由建设用地资本化而来的资金,并让它们来和开发商在蓬勃发展的房地产业中协同发展并分享收益。

以一亩国家划拨的建设用地为例,其征收成本(模式化地来说)大约仅为1万元,但一旦加上了城市基础设施,其市值能够轻易地达到10万元。据此,地方政府可以利用其中的增值来支付基础设施建设的支出,还可以进一步在将建设用地"转让"给开发商的阶段,与房地产公司分别收获房地产业迅猛发展中可以预期的,至少十倍增值中的部分利润。借此,之前面临破产的国有企业被激活了。地方政府还可以动用上述的资源和财力从外面招商引资。

整个融资和资本化过程起到有点类似西方私营资本主义公司通过在金融市场"上市"而融资和增值的作用。(赵燕菁,2014)中国地方政府依赖的则更是国家拥有的建设用地和房地产业的可预期的和稳定的巨大需求、增值和回报。那才是"土地财政"在中国发展历史中的真正含义。国家所拥有的土地(建设用地)征用权乃是此阶段中国经济发展中至为关键的资本来源,与西方的历史经验十分不同。

一个很能说明问题的实例是笔者之前论述的重庆市从20世纪90年代至今的发展经历。重庆市原市长黄奇帆(2001—2009年任副市长,2009—2010年任代理市长,2010—2016年任市长)为我们提供了很好的关于市政府财政运作的详细解析。除了国家下拨的建设用地指标之外,重庆市政府在其经济起飞阶段所"储备"的建设用地还包括市政府廉价收购的1700家亏本的、近乎破产的国有企业所掌控的建设用地。加总起来,在黄奇帆的领导下,市政府所储备的建设用地总共有30万亩。正是那30万亩土地——以100万元/亩来计算的话,其终极市值不低于3000亿元——成为政府"八大投"基础设施建设投资公司的主要资金来源,并成为全市经济发展的基本动力。(黄奇帆,2009;亦见黄宗智,2011)

以上叙述的公私互动结合机制,其运作中的一个关键因素乃是中国革命和计划经济遗留下来的土地国有条件,其所起的作用远远超过西方经验中,理论上国家具有的可以为公益需要而适当征用土地的权利(right of eminent domain)。在中国,其出发点是土地国有;在西方,其出发点是土地私有,但国家可以按照公益需要在合法范围内征用土地。相比之下,中国的土地国有制度的范围要宽广、强大、灵活得多。

据此,国家采用了适度的渐进政策,将征用土地的总额限定于不超过耕地总面积(20亿亩)的10%,划定保留18亿亩耕地的"红线"。固然,在执行之中,难免引起农民——尤其是城郊农民面对建设用地市值猛增而希望获得更多利益——的抵制和争利,需要通过作为行政辅助的法律手段,甚至强制性的压力来执行。无可怀疑的是,那样的土地资本化过程乃是中国城镇化和经济发展中的一个基本特征,非常不同于西方的经验,也是其相对成功的秘诀之一。

从其总量来看,中国2亿亩建设用地经过上述的资本化后的总值(以100万元/亩来计算的话)大约是200万亿元人民币,即约

30万亿美元的天文数字。这个数字要远远超过中国1998年到2021年吸引外商直接投资的总额（接近8000亿美元），乃是其37倍以上。（《中国外商直接投资1998—2021|季|百万美元》, n. d.; 黄宗智, 2021a）我们由此可见建设用地资本化对该时期中国经济体系发展的重要性。一如在重庆市的实例中，建设用地的资本化乃是激活处于破产边缘的国有企业所需资金的主要来源，是推动中国城市建设与使房地产业蓬勃发展的主要资本来源，亦即推动中国经济"起飞"的主要动力。这一切都和西方发达国家经济发展的历史十分不同，可以说是中国发展经验的主要特色之一。

吊诡的是，西方从20世纪90年代以来兴起了所谓的公私合作（private public partnership, PPP）理论，似乎也在提倡中国式的公私合作模式，有的论者因此也将其混为一谈。但实际上，公私合作理论的起源乃是新自由主义经济学，其出发点是，市场经济中的私营企业，由于竞争机制和私利激励，效率必定远高于公共（国有）企业，因此，人们应该尽可能将国家覆盖的范围最小化，一如"无为"国家的虚构所提示的那样。公私合作提倡的实际上是将国家公共服务覆盖的领域尽可能最小化，将私营企业的范围尽可能最大化。其实际含义其实完全不是字面意义的公私合作，而是"将（部分）公共服务尽可能私有化"。（OECD, 2018; The Economist, 2014; "Public-Private Partnership," n. d.）

上文论述的中国的土地资本化（capitalization of land）经验则完全不同。它的核心内容在于国家借助其土地所有权对土地进行一定程度的"私有化"（70年的使用权），据此借助最蓬勃、最高利润、最稳定的新兴房地产业来为政府融资，由地方政府，在建设完基础设施之后,将公有(建设用)土地使用权转让给开发商盖楼房,由其建设私人住宅的"房子",而政府在土地转让过程中可以获取相当比例的可预期的高利润。其核心实际乃是国有土地的(部分)私有化,并从中获取不仅是政府一般基础设施建设和其他公共服务所必需的资金,也是盘活已破产或接近破产的基础设施部门所必需的资金。也就是说,其实际含义乃是"将公有土地(部分)私有化来为基础设施融资"。这和西方的被称作公私合作的公共服务私有化截然不同。

当然,我们如果将城市的房地产业视作一种国家公共服务(在之前的中国计划经济体制下确实如此),中国的经验也可以勉强被视作一种公共服务私有化,但我们需要清楚地认识到,它和西方被称作"PPP"的公私合作的实际是截然不同的,因为中国改革后的房地产业实际上绝不是一种具有普遍性的公共服务业(如供水供电、公共交通),而是一个具有鲜明等级和价格区分的,服务于个体的产业,绝非西方的公共服务所指。实在不可将其混淆或等同于中国"特色"的结合国有企业和民营企业的经济体系。

五、新型的结合中西的思路

经过几十年来的特殊快速发展之后,中国近几年已经展示了一些关于市场经济和市场主义的新思路。首先是初步辨别了平等互利的和不平等的贸易。前者乃是斯密建构的理想化市场经济的一面,确实具有强大的推进经济发展的动力。后者则可以以19世纪帝国主义之下的,凭借强权、侵略和战争而建立的"不平等条约"

下的贸易丑恶面为代表，不是中国想借助的模式。

在西方国家的古典自由主义和新古典经济学中，两者是被片面化的，是像波特克那样将其丑恶面抹掉，经过理想化重构而自我正当化、普适化、"科学化"地建构。只有清楚区别两者，我们才能从后发展国家的视角来认识并理解"市场经济"和"市场主义"的真实历史内涵，才能辨别市场经济的正面和负面，才能摸索出适合后发展国家的对市场经济的符合实际的认识和理解。

那样的思路，已经成为中国 2013 年以来共建"一带一路"倡议的核心。它明确区别平等互利的双向自愿贸易和由强权或金融霸权的逐利资本所主宰的，主要仅为其单一方营利的不平等的贸易和市场经济。同时，还加上了中国通过自身的发展经验而认识到的，基础设施建设对推动经济整体发展的关键作用来作为指导概念。据此，中国倡议设立了为资助发展中国家基础设施建设的亚洲基础设施投资银行，为发展中国家基础设施建设提供贷款融资渠道。"一带一路"倡议已经获得全球一百多个国家，包括英国、法国、德国、意大利、奥地利、瑞士等的参与。亚洲基础设施投资银行的五位副行长分别来自英国、德国、印度、印度尼西亚和韩国。此外，在"一带一路"倡议之中，还带有为高度发达的具有巨大产能和价格相对低廉的中国基础设施建设企业谋得更多的市场出路和更大的国家影响的考量。（黄宗智，2020）

"一带一路"倡议的产生不仅源自中国的平等互利理念和在一定程度上的自利考量，还带有一定的历史偶然性。在今天的后帝国主义、后殖民主义时代，以及根据斯密的片面化、理想化的古典自由主义经济学的理念而设置的全球贸易组织的运作规则下，任何国家都只能基于对方政府为谋取自身利益的同意,而不仅仅是基于强权,才有可能达成交易。在那样的贸易规则下,无论是中国还是其他国家,原则上都只能基于对方的自愿意志才有可能实施。

虽然如此,在上文对中国的经济内卷和帝国主义侵略的讨论中已经看到,总体来说,国家间的不对等的资本权势,以及资本和劳动间的不对等权利和回报,仍然主宰着今天的全球化市场经济。实际上它仍然和斯密建构的凭借平等互利贸易来推动双方螺旋式的经济发展理念相离较远。发达国家和发展中国家间的交易虽然不再像帝国主义时期那样简单地取决于由于军力悬殊而产生的侵略和不平等条约,但是,资方国家和劳方国家间的利益分配仍然是极不平等的,其利益大头属于具有压倒性优势的资方,绝对不能简单地靠斯密提出的片面化、理想化的模式来认识和理解。

六、中国发展经验中的非正规经济劳动力

在中国的发展经验中,一个决定性的不同因素是中国农村的人地压力下的近乎无穷的劳动力。国家采用的是在发展过渡/起飞时期"让一部分人先富起来"的权宜决策。具体来说,是向农村巨大的剩余劳动力暂时性地支付低廉的报酬——在房地产业中如此,在外商投资的企业中如此,在内资企业中也如此,以此作为地方政府招引国内外资本的重要筹码之一。如今,那样的非正规劳动力数量已经快速攀升到占城镇就业人员总数的75%的幅度,远远超过发达国家的20%—25%的比重(Standing, 2011),也超过全球大部分发展中国家的比例。在与房地产相关的建筑业和其他产

业中,企业可以以极低的成本来使用没有福利保障的农民工;地方政府可以将其作为招引外资的筹码,并可以给予外资别的特别优惠的条件(如土地优惠、税收优惠和低息贷款),有意让他们获得利润的大头,借助这些条件而使中国成为全球报酬最高、最理想的投资去处,借助这样的机制来推进中国的经济发展。农村的农业和承包地则在整个发展过程中起到减震器的作用——如果农民工失去了其在城市的工作,可以回到家乡耕种几亩地以维持起码的生活,让国家保持社会的基本稳定。

在那样的特殊市场经济机制运行了三十年之后,在其经济增速保持在年均9%之后,中国在近几年方才较多提升城市建设劳动力的报酬和福利等条件:一方面是逐步扩大农民工中有社会保障的正规就业人员所占的比例;另一方面,由国家出资设定了一些最起码的社会保障福利,开始逐步从"让一部分人先富起来"的权宜决策朝"共同富裕"的社会主义奋斗目标转向。其具体举措包括2016年开启的脱贫工程,2017年宣布将10%的国有企业股权划转给社会保障基金等措施。2018年,国家更提出"乡村振兴战略规划",要求到2022年实现乡村进入"全面小康"生活水平的目标。其中,开展更充分、更平等的城乡双向贸易应该会成为一个重要动力。当然,其实际进程尚待观察。(黄宗智,2021b)

七、中国半私企与半国企的新型市场经济

虽然如此,无可怀疑的是,20世纪80年代以来中国经济已经从计划经济转变为一个半计划半市场的经济体系,或更具体地说,

半国有企业半民营企业的体系。根据两篇提交给美国国会的比较系统的估计,国有(和国有控股)企业在中国非农国内生产总值中的占比大约为40%(Hersh,2012;Szamosszegi and Kyle,2011)。这些企业涉及包括基础设施、公共服务、能源、金融等关键领域,此外则多是民营企业,两者共同构成中国经济的整体。

这就和约翰森(Chalmers Johnson)、安姆斯登(Alice Amsden)等提出的基于东亚国家经验的"发展型国家"模式既有一定的共同点,也有一定的不同之处。其共同点在于它们都突破了古典和新古典自由主义经济学理论的"无为"国家的理念和片面化虚构,提倡政府积极参与经济发展,包括通过政府规划来配置资源,指导资本投入,协助经济发展,即所谓的日本和韩国的"东亚模式"(Johnson,1982,1999;Amsden,1989)。在关于国家积极推动经济发展方面,"发展型国家"模式和改革中的中国带有一定的相似之处。

但是,它们之间也有基本的不同。"东亚模式"基本是一个以私营企业为主的经济体系,其财阀——日本的"zaibatsu"和韩国的"chaebol"——扮演着举足轻重的角色。中国则不同,国有企业的产值直接占到全国非农经济的将近一半。(Hersh,2012;Szamosszegi and Kyle,2001)

固然,有的论者会坚持,中国的国企其实和资本主义私企大同小异,乃是以营利为目标的企业,不过是一种"国家资本主义",但实际上并非如此。中国的国有(或国有控股)企业行为绝不简单是营利性的,而附带有出于国家战略政策的考量,当然,还包括城市基础设施的建设、运营,而且近几年来更显示了越来越重要的关乎中国社会主义民生理念的考量。

"一带一路"倡议便展示了众多关于国家战略和民生关怀的考量。同时,国企在整体经济中的作用要远大于"东亚模式"。近几年推出一系列的关乎民生的决策,包括将国企利润的一定比例"划转"给社会保障基金,以及规划由国有基础设施投资公司在"乡村振兴"中协助推动乡村发展等战略。长期继续沿着这样的方向发展的话,显然符合来自中国革命的社会主义理念,即"共同致富",并会缩小中国长期以来的工农、城乡以及脑力与体力之间的"三大差别"。

正是以上的转向和实践,证明中国的经济体不适合简单地用(许多国际学者,包括有的左派学者所争论的)"国家资本主义"范畴来概括,当然不符合基本是资本主义型的"发展型国家"模式,也不符合古典和新古典经济学所建构的单一面的"无为"国家和纯竞争性自由主义"市场经济"模式,更不符合完全基于全社会"理性经济人"的私人逐利的市场主义经济模式。相比之下,我们可以看到中国的经济体系,包括其市场经济机制,实际上带有一定的社会主义成分,在一定程度上越来越符合官方的"社会主义市场经济"建构(亦可称作"市场化的社会主义",这也许更能突出其历史过程)。虽然,其更具体的内容实际上还在实践中摸索,其中所展示的运作机制和规律也尚待观察、思考、概括和理论化。

一方面,即便是国有企业,如今在一定程度上也已经被纳入市场竞争的约束范围。首先是国企被改组为公司型的独立核算单位,将它们区分为商业型和服务型两大类型。部分由国企改组的公司更像西方资本主义公司那样"上市"进入上海、深圳的证券交易所,甚至国际化的交易所,例如香港联合证券交易所和纽约证券交易所,公开销售部分公司股份,受到证券市场的利润率和股价竞争机制的激励和约束。如今,已有一千多家(较大型的)国有企业如此上市。而且,不少机构臃肿的国有企业已经通过裁员,让许多"冗余"工人下岗。同时,不少地方上的政府"形象工程"受到市场机制的抑制,不挣钱的就被淘汰。2003年,国务院成立国有资产监督管理委员会来管理这些企业的约40%的股权,借此来监管其董事会的决策。如此这般,国有企业已经逐步成为半公司化、市场化的企业。它们纳入了一定程度的市场约束、营利和竞争机制,虽然仍由中央和地方政府掌握控股权,但同时参与市场经济的运作,成为一种崭新的半营利型的实体。与一般民营企业不同的是它们不简单地是营利的主体,会兼顾国家政策和利益的考量,如今更带有为社会服务的考量。(《独家解读2020年〈财富〉世界五百强上榜国企名单》,2020;Lin, Lu, Zhang and Zheng, 2020)后者尤其可见于中央最近开始从"让一部分人先富起来"的权宜战略转向党和国家的"共同富裕"的理念。

  这里应该说明,中国国有企业和民营企业共同发展的现象,在全球范围内绝不是绝无仅有的。正如主要由西方市场经济国家组成的"经济合作与发展组织"(Organization for Economic Cooperation and Development, OECD)[①]所指出的,仅仅十年之前,全球最大的公司之中只有一两家公司是国有企业;如今,国有企业已经占到全球最大公司总数的五分之一,在一定程度上代表了未来全球的走向。

[①] 中国不在其(2021年的)38个成员国名单中,但是五个(中国、印度、印尼、南非、巴西)所谓的"关键伙伴"(key partners)之一。(OECD, 2021)

因此,经济合作与发展组织才会给予其特殊的关注和研究。①(OECD,2018)

至于中国的民营企业,也和西方资本主义国家有一定的不同。它们固然相当高度地依赖市场的竞争和需求机制而运作,但同时,也在一定程度上依赖政府。没有政府的允许和(众多情况下的)协助,民营企业就难以成立,更不用说上市。没有国家高度集中的财政权力的允许及银行体系的支持,民营企业就很难融资。其面对的实际情况和自由市场主义主导下的美国和英国的私营企业很不一样。

也就是说,我们不能采用西方主流经济学的市场主义,包括其将国家与社会二元划分和对立的思维来认识中国的经济体系,而要从其二元合一、相互作用来思考和理解。在西方的主流自由主义经济学和经济体系中,政府和私营企业是明确二元划分和对立的,政府是不允许营利的,企业则完全是营利性的。但在中国,国有企业既可以是公共服务主体,也可以是营利主体——上面我们已经看到,在土地的资本化大潮流中,重庆市的"八大投"国有企业是怎样融资、营利和进行基础设施建设的。也就是说,我们需要从市场和国家、民营企业和国有企业的二元互动和互补来认识和理解中国的经济体系和市场经济。这就和迄今的主流经济学的惯常思维十分不同。当然,也和经典马克思主义将企业认定为主要乃是剥削工人剩余价值的资本主义体系不同。

---

① 此项研究以(2016年的)35个经济合作与发展组织成员国为主,但也另外纳入了一些关于中国的信息和数据。

同时，我们可以看到，中国改革以来一直在"摸着石头过河"，在一定程度上是一个仍然在摸索和形成过程中的经济体系。它到底将如何更透彻地从权宜性的"让一部分人先富起来"转入社会化的"共同富裕"和社会主义的"共同致富"经济体系尚待观察，尤其是其具体实施的快慢、程度、做法和所依赖的运作机制都尚待进一步具化和概括。

虽然如此，有一些基本的特性和倾向已经相当明了。中国经济将在较长一段时期里是一个混合—结合体，不简单是纯市场经济，也不再是传统的计划经济，而是社会主义市场经济。其更具体、清晰的型式（pattern），特别是运作机制和规律，都尚在逐步形成，尚待观察中。具体如何融合市场和计划，私人逐利和公众利益的激励，自上而下的领导和自下而上的自主参与运作等各方面，都还在摸索过程中。

可以确定的是，中国的新政治经济体系和市场经济与我们能看到的此前的历史中的现象是很不一样的，是不可能简单通过被当作普适性的英美市场主义来认识的，也不可能像西方主流学术那样惯常地将市场与国家两者视作截然对立的体系和敌对的运作机制来认识和理解，也不可能通过基本源自新自由主义的所谓"公私合作"建构来认识和理解。目前需要的是，超越上述《不列颠百科全书》的两篇总结性文章（词条）所表述的经济学理论和意识形态，脚踏实地地走向关乎结合两者的，正在实践中形成的经济体系的研究，逐步塑造关于兼具民营企业和国有企业，市场和国家参与的经济体系的新型政治经济学。

古典和新自由主义政治经济学将国家和市场设定为对立的二

元,而古典马克思主义政治经济学将国家缩简为仅是阶级间的生产关系的"上层建筑",但中国的新政治经济体系是一个国家与经济,国有企业和民营企业,社会主义和市场经济的二元互动合一的结合体。今天,这样的结合体已经展示了比较显著的成绩和巨大的生命力,即便同时也附带有众多的问题和困难。它呼唤着我们建立新型的实践政治经济学来更好地认识和解释其还在演变中的特点和运作机制。

参考文献：

CEIC Data(2021):《中国外商直接投资(1998—2020,季/百万美元)》,https://www.ceicdata.com/zh-hans/indicator/china/foreign-direct-investment。

董继红、贾森(2020):《中国城镇化政策演变及其主要特征》,2020,中国国际工程咨询有限公司网站,http://www.ciecc.com.cn/art/2020/9/7/art_2218_62452.html,2021年1月20日访问。

《独家解读2020年〈财富〉世界五百强上榜国企名单》,国务院国有资产监督管理委员会网站,http://www.sasac.gov.cn/n2588020/n2877938/n2879597/n2879599/c15347659/content.html。

黄奇帆(2009):《重庆城市投融资体制改革和发展情况——在世行财政部城市基础设施建设投融资国际研讨会上的讲话》,《重庆国土房产》第2期,第6—11页。

黄宗智(2021a):《从土地的资本化到资本的社会化:中国发展经验的新政治经济学》,《东南学术》第3期,第79—95页。

黄宗智(2021b):《中国乡村振兴:历史回顾与前瞻愿想》,载《中国乡村研究》第16辑,桂林:广西师范大学出版社,第30—53页。

黄宗智(2020):《中国的新综合性视野和远瞻性愿景:"一带一路"倡议与亚投行》,《学术月刊》第7期,第93—104页。

黄宗智(2017):《中国农业发展三大模式:行政、放任与合作的利与弊》,《开放时代》第1期,第128—153页。

黄宗智(2016):《中国的隐性农业革命(1980—2010)——一个历史和比较的视野》,《开放时代》第2期,第1—35页。

黄宗智(2014):《明清以来的乡村社会经济变迁:历史、理论与现实》。第1卷,《华北的小农经济与社会变迁》;第2卷,《长江三角洲的小农家庭与乡村发展》;第3卷,《超越左右:从实践历史探寻中国农村发展出路》,北京:法律出版社。

黄宗智(2011):《重庆:"第三只手"推动的公平发展?》,《开放时代》第9期,第6—32页。

黄宗智、龚为纲、高原(2014):《"项目制"的运作机制和效果是"合理化"吗?》,《开放时代》第5期,第143—159页。

宋靖野(2021):《集市的人类学研究:理论、民族志、批评》,《开放时代》第4期,第212—223页。

许涤新、吴承明(主编)(1985):《中国资本主义发展史》第1卷(中国资本主义的萌芽),北京:人民出版社。

徐新吾(主编)(1992):《江南土布史》,上海:上海社会科学出版社。

赵燕菁(2014):《土地财政:历史、逻辑与抉择》,《城市发展研究》第1期,第1—13页。

Akerlof, George A. and Robert Shiller (2015). *Phishing for Phools: The Economics of Manipulation and Deception*. Princeton, N. J.: Princeton University Press.

Amsden, Alice H. (1989). *Asia's Next Giant: South Korea and Late In-*

dustrialization. New York and Oxford: Oxford University Press.

Bai, Chong-en, Chang-Tai Hsieh, and Yingyi Qian (2006). "The Return to Capital in China," *Brookings Papers on Economic Activity*, No. 2, pp. 61—88.

Barboza, David (2016). "How China Built 'iPhone City' With Billions in Perks for Apple's Partner," *The New York Times*, Dec. 29, https://www.nytimes.com/2016/12/29/technology/apple-iphone-china-foxconn.html.

Boettke, Peter J., no date, "Economic Systems," Encyclopedia Britannica, https://www.britannica.com/topic/economic-system, accessed May 19, 2021.

Chang, Hsin-pao (张馨保) (1964). *Commissioner Lin and the Opium War*. Cambridge, Mass.: Harvard University Press.

Hersh, Adam (2012). "Chinese State-owned and State-controlled Enterprises," Testimony before the U. S.-China Economic and Security Review Commission, Feb. 15, http://www.americanprogress.org/issues/2012/02/hersh_testimony.html, accessed June 15, 2012.

Hsu, Immanuel (徐中约) (1960). *China's Entrance into the Family of Nations: The Diplomatic Phase, 1858—1880*. Cambridge, Mass.: Harvard University Press.

Johnson, Chalmers (1982). *MITI and the Japanese Miracle: The Growth of Industrial Policy, 1925—1975*. Stanford, Calif.: Stanford University Press.

Johnson, Chalmers (1999). *The Developmental State: Odyssey of a Concept*, in Meredith Woo-Cumings (ed.), *The Developmental State*, Ithaca, N. Y.: Cornell University Press, 1999, pp. 32—60.

Kornai, János. (1992). *The Socialist System: The Political Economy of*

Communism. Princeton, N. J. : Princeton University Press.

Lin, Karen Jingrong, Xiaoyan Lu, Junsheng Zhang, and Ying Zheng (2020). "State-Owned Enterprises in China: A Review of 40 Years of Research and Practice," *China Journal of Accounting Research*, 13: 31—55.

Marx, Karl (1858). "Karl Marx in New York Daily Tribune, Articles on China, 1853—1860," Sept. 20, 1858. https://www.marxists.org/archive/marx/works/1858/09/20.html.

OECD Organization for Economic Cooperation and Development (2018). "Ownership and Governance of State-Owned Enterprises, A Compendium of National Practices," https://www.oecd.org/corporate/ca/Ownership-and-Governance-of-State-Owned-Enterprises-A-Compendium-of-National-Practices.pdf, accessed July 25.

OECD (2021). "Members and Partners," https://www.oecd.org/about/members-and-partners/, accessed July 26, 2021.

Oi, Jean C. . (1992). "Fiscal reform and the economic foundations of local state corporatism in China," *World Politics*, v. 45, no. 1 (Oct.): 99—126.

Oi, Jean C. . (1999). *Rural China Takes Off: Institutional Foundations of Economic Reform*. Berkeley: Univ. of California Press.

"Public-Private Partnership," n. d. https://en.wikipedia.org/wiki/Public%E2%80%93private_partnership, accessed July 25, 2021.

Robinson, Joan Violet, no date, "Market," Encyclopedia Britannica, accessed May 19, 2021. https://www.britannica.com/topic/market.

Robinson, Joan (1969). *The Cultural Revolution in China*. Baltimore: Penguin Books.

Smith, Adam (1976 [1776]). *An Inquiry in the Nature and Causes of the Wealth of Nations*. Chicago: University of Chicago Press.

Standing, Guy (2011). *The Precariat: The New Dangerous Class*. London: Bloombury Academic.

Szamosszegi, Andrew and Cole Kyle (2011). "An Analysis of State-Owned Enterprises and State Capitalism in China," for the U. S. -China Economic and Security Review Commission, Oct. 26, pp. 1—116. http: // www.uscc.gov/researchpapers/2011/I0_26_11_CapitalTradeSOEStudy.pdf, accessed June 1, 2012.

The Economist (2014). "Evaluating the Environment for Public-Private Partnerships in Asia Pacific: the 2014 Infrascope," https://library.ppp-knowledgelab.org/documents/2400/download, accessed July 25, 2021.

Walder, Andrew (1995). "Local Governments as Industrial Firms: An Organizational Analysis of China's Transitional Economy," *The American Journal of Sociology*, Vol. 101, No. 2(Sept.): 263—301.

Weatherill, Lorna (1993). "The Meaning of Consumer Behavior in late Seventeenth-and Early Eighteenth-Century England," in *Consumption and the World of Goods*, edited by John Brewer and Roy Porter. New York and London: Routledge.

从"双重创造"到"双向塑造":中国经济改革中的政府与市场关系[①]

周黎安

一、引言

关于政府与市场关系,以新古典经济学为代表的现代主流经济学提供了一种标准的参考模板,并通过国际学术界和重要国际机构(如世界银行、国际货币基金组织)在全球范围内广泛传播,产生了深刻的政策影响(Stiglitz,2002)。始于20世纪80年代末、90年代初的"华盛顿共识"就是这方面的一个突出例子,它给发展中国家(包括转型国家)开出的政策药方包括保持宏观经济稳定,最小化政府干预,迅速的经济私有化和贸易自由化,基本上就是新古典经济学关于政府—市场的理想关系的直接翻版。中国过去四十

[①] 本文发表于《学术月刊》2023年第3期,收入本书时略有修改。

多年的高速经济增长得益于一直坚持自主的改革策略和发展道路,并探索出极具中国特色的政府—市场关系。站在今日的视角,如果以新古典经济学的标准模板为参照系,我们可以提出如下有趣的问题:回看过去四十多年的改革开放进程,中国的政府与市场关系究竟呈现了何种特色呢?反观新古典经济学的分析范式和理论认知,我们从中国的经验实践中又可以获得哪些新的理论启示呢?这是本文试图回答的中心问题。

新古典经济学关于政府与市场关系的分析有两个基本观点。第一,政府与市场之间存在清晰的职能边界,政府提供公共产品和宏观经济调控,旨在克服"市场失灵",除此之外都是市场的"势力范围";第二,政府与市场之间总体上存在二元对立关系,政府超出最基本的职能范围之外干预经济活动(如推行产业政策)就会干扰价格机制的正常运行,降低经济效率。显而易见的是,作为主流经济学分析对象的"市场"已经是一个相对成熟和完善的市场体系,隐含在市场体系背后的制度基础(产权保护、合同实施、市场交易规则)已经确立且有效运行;而对"市场失灵"做出反应的"政府"也隐含假定是一个有效且有限的政府,既足够强大到能够提供所需的公共产品(如司法、教育与基础设施),又"不敢越雷池一步"侵犯公民权利和市场秩序,在法律授权范围内忠实履行其相应的公共职责。

对所有发展中国家和转型国家来说,一个完善和发达的市场并非自动形成,一个有限且有效的政府更是不可能"从天而降",两者都需要在经济发展和制度转型过程中内生地创造出来。例如对于像中国这样的转型国家而言,在改革之初,除了农村的集贸市场和城市的一些灰色市场,中国几乎不存在真正的市场,而整个改革过程的关键性任务之一是创造和培育市场。新古典经济学认为政府应该有效提供公共产品,这在许多发展中国家也是一个极具挑战性的任务。许多发展中国家资源汲取能力有限,政府官员寻租腐败现象普遍,导致政府既无财政能力也无充分激励提供必要的公共产品(如基础设施、教育、医疗和国防安全)。例如最近的一些研究指出,贫穷国家因其脆弱的国家能力,甚至无法提供基本的司法保护和治安秩序,导致国内各种形式的暴力冲突频繁发生(North et al.,2009);基本的公共产品(如教育、医疗和基础设施)也供应不足(Acemoglu et al.,2015)。概言之,新古典经济学关于政府与市场关系的分析与建议隐含了"市场"与"政府"的理想制度假设,这些制度假设在绝大多数发展中国家和转型国家都是高度不确定的"内生变量"或需要费力填补的"制度空白"。

新古典经济学关于政府与市场的分析还存在一些值得推敲和质疑的隐含假设。新古典经济学一般只承认公共服务(如教育、基础设施、司法)存在"市场失灵",即私人市场缺乏激励提供这些具有重要外溢性的公共产品;同时认为超出公共产品提供之外,政府对经济发展的政策干预面临"政府失灵"问题(如认知局限、腐败和寻租)。Rodrick(2008)曾经敏锐地指出,新古典经济学关于"市场失灵""政府失灵"的分析明显存在"双重标准":当讨论教育、医疗、社会保障、宏观调控等"市场失灵"问题的时候,从不论证"政府是否需要干预",只是聚焦于讨论"如何更好地干预";但是一涉及产业政策,马上就提出"政府失灵"问题,如腐败、寻租捕获、知识局限、行政能力不足等等,进而质疑"政府是否需要干预"。事实上,在教育、医疗、社会保障、宏观调控等领域,政府失灵问题同样存在,而产业发展同样面临信息不对称、外溢性和协调失败等"市场失灵",尤其在经济发展的起飞和追赶阶段①。可是,新古典经济学只关心公共产品和宏观调控领域的"市场失灵"和产业发展领域政府干预的"政府失灵",忽略了公共产品和宏观调控领域的"政府失灵"以及产业发展领域所面临的"市场失灵"。

发展中国家和转型国家真正面临的问题在于,经济发展和公共服务两个领域需同时应对"市场失灵"和"政府失灵"的双重挑战。经济发展过程中,"市场失灵"问题广泛存在,例如产业集聚和发展中的协调失败,信息不对称所带来的中小企业融资困难,企业一般性技能培训投入不足等等;而政府试图矫正"市场失灵"的努力又可能导致腐败、寻租和认知局限,带来"政府失灵"问题。在公共服务领域,私人市场缺乏提供基础教育、医疗卫生、社会保障等服务的激励,导致"市场失灵",但"政府失灵"也同样存在,政府缺乏提供这些公共服务所需的财政资源和政治激励。

以上述讨论为背景,反观中国经济改革之初的制度起点及所面临的挑战,理解中国政府与市场关系的独特建构过程需要关注以下两个基本事实。第一,经济转型面临一个政府与市场的双重创造过程。一个有效的市场需要从计划经济体制中脱胎而来,有效市场所依赖的产权秩序、制度环境和物质设施不可能"从天而降"或者"外部植入",而必须依赖于内生的市场培育和创造过程;

---

① 日本、韩国等"发展型国家"以及中国大陆的经济发展经验都说明,除了公共服务职责之外,政府在经济发展和产业政策上也能够发挥积极作用(Hausmann and Rodrik,2003;Rodrick,2008,2009;Lin,2012)。

而且,市场培育和创造的关键任务无法绕开地方政府,而它们曾经是计划体制的既得利益者,有可能缺乏足够的激励推动市场化改革。第二,当市场发育到一定阶段,经济发展过程又面临"市场失灵"与"政府失灵"并存的挑战,这双重挑战也同时存在于公共服务领域。经济学家所期待的有为政府(如克服"市场失灵")无法自动到位,必须依赖于经济发展和制度转型的内生创造。给定这些基本事实,中国真正面临的挑战在于,市场不仅需要创造出来,到一定阶段还需修复"市场失灵",释放市场潜力,同时还需要创造出既保护、培育市场又克服"市场失灵"的政府体制。给定政府权力的自由裁量权及其对非国有企业的潜在威胁,中国还需要创造一种内在机制抑制政府权力的任性及可能的"政府失灵"。

简言之,中国的经济改革与经济发展是否成功既取决于合意政府与市场的双重创造,也取决于"市场失灵"和"政府失灵"的双重克服。对于这个过程,新古典经济学将政府行为外生于市场的分析范式将不再适用。反观中国经济改革与发展的过程,政府与市场之间的关系正是围绕着创造与培育市场、解决经济发展和公共服务的"政府失灵"和"市场失灵"而展开的内生过程。在经济改革早期,中央政府推行一系列政府治理改革(如行政分权、人事权下放和财政包干),鼓励各级政府聚焦经济发展,地方竞争格局逐渐形成,地方政府被赋予市场化改革的强大激励,使之打破计划体制的束缚、塑造市场"无形之手"——培育和扶持乡镇企业,大规模改制国有企业,邓小平"南方谈话"之后各级政府纷纷出台政策,促进民营经济迅速发展。随着中国"入世"和民营外资经济的大发展,"官场竞争"与"市场竞争"的双重竞争体制全面形成(周黎安,

2018)。地方官员围绕经济发展绩效而展开的"官场竞争"激励地方官员尽力发挥"帮助之手",克服经济发展中的"市场失灵",如积极修建基础设施、协调产业集聚和提供融资便利;而辖区企业之间的"市场竞争"(包括要素市场的竞争)又反过来约束地方官员的"掠夺之手",并通过市场信息反馈引导政企合作,使之适时调整、迭代和优化地区产业政策,克服经济发展中的"政府失灵"(如认知局限);地方政府与市场之间出现双向互动和双向塑造的过程。"官场+市场"体制也引发了一系列"逐底竞争"问题,如环境污染、劳工权益保护不足、司法地方保护主义,体现为公共服务领域的"政府失灵",中央政府通过适时引入制度改革(如改革干部考核制度和"垂直化"管理)逐渐加以纠正和限制。在这个过程中,地方政府从"掠夺之手"到"帮助之手",地方政府基于市场信息反馈调整产业政策,这些合意的政府行为内生于市场竞争(物质资本跨地区流动和市场信息反馈);另一方面,良好的市场秩序所依赖的产权保护、营商环境及基础设施也内生于地方官员的"官场竞争"。与此同时,经济改革与发展所依赖的地方官员的激励、"逐底竞争"问题的纠正也离不开中央政府的政策指引、制度改革和动态干预。中国经济改革所呈现的"政府"与"市场"之间的内生关系表现为政府与市场从双重创造到双向塑造以及中央和地方政府的积极互动过程。

在分析传统上,本文秉承比较制度分析关于"内生制度"的观点。20世纪90年代发展起来的比较制度分析[1]强调制度的均衡特

---

[1] 关于比较制度分析的详细介绍,参见 Aoki(2001)。

征,如共享的文化信念作为制度均衡的一部分(Grief,1993,2006;Grief,Milgrom,and Weingast,1994),尤其把制度参与人的激励约束作为一个重要条件加以分析(Holmstron and Milgrom,1994;Qian and Weignast,1997;Aoki,2001)。本文认为,经济发展和转型过程中的政府和市场都是"内生制度"的一部分,突出在信息不对称条件下制度参与人(如地方政府、市场企业)的激励相容与行为约束问题;更重要的是,我们揭示了中国经济改革过程中政府与市场之间"双重创造"以及"双向塑造"的内在过程,在此过程中政府与市场的制度特征均体现为内生均衡的一部分。

钱颖一等经济学家在第一代财政联邦主义理论的基础上发展了第二代财政联邦主义的理论(即"中国特色"的财政联邦主义),更强调地方政府的激励(如财税激励)和约束(如防止对于国有企业的预算软约束)的影响(Qian and Weingast,1997;Qian and Roland,1998)。第一代所强调联邦和州(地方)之间的信息不对称和经济分权所带来的收益(如更好地利用地方信息),而"中国特色"财政联邦主义既强调地方政府鼓励非国有企业发展的激励,也强调国有企业的软预算约束问题,而地方竞争作为一种可置信承诺机制,有助于克服地方政府扶持国有企业的软预算约束动机。

本文的分析秉承了中国特色的财政联邦主义理论的一些重要元素,如地方政府激励以及地方竞争对于激励和约束地方政府行为的重要性。但也有一些显著的区别。首先,本文借助官员晋升锦标赛的分析视角,聚焦地方政府(地方官员)在中央(或上级政府)的绩效考核之下,地方官员围绕一些核心指标(如经济发展指标)展开锦标赛竞争。这将直接产生中国特色财政联邦主义所不考虑的两个新问题,一是地方政府在经济发展与公共服务之间的权衡,二是中央政府视情况调整干部考核指标体系和央地权力分配结构。考虑到长期以来地方官员在围绕经济增长的晋升锦标赛之下存在多任务下激励扭曲(经济发展的强激励与公共服务的弱激励)(周黎安,2007),而"逐底竞争"加剧了这一问题,本文将分析中央政府如何随着经济发展和地方政府的多任务扭曲,内生调整考核指标体系、重构中央—地方的权力关系。本文特别强调央地关系的内生变化以及中央政府在经济改革和发展过程中有选择的干预,调整优化地方政府的激励结构。

其次,"官场 + 市场"双重竞争体制为政府—市场双向塑造关系提供新的分析视角和内容。中国特色联邦主义理论主要针对中国第一阶段的经济发展,在民营经济大规模崛起之前国有企业的软预算约束成为主要挑战。而本文更强调在民营和外资企业兴起之后地方政府(地方官员)的"掠夺之手"问题(Frye and Shleifer, 1997),在第二阶段民营和外资企业成为区域经济增长的主导型力量的情况下表现尤为突出(黄宗智,2014)。笔者认为,要素市场的竞争(尤其是物质资本的跨地区流动性)有助于反过来约束地方官员的"掠夺之手"。事实上,国企的软预算约束问题并未随着地方竞争加剧而消除①,而且,地方官员的"帮助之手"还可能滋生出地方政府对民营企业的软预算约束问题(周黎安,2007,2017),地区

---

① 在 20 世纪 90 年代中后期开启的"抓大放小"的国企改制与财政联邦主义之下的地方竞争有着密切关系(Cao et al.,1999),这可以理解为地方竞争和国企大面积亏损迫使地方政府对许多中小国有企业放弃救助责任,让后者走向破产、变卖或重组。但经过大规模改制之后生存下来的国企仍然面临软预算约束的问题。

层面较为普遍存在的产能过剩、僵尸企业问题就是这方面的表现之一。

再次,本文强调市场竞争通过信息反馈帮助地方政府和辖区企业在产业政策合作上试错、学习和迭代,克服地方政府可能的认知局限(周黎安,2018),这是现存文献讨论政府与市场关系、产业政策有效性所忽略的角度。因为认知局限也被视为政府失灵的一个突出表现,市场竞争作为信息反馈机制纠正辖区内政企合作的认知局限也是"市场"反过来塑造"有为政府"的重要例证。

二、西方主流经济学关于政府与市场关系的认知及其局限

西方主流经济学关于政府与市场关系的讨论分两个逻辑步骤展开,首先,分析市场作为一种依靠价格信号、自我协调的资源配置机制的有效性,其次,根据市场配置出现的问题(如"市场失灵"),论证所需提供的最基本的政府干预,维持市场运行和资源配置的有效性。对市场有效性的经济学分析直接决定了政府干预的程度和范围。例如新古典经济学认为,除了在公共产品、垄断和外部性之类的"市场失灵"的场合,市场总体上可以依靠价格信号对稀缺资源进行有效配置,因此政府所需的干预仅限于克服"市场失灵",如提供产权保护、司法秩序、国防安全、市场和社会监管(如反垄断、产品质量监测、环境保护)。如果将合理的收入分配也作为一种社会目标,政府还将通过累进的收入税等手段调节社会收入差距。凯恩斯主义经济学家认为,即使传统的"市场失灵"不存在,

市场机制因为现实中价格、工资黏性等因素而无法有效运行,在总需求不足的情况下(如1929—1933年的大萧条)可能出现大规模失业的问题。因此政府除了传统的新古典职能还需要引入以货币政策和财政政策为主的宏观经济调控。

在上述分析当中,市场是一个内生的资源配置机制,消费者、企业对价格做出最优反应,市场供求在价格机制协调之下达到均衡。但是,政府更像是一个外生的、补充性的干预机构,针对市场的失灵和不足采取相应的干预行动。新古典经济学基于市场的有效性而提出了最低干预型的政府职能,凯恩斯主义经济学家基于价格黏性等市场失灵导致经济波动(如大规模失业或通货膨胀)提出了政府的宏观调控职能。

公共选择学派试图打开宏观经济调控背后的民主决策(如预算赤字的决定)和政府过程的黑箱,使政府行为"内生化",也发现了一系列政府失灵的情况(如预算赤字只增不减、寻租、官僚部门的自我膨胀)。但由此推导出来的政策结论就是减少政府干预(包括宏观经济的周期性调控),尽量维持市场的自我协调功能。虽然公共选择学派在分析意义上尝试"内生化"政府行为,但在政策设计上,从"止损"角度出发仍然回到了新古典经济学关于政府与市场关系的主张——政府仍然承担最低限度的职能,反对政府的宏观经济调节。

新古典经济学低估了市场失灵的情形,不仅仅是传统意义上的公共产品、外部性和垄断,包括信息不对称情况下的市场失灵,如果考虑到收入分配的社会目标,市场机制可能带来的问题更为严重。对于公共选择学派(包括新古典经济学)来说,一个理论的挑战是,如果宏观经济政策的民主决策和政府运行过程将遭遇诸多"政府失灵"的情形,那么,政府在提供最低限度的公共服务(如教育、医疗、司法、国防)时仍然无法绕过预算政治和政府过程,应该同样面临"政府失灵"的情形。Rodrick(2008)就曾经抱怨,主流经济学对于政府克服市场失灵存在双重标准,例如讨论政府的产业政策的时候就强调各种政府失灵的情形,而讨论公共产品的提供(如教育、医疗)就不再强调政府失灵的问题。那为什么不同样限制政府在这些方面的干预呢?进一步说,必要的公共服务和宏观经济调控的"政府失灵"应该如何取舍呢?

新古典经济学的"双重标准"问题也反映在低估产业发展的"市场失灵"问题。在这一点,发展型国家理论比传统的政府—市场范式前进了一步,它考虑到了发展中国家在经济起飞和赶超过程中国家扮演的市场和产业引导者、驾驭者的角色,尤其是在产业政策方面通过补贴、银行贷款优惠、许可证等政策手段扶持新兴或主导产业,帮助国内企业和产业参与国际市场竞争,提高其竞争力(Johnson,1982;Amsden,1989;Wade,1990)。该理论的一个重要假设是在产业发展早期,为了使企业达到规模化生产和降低成本的目标,国家通过有意识地"扭曲价格"补贴主导企业(产业),以"干中学"的方式迅速积累技能和经验,通过建立成本优势出口创汇,再用外汇收入购入先进装备和技术,反哺国内出口企业。

发展型国家理论也强调这些政府角色的充分发挥所需的政治和社会条件,如持续稳定的执政党、职业化的官僚队伍、政府部门、官僚与大企业的密切关系等等。另外,在维持国家政策自主性(防止院外利益集团的绑架和政策寻租)的同时,还必须满足国家对于社会的"嵌入性",以便动员社会团体为国家目标服务(Evans,1995;Kohli,2004)。发展型国家在执行产业政策时所运用的"相机型政策租金"(Aoki,2001),即根据大企业的出口绩效而给予相应的政策支持,也是重要的机制保障[1]。

然而,当人们放眼观察广大发展中国家的经济发展实践,不仅主流经济学所讨论的政府与市场关系,包括发展型国家所强调的政府与市场关系,都是可望而不可即的"理想类型"。首先,许多发展中国家缺乏"基础性权力",无法有效汲取社会资源为国家的基本职能(如司法、治安、国防)提供必要的财政来源。也就是说,亚当·斯密所期待的政府作为"守夜人"的角色——提供司法、警察和税收等基本公共产品,在发展中国家可能都是"奢侈品"[2]。贫穷国家更可能处于内部政治割据和种族分裂的状态,也更可能陷入内战和社会冲突(Herbst,2000;Besley and Persson,2011;Michalopoulos and Papaioannou,2014)。其次,不少发展中国家因为其传统的社会结构特征使得国家政策难以有效执行。米格代尔基于发展中国家广泛存在的地方强人现象,指出当地方强人(如酋长、部落首领)掌握地方社会的经济、文化资源进而实施强力控制,国家的政策很难直接进入地方社会,国家为谋求政治支持而不得不与地方强人进行政治交易、达成妥协,形成"强社会、弱国家"的局面(Migdal,1988)。一些发展中国家(如非洲、东南亚的发展中国家)

---

[1] 成功的"发展型国家"所依靠的理性化和专业化的官僚制既保证了国家政策的自主性,又借助社会私人部门良好的合作网络,保障了产业政策的有效执行,实现了基础性权力的结构性条件。

[2] Johnson and Koyama(2017)综述了一系列的实证研究,提供了这方面的较为丰富的经验证据。

所面临的脆弱国家或失败国家问题体现为国家资源汲取(如征税)能力有限,政治庇护、寻租腐败盛行,国家政策制定和执行缺乏自主性和渗透性。

上述研究清晰地表明,现代主流经济学讨论"政府"与"市场"这些重要概念以及两者之间的关系,包括发展型国家理论所描述的"发展型政府",其实预设了一系列隐含的制度条件,如司法制度能够提供有效的产权保护,政府有激励且有财力提供足够的公共产品,发展型政府可以自主实施其产业政策等等。然而,这些条件在发展中国家极可能并不存在,即使存在也可能很不完善,使得在西方国家被视为当然的"政府"和"市场"本质上是一个有待创造、培育和演化的"内生变量"。

事实上,如果考虑到中国、俄罗斯及东欧国家既要实现通常意义上的经济发展过程,同时还需要完成经济转型过程,那么,政府与市场的互动关系就更为复杂和棘手,超出了现有的分析范式所触及的范围。我们先来考察经济发展过程所面临的真正挑战。如前所述,主流经济学关于政府与市场关系的争论主要是围绕着"市场失灵"还是"政府失灵"占主导展开①,但是,经济发展之难根本上在于"政府失灵"与"市场失灵"并存。经济发展中需要克服的"市场失灵"情形很多,例如一个地区或国家需要修建一定的基础设施,如道路、电力、通信,鼓励企业进入和大规模投资;因为信息不对称,中小企业面临融资难和融资贵的问题,私人的金融机构一

---

① 20世纪70—90年代亚洲四小龙的迅速发展曾经引发经济学家争论其成功经验到底是市场驱动还是政府干预所为(World Bank,1993),这背后折射的还是关于"市场失灵"与"政府失灵"谁占主导的争论。

397

般不愿意给中小企业贷款;企业和产业的地理集聚有助于知识共享、相互学习,降低运输成本,但如果纯粹依赖市场自发调节,这里存在协调失败的问题;考虑到国民教育、员工培训、科学研究的外溢性,企业和市场自身的激励有限,限制了企业生产率的提升。为了克服这些潜在的市场失灵,政府需要程度不同地介入进来,但是政府介入和干预从来不是中性的,政府的掠夺之手、腐败、寻租、不作为时常发生;也许政府干预不仅未能克服市场失灵,还带来其自身的一系列失灵,让企业面临更为严峻的经营困难。在发展中国家,甚至连财产安全、市场交易和合同实施所需的司法保护能否有效提供,其实也是一个问题。因此,经济发展所面临的最大挑战是市场失灵和政府失灵交织缠绕在一起,形成一个"死结",这解释了为什么战后几十年真正实现经济赶超的国家(地区)的数目少之又少。

经济转型所面临的挑战就更加独特,完全超越了传统主流经济学的分析范围。传统的主流经济学通常不研究经济制度本身的转型过程,尤其是一个大国如何从计划经济体制向市场经济体制的复杂转型。经济学家关于俄罗斯和东欧国家的"休克疗法"的设计也清楚地表明,改革越彻底越好,转型过程越迅速越好。对于经济转型国家来说,在原有的计划经济体制之内基本上不存在市场体系(如土地和金融市场),只有一些局部的产品市场(如农村集贸市场)或灰色市场。这意味着一个有效的市场体系及支撑性制度基础,如产权秩序、交易规则和物质设施,需要从计划经济体制中脱胎而来,依赖于内生的市场培育和创造过程。关键是以计划经济体制为起点的改革开放注定了政府必然承担市场培育和创造的主要职责,这又涉及政府的市场化改革的激励问题。因为制度惯性和利益刚性,政府有可能缺乏足够的激励推动市场化改革,进而导致经济转型失败。俄罗斯邀请国际顶尖经济学家设计的市场化转型的"休克疗法"造成了严重的经济衰退,不仅自由竞争的市场体制未能建立起来,而且还促成了寡头经济的形成;俄罗斯的地方政府并未有效维持市场经济秩序,而是扮演"掠夺之手"(Frye and Shleifer,1997)。

上述分析说明,良好的市场秩序(如有效的产权保护、合同实施和交易规则)和能够克服"市场失灵"的有为政府从来不会自动产生,对于发展中国家来说都是极为昂贵的制度建设过程。即使被天然假定属于政府的公共职责,如提供基础设施和基本公共服务(如教育、医疗、养老等),在发展中国家也是既需要财政资源(这考验国家资源汲取能力),也需要合适的激励,否则,其供给可能远低于效率所要求的水平。对于经济转型国家来说,甚至"市场"本身都需要由政府创造出来,如果缺乏合适的激励结构,这都无法实现。当"市场失灵"和"政府失灵"在经济发展过程中交织在一起,主流经济学基于"市场失灵"或"政府失灵"单一情形而展开的政府—市场关系的分析不再适用,对经济转型的"市场创造"难题就更无从分析了。我们无法按照公共选择学派的建议,因为存在"政府失灵"就应该自动放弃政府干预,让"市场失灵"肆虐;我们也无法根据凯恩斯主义的观点,凭借"市场失灵"就加强政府干预的合法性,政府失灵可能让政府干预变成经济发展的障碍。这里不再是政府是否需要干预或如何干预的问题,而是合意的政府干预如何作为内生均衡的结果出现。一国如果企图实现经济转型,就必须塑造合适的政府激励让市场体制从计划体制当中"生长"出来;

如果试图维持持续的经济增长,就必须同时内在创造出一系列的国家治理制度,同时克服经济发展和转型所面临的"市场失灵"和"政府失灵"。当然现实中的情况比这里描述的过程更为复杂,比如在中国,经济转型与经济发展交织在一起,政府与市场的关系注定是一个内生互动的过程。

三、经济改革之初中国计划经济的制度特征

在计划经济时期,中央政府通过五年和年度经济计划向地方政府下达经济发展、投资、物质分配等方面的指标,地方政府主要是中央计划的执行者,同时也负责编制自己辖区内的经济计划,并下达给下一级的地方政府,如此层层递进,从上到下是一个计划编制和下达、计划目标实施的过程。地区之间的经济联系主要通过中央计划而发生,自发的经济交易(包括计划之外的"灰色市场")也在一定规模上存在,但限于局部范围,作为对计划的补充和调剂。每个辖区内部主要是由所属的公有制企业构成,包括作为主体的国有企业和一定数量的集体企业(如街道所属企业和社队企业)。跨辖区之间企业不存在市场竞争,更多是通过计划而表现为产品分配和原材料调配的关系。

到了改革之初,中国的经济管理体制虽然曾经模仿了苏联模式的特征,相比后者的 U 型结构,中国的计划经济体制更接近于 M 型结构(Qian and Xu, 1993)。1958 年大规模的行政放权和"大跃进"开启了中国对苏联计划经济模式的第一次改造运动,其后还历经几次地方分权的尝试(均是毛泽东的提议和催促),地方政府逐

渐获得了越来越多的财权和物质分配权,地方工业由此兴起(白慧天、周黎安,2018)。相比苏联以"条条为主"的经济管理模式,中国更强调"条块结合,以块为主",代表了中国传统的属地化管理与苏联高度集权的计划经济之间的某种结合。中国的计划经济一直就具有中央计划和地方计划相结合的特征,计划制定过程更像是将计划指标层层分解、层层分包的过程。在这个过程中地方政府被赋予了重要角色,随着地方分权不断推进,地方计划的比重也不断上升,地方政府的收支比重总体上稳步提高,至1978年地方财政支出已经占全国财政支出一半以上份额。这些事实说明在改革之初,地方政府在中国经济体系中起到关键性作用,中国的市场化改革和对外开放必须依靠各级地方政府的推动,地方政府的激励是其中重要的组成部分。

给定上述事实,分析中国经济改革和经济发展中政府和市场的关系,在政府层面必须区分中央政府与地方政府。首先,这更加符合中国"条块结合,以块为主"的经济管理架构,即中国计划经济体制的M型结构的特征。每个地方政府负责管理和监督辖区内地方性企业(这里不考虑中央企业)。其次,考虑到从中央政府到各级地方政府,经济发展和公共服务均采取了行政逐级发包的体制(周黎安,2014,2017),除了中央部委直属的企业,其他企业都属于地方性企业,不管从所有制的隶属关系还是归口管理关系来说都是如此(周黎安,2021)。这意味着在中央推动市场化改革和经济发展战略过程中,地方政府作为中央政策的代理方(承包方)的激励与行为极为关键。

在分析维度上引入地方政府,潜在地使中国的政府与市场关系"内生化":第一,中央政府对于地方政府的行政与经济分权,以及政策指导、行为监督和绩效考核,对于塑造地方政府(地方官员)的市场化改革与发展的激励具有决定性影响。第二,地方政府对辖区市场和企业的监管与培育直接决定了中国市场化和经济发展的进程。第三,作为中央或上级集中考核下级官员的必然结果,地方官员之间围绕核心考核指标的官场竞争,以及在市场化改革驱动之下辖区企业之间潜在的市场竞争,有可能产生相互作用(后面将讨论这一点),对于内生塑造地方官员的激励也将发挥重要作用;而地区之间的官场竞争与市场竞争相互作用的结果(如"逐底竞争"的不利后果),反过来也促使中央政府做出纠偏性反应,进而又对地方政府的激励和行为产生进一步的影响。

四、中国改革过程中政府与市场的内生互动

中国的改革开放与经济发展提供了一个绝佳的例子,说明政府与市场如何相互塑造、相互促进、共同演化,推动了中国的市场化进程和高速经济增长。回顾过去,中国改革之初的经济发展和制度转型涉及两个关键过程:第一,改革僵化、封闭、低效的计划经济体制,推动市场化改革和对外开放进程;第二,改革国家治理体制,调整中央—地方关系,改革干部选拔和考核办法,塑造一支为改革开放服务的干部队伍,使之承担改革开放和发展地区经济的重任。第一个过程说明中国未来的市场需要从传统的计划经济体制内"脱胎"、人为创造出来,包括改革国有企业、培育民营经济、引进外商投资、建立商品和生产要素市场(如资本市场、土地市场),

这里涉及一系列支撑市场有效运行的法律制度和政策框架的确立（如民营企业的工商登记和私有财产的保护、公司法、外商投资法、农民工进城的管理办法）。更重要的是这些政策法令的实施，通常是由各地地方政府及职能部门具体掌握实施的"尺度"。这些制度建设不会自动发生，更多是通过打破传统利益格局、创新政策设计的方式实现。第二个过程涉及如何塑造新型的政府激励和约束，使之成为经济发展和制度转型的推动力量，而非阻碍力量。当然，这两个过程是密切联系在一起的。

为了清晰展现中国经济改革以来政府与市场的内生创造与互动过程，我们把过去的经济改革大致划分为两个阶段。第一个阶段从十一届三中全会开始到中国"入世"之前，这个阶段的特点是以创造地方政府（地方官员）的市场化改革的激励为主，启动地方竞争，使之有动力培育辖区市场化主体（如乡镇企业和私营企业）、吸引外资，为全国范围内创造和培育市场奠定重要基础。第二个阶段以中国"入世"为标志，国内生产要素市场（劳动力、土地和资金）初步形成，尤其是物质资本和劳动力的跨地区流动趋于便利。各地区招商引资竞争成为主旋律，"官场 + 市场"双重竞争体制全面形成，中央政府、地方政府与市场之间内生互动，形成中国独具特色的政府—市场关系格局。与这个阶段相伴随的是中央政府针对地方竞争的"逐底竞争"倾向，采取一系列制度性措施加以纠正。十八届三中全会以来，中国进入经济发展的"新常态"，高质量发展成为新目标，地方政府之间的多目标锦标赛格局进一步加强，中央层面推动了一系列夯实市场基础性制度的建设，如产权制度改革、保护企业家、要素市场化和建设高标准市场体系，使得政府市场关系呈现新特点。

(一)第一阶段:塑造"有形之手",培育"无形之手"

第一个阶段的特点是从中央和地方关系的调整开始,通过国家治理体制的改革,启动了"对内搞活、对外开放"的经济改革进程。这包括干部考核制度、财政体制、中央—地方关系的分权化调整,重新塑造了地方领导的政治激励以及地方竞争的局面,为中国的市场化改革、对外开放直接注入了活力。

最为重要的转型是党的政治路线从以阶级斗争为中心转向以经济建设为中心,与此同时,干部提拔和考核制度也经历了重要改革,强调干部的革命化、知识化和年轻化,党政干部进一步落实工作责任制。随着党的工作重心转向经济建设,尤其是邓小平反复强调"发展才是硬道理",各级党委对地方官员的绩效考核逐渐侧重在区域经济发展的相关指标,如 GDP 增长、财税收入、出口创汇等。以经济发展为中心的干部考核体系为各级地方领导干部提供了清晰的指挥棒,激励后者围绕经济发展而努力。地方官员围绕着区域经济发展形成地方竞争格局,即基于经济增长的"政治锦标赛"(周黎安,2004,2007;Li and Zhou,2005;Xu,2011)。1984 年之后,在人事任命上由过去的"下管两级"转变为"下管一级",即从中央负责省、地两级干部的任命改为只负责省级干部的任命,中央以下的人事任命也做相应调整,这赋予了地方政府对下一级官员的正式任命权。这样一来,行政逐级发包的体制又进一步得到了人事任命制度的支持。更关键的是,从地方官员的晋升竞争来说,

"下管一级"使得各省的地级市之间、各地级市下辖的区县之间以及各县下辖的乡镇之间成为相对独立的政治竞争市场,因此中央之下各级地方政府之间存在一个同时进行的多层级政治锦标赛(Li et al.,2019)。

从20世纪70年代末、80年代初开始,简政放权改革赋予地方政府一定的经济管理职权。1979年开始,中央实施"简政放权",即把一些属于中央部委的行政管理权和经济管理权限下放给地方政府,与之相伴随的是许多原来中央直属的企业交给地方政府所有和管理。这一波放权被学术界称之为"行政性放权",自此以后地方政府逐渐获得了越来越多的自主决策的权力,如投资决策、吸引外资、企业管理、对外贸易等等。地方分权改革的一个突出特征是渐进性和局部突破。比如要让中央部委一次性大规模分权阻力很大,中央的策略就是先向一部分地区倾斜,如邓小平所倡导的"让一部分地区先富起来"。于是深圳、厦门、珠海和汕头被开辟为经济特区,使之享有别的地区没有的一些经济管理权力,成为经济改革和开放的试验区;自1984年开始建立的计划单列市、14个沿海开放城市,以及随后建立的上海浦东新区、天津滨海新区,都代表了中央条条部门的权力逐步向地方下放和转移的趋势。这些权力的下放进一步加强了新中国成立后条块管理中"块块"的权重,使地方政府从计划经济体制下的一个被动的执行者变成积极的管理者,大大调动了地方政府参与改革和发展的积极性。

20世纪80年代初期开始至1993年,财政大包干改革通过"分灶吃饭"给予地方政府创造财政收入的强大激励:中央与各省签订财政包干合同,明确双方的利益关系,各省成为财政收入的剩余索取者,即"交够中央的,剩下就是省里的"。1993年之后开始实行中央与省的分税制,双方的财税利益分配格局以更为清晰的方式确定下来。中央和地方的事权分配大致不变,行政事务的层层发包格局并未改变,在此基础上实现对不同税种收入的分享。更关键的事实是,省以下还是各式各样的"财政包干制"。预算外资金长期以来在地方政府的财政收入中占据重要比例,尤其是土地出让收入,一直扮演着补偿地方政府预算内收入不足的角色。地方政府自筹资金的压力巨大。在许多发达地区,作为预算外收入的土地出让收入甚至超过预算内财政收入。

我们看到,从20世纪80年代初开始,行政权、财权和人事权依次从中央向地方政府的转移和集结,突破了传统计划经济体制对地方政府的诸多束缚,使之变成一个行政、经济和社会事务的真正承包方,其决策自主权大为增加。而以经济建设为中心的工作重心转移以及相伴随的干部考核和提拔制度改革又促使地方政府和地方官员聚焦地区经济发展。这一阶段的特色是以中央—地方关系调整和国家治理体制改革为契机,地方竞争局面得以形成,地方政府成为区域经济发展、对外开放和体制改革的中坚力量,由此牵引和驱动市场化改革和对外开放。

中国改革之初并不存在清晰的改革路线图,中央采取了"摸着石头过河"的改革策略,对经济改革秉持务实开放的态度。中央鼓励地方政府大胆创新,勇于试验,并及时总结和推广地方改革经验,这一切为市场化改革的破局创造了极为关键的政策环境。行政、经济管理和财政分权以及围绕经济发展的绩效考核驱动了地方政府(官员)之间的经济竞争,这一切加强了地方政府(地方官员)与当地企业(包括非国有部门)发展之间的内在联系,塑造了"市场友好型"的地方政府,尤其在基层政府层面上表现得最为明显。

借助中央层面相对宽松的改革政策环境,地方政府的"有形之手"直接参与创造和培育市场的"看不见的手"。地方官员在财税激励和晋升激励驱使之下,努力寻找一切积极的因素培育各类市场主体,推动地区经济增长。这包括沿海地区抓住经济特区和经济开放区的宝贵机遇,积极引进外商直接投资,以"三来一补"方式,促进企业出口创汇①。最令人瞩目的是20世纪80—90年代乡镇企业的"异军突起",在发展高峰时期占据中国工业产值中二分之一以上的份额,出口创汇的40%。乡镇企业作为集体所有制企业,相比国企来说经营机制更为灵活,相比民营企业来说在政策上更容易得到政府保护,因而在基层政府和乡镇干部的积极支持和参与之下迅猛发展,为基层政府创造了重要的财政收入、利润上缴和非农就业(Oi,1992;Che and Qian,1998)。在一些地区(如浙江温州),私营企业得到基层政府的行政保护,在"挂靠经营""联户经营"等名义下"隐蔽"生存("戴红帽子");邓小平"南方谈话"之后几乎一夜之间被"摘帽"(史晋川等,2019)。以扩大自主权和承包制为核心的国企改革进入20世纪90年代之后开始了股份制改革,尝试建立现代公司法人治理结构,但在日益激烈的市场竞争之下大部分国企经营陷入困境。1993年山东诸城和广东顺德"国企改制"破冰,到1998—2000年"三年国企脱困",中国进行了大规模

---

① 除了市场主体的培育和扶持,地方政府在市场体系建设和改革上也做出了重要贡献。例如深圳经济特区突破了传统的国有土地的计划划拨制度,创新土地批租模式,为后来的城市发展和土地财政奠定了重要的制度基础。

"抓大放小"的国企改革。在1995—2001年期间大约3400万国企职工下岗,大部分分流到民营企业部门(Naughton,2007)。随着民营企业崛起和外商投资企业大量进入中国产业部门,乡镇企业的制度优势(如相对于民营企业的公有制身份和相对于国企的灵活经营机制)逐渐褪色,1998年之后乡镇企业也进入了大规模改制的浪潮。至此,在产值和就业贡献上,曾经占据绝对优势的国有企业,经过乡镇企业的过渡阶段,逐渐让位于民营企业和外商投资企业,为中国市场化转型奠定了制度基础。

但是,我们必须注意到,从省、市到县、乡镇基层政府,对发展非国有部门(如乡镇企业和私营企业)、培育市场化主体的激励是不同的,不能过高估计地方政府与非国有部门发展的激励相容程度。即使抛开一些中央部委对乡镇企业和私营经济发展的各种可能的偏见和政策歧视,从地方政府的角度看,市场化可能产生的利益冲突是辖区内国有企业与乡镇企业之间围绕着原材料、产品市场、资金等方面的竞争。地方政府的层级越高,这种内在的冲突越严重(周黎安,2017),也就是说,真正具有充分激励发展乡镇企业和私营企业的是基层政府(如温州地区的基层政府给予私营企业"挂靠经营""联户经营"的"红帽子")。而20世纪80年代和90年代中期之前中国从计划经济体制继承下来的短缺经济以及价格双轨制的推行减缓了非国有部门与国有部门的竞争程度,也相应降低了地方政府对非国有企业的歧视态度。

在这一时期,中国的市场化进程仍然面临不少制度性障碍。虽然中国已经出现了以市场为导向的乡镇企业,也颁布了外商投资的政策优惠,国有企业也通过改革(如承包制)激发一定的经济活力,但整个市场经济所需的制度基础设施尚未建立,民营企业所遇到的各种显性或隐性的政策歧视还很普遍。除了经济特区、沿海经济技术开发区等少数对外开放的高地积极利用外资,中国内地大部分地区主要还是依靠内源式增长,即本地成长的国企、乡镇企业、私营企业,区域之外的资本进入较少。地方竞争一方面促成地方政府有强大激励扶持本地企业发展,尤其是非国有部门的增长,但另一方面也导致了国内"诸侯经济"的形成,区域经济一体化进程缓慢(沈立人、戴园晨,1990;周黎安,2004,2017)。整个80年代曾经上演的区域之间的贸易封锁和资源争夺战,如羊毛大战、生猪大战等,到90年代地方政府对本地企业和市场的各种保护主义政策,阻碍了跨地区的产品和生产要素流动,导致国内统一市场难以形成①。

(二)第二阶段:地方竞争中政府与市场"双向塑造",中央政府"选择性干预"

随着市场化改革和"入世"之后中国经济融入全球化加速,地方官员围绕着经济发展的竞争日益激烈,政府与市场之间的动态关系呈现新的特征。如果说在第一个阶段地方竞争格局之下,地方政府更多是以"有形之手"培育市场主体,扶持本地的非国有部门发展、国企改革、促进出口作为经济发展的动力,那么到了第二

---

① Poncet(2003)的实证研究表明,1987—1997年期间中国各省区一方面对国际市场的开放度不断增加,另一方面对内却不断走向封锁,消费者从省内生产者购买的商品额是从省外生产者购买的商品额的27倍,这一比例在1987年只是12倍。

个阶段,随着民营和外资企业开始成为地区经济发展的主导力量,地区间对于物质资本和人力资本的竞争趋于白热化(黄宗智,2014,第261页)。第一阶段地方国企和乡镇企业受制于行政隶属关系而集中于本地生产,很少跨地区设立企业、投资建厂。相比之下民营企业和外商投资企业最大的特点是可自由选址,具有跨地区投资的高度流动性。1992年邓小平"南方谈话"之后,民营经济和外商投资企业发展迅速,2001年中国"入世"更激发各地竞相吸引外资,地区之间"招商引资"的竞争成为地区经济发展战略的主旋律。中国"入世"之后,产品市场的地区一体化不断加深,生产要素市场进一步完善,资本和劳动力跨地区的流动性得以加强。民营企业跨地区投资趋于便利化;"入世"之后,国家对农村剩余劳动力向城市的转移的态度发生重要变化,由以管制为主转向鼓励和保护①;土地财政也逐渐成为地方政府"经营城市"、发展经济的重要融资机制。于是,以改善营商环境、吸引物质资本为核心,带动产业、劳动力、土地的优化配置,进而推动地区经济高速发展,成为这一阶段的经济发展的特色。

在这种背景下,经过二十年的市场化改革,中国独具特色的"官场+市场"双重竞争体制全面形成(周黎安,2017,2018)。关

---

① 1998—2001年正好是各地区国企"抓大放小"改革的高峰期,大量国企职工下岗,为了避免进城农民工与下岗职工找工作之间的冲突,许多城市对农民工进城打工采取了一定的限制和管控措施。2001年之后"三年国企脱困"结束,大规模国企改制和职工下岗告一段落,原来对农民工进城的管制措施逐渐放松。2003年之后中央层面关于农民工的劳动就业、社会保障、子女教育、计划生育、健康卫生等各个方面出台许多重要政策,标志着国家对农民工进城从限制管理向规范管理的方向的转变。参见徐增阳、付守芳(2019)。

于"官场+市场"双重竞争体制最直接的观察是,一方面,中国的地方官员围绕着经济发展的绩效(GDP、财税收入、招商引资)而在官场上为晋升而竞争,另一方面,中国各地区的企业在国内外市场上相互竞争;尤为关键的是,地方官员的"官场竞争"与地方企业之间的"市场竞争"是相互"捆绑"在一起的:地方官员在官场上竞争的命运在相当程度上取决于辖区内企业在市场上竞争的结果(如市场竞争力),而辖区企业在市场上竞争的命运也在相当程度上取决于地方官员对经济发展的职业前景激励以及对本地企业的扶持与协助。

"官场+市场"双重竞争体制使得政府与市场之间"双向形塑"、相互支持,打造了中国独具特色的政府—市场关系。首先,中央(或上级)政府利用市场信息(如GDP、投资等)考核地方官员的经济绩效,并推动地方官员之间的晋升竞争,上级绩效考核的信息质量以及激励地方官员的有效性取决于市场机制的完善程度。最极端的情形是,如果产品和生产要素的价格信号因为地方保护主义和贸易壁垒而被严重扭曲,GDP的高低所代表的企业真正创造的市场附加值就需要大打折扣。也就是说,政府内部绩效考核所产生的激励效应是否"正确"在相当程度上依赖于经济绩效指标的"质量",而后者高度依赖于产品市场竞争、生产要素跨地区流动和价格机制的有效性。换句话说,随着市场化进程的加快和市场机制的进一步完善,地方政府越来越失去通过设立贸易壁垒操纵市场价格的能力,而变成市场价格的"接受者",政府内部绩效考核——作为地方官员行动的指挥棒意义非凡——就能够更加有效地发挥激励效应,促使地方官员聚焦如何提升本地企业的市场竞争力,而不是给本地企业提供市场保护。这是市场"无形之手"反哺政府"有形之手"的一个重要渠道,也是中国特色的政府激励机制与市场化改革相结合的独特产物。

第二,因为地方官员的晋升竞争高度依赖于辖区的相对经济绩效,官场竞争驱使地方官员尽可能动员一切可支配资源,包括投资基础设施、促进产业集聚、优化行政服务、提供土地优惠和贷款支持等等,最大限度地提高辖区企业的市场竞争力。上级绩效考核驱动的"官场竞争"赋予地方官员强大的晋升激励,使其发挥政府的比较优势(如强大的协调能力、公共产品供应),履行"有为政府"的职能,克服"市场失灵"。或者说,政府"有形之手"在合适的激励之下积极弥补市场"无形之手"的缺陷。有趣的是,地方政府发挥"有为政府"的职责经常是以辖区内政企密切合作的方式完成,政企双方通过"政绩—业绩纽带"形成"地区增长联盟"(周黎安,2021),政府与市场的边界在这些方面是极为模糊的。

第三,市场竞争,尤其是物质资本和人力资本的跨地区流动性,对于地方官员的自由裁量权和潜在的"掠夺之手"产生了内在约束①。为了吸引外部投资,包括留住已经进驻的企业投资,地方

---

① 地方政府的"掠夺之手"问题主要产生于投资企业是民营和外资企业的情形,对于这些企业,地方政府所提供的产权保护和行政服务极为关键。而对于与政府存在产权关系的乡镇企业和国有企业,这个问题并不凸显,因此在以扶持乡镇企业和搞活国有企业为主的第一阶段尚不构成主要挑战。除了企业所有制之外,企业跨地区投资的便利性(即物质资本的流动性)也直接影响地方政府扮演"帮助之手"的激励。例如外商直接投资的流动性是最高的,所以长期以来我国给予外商投资企业的政策保护和优惠也是最明显的。即使一家民营企业因缺乏外部竞争力而不得不选择在本地经营,也因为它与当地的"锁定关系"而面临一些政府人员的"吃卡拿要"。

官员必须抑制手中权力的任性和专断,改善营商环境,提升服务水平,扮演"帮助之手"。在这一阶段,除了优惠政策,民营和外资企业所面临的行政服务质量、地方法治环境也成为各地建设营商环境的重要环节。地方政府对于投资者的行政保护在中国法治水平尚不发达的情况下起到了替代性制度的作用。虽然行政保护相比制度化的司法保护要多一些不确定性,带有"人治化"色彩,但考虑到制度化司法保护本身也需要相当长的时间建设,更需要激励支撑,对于民营投资者的行政保护并不完美,但可视为一种转型时期的"次优选择"。从这里我们看到了市场化进程、生产要素跨地区流动性的改善反过来塑造地方政府的激励,并约束其行为。换言之,主流经济学所外生假设的完善的产权保护、高效的行政服务等政府职能在中国不是外部给定的,而是在一定的制度条件下"内生"创造出来。这些市场支持性的行政制度(包括非正式的行政保护)一部分来自政府内部绩效考核所创造的官员激励,另一部分是通过市场化进程本身(如生产要素流动性加强)产生的内在约束促成的。

第四,市场竞争不仅给上级政府考核提供了重要的绩效信息,还为辖区内政企合作和产业政策的优劣提供了直接的信息反馈。市场竞争的"无形之手"所反馈的信息有助于纠正地方政府"有形之手"可能犯下的错误和偏差,使后者可以在试错中学习、迭代。主流经济学家反对政府干预市场主要担心两个因素,一是政府可能缺乏合适的激励,二是政府的认知能力有限,掌握不了地方化的局部信息。这两个担忧放在中国"官场+市场"的情景之下可以显著地减少。如上所述,地方官员具有强大的激励提升本地企业的市场竞争力。上面第二点强调地方官员将与辖区企业结成"增长联盟",即使有寻租、腐败发生,也将保持在不损害地区增长的范围内,因而必将受到一定的限制。除此之外,中国地方官员的官场竞争是深度嵌入在市场竞争之中,这意味着地方官员对辖区企业的政策干预的效果最终将在市场竞争中体现出来,一切政府的努力最终都需要接受市场竞争的公开检验。在认知局限方面,地方政府支持本地的优先发展产业并非自始至终单方面决策,而更多是与主要企业密切合作,共同想办法解决产业发展的瓶颈问题,一起面对市场检验的结果而适时调整。在这个意义上,地方政府形同一个市场主体,与主要企业结成增长联盟,共同面对外部竞争市场,接受市场检验和反馈,不断试错、迭代产业政策。"官场 + 市场"体制不仅提供了地方政府克服"市场失灵"的内在激励,而且通过"增长联盟"限制寻租腐败的范围,通过市场竞争抑制"掠夺之手",加上市场信息反馈的纠错和学习效应,在总体上提供了克服"政府失灵"的内在机制。

从上述分析中,我们看到了一系列有趣的结果。地方政府发挥"有为政府"的作用是在上级绩效考核以及"官场竞争"的激励下发生的,同时也高度依赖于市场竞争所提供的内在约束和信息反馈;而竞争性市场所需的产权保护、基础设施和公共服务也内生于上级绩效考核、"官场竞争"以及资本的跨地区流动性,"有为政府"及其职能发挥在这里不是外部形成,而是内生创造。这清楚地表明,经济学理论上所定义的"政府"和"市场"在现实中是一个"双向塑造,相互成就"的过程:中国经济改革在第一个阶段,主要依靠地方竞争塑造地方政府激励,由此推动了市场化进程,包括市场主体的培育和发展;在中国经济进一步融入全球化的时代,不仅市场竞争内生于支持性的政府激励与行为,政府行为也内生于市场竞争的信息反馈和约束机制。(地方)政府的激励与行为与市场化进程相互补充、相互支持,难以简单地二元分解分立,更不是二元对立关系。尤其值得注意的是地方政府的双重身份和属性。一方面,地方政府是其辖区内公共服务的提供方和市场秩序的监管者;另一方面,它也承担发展地方经济的职责,大力招商引资,必然与辖区内企业一起围绕产业政策而密切合作,共同面对和参与外部市场竞争。地方政府兼具地区公共服务(市场监管)与准市场主体的双重身份,本身就是政府与市场边界难以清晰划分的一个例证。

在这个阶段,地方政府之间的激烈竞争也导致了一系列"逐底竞争"的问题,如劳工权益受损、环境污染、食品安全、耕地红线保护、司法地方保护主义等等。例如在激烈的地方竞争中,地方政府为了吸引外部投资者而忽视对农民工劳动权益的保护放松,听任市场关系的自发调节(黄宗智,2015)。2007 年制定的《中华人民共和国劳动合同法》旨在纠正这种"逐底竞争"带来的不良倾向,国家对企业拖欠农民工工资的行为也采取了严厉的追责措施。再例如各级地方政府纷纷成立各式各样的"经济开发区",导致农村土地大量被征收,直接威胁到中国关于耕地红线的保护政策。所有这些"逐底竞争"问题的产生都是地方政府在"官场竞争"压力之下为了招商引资、保护本地企业利益而牺牲社会利益的行为;既反映了市场失灵——市场力量本身至少在短时间内无法自动纠正这些问题,也反映了政府失灵,地方政府应该代表更广泛的社会利益制止这些问题——例如环境保护和食品药品质量监督本身就是政府的公共职责,但其采取了纵容甚至支持的态度。这些问题发展到一定程度必须依靠中央政府出面加以监管和限制,否则势必对整个国家长远发展目标造成严重伤害。

为了应对这些"逐底竞争"问题,中央开始有选择干预,中央—地方关系逐步调整,通过调整中央—地方的权力结构对地方政府的行为加以一定的约束。1980年开启的大规模的地方分权进入九十年代,在一些重要领域(如银行、国税)就开始有选择地上收地方权力,2000年之后进一步加速,不断加强对地方政府的监督和管理。这表现为国家推行的一系列"垂直化"改革,如药品监督、工商、土地、纪检、司法等,各部门由原来的属地管理逐渐转向中央或省内垂直(或上收一级)管理。从1998年开始从中央开始自上而下加紧对城市建设用地的总体规划和严格控制,国土资源管理也上收一级。20世纪八九十年代药品安全事故频发导致2000年国家层面成立了中央垂直管理的药品监督管理局。鉴于环境保护问题的严峻形势,国家环境保护"十二五"规划就首次明确将环境保护纳入地方各级人民政府政绩考核,并实行环境保护一票否决制。随着这些属地化权力的上收,地方政府(尤其是基层政府)的决策自主性和跨部门协调能力显然受到了抑制,地方竞争格局也因此受到一定的影响。这可以理解为是中央层面对"官场+市场"双重竞争体制导致的"逐底竞争"的一种纠偏反应和"选择性干预",也是内生于中国经济改革和发展的过程。

2012年以来,中国经济进入新常态,从高速增长逐渐进入中高速增长阶段,经济增长从以前主要依靠投资规模驱动转向主要依靠全要素增长率驱动。政府与市场的关系也随之进入了一个新的阶段。十八届三中全会公报提出"使市场在资源配置中起决定性作用,更好发挥政府作用",将市场的作用由以前的"基础性作用"提高到一个新的定位,同时也强调更好地发挥政府作用。在地方政府的考核和激励方面,十八届三中全会习近平总书记提出"我们不再简单以国内生产总值增长率论英雄";2013年12月中组部印发《关于改进地方党政领导班子和领导干部政绩考核工作的通知》,明确规定不能仅仅把地区生产总值即增长率作为考核评价政绩的主要指标。这代表了地方党政领导政绩考核体系的重大转型,从过去以经济增长为中心的政治锦标赛过渡到兼顾经济社会发展多重目标的政治锦标赛,创新、协调、绿色、开放、共享的新发展理念将提升到极为重要的位置。在环境保护方面,从十八届三中全会公报提出"建立生态环境损害责任终身追究制",到2013年中组部要求"加大资源消耗、环境保护等指标的权重",国务院要求大气防治质量改善绩效终期考核实行一票否决,2015年中央提出建立环保督察工作机制,严格落实环境保护主体责任,到2016年明确生态文明建设目标实行党政同责①,对考核等级为不合格的地区,进行通报批评,约谈其党政主要负责人,再到2018年中央经济工作会议强调打好"污染防治攻坚战"和打赢"蓝天保卫战"。随着环境保护在绩效考核和责任追究方面日益凸显其重要性,加上其他具有约束性效力的治理指标②,地方官员已经从以前指标相对

---

① 2016年中央将河长制、湖长制作为中国水资源保护和水污染防治的基本制度在全国推广。
② 例如社会综合治理也属于"一票否决"事项,社会综合治理包括重大生产安全事故、严重刑事案件、群体性事件等。

单一的锦标赛(例如"以 GDP 论英雄")进入多目标的晋升锦标赛。虽然 GDP 及其增长不再占据主导,指标权重有所下降,但仍然是地方政府试图追求的一个重要经济指标;围绕经济发展的地方竞争仍然是激烈的,只是在新的发展阶段竞争的形式和手段都发生了变化①;更重要的是,还有一系列"一票否决"指标以及其他重要事项需要完成。与此同时,中央政府加强了对地方政府的巡视巡察以及专项督察,强调依法行政、依法治国,让权力在阳光下运行,对地方政府的权力运用、决策程序的合规性、合法性要求也在不断提高。

概言之,"官场 + 市场"竞争体制内生出一定的激励、约束和信息反馈机制,有助于同时克服经济发展过程中的"政府失灵"和"市场失灵"。但我们的分析也同时表明,"官场 + 市场"体制在公共服务和社会发展目标上,如劳动权益保护、环境质量、产品安全、司法公正等方面,却由于"逐底竞争"的存在而受到损害,公共服务领域的"政府失灵"问题凸显。"逐底竞争"问题折射出"官场 + 市场"双重竞争在社会发展目标上面临"市场失灵"和"政府失灵"双重问题。另外,我们前面也曾经指出,"官场 + 市场"双重竞争体制无法消除国有企业的预算软约束问题,也可能滋生地方政府对于民营企业的预算软约束问题(如政府事后救助大型民营企业);虽然地区增长联盟有助于将腐败和寻租限制在一定范围,但也无法消除政企合作中的腐败和寻租现象。因此,"官场 + 市场"体制不

---

① 近年来中国主要城市之间的"人才大战"一度白热化,而各地纷纷推出的政府产业引导基金作为推动新兴战略性产业的引擎,说明地方竞争已经从以前注重企业和产业规模的招商引资升级到注重人才和高科技驱动的"招才引智"。

是一个完美的制度,既有其擅长之处(如经济发展),体现为政府和市场的双重积极效应的充分发挥,但也有其自身无法克服的短板和不足,体现为公共服务上的"政府失灵"与"逐底竞争"的叠加效应。

值得注意的是,针对经济发展和公共服务上的"政府失灵"和"市场失灵",中国并非毕其功于一役,而是各个历史阶段各有侧重、分阶段各个击破,政府与市场关系在总体上呈现出"渐进改革"的动态特征。中国经济改革开始聚焦于激活地方政府,使之有动力培育和创造市场;然后切换到解决经济发展中的"市场失灵"和"政府失灵"。与此同时,国家层面不断加大力度解决公共服务维度上的"市场失灵"和"政府失灵",这体现在中央政府为了纠正地方政府的短板和不足而出台的一系列的制度改革措施。如此,中国经济改革的过程诠释了中国的政府(中央和地方政府)与市场之间内在互动、动态调整的路径与过程。

五、中国经济改革对于政治经济学研究的启示

主流经济学以西方国家的现代化和市场经济为蓝本发展起来的,相对成熟的市场经济体系和制度基础是经济学分析的主要假设。经济分析背后所蕴含的基本假设成为其理论预测和政策建议(如"华盛顿共识")推而广之的限制性因素;"魔鬼在细节里",新古典经济学分析的陷阱在其隐含的假设里。这些隐含的假设条件在主流分析范式中都被视为外生参数,应用到西方发达国家的场景,大致可以成立,但如果扩展到西方发达国家之外的制度场景,

就有可能成了高度不确定的"内生变量"。在这种情况下,如果还要照搬和移植其理论预测和政策结论来指导改革实践,自然就会谬误百出。本文以中国的经济改革与发展为例,结合发展中国家的发展历程以及俄罗斯、东欧国家的转型实践,清晰地表明,新古典经济学关于政府与市场关系的分析所基于的假设条件需要仔细推敲,其研究结论和政策建议更需要重新审视。

首先,经济转型是一个政府—市场的"双重创造"过程。关于市场创造的问题,新古典经济学的分析完全是一个空白。无论是中国还是俄罗斯、东欧国家的经济转型实践都表明,"市场"需要从计划体制脱胎出来,是一个复杂而艰难的过程;与此同时,更重要的是创造一个有充分激励去培育和发展市场主体、促进市场交易的"政府"。俄罗斯的"休克疗法"试图一夜之间从计划经济"跳跃"到市场经济,结果导致原有计划体制下的生产体系被打破,而新的市场秩序未建立,最终不仅经历了生产急剧下降和经济崩溃,真正竞争性的市场机制也未能发展出来。俄罗斯的政治自由化、民主化没有产生支持、培育和服务市场化的政府(包括地方政府),经济私有化也未能创造一个竞争性的市场,而是寡头经济。俄罗斯转型的失败根源在于直接照搬西方的制度配方,导致政府与市场"双重创造"的失败。而中国经济改革的成功恰好诠释了政府—市场"双重创造"的极端重要性。中国以"摸着石头过河"的方式先启动政府内部改革,包括将党和国家的工作重心转向经济发展,推行"行政性分权"、人事任命的"下管一级"改革和财政包干制,在政府的战略导向、行政权、人事权和财政权等诸方面均有利于促进地方竞争和市场化改革。这些激活和鼓励地方政府发展地方经济的治理改革成为中国渐进改革当中关键性一环,为塑造"市场友好型"的政策环境和政府行为奠定了极为重要的制度基础。价格"双轨制"、设立经济特区等一系列渐进市场化改革措施对于中国经济改革的成功作用巨大,但如果没有"市场友好型"地方政府的构建,尝试国企的市场化改革(如承包制和股份制),扶持乡镇企业的迅速发展,大力吸引外资和发展民营经济,"双轨制"之一的"市场"轨道就难以在相对短的时间显著增长,更不可能以较快的速度挤压和替代"计划"轨道。政府激励改革与"价格双轨制"以及经济特区等地区开放政策相互促进,共同推动了市场化的加速发展。

第二,大多数发展中国家面临"市场失灵"和"政府失灵"的双重挑战,不仅体现在经济发展中,如产业发展中的协调失败、环境污染、产品质量问题等("市场失灵")以及政府推行产业政策可能带来的寻租、腐败和认知局限问题(政府失灵),也同样体现在基本公共服务(如教育、社会保障、脱贫救助),私人企业缺乏激励,政府也缺乏政治激励和财政能力充分提供。在这方面,新古典经济学关于政府与市场关系的标准分析存在几个明显的偏误。首先,新古典经济学承认公共产品和外在性等传统的"市场失灵",但一般不认同产业发展中的协调失败这一类的"市场失灵",这也许符合西方发达国家的情况,但在发展中国家的经济增长当中却是一个突出的经济瓶颈,为政企合作和产业政策"预留"了重要空间。其次,忽略政府在一系列公共职能上可能面临的"政府失灵"和低估产业发展的"市场失灵"问题。新古典经济学认为政府对产业的干预存在"政府失灵",但一般不谈论公共服务上可能存在的"政府失灵",这就是前面讨论过的新古典经济学关于政府干预的"双重标准"问题。发展中国家的国家能力(如资源汲取能力)和激励结构(例如缺乏对于普通大众的教育和医疗问题的关注)有可能让公共服务领域的"政府失灵"问题十分严重。中国过去四十多年的改革发展也经常遇上类似的问题,中国的地方政府促进经济发展的激励充分,但在公共服务的提供上长期激励不足。另外,新古典经济学隐含假定的产权保护和行政服务在现实中也可能存在"政府失灵"问题,如政府对私人企业的"掠夺之手"问题。最后,新古典经济学更强调公共职责之外的"政府失灵"和传统意义上的"市场失灵",而我们的分析表明,经济发展真正的挑战在于在经济增长和公共服务双重领域面临政府和市场的双重失灵。

第三,为了克服政府和市场的双重失灵,持续稳定的经济发展需要以某种方式内生塑造特定的政府—市场的关系,我们的分析说明,内生的政府激励、市场约束和信息反馈成为良好的政府—市场关系的关键。新古典经济学假想中的政府与市场(包括政府或市场失灵的克服)在中国的经济改革和经济发展过程中是以一种政府—市场的"双向塑造"的方式实现的,即通过"官场 + 市场"双重竞争体制,赋予地方政府强大激励去克服经济发展中的"市场失灵"(如通过产业政策克服产业协调失败),而市场竞争本身又内生出约束和信息反馈机制对一些典型的"政府失灵"(如政府的掠夺之手和认知能力局限)进行了必要的限制。

现实中的政府行为内生于市场竞争,而市场运行所依赖的制度条件也内生于政府激励与行为,在这个意义上,有效市场与有为政府相互依赖、相互促进,不存在分割、分立意义上的有为政府和有效市场,两者更不是二元对立的关系。经常可以看到国内外经济学家批评中国的地方政府对当地市场的政策干预,建议地方政府扮演一个中立的市场监管者和公共服务提供方角色。这种建议基本上源于新古典经济学关于政府与市场的理想关系图。我们的分析表明,地方政府参与地方产业政策以及在此基础上的政企合作发挥积极作用,有助于帮助当地企业解决和协调各类瓶颈问题(如土地、贷款、供应链、基础设施)。除此之外,我们的分析还表明,即使是中立和有效的市场监督和高效的行政服务,包括产权保护,也需要有支持这些预期行为的强大的激励体系。近年来各地的"放管服"改革以及一些地区提出的"最多跑一次"的要求,一方面是落实中央的改革要求,另一方面也是地方政府招商引资竞争的内在推动。在正常情况下,我们无法保证地方政府自动发挥"有为政府"的作用,就像我们无法保证代理人会自动实现委托人的利益一样,否则上级对下级政府每年执行的绩效考核就根本不需要了。我们经常观察到地方政府在区域经济发展中发挥重要作用,这主要是依靠地方竞争、要素市场竞争和信息反馈等一系列组合机制支撑的结果。这是为什么我们反复强调内生的政府激励、约束与信息反馈机制的重要性。中国经济改革对于政治经济学最重要的理论启示之一,就是现代主流经济学所讨论的政府与市场都是理想或假想中的产物,反映了西方发达国家长期市场化和现代化的结果,但在发展中国家和转型国家的现实中,并不会自动发生,都是需要艰难创造出来的制度结构。而且,政府和市场创造的次序以及政府与市场的相互塑造都是这个内生过程的关键因素。

第四,中国的经济改革和发展经验表明,中央政府与地方政府的关系及其动态调整成为塑造政府—市场良性关系的重要条件。

因为中国政府结构的独特性,我们的分析没有将中央和地方政府视为一个整体,而是引入了中央和地方的关系。属地化的行政发包制决定了政府的绝大部分经济发展、公共服务、市场监管的职责交给了地方政府(周黎安,2014)。如前所述,地方政府通过产业政策等方式深度参与了与当地企业的合作而兼具了政府和市场的双重属性,而中央政府既激励又监管地方政府,这意味着中央和地方的关系将直接影响政府与市场的关系。在中国经济改革的早期阶段,没有政府"有形之手"的推动,市场化改革无法持续发生,而市场创造和培育是中央政府和地方政府合力实现的。在这个过程中,中央政府制定改革开放的大政方针,推行地方分权,强调以经济发展为中心的党和国家的战略转型以及干部选拔与考核制度调整,1992年邓小平"南方谈话"等等,塑造了地方政府的市场化改革的强大激励;亚洲金融危机之后国企陷入经营困境,基于地方的国企改革试验,中央提出了"抓大放小"的大规模国企改制战略。在进入经济改革的第二阶段,"官场 + 市场"双重竞争体制全面发力,但也导致了许多地区的地方政府对基本公共服务的激励不足以及一系列"逐底竞争"问题。针对这些问题,中央政府开始了在一些重要的经济和社会监管领域的改革,通过提出"科学发展观"、改革干部考核办法、加强法制约束(如新《中华人民共和国劳动合同法》)、行政管理权的上收和垂直化等手段,对地方政府所表现出来的"政府失灵"现象进行系统的纠正;十八届三中全会之后,中央进一步加强了对地方官员的综合考核和问责力度,引导地方官员从单一追求经济增长到追求多元化高质量发展目标(如环境保护、科技创新和精准脱贫),同时也推行了一系列加强市场基本制度建设的重大举措(如产权保护、深化要素市场化改革、反垄断执法、国内统一大市场、高水平对外开放),进一步优化地方政府行为和市场竞争机制。这些发展历程反映了中央和地方之间集权与分权关系的变化以及动态优化,更重要的是凸显了中央政府在构建中国独具特色的政府—市场"双重创造""双重塑造"过程中所发挥的关键作用以及对区域层面上政府—市场关系的适时纠偏作用。

六、简短的结论

长期以来,新古典经济学关于政府与市场关系的论断("华盛顿共识")作为主流经济学的标准观点借助国际学术界和国际机构在全球范围内广为传播,影响深远。近年来的研究表明,该观点背后所隐含的一系列制度条件——如相对完善和发达的市场以及有效、有限政府——在发展中国家和转型国家其实都是"内生变量"或者有待填补的"制度空白"。忽略这些前置条件而直接照搬其政策结论势必造成严重的经济社会后果,俄罗斯和东欧国家的"休克疗法"及其失败就是这方面最好的例子。

中国的经济改革采取"摸着石头过河"的渐进改革策略,在政府与市场的关系上探索出极具特色的动态演进路径,成功摆脱了新古典经济学关于政府—市场关系的分析谬误和陷阱。中国先是通过一系列政府治理改革重构地方政府激励,形成围绕经济发展的地方竞争,鼓励地方政府积极培育和创造市场,渐次完成了经济转型所需的新型政府与市场体系的"双重创造"。随着市场化进程加速,具有中国特色的"官场 + 市场"双重竞争体制全面形成,地方政府与市场之间通过"双向塑造"的方式,相互补充。相互促进,共同克服经济发展中的"市场失灵"与"政府失灵"。从改革初期的政府治理改革,引导、协调改革的宏观进程,到系统纠偏地方政府与市场互动过程中新涌现的各种问题,如地方公共服务中的"政府失灵"以及地方竞争引发的"逐底竞争"问题,中央政府在构建中国特色的政府—市场关系过程中发挥了关键的"选择性干预"作用。中国经济改革涉及的政府与市场的内生互动过程为我们重新审视西方主流经济学关于政府—市场关系的经典理论提供了重要启示。

参考文献:

白慧天、周黎安(2018):《M型结构的形成:1955—1978年地方分权与地方工业的兴起》,《经济学报》第2期,第1—42页。

黄宗智(2014):《超越左右:从实践历史探寻中国农村发展道路》,《明清以来的乡村社会经济变迁:历史、理论与现实》第3卷,北京:法律出版社。

黄宗智(2015):《中国经济是怎样如此快速发展的?——五种巧合的交汇》,《开放时代》第3期,第100—124页。

沈立人、戴园晨(1990):《我国"诸侯经济"的形成及其弊端和根源》,《经济研究》第3期,第12—19页。

史晋川、金祥荣、赵伟(2019):《制度变迁与经济发展:温州模式研究(第三版)》,杭州:浙江大学出版社。

徐增阳、付守芳(2019):《改革开放40年来农民工政策的范式转变:基于985份政策文献的量化分析》,《行政论坛》第1期,第13—21页。

周黎安(2004):《晋升博弈中政府官员的激励与合作:兼论我国地方保护主义和重复建设长期存在的原因》,《经济研究》第6期,第33—

40页。

周黎安(2007):《中国地方官员的晋升锦标赛模式研究》,《经济研究》第7期,第36—50页。

周黎安(2014):《行政发包制》,《社会》第6期,第1—38页。

周黎安(2017):《转型中的地方政府:官员激励与治理(第二版)》,上海:格致出版社/上海人民出版社。

周黎安(2018):《"官场+市场"与中国增长故事》,《社会》第3期,第1—45页。

周黎安(2021):《地区增长联盟与中国特色的政商关系》,《社会》第6期,第1—40页。

Acemoglu, Daron, Camilo García-Jimeno, and James A. Robinson (2015). "State Capacity and Economic Development: A Network Approach," *American Economic Review*, 105(8): 2364—2409.

Amsden, Alice (1989). *Asia's New Giant: South Korea and Late Industrialization*. Oxford: Oxford University Press.

Aoki, Masahiko (2001). *Towards a Comparative Institutional Analysis*. Cambridge, MA.: MIT Press.

Cao, Yuanzheng, Yingyi Qian, and Barry R. Weingast (1999). "From Federalism, Chinese Style to Privatization, Chinese Style," *Economics of Transition*, 7(1): 103—131.

Che, Jiahua and Yingyi Qian (1998). "Institutional Environment, Community Government, and Corporate Governance: Understanding China's Township-Village Enterprises," *Journal of Law, Economics & Organization*, 14: 1—23.

Evans, Peter B. (1995). *Embedded Autonomy: States and Industrial*

Transformation.Princeton, N. J. : Princeton University Press.

Frye, Timothy, and Andrei Shleifer(1997). "The Invisible Hand and the Grabbing Hand," *American Economic Review*, 87: 354—358.

Grief, Avner(1993). "Contract Enforceability and Economic Institutions in Early Trade: The Maghribi Traders' Coalition," *American Economic Review*, 83(3): 525—548.

Grief, Avner, Paul Milgrom and Barry Weingast(1994). "Coordination, Commitment and Enforcement: The Case of the Merchant Guild," *Journal of Political Economy*, 102(4): 745—776.

Grief, Avner(2006). *Institutions and the Path to the Modern Economy: Lessons from Medieval Trade*. Cambridge: Cambridge University Press.

Hausmann, Ricardo, and Dani Rodrik (2003). "Economic Development as Self-discovery," *Journal of Development Economics*, 72(2): 603—633.

Herbst, Jeffery(2000). *States and Power in Africa: Comparative Lessons in Authority and Control*. Princeton, N. J. : Princeton University Press.

Holmstrom, Bengt, and Paul Milgrom(1994). "The Firm as an Incentive System", *American Economic Review*, 84: 972—991.

Johnson, Noel, and Mark Koyama(2017). "States and Economic Growth: Capacity and Constraints," *Explorations in Economic History*, 64: 1—20.

Kohli, Atul(2004). *State-Directed Development: Political Power and Industrialization in the Global Periphery*. Cambridge: Cambridge University Press.

Li, Hongbin, and Li-An Zhou(2005). "Political Turnover and Economic Performance: The Incentive Role of Personnel Control in China," *Journal of Public Economics*, 89: 1743—1762.

Li, Xing, Chong Liu, Xi Weng, and Li-An Zhou (2019). "Target Setting in Tournaments: Theory and Evidence from China", *Economic Journal*, 129 (623): 2888—2915.

Lin, Justin Y. (2011). "New Structural Economics: A Framework for Rethinking Economic Development," *World Bank Economic Observer*, 26(2): 193—221.

Michalopoulos, Stelios, and Elias Papaioannou (2014). "National Institutions and Subnational Development in Africa", *Quarterly Journal of Economics*, 129(1): 151—213.

Migdal, Joel (1988). *Strong Societies and Weak States: State-society Relations and State Capabilities in the Third World*. Princeton, N. J.: Princeton University Press.

Naughton, Barry (2007). *The Chinese Economy: Transitions and Growth*. Cambridge: MIT Press.

North, Douglass C., Wallis, John Joseph, Webb, Steven B., Weingast, Barry R. (2009). *In the Shadow of Violence: Politics, Economics, and the Problems of Development*. New York: Cambridge University Press.

Johnson, Charlmers (1982). *MITI and the Japanese Miracle: The Growth of Industrial Policy, 1925—1975*. Stanford, Calif.: Stanford University Press.

Oi, Jean C. (1992). "Fiscal Reform and the Economic Foundations of Local State Corporatism in China," *World Politics*, 45: 99—126.

Poncet, Sandra (2003). "Measuring Chinese Domestic and International Integration," *China Economic Review*, 14(1): 1—21.

Qian, Yingyi and Gerard Roland (1998). "Federalism and the Soft Budget Constraint," *American Economic Review*, 88(5): 1143—1162.

Qian, Yingyi and Barry R. Weingast(1997). "Federalism as a Commitment to Preserving Market Incentives," *Journal of Economic Perspectives*, 11(4): 83—92.

Qian, Yingyi and Chenggang Xu(1993). "Why China's Economic Reform Differ: The M-Form Hierarchy and Entry/Expansion of the Non-State Sector," *Economics of Transition*, 1: 135—170.

Rodrick, Dani (2008). "Normalizing Industrial Policy, Commission on Growth and Development," Working Paper No. 3, Washington, DC.

Rodrik, Dani (2009). "Industrial Policy: Don't Ask Why, Ask How," *Middle East Development Journal*, 1(1): 1—29.

Stiglitz, Joseph E. (2002). *Globalization and its Discontents*. New York: Norton.

Wade, Robert (1990). *Governing the Market: Economic Theory and the Role of the Government in East Asia Industrialization*. Princeton, N. J.: Princeton University Press.

World Bank (1993). *The East Asian Miracle: Economic Growth and Public Policy*. New York: Oxford University Press.

Xu, Chenggang (2011). "The Fundamental Institutions of China's Reforms and Development," The *Journal of Economic Literature*, 49(4): 1076—1151.

经济学的制度范式与中国经验①

周黎安

一、引言

关于中国的近现代经济发展,学术界提出过不少著名的诘问和悖论,例如"李约瑟之谜"②、"钱学森之问"③。本文的讨论从"张五常之问"开始。张五常是华人当中最有世界影响力的经济学家之一,他在2009年出版的《中国的经济制度》一书中写道:

> 我可以在一个星期内写一本厚厚的批评中国的书。然

---

① 本文根据笔者在北京大学文研院的讲座录音整理而成,曾经发表于《清华社会科学》2019年第3期,收入本书时略有修改。
② "李约瑟之谜"问的是:为什么18世纪以后中国的科学技术落后于西方,而在此之前中国却一直是领先世界?
③ "钱学森之问"涉及的问题是:1949年以后中国培养了那么多人才,但为什么就是不如国难深重的民国时期培养了那么多大师?

而，在有那么多的不利的困境下，中国的高速增长持续了那么久，历史上从来没有出现过。中国一定是做了非常对的事才产生了我们见到的经济奇迹。那是什么呢？这才是真正的问题。（张五常，2009：117）

上述问题被国内学界概括为"张五常之问"，影响甚广。张五常提出的问题非常清晰地反映了人们观察中国经济增长过程所感受到的巨大困惑。一方面，他一星期就能写出一本厚厚的批评中国的书，说明一定看到了中国经济增长的很多问题，可谓"牢骚满腹"；可是另一方面，中国作为一个人口大国又确实取得了人类历史上从未有过的经济奇迹，即使存在这样那样的问题，它一定有成功的秘密，有做对了的地方。可是，做对的地方在哪里呢？

笔者在2008年出版的《转型中的地方政府：官员激励与治理》一书的序言中，曾经打了一个夸张的比喻，以强调中国高速经济增长给国内外学者和观察家带来的"视觉冲击"：

中国经济就如同一辆在高速公路上飞速奔跑的旧车，西方人作为局外人不理解为什么这么旧的车还能够一路高速行驶，认为里面一定有神秘装置；而坐在车内的中国人，发现满车的装置简陋，心里也禁不住老犯嘀咕：这么旧的车为什么还能够一路狂奔？（周黎安，2008：3）

在更深层的意义上，"张五常之问"反映了主流经济学理论与中国高速经济增长之间的内在张力。当我们审视中国的经济改革和经济发展时,习惯于用西方主流的经济学理论解释我们看到的各种现象。可问题在于,当我们戴着西方的有色眼镜看中国到底发生了什么的时候,经常看到的是各种各样的问题,而难以看到其成功之处。

为什么会造成这种认识上的偏差呢?笔者认为,一切的根源在于,关于经济增长的理论,尤其关于长期经济增长的制度经济学理论,主要源自西方国家的成功经验,虽然当中也有一些发展中国家的失败教训作为陪衬和对照,但西方国家的增长经验是主导性的,成为主流理论提炼和抽象的基础。当这种多少带有"西方独特性"的理论试图解释中国经济增长过程,一个包含了中国独特的路径依赖和制度演化的过程,各种困惑和悖论出现也是可以理解的。本文试图对西方主流经济理论的制度范式进行梳理和总结,并与中国的增长实践加以对照和碰撞,检视其理论对于中国经济增长的解释力和局限性。与此同时,笔者还将提出一个替代性的解释框架,与西方主流理论进行对话。

二、经济学的制度范式与中国增长经验的内在张力

为了理解"张五常之问"产生的学术背景,笔者先带领读者做一次简短的学术旅行,帮助读者从经济学乃至更广泛的学术视角,回顾一下西方主流理论是如何界定一个国家实现持续高速的经济增长所需满足的制度条件,而主流经济学关于制度的分析范式也将在这次简短的学术之旅中依次展开。与此同时,我们将这些主流理论放在中国经济增长的背景之下加以检视,考察其解释力和

可能的局限性。

（一）产权制度

首先，长期经济增长涉及的一个重要制度条件就是私有产权的保护。从私有产权制度理解历史上的长期经济增长，道格拉斯·诺斯是这方面的开拓者，他因为这方面的杰出贡献获得了诺贝尔经济学奖。他和合作者在 20 世纪 70 年代出版了一本非常有名的书，即《西方世界的兴起》。在此书中，他们提出一个极具震撼力的观点：荷兰和英国之所以能在近代欧洲率先崛起，是因为这两个国家最早实行了专利法，对技术创造和发明进行了良好的司法保护；荷兰和英国率先推行的私人产权和契约实施的保护制度刺激了私人的技术发明和技术进步。诺斯认为，私有产权的良好保护是解释荷兰和英国的崛起乃至整个西方世界崛起的关键。诺斯的这一重要观点后来得到了极具影响力的经济学家、MIT 教授阿西莫格鲁等人的实证研究的支持（Acemoglu et al., 2001）。阿西莫格鲁和罗宾逊在 2012 年出版了一本畅销书，《国家为什么会失败》（*Why Nations Fail*），讲述了许多国家兴衰的历史故事，也提供了不少巧妙有趣的实证证据（Acemoglu and Robinson, 2012）。全书所传递的基本观点是，凡是经济成功的国家都对私人产权进行了良好的司法保护，而经济失败的国家也是对私人产权保护失败的国家。这是对诺斯的产权制度理论的一个重要拓展。

如果进一步深究，产权制度理论背后还有一个更为微妙，也很有意思的观点，即如果一个国家的权力太强大，就不可能对任何私人团体做出可置信的承诺,因而也就不可能真正地对私人产权进行有效保护;而为了使得国家能够以可信的方式有效保护私人产权,国家的权力就必须受到必要的限制(North and Weingast, 1989; Weingast, 1995)。换言之,强大的国家权力与有效的产权保护之间存在一种悖论关系。因此,能真正做到对私人产权进行有效保护的国家必须是有限且有效的。首先,国家权力必须有限,受到来自社会团体和宪法的制约和制衡;其次,国家权力还不能太弱小,必须强大到能够提供足够的公共产品和司法保护。这就提出了现代政府的一个重要悖论,即如何既保证国家之权力有限,同时又保障其权力之有效。经济学主流理论认为,只有满足这两个条件的政府才能提供良好的产权保护,支持长期的经济增长。

按照这种极为流行的产权制度理论来看中国,产权制度在推动中国经济增长中确实扮演了重要角色。在过去40年里,一方面,中国对私人财产、民营和外资企业的司法保护取得了巨大进步。但是另一方面,这些进步距离社会预期的目标还有很大的改进空间。比如现在的民营企业还在时时刻刻担心国家政策的变化。2018年在媒体上展开的关于民营企业是否应该退场的一些讨论引发了很多民营企业家的恐慌和疑虑,这也反映了人们对产权保护不确定性的担忧。另外,我们也会看到中国仍然有大量模糊产权的存在。比如土地产权,城市土地是国有的,农村土地是集体的,而集体、国有土地产权在经济学意义上都是相对模糊的产权界定,因为相比私人产权,这些产权没有办法落实到一个具体的人格化的所有者。国有企业的产权性质也是如此,包括国有企业和事业单位科研人员职务发明的知识产权的界定其实也模糊不清。

2020年4月国家出台了进一步完善要素市场化改革的重大措施,旨在对知识产权的界定进一步明晰化。

Frank Allen 与合作者在 2005 年发表了一篇很有影响的文章,他们提出了一个有意思的问题:如果按照西方的有限政府、独立司法、产权保护等维度对全世界的国家进行排名的话,中国的排名显然是靠后的(Allen et al. ,2005)。那么按照这个逻辑,中国为什么还能够支撑这么快速的经济增长?这个问题直到今天仍然是个很尖锐的学术问题。总之,从产权制度的角度看中国的经济增长,我们一方面看到了它的重要性及其影响,但另一方面,纯粹用产权观点解释中国的经济奇迹遇到更多的却是困惑。

(二)国家能力

与长期经济增长相关联的第二个维度是"国家能力"。"国家能力"最早是政治学家和社会学家提出来的概念(Tilly,1975;Mann,1986,1993)。在研究欧洲民族国家兴起、工业革命发生的过程中,这些学者发现,中世纪欧洲君主之间频繁发生战争,而为了打赢战争,必须采取各种手段筹集军费、提高军事生产能力。这推动了中央官僚机构的扩张和发展,也使得国家的"汲取能力"(即"征税能力")以及资源的动员能力得以加强。现代国家以及现代"国家能力"正是在这种背景下得以形成,正如蒂利总结的那样,"战争制造了国家,国家制造了战争"。强大的国家能力,如征税能力,决定了国家提供公共产品的能力,也被认为是西方国家兴起的一个重要的政治条件。后来有社会学家和政治学家研究东亚国家,如日本、韩国的崛起过程,发现这些国家独具特色的官僚体制及国家能力发挥了重要作用。首先是国家制定经济政策具有中立性,不受社会利益集团捕获;其次是国家政策的执行力强,在政府与企业的关系网络支持下,产业政策有效发挥引导作用(Evans, 1995)。

在过去的十多年时间里,经济学家从政治学和社会学那里借鉴和发展了"国家能力"这个概念(Besley and Persson, 2011)。经济学家也同样认为"国家能力"很重要,因为国家要提供公共产品(如教育、医疗),一定要有足够的税收征收能力;有效的司法保护必须要有足够数量的法官和法庭,也离不开税收的支持。经济学家最近的一些研究也发现,一些发展中国家的经济发展之所以失败,正是因为这些国家常年战乱、政治动荡和社会失序,无力为企业和国民提供稳定的政治秩序、和平环境、市场环境等(North et al., 2009)。所以,国家能力也是经济发展一个重要的制度条件。

如果从这个角度来看中国的话,我们能看到"国家能力"确实与中国经济发展之间存在密切的相关性。一方面,很多学者指出中国的"国家能力"强大的一面,尤其比较发展中国家的平均表现的话,更是如此。美国著名政治学家福山高度评价中国自秦汉以来一直到现在所具有的官僚传统和国家能力(Fukuyama, 2011, 2014)。不管是国际社会还是中国人自己的认知,中国政府对社会资源的汲取和动员能力是惊人的。在这方面有很多相关文献讨论中国独特的国家能力,譬如"集中力量办大事"、举国体制,以及王绍光等学者提出的"共识性决策"(王绍光、樊鹏,2013)等等①。但是,如果我们仔细阅读政治学、社会学、经济学的相关文献,我们也会发现存在各式各样其他的关于中国"国家能力"的描述与判断,在总体上与强大的"国家能力"形成鲜明对比。比如有学者提出,在中国看似集权的框架之下存在权威的"碎片化"现象,不利于政策的统合协同(Lieberthal and Oksenberg,1988);在中国政府的科层制下经常出现运动式治理与"人治化"倾向,与现代科层制的制度化、法治化和规范化相违背(冯仕政,2012;周雪光,2012);再比如政府内部自上而下的政策执行中存在着大量的"选择性"执行、合谋与变通(周雪光,2005),坊间将这种现象称之为"政令不出中南海";还有我们常说中国国家治理当中国家与社会、政府与市场的边界模糊。这些理论的概括挑战着我们对中国"国家能力"强大的传统认知,说明学术界关于中国"国家能力"的认知并不一致,甚至还有矛盾和冲突。

如果我们进一步追问,对于中国的"国家能力",我们其实还可以看到更多悖论式的现象。例如在举国体制下,我们确实发挥了"集中力量办大事"的制度优势,在很多领域取得了重大成就,譬如"两弹一星"、高铁、核电、北斗、"南水北调""西气东输"等重大国家工程。然而,我们又发现在同样的"国家能力"之下,中国国家治理连很多基本的问题都解决不了。2008年有一位人大代表就提出过这么一个问题:"为什么我们能让高科技的'神七'上天,却管不

---

① 王绍光、樊鹏:《中国式共识性决策:"开门"与"磨合"》,北京:中国人民大学出版社,2013年。

好一个小小的奶粉和食品？"①我们的奶粉要放到药店里面去卖,因为广大消费者对奶制品的质量实在没有信心。很多中国内地游客到澳大利亚、美国、中国香港去抢购奶粉,令大家很没有脸面。同样是在一国体制之下,为什么"集中力量办大事"的体制优势连基本的食品安全问题都解决不了？这说明,中国"国家能力"到底是强还是弱的问题不能一概而论,应该既有强项,也有弱项,关键要看具体的国家治理领域。我们很难满足于"国家能力"是强还是弱这种简单和笼统的判断,而要追问中国国家能力到底在哪些领域强,哪些领域弱,强和弱的领域分布有什么特点,背后的决定因素是什么。

笔者还想进一步强调的是,不管是从国家政权深入农村的渗透力和控制力、资源的汲取能力、动员能力还是国家政策的执行力来看,中国的"国家能力"在计划经济时代都已经达到了历史上的空前水平,即使与今天相比也丝毫不逊色。虽然那时我们借助国家能力取得了很多来之不易的经济和社会成就,但是,整个计划经济时期未能实现经济发展的突破性跃进,尤其是人均收入长期处于非常低下的水平。在1978年,中国的人均GDP水平低于非洲撒哈拉以南地区。这是为什么？当我们思考"国家能力"的时候,做事的能力是一方面,另一方面可能还有做事的激励,能否把事做对,且做对的事。所有这些都是"国家能力"的重要维度,而不仅仅是国家是否具备做事的能力。后面我们将看到,中国的经济改革

---

① 北大电视研究中心:《2008中国传媒年度观察》,链接地址 media.people.com.cn/GB/137684/8714075.html。

和经济发展全方位启动,激活和发展了国家能力的各个维度。

(三)帮助之手与掠夺之手

随着20世纪八九十年代社会主义国家先后进入市场化改革和经济转型,主流经济学发展出一支专门研究经济转型的文献,这支文献试图理解不同转型国家之间改革战略、路径和成效的差异(Roland,2001)。从20世纪90年代开始,国内外经济学家都很关注中俄经济转型的比较,涌现了不少很重要的研究成果。例如,美国经济学家Shleifer与合作者在那个时期提出的一个很有意思的观察视角:俄罗斯地方政府扮演的角色更多的是"掠夺之手"(grabbing hand)——对于私人企业,政府不是去帮它,而是想方设法去骚扰它,剥夺它的权利,攫取它的财产;相比之下,中国地方政府更多地扮演"帮助之手"(helping hand)的角色(Frye and Shleifer,1997;Shleifer and Vishny,1998)。

如何解释中国和俄罗斯的地方政府如此不同的行为表现,一边是帮助之手,一边是掠夺之手?对于这个问题的解释,国内外经济学研究主要有两支文献。一支文献以钱颖一等经济学家为代表,他们更多强调中国从20世纪80年代以来的财政分权体制促成了所谓的中国特色的"财政联邦主义",即中央与地方实行"财政包干",按一定比例在中央和地方分享财政收入(Montinola et al.,1995;Qian and Weingast,1997)。在这些财政分成合同中,给定事前确定的分成比例,地方创造的财税收入越多,留成的收入就越多。地方政府成了财政收入的"剩余索取者"(交够中央的,剩下就是自己的),因此愿意创造更多的财政收入。张五常强调县级政府为了最大化租税分成收入而相互竞争(张五常,2009)。钱颖一、张五常等经济学家通过财税、土地租税激励解释了为什么地方政府有动力发展乡镇企业、吸引外商等这些"非国有"部门。中国经济转型的早期阶段其实还留存着计划经济时代的意识形态和政策遗产,国家层面的政策对非国有部门尤其是对民营企业并不非常支持。在这种情况下,为什么地方政府会那么热情地去帮助乡镇企业、民营企业和外商投资企业?这支文献从财税分成的角度给了一个很有趣的解释,在学术界影响力极大。另外一支文献从官员的晋升激励角度进行解释,即从地方官员之间的"政治锦标赛"或晋升锦标赛解释地方竞争背后的制度基础(Maskin et al.,2001;周黎安,2004,2007,2017;周黎安等,2005;Li and Zhou,2005;Xu,2011)。在地方官员的晋升考核与辖区经济绩效挂钩的制度下,地方官员为了谋求更高的晋升机会而努力做大辖区的经济绩效,如产值、财税收入、招商引资规模。这支文献也可以解释地方官员对于本地企业(包括非国有企业)的政策扶持;与此同时还强调,地方官员的个人特征(年龄、任期)因为与晋升机会联系在一起,进而影响地方官员推动地方经济发展(包括支持企业发展)的激励强度。

这两支文献在一定程度上解释了为什么中国的地方政府扮演了"帮助之手",而不是"掠夺之手"。但是我们仍然还有很多问题需要回答。比如为什么在中国同样的行政体制和官员考核机制下,不同地区的政府行为和营商环境差别如此之大?民间长期以来有所谓的"投资不过山海关"之说,我们也有营商环境非常好的地方,比如江苏昆山依靠超一流的行政服务水平吸引了数十万台商聚集,使昆山长期稳居中国经济百强县首位,发展成我国电子产业的重要基地。为什么同样的行政体制下,甚至在同一个地方政府,主政官如市长书记,与职能部门(如环保局、民政局、公安局等)之间,部门领导与基层公务员之间,对企业的服务态度也可能存在差别?所有这些现象该如何解释呢?笔者认为,这是上述文献没有直接回答的。所以,当我们把聚焦点放在中国之内,我们不仅要解释地区间的差异,还要解释同一政府内部不同部门之间、不同层级之间可能出现的"帮助之手"与"掠夺之手"的差异。这些问题是对现有文献的一大挑战。

(四)政治制度与经济制度的互动

近年来,主流经济学开始关注政治制度与经济制度的互动关系。如上所述,主流经济学家的长期共识是,国家必须提供对私有产权的有效司法保护,只有这样市场经济才能健康发展。但后来经济学家发现,国家要提供良好的司法保护并不容易,并不是国家想做就能做到的,而是要满足一些政治制度条件。阿西莫格鲁等经济学家从跨国的发展经验出发,指出经济制度(如产权保护制度)的包容性(即惠及社会各利益群体的广泛性程度)需要政治制度的包容性加以支撑。所谓的政治制度的包容性,就是指政治决策所涉及的利益群体的广泛性,在国家的决策层、治理层有多个利益集团之间的制衡、共商机制,以便对政府权力形成约束,摆脱狭隘的专制政体,这样政府出台的政策才有可能惠及社会绝大多数的人群,而不是只为了少数狭隘的利益群体服务①。他们认为,政治制度的包容性是支撑经济制度(如产权保护制度)的包容性的根本条件。那么,政治制度的包容性来自哪里呢?他们的答案是政治的多元主义,一个政权一定要包括社会上多个利益群体,甚至还要赋予他们参与国家政治政策制定的权力。那些缺乏产权保护的国家,或者其经济制度体现为再分配性和掠夺性,是因为它们的政治制度缺乏包容性。著名经济学家 Besley 和 Persson 在 2011 年出版了一本很有影响的书,《繁荣的支柱》(*Pillars of Prosperity*),他们的观点跟 Acemoglu 和 Robinson 是类似的:一个国家要有良好的司法保护,需要有一系列反映共同利益的制度(common interest institutions),这些体制不是为狭隘的利益集团服务,而是以代表更多人群利益的政治制度为支撑(Besley and Persson,2011)。

用以上观点看中国,我们会发现更多的悖论。中国的改革开放是在政治和行政制度高度稳定的情况下持续推进的。Barry Naughton 在 2008 年发表的一篇文章提出了一个有趣的问题:中国经济改革开放的彻底性和中国政治制度的持续性形成了惊人的对比,这在传统上是被认为不可能的(Naughton,2008)。换言之,中国在经济制度上走向高度市场化、全球化,而政治制度却维持了高度的稳定性;他认为这两者之间形成了惊人的对比,让人疑惑。

事实上,我们发现,即便是我们在改革中寻求的渐进改革(如"价格双轨制"),其实也要照顾更多的利益群体。钱颖一等经济学家称之为"帕累托改进"的制度变迁,即在保护既得利益群体的前

---

① 德隆·阿西莫格鲁、詹姆斯·A.罗宾逊:《国家为什么会失败》,长沙:湖南科学技术出版社,2015 年。

提下增进了新生群体的利益(Lau,Qian,and Roland,2000)。笔者在前面提到过王绍光等人提出的"共识性决策"的概念,即在权威体制下,中央理论上可以通过一纸文件决定一个制度的形成,或者废除一个制度,但事实上中国几乎所有重大的经济、政治等相关决策都经历了广泛的共识形成过程(王绍光、樊鹏,2013)。这中间包含了中央和地方的大量谈判、讨价还价和协商过程。所以,中国的体制看上去是高度统一的一元化体制,但是这个制度里却包含了大量的在西方看来不可想象的来自上下级之间的协商、谈判和讨价还价,以及兼容社会各个群体利益的决策体制。虽然我们有地区差异,但是我们的改革开放确实惠及了社会上绝大多数的人。1978—2020年,中国实现了8亿人成功脱贫,这在世界范围内绝对是一个奇迹。在这种现实情况下,怎么理解中国在这个过程中所形成的"政经互动"而与西方呈现出不同的路径,很值得我们去研究。

三、"官场 + 市场"理论与中国增长悖论

以上,笔者做了一个简要的学术回顾,以便让读者看到主流经济学家是怎样思考一个国家实现持续的经济发展应该具备的制度条件。可以看出,主流经济学建构的制度图景、转型路径和前提条件与中国的改革和增长经验既有一定的相关性,又呈现巨大反差。接下来,笔者要为读者提供一个替代性的解释框架,在这一理解框架下,笔者将试图回答前面涉及的关于中国经济增长所面临的各种困惑与悖论。

2018年笔者在《社会》杂志上发表了一篇文章,《"官场 + 市

场"与中国增长故事》,提出了一个分析框架解释中国独特的经济增长过程。① 这一框架的形成主要基于"政治锦标赛"理论,即地方官员之间围绕着经济发展的政治锦标赛。沿着这个出发点做一些拓展和延伸,就发展出了"官场 + 市场"的理论。为什么政治锦标赛会引向"官场 + 市场"的政经互动模式呢?

笔者举个例子加以说明。在中国,不管是两个省还是同一个省的两个地级市,或者同一个地级市的两个区县之间,只要它们的经济实力相似、政治地位或行政级别相同的话,它们就属于潜在竞争地区。两个地区的竞争性体现在两个层面:第一,两个地区处于同一级别的主政官,如书记、市长,在同一官场上面临着政治晋升的竞争;第二,这两个辖区的企业在市场上也存在经济竞争(图1)。图1所显示的市场竞争不是一个圈,而是多个圈,意思是这两个地区的企业相互竞争,它们还要和其他地区甚至海外的企业进行市场竞争,所以市场竞争涉及更加广泛的地区。

在笔者看来,中国"官场 + 市场"双重竞争体制最有意思的特征并不是官场竞争和市场竞争这两个层面竞争的存在,而是中间的那个"+"。怎么理解"+"呢?两个地方官员在官场上竞争,其晋升命运取决于什么?在现实中当然有许多因素决定官员的晋升,但长期以来在干部考核体系中辖区的经济绩效对地方官员的晋升产生重要影响。在这种情况下,对 A 地区的主政官员来讲,他的晋升几率在相当程度上取决于辖区内的企业在市场上竞争的结果。一个地区的 GDP、财税收入都是来自该地区所有企业创造的"市场

---

① 周黎安:《"官场 + 市场"与中国增长故事》,《社会》2018 年第 2 期。

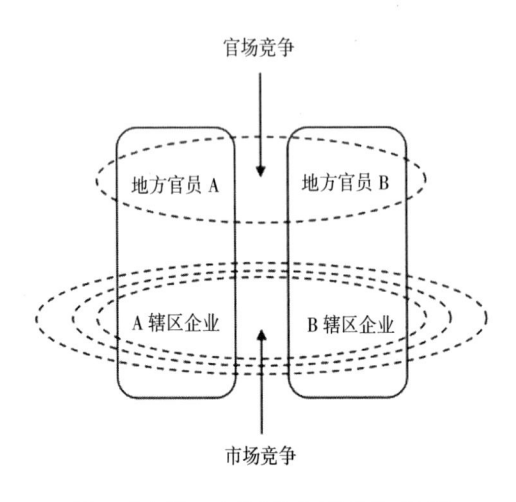

图 1 "官场 + 市场"模式(周黎安,2018)

附加值"的总和,而"市场附加值"的大小则来自辖区企业与外部企业竞争的结果。在极端情况下,如果本地企业没有市场竞争力,生产的产品卖不出去,提供的服务没有需求,该地区就没有"市场附加值",因此也就没有 GDP 和财税。反过来,一个地区的企业市场竞争力越强,其所创造的 GDP 和财税就越多。所以,在这个意义上讲,"官场 + 市场"当中"+"的意义,一方面体现在地方官的政治命运或官场竞争的命运取决于其辖区内的企业在市场上竞争的命运;另一方面,辖区企业在市场上竞争的命运,也在相当程度上取决于地方官员所提供的行政服务和政策支持,而地方官员提供给企业的服务和支持力度又取决于地方官员的仕途前景和官场竞争的情况。表面上看是两个地方的企业之间在市场上展开竞争,实则企业的背后站着的是非常关心它们竞争命运的地方官员,这些地方官员是否尽其所能,动用其行政、财政、金融等资源帮助本地企业更好地赢得市场竞争,反过来决定企业竞争的命运。政府补贴、廉价土地支持、融资便利、产业集聚等都是地方政府助力本地企业赢得市场竞争的各种方法。所以,"+"是一种双重嵌入,是一种中国特色的政经互动模式。

这种双市场竞争体制带来了什么呢?先说直观的结果。首先,两个辖区间的竞争促成了辖区内的地方官员和地方企业之间的密切合作,使得他们之间发展成一个"政经共同体"和地区增长联盟。官员为了政绩,企业为了业绩,而企业的业绩在相当程度上也构成官员的政绩;反过来,地方官员拿到了政绩(或预期到未来的政绩)也会反哺企业的业绩,比如进一步改善基础设施,加大招商引资力度,提高产业集聚效应。"政绩—业绩"纽带是地方官员和地方企业走到一起、携手形成"政经共同体"和利益链接的关键。所以,中国的这种"政治锦标赛",以及所衍生的"官场 + 市场"的模式实际上促成了内生的地区增长联盟的形成。其次,辖区之间两个"政经共同体"相互竞争。值得注意的是,如果只有密切的政企合作,这种合作就极有可能演变成政企合谋、权钱交易、利益勾兑等,我们对政企合作所担心的所有问题都有可能出现。然而中国的情况是,不仅辖区内部存在着政企合作,辖区间还存在着激烈的市场竞争和政治竞争。这种辖区间的竞争最终塑造了地方官员和地方企业之间合作的性质和效果,即在总体上一定是有助于地区的经济增长,使其不会走向纯粹的合谋、腐败或狭隘利益的捕获。

因此,"官场 + 市场"是一个很有意思的双重竞争机制——政治家之间、企业家之间各自竞争,既有政治竞争,又有经济竞争;同时,辖区内又有高度密切的政企合作。所以在这一机制下,竞争中有合作,合作中有竞争,这是中国政经体制所形成的独具特色的现象。

那么,"官场+市场"的模式解决了中国经济发展当中什么样的痛点和难点问题呢?经济发展一般同时面临"市场失灵"和"政府失灵"的双重挑战。一方面,需要政府去解决经济发展初期市场的支持性制度缺乏以及基本公共品(如基础教育、医疗、交通设施)的提供问题;另一方面,政府干预市场和经济又经常带来腐败、寻租和认知局限等问题,这是政府失灵的具体表现。这些问题的存在对于发展中国家来说就是经济发展面临的最大障碍。

中国的这种双市场竞争体制带来了什么不一样的结果?从积极方面来讲,笔者认为有三点。第一,"官场+市场"的体制为地方官员提供了充分的政治激励推动地区经济发展。地方官员会利用手中的行政、经济资源助力地方企业的发展,比如修建基础设施、改善城市功能、提供技术培训、出台招商引资优惠政策、加强产业园集聚效应等等,所有这些都是在发挥有为政府的作用。为什么绝大多数发展中国家长期以来无法实现经济的持续稳定增长?其中一个关键性原因就是这些国家的政府没有扮演"有为政府"的角色,缺乏这方面的有效激励。在中国的双竞争体制下,地方政府确实做了许多政府应该做的事情。所以,笔者把这个作用称之为"把事做对",即把政府的规定动作做好,而且这也是克服市场失灵的重要方面。

第二,"官场+市场"有助于限制官员权力的任性、专断及"掠夺之手"。鼓励地方官员"把事做对"还不够,地方政府手中有很多自由裁量权,对企业来说是一种不确定性风险。有些学者就尖锐地指出,政府手中的自由裁量权在本质上是一种合法伤害权。① 这些自由裁量权如果政府用得好,可以成事;如果用得不好,当然也可以败事,以合法的名义伤害企业的利益,这是所谓的"掠夺之手"的内涵。但是,在"官场+市场"的模式里面,这种情况发生无法消除,但会受到较大的制约。这是因为市场竞争里面包含要素市场的竞争,尤其是物质资本和人力资本跨地域间的流动引发的地区竞争。如果企业发现一个地方的投资环境不好,就可以去别的地方投资,甚至去竞争性地区。这样的话,即使是一个任性专断的地方官员,他为了做大本地的经济绩效,赢得政治市场的竞争,就不得不抑制自己的任性专断,尽量不去扮演"掠夺之手",而是扮演"帮助之手"的角色。所以,从"掠夺之手"到"帮助之手"的跳跃,没有官场竞争和市场竞争的有机结合就很难实现。只有"把事做对"的激励还是不够的,即使官员把规定动作都做好了,他仍然可能干坏事,所以我们的体制一定要防止官员做坏事,"官场+市场"的双重竞争机制有助于"防止官员做坏事"。

前面我们论及,司法意义上的产权保护在中国尚有很大的提升空间。中国在产权保护所存在的诸种问题与中国民营企业的迅速崛起、外商投资大规模涌入中国之间是一个悖论。这如何解释呢?在"官场+市场"体制下,地方官员知道自己的晋升命运在相当程度上寄托在民营和外资企业愿不愿意在本辖区投资以及投资规模的大小。在这种情况下,地方官员会利用手中的行政资源,甚

---

① 吴思:《潜规则:中国历史中的真实游戏》,上海:复旦大学出版社,2009年。

至个人承诺保护民营企业,努力营造良好的投资环境。这种产权保护并非主要来自司法领域的进步,而是地方官员从自身利益出发给出的行政保护,因为官员有足够的动力跟民营企业家做朋友。在一定程度上,中国的地方政府用行政保护和营商环境替代了司法保护,这就解释了为什么中国在司法领域所确立的产权保护不够完善,而民营企业和外商企业仍然愿意大规模投资,因为能够得到来自地方政府的有效保护。当然,有人会说行政保护不是完美的,容易"人走政息",不如司法保护公平、透明、持久。但给定中国长期的行政传统,司法体制的巨大进步本身需要时间,也非容易之事,在中国目前的发展阶段,行政保护仍然具有其重要的价值,在许多地区也发挥了积极作用。行政保护不是最好的选择,但是一种次优选择(second best)。概言之,"官场 + 市场"体制是企业产权得到有效保护、地方投资环境得以优化的制度基础,行政保护提供了"中国特色"的产权保护,这有助于回答 Allen 等(2005)提出的关于中国政经制度排名的悖论。

政府的"帮助之手"作用能有多大?北京大学的路风教授出版了一部巨著,《光变:一个企业及其工业史》。这本书提供了很好的例证帮助我们理解,在地方竞争的环境下地方政府是如何冒险对一个受困企业倾力相助,甚至压上自己的全部"家当"。[1] 京东方是最好的例子。京东方做液晶显示屏,为了占据技术优势,需要逆周期投资,每个项目的投资都是十分巨大的。当年合肥、重庆政府与京东方合作,各自投了一两百亿。合肥当年投资京东方的金额

---

[1] 路风:《光变:一个企业及其工业史》,北京:当代中国出版社,2016 年。

(协议价196亿)占到合肥市当年财政收入的三分之一,连本来要上的地铁项目都暂停了。在合肥市政府历史上,从来没有为一个企业出过这么多钱。如果项目失败了怎么办?对于地方政府来说,对企业的压赌跟私人投资家的冒险没有本质区别,因为好机会不多,一旦认准了,必须要冒风险。最近成都、绵阳为了支持京东方在这两个地方开厂,对它的投资金额的总和接近1000亿人民币,简直无法想象。绵阳只是一个地级市,怎么能够掏出400亿来支持京东方建厂?如果没有地方竞争的压力的话,笔者认为,绵阳政府是不愿意出这份钱的。所以,地方政府为了支持一个企业实现产业梦想,是拿"真金白银"加以扶持的。地方政府和企业为什么能够如此紧密地走到一起?只有在中国这样双重竞争体制下,京东方才能从地方政府那里借力,实现"弯道赶超",逆势增长,最终让三星在曾经非常有优势的显示屏领域逐渐退出。

在地方政府可能扮演"掠夺之手"的地方,现在却变成了"帮助之手",而且还不是"零星小雨""小恩小惠",而是"砸锅卖铁",倾力相助。这背后如果没有强大的官员激励和地方竞争是很难理解的。

第三,"官场+市场"体制还为辖区内的政企合作提供了重要的信息反馈和试错纠错机会,有助于克服官员的认知局限。地区间的双重竞争鼓励了辖区内的企业家跟政治家的紧密合作,但怎么才能保证这种"政企合作"的结果是好的?怎么能保证地方力推的特色产业、龙头企业具有市场竞争力?政策扶持的方向错了怎么办?这是完全可能的。但是,因为我们有"官场+市场"的体制,尤其是"市场"的存在,就使得"政企合作"最终成果都要拿到市场上去检验,一验便知。企业产品的销量怎么样?企业和产业的业绩增长如何？企业利润状况怎么样？这些量化指标一下子就能反馈辖区内部的"政企合作"的成果如何，在市场上有没有真正的竞争力。这个信息反馈非常重要，通过信息反馈，可以引导政企双方实现不仅密切而且有效的合作。如果没有这个双竞争机制提供的反馈机制，即使政企双方真心实意，精诚合作，但好心也可能办坏事。所幸中国的地方竞争既有官场竞争，也还有市场竞争，尤其是中国加入WTO、深度融入全球化之后，市场竞争更加激烈，市场机制变得更加有效。同样重要的是，地方政府对于更大范围的市场竞争，只是作为"市场价格的接受者"，无法操纵市场结果。这种情况之下市场竞争的结果就能引导地方政府与地方企业之间，不断试错、迭代，形成一种相对来说有效的合作关系，逐渐摸索出适合地区禀赋的特色产业。

经济学告诉我们，一个国家的经济发展需要企业家精神，或者更准确地说是市场企业家精神。但笔者认为，中国的改革开放包括地区经济发展也需要大胆的制度和政策的创新冒险，也需要政治企业家精神。而双重的竞争机制正好帮助我们产生了这两种企业家精神——官场竞争激发了地方官员变成一个政治企业家，因为地方官员为了获得优异的政绩也需要剑走偏锋，出奇制胜，进行制度和政策创新，形成差异化发展战略；激烈的市场竞争则催生市场企业家精神。"官场+市场"的体制导致了辖区内政治企业家精神和市场企业家精神的结合，同时也实现了一个地区政治精英和经济精英的结合。对于一个地区经济发展最重要的精英群体就是政治精英和经济精英。中国一千多年的科举制传统也使得中国的官僚体制能够吸纳社会的精英人才，今日政府部门仍然吸引了社会相当一部分精英人才。在地方竞争的背景下政治精英与经济精英相互合作,优势互补,提高本地区的市场竞争力。这是"官场+市场"体制带来的重要结果。

"官场+市场"的分析框架也有助于解释中国政治集权的稳定性和改革开放的彻底性之间的悖论。其实,在笔者看来,这两者之间并不相悖,而是完美结合。因为如果没有集中的人事任命权,聚焦经济发展的政治锦标赛、官场竞争就不会存在,没有中央的集中领导和对大局的掌控也难以推动20世纪80年代开启的市场化改革和对外开放。官场竞争与市场化改革、全球化捆绑在一起,如果没有与市场竞争的结合,官场竞争就可能演变成纯粹的权力游戏,上演"大跃进"时期竞相"放卫星"的局面。绝大多数学者只看到了中国政治集权的一面,而没有看到我们在集权的同时又最大限度引入地方竞争和官员竞争,又最大限度把这种官场竞争和地方竞争嵌入在了市场化和全球化的进程之中。所以,在这个意义上,通过"官场+市场"双重竞争机制,政治制度的稳定性和改革开放的彻底性是水乳交融的,谁也离不开谁,两者只能捆绑在一起才有可能造成我们今天的经济奇迹。

前面提到,政府的"帮助之手"和"掠夺之手"在地区间可能存在差异,这怎么解释?笔者前文中提到的官场竞争与市场竞争双重机制是从一般意义上讲的,具体到了各个地区,官场竞争与市场竞争的组合可能会很不一样。我们如果把上述解释框架再拓展一下,就可以解释中国地区间的差异。首先,地区间的官场竞争有可能存在差异。中国1984年以来实施"下管一级"的人事任命制度,这意味着省级地方官员在一个"官场"竞争,同时每个省内部也是一个独立的"官场",省内的地级市官员之间相互竞争(跨省的地级市官员交流只是极少数),每个地级市也是一个独立的"官场"(区县的地方官员相互竞争),以此类推。上级政府在选拔、晋升官员的时候在多大程度上与官员的经济政绩挂钩,不同地区之间存在差异。我们在过去这些年也看见不少的"跑官卖官""带病提拔"的腐败案例,说明一些地区干部晋升夹杂着关系网络和金钱的影响。只有当一个地区地方官员的晋升与经济绩效挂钩程度高的时候,地方官员发展地区经济的政治激励才能充分。

一个辖区面临的外部市场竞争显然也各不相同,具体取决于以下几个因素:第一,本辖区融入周边区域、全国市场乃至国际市场的程度,如辖区产品本地销售的比重,销售到外省、外国市场的比重。融入外部市场的比例越高,该辖区面临的市场竞争就越激烈。第二,辖区企业和产业对外部市场竞争的敏感度,资源垄断性行业比竞争性行业对外部市场的反应更不敏感,而民营和外资企业比国有企业的市场敏感度更高。第三,辖区自身经济总量和市场经济的规模,这个因素决定了辖区企业在多大程度上可以屏蔽外部市场竞争而"自成体系",在多大程度上是外部市场(如价格)的接受者,而不是操纵者。国有企业或资源垄断性质的行业对市场竞争的压力和敏感度自然要低一些,而民营企业和外商投资企业对市场的反应则更灵敏。

把官场竞争和市场竞争的差异做一个简单的强弱划分,就可以得到四种组合,如图2所示①。官场竞争的强意味着官员的晋升

---

① 图2取自周黎安(2018)。

更多地依赖经济发展的政绩,反之则意味着更依赖非政绩的其他相关因素;市场竞争的强意味着辖区企业对外部竞争的敏感度强,反之则敏感度弱。

图2 官场竞争和市场竞争四种组合下的政企关系

		官场竞争	
		强	弱
市场竞争	强	第1类地区:政治企业家与民间企业家相结合,优势互补;市场友好型的政府政策	第2类地区:民间企业家精神旺盛,市场主导,政府作为有限,有局部寻租和捕获
	弱	第3类地区:政治企业家精神旺盛,政府主导,政企合作类型取决于地区禀赋条件	第4类地区:营商环境差,政府扮演"掠夺之手",非国有部门难以发展

图2左上角对应的是"官场+市场"的强强组合,这一类辖区(我们称之为第1类地区)市场经济的基础较好,民营企业比重高,或者经济以外向型为主,民间企业家精神活跃;与此同时,地方官员的晋升与辖区经济发展绩效密切挂钩,官员有充分激励推动地区经济发展。在这种竞争格局下,地方官的竞争策略可能就是采取市场友好的政策思路,为企业和市场创造更好的基础设施,促进产业集聚,提供高效的服务和市场监管环境;政企关系更多是一种良性互动关系。比如浙江义乌素有小商品贸易的传统,历届地方政府积极为小商品市场创造良好政策环境和硬件条件,建立商品交易城,征收较低的管理费,建立商铺的商誉评级,打击假冒伪劣行为,义乌得以成为全球最大的小商品交易城。而义乌日益融入

国际市场也制约了地方官员的"乱作为"和任性空间①。类似的例子还有江苏的昆山成为全国著名的台商聚集地。这也进一步说明,市场竞争通过影响辖区企业和产业的市场业绩不仅影响官场竞争的结果,还反过来决定官员参与官场竞争的方式和策略以及政企合作的良性程度。也就是说,一个地区的市场发育程度和经济发展阶段也会影响地方官员参与官场竞争的策略。

图2的右下角所对应的是"官场+市场"的弱弱组合。这一类组合对应的地区(第4类地区)具备两个特征:一方面国有企业或者资源垄断行业占据主导,企业对市场竞争缺乏敏感度,另一方面官场竞争的生态更多是靠人脉或金钱而不是经济发展绩效获得晋升,官员对经济发展的内在动力不足。两者结合的结果很可能是民营外资企业面临的营商环境欠佳而难以发展,地方官员扮演"掠夺之手",地区经济增长缺乏持续动力。可以想象,"官场+市场"的这两类组合地区在长期经济增长上会出现系统而显著的差异和分化。譬如东北地区,拥有优越的硬件条件,如工业基础、基础设施、高校资源、农业基础,但这些年的经济一直在下行,人口不断外流,原因就在于极不正常的官场生态、国企和资源型行业占主导,换句话说,是官场竞争和市场竞争双重竞争机制同时失败的结果。

图2的左下角和右上角所呈现的两种组合则对应更为复杂的情况。一种组合是官场竞争弱,但是市场竞争强。这一类地区(第

---

① 参见甄志宏等(2016)。大约同一时期浙江绍兴、东阳等地也试图发展小商品市场,但因为一些政府政策失误而错失了战略机遇。这说明政企的良性互动、优势互补仍然是重要的,义乌市政府的战略眼光、与时俱进的职能定位和调整、正确的扶持政策发挥了关键性作用。

2类地区)市场经济较为发达,民间企业家精神旺盛,地方官员的晋升激励弱(或者对经济发展的兴趣不大),地方政府发挥的作用有限。这种组合下地区经济发展在市场经济的驱动下也会表现不错,但政企合作中寻租和捕获的概率比较大。

最复杂也最有趣的是官场竞争强、市场竞争弱的组合,即第3类地区。地方官员有非常强烈的发展经济的激励,但经济基础相对比较薄弱,有可能是国有企业或资源垄断型行业占主导,也可能是国有和民营经济都比较薄弱,由此引发的政企合作均衡就会出现较大的差异性,具体取决于该地区的禀赋条件。如果是前者,为了在短时间做大地方经济,地方官的策略可能就是依靠银行融资进一步发展国有企业,以国有企业的投资和数量扩张实现经济增长。如果是后者,地方官员为了在经济竞争中有所表现,则有可能热衷于做"政绩工程"和"表面文章",甚至"数据造假"谋求政绩。但是不排除还有一种情况,地方官员体现强烈的政治企业家精神,在政府主导下,与辖区企业通力合作(或"筑巢引凤"、吸引外来企业),捕捉市场机会,打造具备竞争潜力的特色产业。观察中国各地的经济发展,最有趣的现象不是"富者愈富、穷者愈穷"的"马太效应"(如第1类和第4类地区之间),而是"逆马太效应":众多平凡地区(包括一些落后地区)实现了不平凡的经济赶超,在最不可能出现奇迹的地方上演了产业崛起的传奇故事。而这正是"官场+市场"模式的魅力所在:官场竞争和市场竞争同时催生政治和民间企业家精神,这为一些经济发展起始条件落后的地区创造了异军突起、弯道超车、跳出"低水平陷阱"的重要机遇。即使像第3类地区,只要政治和民间企业家走在一起,携手合作,就可能摸索和打造出支持地方经济发展的特色产业。福建"沙县小吃"、湖北潜江小龙虾养殖和加工、宁夏贺兰山东麓葡萄酒产区、山东寿光大棚蔬菜基地、江西南康家具产业基地的崛起都是这方面的例子。

从中可以得出的一个基本结论是,在中国这样的体制环境下,经济发展最成功的地区不一定是自然资源最丰富、发展基础和区位条件最有利的地区,而是官场竞争和市场竞争结合得最完美的地区。反过来讲,经济发展最失败的地区,不见得就是自然资源最恶劣、经济发展条件最差的地方,而是官场竞争、市场竞争带来的激励和约束机制最薄弱的地方。总之,一个地区的经济增长在相当意义上依赖于"政治企业家"和"市场企业家"之间的匹配效果。

同时,笔者想强调,这个双市场竞争模式并不完美,它有自己的局限。"官场 + 市场"模式的内在局限恰好解释了中国过去 40 年的高速经济增长所伴随的各种各样的问题。至于这一模式的作用边界在哪里,我们还是要回到官场竞争和市场竞争各自的作用机制上去寻找。我们以上所描述的更多是两种竞争机制相互作用所产生的正向结果,但我们也必须正视官场竞争和市场竞争内在经济逻辑的不同。从经济学的分析来看,官场竞争的最大特点是零和博弈,即两个官员竞争一个晋升职位,最后只有一个胜出,竞争者不能私下达成协议,令胜出者补偿失败者。零和博弈导致官员之间只能是相互竞争,很难合作,因为合作没有可以分享的收益。市场竞争的机制则很不一样:两个企业在市场上可以誓死力拼,但是如果合作有收益,企业之间可以通过兼并、合资、参股等方式进行合作,分享合作收益。总之,在市场竞争中,企业之间既可以有竞争,也可以有合作。

官场竞争的"零和博弈"性质恰好解释了为什么地区间存在高度竞争而经济合作相对缺乏的现象,也可以解释为什么过去四十多年的经济改革和市场化仍然面临形式多样的地方保护主义政策。有研究表明,长期以来中国的贫困地区主要集中在省交界地带。笔者曾经写过一篇文章专门研究这个问题(周黎安,2004)。两个相邻地区竞争时,在空间布局上,每个地区一定会将经济发展最核心的资源放在核心地区,而地区间的临界区域往往得不到发展,因为临界位置的发展不仅对本地区有好处,对相邻地区的经济发展也会有外溢效应。如果临界位置的发展对相邻地区的发展更有利,反而不利于本地区的经济排名,官员一定会"趋利避害"。所以在这个意义上,对这种"既利己又利人"的事情,官员是没有兴趣做的,他们最喜欢做"损人利己"的事情。带着这个逻辑,我们就能理解中国地区间经济一体化所呈现的特征。比如为什么中国的省交界地带集中了中国大约三分之一的贫困县。当然有人会反驳说,这些省交界地带自然条件比较差,比如崇山峻岭,交通不便,区位条件差。笔者的一篇合作研究对此进行了实证研究,简要总结其分析结论就是:在控制了地区的自然条件、文盲率等因素之后,我们仍然发现贫困县更可能分布在省交界地带(周黎安、陶婧,2011)。我们的解释是在交界地带发展经济容易产生正向溢出效应,惠及竞争对手,使得地方官员缺乏激励投资这些地区,包括基础设施。我在《转型中的地方政府:官员激励与治理》一书列出不少事例说明地方政府合作之难及其带来的经济影响,包括解释为什么京津冀的一体化长期落后于珠三角与长三角(周黎安,2017)。

相比市场竞争而言,官员竞争还受到官员任期的影响。地方主政官的任期一般只有三到五年,而地方官员关心的往往只是任期内的绩效,超出任期之外的事情一般不太关心,这就导致了官员"短期化"的视角。这也可以解释长期以来为什么官员对教育、医疗、环保等这些"慢变量"兴趣不大,因为在这些领域,前期投入大,见效慢,而且"前人种树,后人乘凉",官员激励不足。另外,官员考核用的是"有限指标",这些指标还有不同的权重——跟经济发展有关的指标,即所谓的"硬指标",所占权重高;有些指标属于"约束性指标"或"一票否决",如维稳、安全生产和环境保护;有些属于"软指标",占的考核权重比较低。理性的地方官员面对多元化的考核指标体系,肯定对硬性指标、高权重指标感兴趣,对软指标兴趣有限。

"官场+市场"的视角也可以帮助我们理解存在于我们体制当中的短板,比如教育、医疗、质检等领域。为什么中国的政府治理体制会存在这样的短板?我们发现,这些短板也都是在官场竞争和市场竞争两者比较失败的领域。一方面,在官场竞争中,这些治理领域在官员考核指标体系中相对来说不太重要;另一方面,教育、医疗、环保等领域都具有强烈的属地化的性质,地区间不存在横向竞争,跨地区之间缺乏流动性,比如教育资源与户籍所在地挂钩,医疗支出报销长期以来必须在属地医院进行(近年来跨地区医疗报销取得显著进展),质检、环评属地化供给的问题也很严重,市场竞争机制发挥不出来。这样一来,既没有市场竞争,官场竞争也不重视这些领域,因此失去了两重竞争机制的作用和激励,成为我们体制中的痛点问题。

因此,"官场+市场"的模式不是一个完美的机制,一方面,它有它的长项,比如特别善于解决经济发展的"市场失灵"和"政府失灵"问题;另一方面,它也有不足和短板,有其相对失败的地方。但是笔者要强调的是,这个模式虽然不一定能保证最好的结果,但是在总体上却避免了最坏的结果。事实上,避免最坏的结果经常是我们对一个制度设计最好的期盼。

四、行政发包制的影响

在这里,笔者想引入另外一个分析概念——行政发包制,进一步丰富和提高我们对中国经济增长的解释力。这个概念是笔者在2008年首先提出,后来在周黎安(2014)得以扩展①。如果我们将"行政发包制"和"官场+市场"的模式结合起来,就可以更好地解开我们思考中国经济增长所产生的困惑。"官场+市场"的模式描述的是中国地区间的横向竞争(包括政治竞争与经济竞争),而"行政发包制"则用来描述中央与地方的纵向关系。其刻画的是中央与地方、各级地方政府之间属地化行政发包关系。所谓"行政发包",就是上级政府将行政和公共事务,譬如经济发展、教育、医疗、质检等相关政府事务发包给下级属地政府,地方官员按照"谁主管、谁负责"的原则落实属地责任。经过层层发包,基层政府,譬如县级政府,就成了绝大多数公共服务的最终承包方。有些政府事务(如经济发展)有相对清晰的考核指标,有些政府事务(如教育、医疗)则不一定下达明晰任务,但出了问题则会追究领导责任。作

---

① 周黎安:《转型中的地方政府:官员激励与治理》,上海:格致出版社,2008年。

为承包人的地方官员（地方政府）一方面具有相当的自由裁量权决定如何完成承包任务，另一方面还要尽力筹集"预算外"资源，甚至动员社会力量完成上级下发的任务。

那么，行政发包制给地方政府带来了什么影响呢？它与政治锦标赛、"官场 + 市场"模式是怎样互动的呢？我们发现，它们之间是一种很有趣的关系。从中央到地方、从上级到下级的层层发包，首先赋予了地方政府和官员属地责任，同时也赋予了地方政府和官员以必要的行政和财政资源，或者实现发包任务的自由裁量权和政策空间。因为是"发包"，中央只给地方政府路线方针、政策走向或行动指南，有时甚至就是下达量化指标，而具体如何落实上级发包方的政策精神，具体的实施方案都是由地方政府视情况决定。资源、责任、自由裁量权，再加上政治锦标赛的压力，导致地方政府不仅要完成上级下达的指标，还要想办法超额完成，尤其是那些"硬指标"。政治锦标赛激励着地方官员"聚焦"核心目标，动员一切可以利用的资源，努力完成上级认可和下达的重要目标，譬如经济发展、精准脱贫、社会稳定。从公司治理的视角看，层层分包的机制让地方官员变成了"利益相关人"（stakeholders），而政治锦标赛、"官场 + 市场"机制则让地方官员之间形成赛马机制。

如果只从国家能力的角度来看，计划经济时期，我们的国家能力的多个维度就已经达到了空前水平。改革开放以来的 40 年，行政发包制、政治锦标赛、"官场 + 市场"双重竞争体制，对我们在计划经济时代积累下来的国家能力、政策执行能力以及动员体制进行极为重要的聚焦、激活和赋能，并且通过反馈机制加以引导和优化。在这种情况下，地方政府很清楚，他们要利用所有这些能力来推动地方经济的发展,因此导致了地方政府的运营有了"公司化"的效率和特色。中国普遍推行的目标责任制,如目标的层层下达、动员和执行落实,这些在计划经济时期开展政治运动的传统工具现在都转化成了经济发展的动力来源与实施机制。更关键的是,在"官场 + 市场"双重竞争体制下,地方政府的财政汲取能力(如土地财政)、政策执行力(如"目标责任制")和行政服务能力(如"最多跑一次"改革)也在不断提升。GDP 竞赛也强化了地方政府的资源汲取能力。比如土地财政,地方政府会用尽所有办法给企业提供融资,加强基础设施建设,政府的这种资源汲取能力并不是天生就有的,而是来自激烈的地方竞争,就如同中世纪后期欧洲国家之间的军事竞争促使各国发展中央官僚机构、强化资源汲取能力一样。所以,如果没有竞争机制,即使政府从计划经济体制下继承了全部的国家能力,可能也无法发挥作用。因此,行政发包制、国家能力、"官场 + 市场"以及改革开放以来不断推进的市场化,乃至加入全球化进程,使得我们国家不断加强做事的能力,又激励地方政府"把事做对",且在市场竞争的信息反馈机制下"做对的事"。这三种能力的融合已经超越了简单的"国家能力"概念,体现了国家能力、激励体系与信息反馈引导机制三者的紧密结合,缺一不可。这是笔者对国家能力理论在中国应用的一个拓展。

关于国家能力概念的另一个拓展是区分国家能力强与弱的领域特征。图3取自笔者的《行政发包制》一文。笔者将纵向的行政发包和横向的政治竞争分别区分为高、低两种情况:纵向行政发包程度高是指该项公共事务主要是下包给属地的责任,低是指地方属地责任比较弱;横向晋升竞争程度高指的是该项公共事务在地方官员晋升考核中比重比较高,低则指的是在考核指标体系中比重比较低,或根本没有进入考核指标体系。

图 3　纵向发包与横向竞争的组合(周黎安,2014)

		横向晋升竞争	
		高	低
纵向行政发包	高	招商引资,维稳,计生,竞技体育,灾害重建,大规模流行疾病控制	医疗,教育,环境保护,食品安全,区域合作,安全监督
	低		国防,外交,国有银行,南水北调,海关,航天工程,高铁

从这个组合中我们能看到什么呢?举国体制比较成功的领域,如高铁、核电、北斗等国家大型项目,刚好处于行政发包程度和官员晋升竞争都低的区域。这个组合的特点是:中央主导,地方政府扮演辅助性和支持性角色,在晋升竞争中对这些领域的考核相对较弱。形成对比的是,纵向行政发包和横向晋升竞争程度都高的组合,我们国家在这一领域做得也是比较成功的,如招商引资、脱贫攻坚、灾后重建等。在某个特定领域只要聚焦一个重要指标,地方政府就可以很好地动用资源完成该项指标。刚才提到的我们体制中的痛点,恰恰就集中在纵向发包程度高,但是官员晋升竞争中考核权重比较低的组合。老百姓抱怨最多的问题几乎都出现在这个组合。所以,抽象地讨论国家能力或举国体制其实意义不大。现有文献中对国家能力有各种各样的描述,从上图来看,其实国家能力在不同的"制度组合"中做着性质不同的事,效果各异。笔者试图给读者提供一个分析框架,让读者深入理解中国的政经制度

运行的底层逻辑是什么,上图的分析框架应该会给读者提供一些重要的解释性线索。

"官场+市场"的模式可以帮助我们理解中国地区间经济发展的差异,但前面我们已经提到,为什么同一个地方政府中不同的官员群体对招商引资的态度会有差别?笔者的解释是,主政官员对招商引资、发展经济有高度的热情,因为这些官员直接对 GDP、财税等经济指标负责,但是这些考核指标不能直接作用于对环保局、公安局等职能部门的考核,至少在程度上有很大的差异。譬如对地方环保局来说,非但不对 GDP 负责,甚至还要对经济发展造成的环境破坏进行阻止和警告。于是就会出现这种情况:一个企业到某个地方考察投资环境,主政官对他们非常热情,也做出很多优惠许诺,但是等到项目落地后跟地方职能部门打交道时,各种各样的问题也就出现了。当然,各个职能部门需要执行国家制定的政策,需要坚持原则、程序和规则,不可能对企业有求必应。这种情况不是我们这里讨论的重点。我们在现实中看到的情况是,当企业来投资的时候,一些职能部门并不是站在地区全局考虑问题,也不是因为坚持原则,而是只考虑这个企业对个人、对所属的职能部门带来什么特殊的利益。在层层行政发包的体制之下,政府职能部门(包括具体的政府办事员)在其专业领域掌握了许多对政策执行的自由裁量权和"内部知识",这赋予这些职能部门与个人对企业实施"合法伤害"的空间。换言之,职能部门和基层办事员正好处于"官场竞争"的"低洼区"(官员的官场流动性低),同时又属于层层行政发包体制下自由裁量权的"沉淀区",因而极容易成为地区营商环境的"堵点"和"痛点"。

媒体有时会报道一些地方政府如何对外部的投资者采取"开门纳客,关门打狗"的策略,好像这是政府各部门联合起来"忽悠"民营企业家的惯用手段。但笔者的解释与此不同:"开门纳客"是真,"关门打狗"也是真,只不过不是同一批人,前面是关心地方经济发展的主政官,后面是关心部门和个人利益的职能部门或个人,也不是政府合谋串通的结果,而是因为在地方政府层面缺乏跨部门协调和利益兼容的机制设计。所以,一个地方的经济能不能发展,营商环境能不能优化,靠的并不仅仅是主政官的施政口号和政策偏好。政策执行力取决于主政官的领导力——能不能驾驭地方的"小官小吏",将他们纳入政策执行体系中,给予必要的激励和约束,使其行动与政府总体目标保持一致。这种同一政府内部不同官员人群的"帮助之手"和"掠夺之手"的区分,可以称之为历史上的"官吏分流"的现代版。明清时期,胥吏没有仕途晋升的机会,其职位往往是世袭的,而又精通政府内部流程和条文规则,并以此牟利自肥,所以历史上胥吏极为腐败。胥吏在本质上是赢利型"经纪人",朝廷给他们薪金极低,还经常不兑现,他们为政府干活的目的就是赚钱;而官员是流动的,有晋升空间,关注自己的言行后果,一言一行多少有所收敛。在仕途上的官吏分流导致了官与吏的不同行为。而如今的政治锦标赛和行政发包制的结合,在某种意义上也导致了"官"与"吏"分流的现象,为我们解释地区间差异、同一地区内部官员群体行为的差异提供了重要的理论线索。

五、简短的结论

上面我们借助"官场+市场"理论和行政发包制理论所提供的

解释框架,具体回答了前面学术回顾过程中提到的产权保护、国家能力、"帮助之手"与"掠夺之手"、政经体制互动所呈现的种种问题与困惑。

最后,我们讨论一下"官场 + 市场"理论对于重新理解政府与市场关系的重要意义,当我们讨论经济学的制度范式的时候,我们不得不讨论政府和市场的关系。谈到经济发展,经济学家一直存在争论,从亚当·斯密开始就有所谓的市场派,主张"看不见的手",一直到今天的芝加哥学派、公共选择学派、奥地利学派等,虽然他们也强调市场有时会失灵,但认为政府的失灵更可怕,因为政府干预会带来更多的问题,所以与其让政府干预,还不如让市场自由发挥作用;但是在经济学领域,有人更强调国家干预,从凯恩斯到如今的诺贝尔奖获得者斯蒂格利茨(Stiglitz)和哈佛大学肯尼迪学院的罗杰克(Rodrick)教授,他们都强调政府干预("看得见的手")和市场失灵(Hausumann and Rodrick, 2003; Stiglitz, 2012)。因为信息不对称、协调失败等因素,需要政府干预解决,其作用是不可否认的。

这两大主流学派的逻辑是,为了强调自己正确,就反过来强调对方的那"一只手"失灵。笔者想提出的挑战是,放眼望去,广大的发展中国家面临的最大困难是"两只手"可能同时失灵。任何一个国家要想从传统经济发展到现代经济,需要克服的困难太多了。办一个制造业企业,可能没有基础设施,金融市场的信息不对称导致中小企业借不到钱;也可能没有掌握熟练技能的工人,又不能寄希望于私人企业办教育、培训,更不用说基础性的研发,所有这些都需要政府去提供协助。可是当政府介入这些事的时候,也可能把政府失灵带了进来,如腐败、寻租和有限知识。市场和政府的双重失灵可能确实会让经济发展状况变得更糟,但是政府又不能放任不管。这样就陷入了发展的低水平陷阱,发展中国家就难以实现持续增长。所以,在这个意义上讲,中国过去40年高速的经济增长为发展中国家提供了一个"中国式"的解决方案,即如何同时解决市场失灵和政府失灵的难题。用笔者的理论框架来描述,"中国式"的解决方案就是"官场 + 市场"的双市场竞争机制。"官场竞争"促使地方官员建设基础设施、投入教育和技能培训、协调产业集聚、解决市场失灵问题。但是政府可能办坏事,也有可能做错事,因此我们的体制需要给官员政治激励,同时防止他做坏事和做错事;"市场竞争"则防止官员做坏事,引导其做对的事。为了克服市场失灵,我们引入了地方政府;同时我们又怕地方政府扮演"掠夺之手",因此又引入了晋升竞争,而且与市场竞争的结果挂钩,让市场竞争反过来制约和引导官员的行为。我们的这一套制度"组合拳"在相当意义上克服了政府和市场的双重失灵,为过去40年中国经济的持续高速增长奠定了关键性的制度基础。

从主流经济学的视角来看,政府和市场总体上是二元对立的关系,上帝的归上帝,恺撒的归恺撒——政府就应该提供基本的公共产品,市场就应该主要协调资源配置。超越这个分工,两者就是替代关系,政府多一点,市场就少一点;反之亦然。这是现代经济学的主流范式,接近于经济学原教旨理论。但是,中国的这种"官场 + 市场"模式对传统经济学关于政府与市场的关系提出了有力挑战——辖区内政企合作,辖区间官场和市场双重竞争,那么这种情况下政府和市场到底是什么关系呢?两者的边界其实很模糊。

地方政府看上去是"政府",但它也参与市场竞争,在国家层面就是一个市场主体;企业看上去是"市场",但市场背后站着的是地方政府,与地方政府"水乳交融",形成"政经共同体"。还有一个很有意思的现象:当中国加入世界贸易组织(WTO),参与到更大的市场的时候,外部竞争愈加激烈,反而导致了辖区内的企业和政府更加密切有效地合作。所以,如果带着政府与市场二元对立的视角来看中国,至少在地区层面上,地方政府与地方企业、政府与市场呈现了一种带有悖论的新型关系。

最后,站在历史的角度看,"官场 + 市场"经过了几十年的探索、演化,究竟是怎样的一种制度创新呢?总结起来,它是把中国历史上最悠久的官僚政治传统(如科举取士的文官制度)跟西方国家最悠久的市场化、全球化传统结合起来了。而且,市场化、全球化还改良、激活、引导了官场竞争;反过来,官场竞争又更好地赋能市场竞争,实现政企优势互补。笔者认为这两者之间实现了一种创造性的融合,是中国改革开放以来最伟大的制度创新之一。中国悠久历史积累下的官僚传统与计划经济时期塑造的国家能力通过持续的市场化改革和融入国际化,而加以最大限度地聚焦、激活和改造。在任何别的国家都很难找到这两种竞争机制如此紧密的结合,它解决了发展中国家发展中面临的最具挑战性的问题。当然,正如笔者前面所强调的,这种双重竞争体制不是完美的,也有其局限和短板,未来还需要不断改革和完善。

参考文献:

道格拉斯·诺斯、罗伯特·托马斯(1999):《西方世界的兴起》,北京:华夏出版社。

德隆·阿西莫格鲁、詹姆斯·A.罗宾逊(2015):《国家为什么会失败》,长沙:湖南科学技术出版社。

王绍光、樊鹏(2013):《中国式共识性决策:"开门"与"磨合"》,北京:中国人民大学出版社。

冯仕政(2012):《中国国家运动的形成与变异:基于政体的整体性解释》,载周雪光、刘世定、折晓叶主编《国家建设与政府行为》,北京:中国社会科学出版社,第33—70页。

路风(2016):《光变:一个企业及其工业史》,北京:当代中国出版社。

吴思(2009):《潜规则:中国历史中的真实游戏》,上海:复旦大学出版社。

张五常(2009):《中国的经济制度》,北京:中信出版社。

周飞舟(2009):《锦标赛体制》,《社会学研究》第3期,第54—77页。

周黎安(2004):《晋升博弈中政府官员的激励与合作——兼论我国地方保护主义和重复建设长期存在的原因》,《经济研究》第6期,第33—40页。

周黎安(2007):《中国地方官员的晋升锦标赛模式研究》,《经济研究》第7期,第36—50页。

周黎安(2017):《转型中的地方政府:官员激励与治理(第二版)》,上海:格致出版社/上海人民出版社。

周黎安、李宏彬、陈烨(2005):《相对绩效考核:中国地方官员晋升机制的一项经验研究》,《经济学报》第1期,第83—96页。

周黎安,陶靖(2011):《官员晋升竞争与边界效应:以省区交界地带的经济发展为例》,《金融研究》第 3 期,第 15—26 页。

Acemoglu, Daron, Simon Johnson, and James A. Robinson(2001)."The Colonial Origins of Comparative Development: An Empirical Investigation," *American Economic Review*, 91(5): 1369—1401.

Allen, Frank, Jun Qian, and Meijun Qian(2005)."Law, Finance and Economic Growth in China," *Journal of Financial Economics*, 77 (1): 57—116.

Besley, Timothy, and Torseton Persson(2011). *Pillars of Prosperity: The Political Economics of Development Clusters*. Princeton, N. J. : Princeton University Press.

Evans, Peter(1995). *Embedded Autonomy: States and Industrial Transformation*. Princeton, N. J. : Princeton University Press.

Fukuyama, Francis (2011). *The Origins of Political Order: From Prehuman Times to the French Revolution*, W. W. Norton & Company.

Fukuyama, Francis(2014). *Political Order and Political Decay: From the Industrial Revolution to the Present Day*, W. W. Norton & Company.

Hausmann, Ricardo, and Dani Rodrik(2003)."Economic Development as Self-discovery," *Journal of Development Economics*, 72(2): 603—633.

Lau, Laurence, Yingyi Qian and Gérard Roland(2000)."Reform Without Losers: An Interpretation of China's Dual Track Approach to Reforms," *Journal of Political Economy*, 108(1): 120—143.

Li, Hongbin, and Li-An Zhou(2005)."Political Turnover and Economic Performance: The Incentive Role of Personnel Control in China," *Journal of Public Economics*, 89: 1743—1762.

Lieberthal, Kenneth and Michel Oksenberg (1988). *Policy Making in*

China: Leaders, Structures, and Processes. Princeton, N. J. : Princeton University Press.

Mann, Michael(1986). *The Sources of Social Power: Volume 1, A History of Power from the Beginning to AD 1760.* Cambridge: Cambridge University Press.

Montinola, G. , Yingyi Qian, Berry Weingast (1995). "Federalism, Chinese Style: the Political Basis for Economic Success in China," *World Politics*, 48: 50—81.

Naughton, Barry (2008). "A Political Economy of China's Economic Transition," Chapter 4 of Loren Brandt and Thomas Rawski, eds. , *China's Great Economic Transformation.* New York: Cambridge University Press, pp. 91—135.

North, Douglas C. , John Wallis, and Barry Weingast(2009). *Violence and Social Orders: A Conceptual Framework for Interpreting Recorded Human History.* New York: Cambridge University Press.

North, Douglass C. , and Barry R. Weingast(1989). "Constitutions and Commitment: The Evolution of Institutions Governing Public Choice in Seventeenth-Century England," *Journal of Economic History*, 49(4): 803—832.

Qian, Yingyi, and Barry R. Weingast(1997). "Federalism as a Commitment to Market Incentives," *Journal of Economic Perspectives*, 11 (4): 83—92.

Shleifer, Andrei, and Robert W. Vishny (1998). *The Grabbing Hand,* Cambridge, Mass. : Harvard University Press.

Stiglitz, Joseph E. (2012). *The Price of Inequality: How Today's Divided Society Endangers Our Future,* W. W. Norton & Company.

Tilly, Charles (1975). *The Formation of National States in Western Europe*.Princeton N. J. : Princeton University Press.

Weingast, Barry R. (1995). "The Economic Role of Political Institutions: Market-Preserving Federalism and Economic Development," *the Journal of Law,Economics,and Organization*,11(1): 1—31.

地区增长联盟与中国特色的政商关系[①]

周黎安

一、引言

中国过去四十多年的经济增长塑造了独特的政府与市场、政府与企业的关系。为了刻画和分析中国独特的政商关系,政治学家、社会学家和经济学家开展了广泛而深入的研究,积累了非常丰富的文献。概括起来,现有文献主要聚焦中国政商关系的三个方面的特征[②]。

第一,基于权力不对称或资源依赖而形成的庇护网络、非正式关系、特殊主义互惠。魏昂德、戴慕珍开创性地从庇护关系的视角解释中国计划经济时期国营企业内部上下级关系(如车间主任与

[①] 本文发表于《社会》2021年第6期,收入本书时略有修改。
[②] 更为详细的文献综述,参见黄冬娅(2014)、聂辉华(2020)。

工人)、人民公社内部干部与社员的关系以及改革开放以来乡镇干部与乡镇企业的关系(Oi,1985,1989;Walder,1986),这些关系特征体现了庇护人与被庇护人之间的权力和资源分配的不对称及两者之间的私人性互惠。Wank(1995)将"庇护主义关系"的概念运用于解释中国私营经济的崛起,即私营业主通过与官员的私人关系获得稀缺商品、行政许可和政策保护,从而获得增长机会。区别于从权力和资源的单向依赖性界定政商关系,Wank(1996,1999)认为随着市场经济的发展,私营业主对于政府官员的依赖度有所下降,政府官员也从私营企业主那里获得私人收益,呈现为"共生性庇护关系";政商的庇护关系网络与市场化进程相兼容,通过稳定预期、便利信息沟通、保障交易实施等促进私营业主的理性决策和市场化发展,演化为"市场庇护主义";与之相伴随,政府官员控制的权力和资源也通过庇护主义网络"商品化"。也有学者从非正式关系网络的视角概括中国政商关系的重要特征。刘世定(1996,1999)从乡镇干部的非正式关系网络的视角解释乡镇企业的运行特征;Yang(2002)从人际关系网络刻画政府与私营企业的关系特征,同时认为人际关系网络的重要性并不随着市场化进程而下降。

第二,在政府监管领域,政企因为共同利益而结成合谋关系。有学者基于实证分析发现在环保、安全生产、缴税、土地拍卖等领域地方政府与企业通过合谋串通规避中央或上级政府的监管,压制百姓的权利诉求(张莉等,2011;聂辉华,2013;梁平汉、高楠,2014;范子英、田彬彬,2016)。政企合谋通常与政商之间的庇护网络和非正式关系是相互联系的,以当事人之间的局部互惠损害全局层面的利益。

第三，发展型地方政府下的政企合作关系(Oi,1992,1996;Che and Qian,1998;周黎安,2007,2008,2018;Xu,2011;黄冬娅,2013,2020;聂辉华,2020)。戴慕珍(Oi,1995,1996)在研究乡镇政府与乡镇企业的关系时提出"地方政府公司主义"理论,强调乡镇政府出于财税激励支持乡镇企业,为乡镇企业提供关键性资源支持(如信用社贷款)。Che and Qian(1998)从公司总部与分公司的关系看待乡镇政府与乡镇企业的关系。周黎安(2007,2008)从地区"增长联盟"的角度理解地方政府与非国有企业的合作关系,认为在晋升锦标赛驱动的地方竞争之下,掌握资源和权力的地方官员将积极扶持非国有企业发展,从潜在的"掠夺之手"变成"帮助之手",且只与有利于地区增长政绩的企业结成利益联盟,而阻碍本地经济增长的利益集团难以"捕获"地方官员;周黎安(2018)在"官场 + 市场"理论的基础上提出"竞争性地方股份公司"的概念,强调地方竞争与政企合作之间的相互塑造作用。聂辉华(2020)认为政商关系的不同特征依赖于国家能力、产业规模和政府监管三个维度的不同组合,在三个维度均取值高的情况下地方政府与企业将形成建设性合作关系。

在某种意义上,Bai et al.(2020)试图将上述两支文献——特惠主义关系与地方竞争下的政企合作——结合起来,一方面强调中国的政企关系体现为非正式的"特事特办"(special deals)或特惠型关系,地方政府给予重要的民营企业以各种政策优惠(包括必要时规避和变通中央政策、对企业提供政策保护);另一方面,"特事特办"又是在地方之间激烈的招商竞争的背景下发生,地方竞争以及地方政府对民营企业的保护限制了"特事特办"可能造成的负面影响。因此,在 Bai et al.(2020)看来,"特事特办"与地方招商竞争的结合体现了中国特色的政商关系。

这些研究从不同方面揭示了改革开放以来中国政商关系的性质和特征,具有重要的理论价值和启发意义。但是,当我们仔细推敲这些性质和特征时,会发现不少有待进一步厘清和研究的学术问题。例如,从庇护网络、非正式关系和特殊主义互惠等角度界定中国政商关系在现存政商关系研究的文献中占据了主流地位,在现实中也可以找到符合这些关系特征的诸多事实。但是,这些描述忽略了地方政府与企业、地方官员与企业家之间仍然存在高度制度化和正式化的关系。例如地方政府在招商引资过程中,一般会和重要企业签订正式的合作协议或合同,且清楚写明企业需要兑现的地方政府(官员)关心的政绩指标(如产值、税收、就业、产业本地化配套比例)[①];同样,地方政府给予企业的一系列政策优惠和资源支持也会在协议中清晰体现。换句话说,企业对于政绩目标实现度与政府对企业的资源支持度形成可衡量、可量化、可签约的权利义务关系,因而是合理合法、公开透明的正式关系,与非正式

[①] 例如国内某著名车企与某地方工业园签署的合同明确规定:"该项目开发、生产、销售集成电驱动系统总成,建设最终产能为 20 万台套的新能源汽车电驱动系统总成项目。项目全部建成达产后,至 2021 年,预计累计可实现销售 55 万台套,累计实现产值 729 亿元,创造就业 1000 人,累计上缴税收可达 58 亿元,其中地方税收留存 21 亿元。"该企业与西部 NC 城市工业园签订的合作协议写道:"该项目预期全面达产后在市场运营正常情况下,每年实现营业收入预计 216 亿元,年纳税额 15 亿元。公司在建设本项目期间,应积极布局培育本地与新能源汽车配套的汽车零部件产业,协助提升本地企业关键零部件研发制造水平,投产后 3 年,NC 本地零部件配套率争取达到 50%,形成 NC 汽车汽配产业集聚集约发展格局。"(齐宝鑫,2018:42)关于该企业与更多地方政府签署的合同内容,请参见齐宝鑫(2018)。

关系和私下交易形成鲜明对比。对于这一点，关于政商关系的现有文献很少涉及和讨论。由此产生的问题是，政商关系的这些制度化、正式化特征如何与文献广泛探讨的非正式关系结合起来呢？

与上述讨论相联系，聚焦于官员与企业之间的非正式和特殊主义关系的一些文献特别强调基于不平等权力或资源依赖而产生的庇护关系[①]。所谓庇护主义关系，是以双方关系一定程度的封闭性、私人性和被庇护人对于庇护人的依赖性为基本特征[②]。它区别于市场上的纯粹的契约（交易）关系，后者以双方关系的开放性（双方都有外部的选择机会）和平等性为特征。它也区别于市场竞争环境下企业老板（经理）与员工之间的绩效考核—薪酬奖励关系。在后者中，双方都有炒对方鱿鱼的机会，不仅如此，如果员工所获得的薪酬奖励只是与其工作绩效挂钩的话（激烈的市场竞争促使企业老板或经理这样做），那么这种绩效导向的互惠关系就接近于以普遍主义和理性原则为特征的市场交易关系，而不是所谓特殊主义或私人关系的恩惠或礼物交换。按照这个区分，我们在现实生活中可以看到与庇护主义关系特征不相一致的现象。首先，在很多时候，地区层面的政商关系具有明显的开放性和流动性。地方官员是频繁流动的，民营和外资企业也可以自由选择投资地，官员和企业双边并非属于自然"锁定"的封闭关系。非国有企业也不一定依赖或依附于地方政府，我们经常看到地方政府为招商引资

[①] 关于庇护关系理论及其在中国的应用研究，请参见纪莺莺（2012）。
[②] 戴慕珍所研究的中国农村上级官员对基层官以及基层官员对普通社员的庇护主义关系（Oi, 1989），魏昂德所研究的传统国企当中工人对车间主任和企业的依赖而产生的庇护—被庇护关系（Walder, 1986），都是以双方关系的封闭性和庇护人—被庇护人的不平等权力或资源依赖性为特征的。

陷入激烈的竞争,地方官员追逐企业投资的现象比比皆是。其次,也是更关键的一点,政商关系往往具有鲜明的绩效导向。如果一家曾经辉煌的企业失去了"政绩创造力",即使以前曾经形成的庇护关系也难以持久,在官员频繁流动的情况下更是如此;反过来,一家曾经的中小企业最后成长为市场上有竞争力和品牌力的企业,也可能成为地方政府的"香饽饽"。主流文献强调庇护关系的封闭性、依赖性和特殊主义显然与这些政商关系以绩效为导向的开放性、对等性和普遍主义是冲突的,无法准确概括后者所呈现的关系特征。

当前文献从不同视角揭示出中国政商关系的不同特征,如非正式庇护关系、政企合作与增长联盟、中国特色的"特事特办"、政企合谋,这多重特征有可能并存于中国的现实之中,使得强调某个特定侧面的理论概括运用于解释现实都存在一定的局限。比如一些地区的中小企业与某些本地化基层干部之间可能存在非正式庇护关系,但地区主政官与大企业之间的关系更可能属于增长联盟,具有明显的制度化和正式化的政绩导向;这些关系在某些场合为规避中央监管政策又可能演变成政企合谋。对于同一家企业,同一个地区的主政官和基层官员可能分别扮演"帮助之手"与"掠夺之手",出现"官吏分流"现象(周黎安,2014)。这些不同特征之间是否存在某种内在的关联?能否将这些不同层级、不同特征的政商关系置于一个统一的分析框架,使之变成一个政商关系综合体或"一体多面"的关系?

最后,还有一个深层次的问题值得探讨。到目前为止,几乎所有关于中国政商关系的讨论,不论经济学还是社会学、政治学文献,都隐含了一个重要假设,即基于法律、规则的保持距离型(arm-length relationships)的政商关系是中国最终需要看齐或收敛的理想基准。研究现代化理论的经典理论都强调,现代化进程意味着从传统社会基于特殊主义和人格化的关系向现代社会基于普遍主义和非人格化的关系转型(Weber, 1978;帕森斯, 2003)。换言之,现代化过程是一个规则化、制度化和法治化的过程,也是一个总体上不断去人格化的过程,西方的现代化过程完美诠释了这一点(Boist and Child, 1996)。按照这些经典理论,在现代化进程中,政商关系的制度化与人格化、正式化与非正式关系之间体现为"非黑即白"、此消彼长的"二元对立"关系。

然而,中国的政商关系及其演变很难纳入这个"二元对立"的分析框架,这是因为下述这些特征在当下及未来相当长的一段时间也将是常态化的事实:第一,中国当前的经济发展阶段以及国家层面关于政府与市场关系的定位,即发挥市场的决定性作用与发挥有为政府相结合,使得政企之间长期保持密切互动的关系,而非保持距离型关系;第二,行政发包制之下中央对地方、上级对下级的政绩考核必然是常态化的制度安排,这意味着地方政府(官员)的政绩目标与辖区企业的潜在贡献之间可能形成常态化的联系纽带,为政商之间的制度化和正式化合作奠定基础;第三,地方官员的人格化激励(如晋升激励和政绩关怀)及政商之间的互信关系为政商关系提供重要的支撑作用(后面详细讨论)。在这种情况下,我们难以将中国政商关系的历史及未来演变描述为一个制度化、正式化和去人格化的单一线性过程,而更可能是一个制度化与人格化复杂互动的过程。我们应该如何认识中国政商关系当中的制度化与人格化的互动关系呢？

本文基于"官场 + 市场"理论（周黎安，2018），聚焦于政府与非国有企业（如民营、外资企业）之间的关系，试图提出一个理解中国政商关系的分析框架，进而刻画政府与企业、官员与企业家之间呈现的"一体多面"的关系特征。本文从一个基本判断出发，即中国政商关系主要体现为地方性、属地化关系（地方政府与辖区企业之间的关系），在此基础上提出一个中心论点：在"官场 + 市场"双重竞争机制的驱动下，在地区层面政商之间形成了"政绩—业绩"交换互惠的纽带。在常态化的政绩考核之下，地方官员围绕着关键性政绩而展开晋升竞争（官场竞争），而辖区企业在市场上与别的辖区企业围绕着经营业绩而相互竞争（市场竞争）。当辖区经济发展的绩效表现（如 GDP、财税收入、招商引资）成为地方官员的重要政绩指标时，地方官员的政绩就与辖区企业市场竞争的绩效表现紧密联系在一起，地方官员在官场竞争的命运与辖区企业在市场竞争的命运也就相互捆绑在一起。官员关心的政绩需要辖区企业创造，而企业关心的经营业绩也依赖地方政府的赋能和助力，政府政绩与企业业绩由此结成了相互依赖、互惠交换的利益纽带。

"政绩—业绩纽带"定义了政商互动的利益诉求（激励基础）、关系特征及其所关联的支撑性和约束性条件。它具有如下几个鲜明的特征：第一，辖区内利益计算的包容性、广泛性和对辖区外企业的排他性与歧视性。地方官员关心辖区所有企业创造的总和业绩，而不论它是国有企业还是非国有企业、大企业还是中小企业创造的，地方政府强调的产业链招商和"总部经济"就是这种利益计算的包容性和广泛性的表现。但另一方面,这些政绩的属地特性①也造成地方官员对属地内外的企业区别对待,中国长期以来在市场准入、司法、监管等领域存在的形形色色的地方保护主义就是地方政府偏重属地内企业、歧视属地外企业的具体表现。第二,政绩—业绩纽带因绩效导向而具有开放性和动态性。地方政府永远欢迎附加值高、成长性好的企业,即使当企业突然面临经营困难,政府出面救助,也是"救急不救穷",区别于政府与国有企业之间的"救急且救穷"。第三,政绩—业绩纽带虽然显示了制度化②和常态化的内涵(如政绩考核制度下政商关系的绩效导向、开放和动态关系),但通常需要一些人格化因素加以支撑。一是地方官员的人格化的政治激励,晋升激励(进而影响对政绩关心的程度)一般与官员的年龄和任期有关;二是政商之间基于人格化的信任关系。值得注意的是,政商关系的制度化并非一定代表良性发展的方向(如地方政府对属地外企业的"天然"歧视性),而人格化元素也不一定代表消极因素(如人格化信任和政治激励对政绩—业绩的支撑);而且,两者作为中国政商关系的不同面向也并非泾渭分明,而是如"水乳交融"一般,使得政企关系呈现为制度化与人格化的"混

---

① 作为考核地方官员的重要指标,国内生产总值(GDP)是以属地内所有企业创造的市场附加值为准统计的,这与以常住人口为标准计算的国民生产总值(GNP)形成对比。另外,作为地方政府财税收入最重要来源的增值税也是按生产地而非消费地征收,企业税收(如增值税、所得税)的缴纳通常是在企业注册地发生。

② 本文的"制度化"遵守一种狭义的定义,与"正式制度化""合理合法""公开透明""普遍主义"这些特征有关,而不包括广义上的"制度化",如"社会信任",经济社会学将"社会信任"看作是一种提供稳定预期、塑造日常化和程序化行为特征的制度化过程(Wank,1996:821),本文更强调"信任关系"的人格化特征;"潜规则"也不属于本文定义的"制度化"。

搭"关系①。

政绩—业绩纽带并非均质贯穿于不同地区的政商之间,"官场竞争"和"市场竞争"的强弱及其不同组合对于一个地区的政商关系产生重要的形塑作用。在同一地区,不同政府部门、不同层级的官员与不同规模的辖区企业之间关系形态也会呈现显著的差异性。"官场竞争"的重要维度——地方官员在官场的晋升流动性,以及"市场竞争"的重要维度——物质资本和人力资本的跨区域流动性,都将影响到政绩—业绩纽带的强度。比如地区主政官通常面临较大的晋升流动性,而职能部门的基层官员更可能是"本地化"的"吏",晋升流动性弱(周黎安,2014;周雪光,2016,2018)。经济发展政绩作为关键性考核指标对主政官意义重大,但对于流动性弱的基层官员来说则并非如此。可以想象,随着政府层级由上而下、企业规模由大变小,政绩—业绩纽带的强度逐渐衰减。官场和市场双重流动性的差异及其不同组合塑造了一个多层次、多面向的政商综合体,使得制度化与人格化两者之间出现更为复杂的"混搭"关系。

为了更好地界定和理解中国政商关系的特色,我们将中国的政商关系置于国际比较的视角之下,对比英美以市场协调为主的保持距离型(arm's length relationships)、德国及北欧"战略(非市场)协调"型(strategic coordination)、日韩"发展型国家"(developmental state)三种主要的政商关系类型。与这些基准相对照,本文

---

① 这里借用黄宗智(2001)在刻画中国传统司法实践时提出的"混搭"概念,他认为中国近代基层司法实践体现了县官的司法判决与民间社区调解互动、混搭的关系特征。

提出,中国的政商关系是以政绩—业绩纽带为中心结成的"竞争性地区增长联盟",竞争性、地区性和绩效导向是我国政商增长联盟的三大重要特征。

新古典经济学以英美保持距离型的政商关系作为理想基准,认为制度化(非人格化)、非歧视性和保持距离是政企关系的标准模式,对于特殊主义、人格化和政商密切互动存有天然的敌意,通常将这些政商关系的特质与裙带主义、寻租和腐败联系起来。德国及北欧的政商模式说明了政企通过非市场方式密切合作的价值,政府、资方和劳方三方协商谈判,长期合作,达成共赢的理性结果,但这模式仍然维持了制度化和透明化的要求,人格化的因素在此过程中无足轻重。发展型国家模式将密切的政企合作进一步引入产业政策和经济发展,同时还将政企关系网络甚至私人关系带进来,在制度化协商体制之中加进了非正式关系网络的支撑作用。但这一切都主要发生在国家层面,政府由职业前景稳定、保持政治中立、区隔于社会的官僚组成。中国将这种制度化与人格化相结合的政商关系进一步下沉到地区层面,嵌入激烈的地方竞争之中,在官场与市场双重竞争之下,形成中国独具特色的"政绩—业绩"纽带,绩效导向原则与政企合作的关系网络相互作用,由此塑造了"竞争性地区增长联盟"。

从更广泛的视角看,中国地区之间的官场竞争嵌入于市场竞争(包括全球化)之中,市场竞争也嵌入于官场竞争之中,由双重嵌入构成的"官场 + 市场"又嵌入于社会关系(如信任、社会交换、地方关系网络)之中。中国特色的政商综合体和地区增长联盟具体体现为三个重要特征:1. 多面向,即制度化与人格化、正式化与非正式化并存;2. 多层次,即从不同层级部门的官员与不同规模(或政绩能见度)的企业内生形成不同的关系属性;3. 多维度,即从产值税收到社会责任多重绩效交换互惠。中国特色的政商关系在整体上为地区的高速增长奠定重要的准制度基础。

对比现有文献,本文的分析有如下几个独特的贡献。首先,我们将"官场+市场"双重竞争所塑造的"政绩—业绩纽带"提炼为理解中国地区层面政商关系的关键性概念,强调它是常态化的政绩考核和官员政绩激励作用之下的自然产物。政绩—业绩纽带所呈现的正式化、绩效化和制度化特征,如可预期、可签约的互惠关系、基于政绩导向的开放性和动态性,与政商关系的主流文献所突出的非正式关系、庇护关系和特殊主义互惠相区别。

Wank(1995,1996,1999)所讨论的政商关系案例聚焦于20世纪80年代在厦门市本地成长的民营企业主与地方官员的关系,他所定义的"共生性庇护关系"不论如何兼容、推动市场化进程,其主要特征还是政商之间狭隘和私人的互惠关系、官员权力和资源的"商品化",如灰色领域的合谋串通、权钱交易,换取的是规避、违反国家政策,进而对国家能力产生一种抵制和消解作用。而本文所强调的政商关系特征,其背景是90年代以来"招商引资"成为地方经济发展的主要抓手,政商之间政绩—业绩纽带在中国现有制度安排下形成契约化、正式化关系,中央政府通过政绩考核塑造地方官员的政绩激励,政绩—业绩纽带成为实现国家政策目标的传导机制,是国家能力强化的一种重要体现,这与 Wank 所揭示的狭隘的庇护主义的政商关系形成鲜明对比。

本文从"官场+市场"理论出发讨论地方竞争对政商关系性质

的形塑作用,与 Bai et al. (2020)强调地方竞争与"特事特办"之间的结合有相似之处,但后者对于地方官员"特事特办"的激励并没有给出明确界定,在其模型分析中假定官员帮助企业可以获得私人(货币)收益,因而更接近于狭隘的私人性互惠。本文不否认政商关系可能存在狭隘互惠的情况,但同时强调政绩考核下的官员政绩激励以及由此驱动的"政绩—业绩"纽带,进而引申出对政商关系的诸多现象的不同解释(后面将具体涉及)。另外,Bai et al. (2020)将地方之间招商引资的竞争及国家能力视为外生的,而本文从"官场 + 市场"的视角出发,认为地方招商竞争是官员围绕经济发展绩效的晋升竞争的内生产物,作为国家能力重要表现的地区政策执行力和营商环境的好坏也在相当程度上由官场晋升流动性和市场要素的流动性的不同组合内生决定,进而塑造了地区内部多面向、多层次的政商关系。

其次,不同于传统文献侧重于政府与市场的边界设定、职能划分及非人格化政商关系的强调,我们将政府官员和企业家之间人格化的信任关系置于重要的地位;不仅关注企业对政府官员的信任,也强调在双面道德风险之下政府官员对于企业家的信任的重要性。概括地说,政企互信的概念强调了政商之间关系型契约对于制度化互惠的重要性。过去文献更多是从狭隘的庇护性关系网络或裙带资本主义的视角看待政商之间的密切交换及私人关系的维护;而强调政企合作、增长联盟的文献通常又忽略了政商互信对于支撑政企合作的必要性。有大量文献研究政治关联对于企业经营行为和业绩的影响(例如 Fan et al. [2007],Li et al. [2008]),从本文的观点看,企业以各种方式(如企业家入党、在企业建立党支部、企业家参加行业协会、企业家成为政协委员或人大代表)建立的政治关联也可以从建立和发展政商互信、支撑政绩—业绩纽带的视角加以解释。

在上述意义上,我们在两个层面上超越了新古典经济学关于政商关系的传统认知。第一,在经济发展过程中,政企合作创造价值,促进效率(Hausmann and Rodrik,2003;周黎安,2018),中国地方政府对于一些关键性资源的控制也使得政企合作变得必要,这有利于实现政企优势互补,促进企业成长和地区经济发展;第二,在支撑政企有效合作的过程中人格化因素发挥了积极作用,如基于个人特征的官员激励、基于人格特征的官员与企业互信,如果缺乏这些人格化元素的支撑,政绩—业绩交换纽带有可能因此瓦解。按照本文的观点,在政绩考核常态化和官员政绩激励普遍化的前提下,中国政商关系的制度化(正式化、绩效化)与人格化(非正式关系)的"混搭"将是一个长期化的特质,而非简单表现为规则化和去人格化线性演进过程。

最后,本文以"政绩—业绩"纽带为中心,以官场晋升流动性和市场要素流动性为核心维度,对地区内部可能的形成的多面向、多层次、多维度的政商综合体进行了刻画与分析。本文将现存文献多个相互独立的分析视角和聚焦特征置于一个统一的分析框架,揭示了中国政商关系在地区之间和地区内部所呈现的复杂性和丰富性,同时对其总体特征和影响进行了概括。尤为重要的是,过去的主流文献以狭隘和私人性的庇护网络或非正式关系概括中国政商关系的特征——当然现实中有其对应的事实和现象,但无法兼容于本文所强调的政绩—业绩纽带所呈现的正式化和制度化的一面(如绩效导向),本文的分析有助于强调政绩—业绩纽带的重要性及其对于私人性、狭隘性庇护关系的制约和限制作用。

二、市场经济国家政商关系的主要类型:比较基准

在分析中国的政商关系之前,我们先对市场经济国家政商关系的几种主要形态进行描述,以便于后续的比较分析。关于政府与企业的关系,新古典经济学认为,政府除了提供公共产品(如基础设施、司法、国防安全)和必要的经济社会监管(如反垄断,制定食品、药品标准,规定最低工资等),其余都是由市场调节经济活动,政府与市场的关系是保持距离型关系(arm's length relationship)。在政府提供公共产品、实施市场和社会监管的过程中,政府与企业的关系是基于法律、契约和规则的关系,具有非人格化、非歧视性和透明性;政府方面体现的是纯机构(组织)行为,在个体官员层面是匿名式的,不存在个人化的特征。西方主流经济学关于政企关系的认知与设定反映了以英美国家为主的实践,而健全的产权制度、法治、公民社会进一步支持了保持距离型的政企关系。

上述政府与企业的保持距离型关系其实是英美模式的主要特征,在发达国家如德国及北欧国家(如瑞典)当中政企关系呈现了显著的差别(Aoki,2001;Hall and Soskice,2001)。与英美"市场协调型经济"相比,德国等是"战略协调型经济";前者以市场和契约为媒介连接政府、企业和工人三方关系,而后者则以非市场关系(如协商、谈判、长期合作关系)相互连接,政企以合作协商的近距

离关系为主,区别于英美的保持距离型关系。德国及北欧国家存在代表资方和劳方的全国性组织,以及政府居间协调劳资双方的工资和收入政策的协商谈判,谈判结果对于个体企业具有约束力(相比之下,在美国一直缺乏强有力的企业协会和工会组织)。但是,国家层面的多方协商合作一般不涉及具体的产业政策,更多是关于全国层面的工资、福利等再分配性的收入政策。

在日本、韩国的经济发展过程中,政府与企业关系区别于西方国家的自由市场和苏联的计划经济模式,学者提炼出"发展型国家"的概念(Johnson,1982;Amsden,1989;Wade,1990)。"发展型国家"一般具备如下特征:第一,在中央层面,主导性政府部门和职业化的官僚队伍相对自主地制定中长期经济发展目标;第二,政府推行的产业政策聚焦于打造战略性产业的国际竞争力,并为此出台相应的政策支持体系;第三,围绕经济发展目标和产业政策,在国家层面的政企之间存在密切的合作网络。例如在日本的经济赶超时期,以通产省为主的官僚部门与大企业(财阀)、行业协会结成紧密的合作网络,聚焦战略性产业,打造日本企业的国际竞争力。

发展型国家和战略协调型国家的政企关系均是近距离和长期合作关系,但两者有两个主要区别。第一,战略协调型国家的政企关系是以规则为基础,且公开透明,而在发展型国家(如日本韩国)当中,政企之间除了制度化合作还存在非正式关系网络及不透明的私人往来,包括寻租、腐败,这经常被指责为"裙带资本主义"。第二,前者基本不涉及产业政策和行政指导,后者则以提升国际竞争力为目标长期扶持战略产业,政企通力合作,从资金、补贴到研发支持。

在"发展型国家"当中,政府对企业的扶持具有典型的绩效导向的特征。政府以出口导向为目标,采取"诱导性租金"激励被扶持企业提高经营业绩和出口绩效(Aoki et al., 1997)。例如在经济赶超阶段,韩国只给出口绩效好的企业提供优惠贷款、稀缺外汇和原材料,并非无条件扶持和保护本国企业(包括低效企业)。

三、政绩—业绩纽带与中国政商关系特征

从上述描述可以看出,英美、德国、日韩的政企关系,就其主要特征而言,均集中体现在国家层面,不论政府监管,还是产业政策、政企协商,所涉及的政府机构均是中央(联邦)政府,劳资谈判机构(德国)、行业协会(日本、韩国)也都是全国性代表组织。在这些关系中,地方政府扮演了极为有限的角色。

与此相对照,中国政商关系在国家层面也同样有所体现,例如国资委与央企,国家部委与全国性行业协会,中央监管机构与被监管企业(如证监会与上市公司)。但是,如果我们聚焦政府与非国有企业的关系,中国的政商关系则主要体现为地方性(属地)关系,而非全国性关系。中国行政管理体制的两个基本特征决定了中国政商关系的地方性和属地性。首先,中国长期以来实行"条块结合,以块为主"的行政管理架构和"属地管理"原则,除少数中央垂直管理(银保监、海关)外,经济和社会监管(环境、工商、质检、安全、社保等)的执行主要在地方政府,由地方政府的相应机构对企业进行监管,地方政府在执行监管政策的过程中也保有相当的自由裁量权。其次,在行政发包制之下,地方政府被赋予地方经济社

会的发展和管理职责,承担一系列纳入上级政绩考核的属地任务目标(周黎安,2008,2014)。辖区企业无疑成为地方政府完成施政目标的重要抓手,尤其围绕区域经济发展规划目标、产业政策,两者形成了利益相连、密切互动的关系。在任何意义上,相比中央政府,非国有企业与辖区地方政府形成了最频繁、最密切、最重要的关系。

为了进一步刻画中国政商关系在地区层面的特征,我们试图借助"官场 + 市场"理论(周黎安,2018)展开分析。根据这个理论,以经济发展绩效为基础的政治锦标赛塑造了"官场 + 市场"的独特发展模式。辖区企业在市场竞争的结果决定了本地区的GDP、财税收入等政绩指标,进而影响官员在官场竞争中的命运;官场竞争驱使地方官员竞相改善辖区招商服务环境和基础设施,进而影响辖区企业在市场上竞争的命运。"官场 + 市场"当中的"+"代表双向嵌入的关系:官场竞争嵌入"市场竞争"之中,市场竞争引导和制约官场竞争,避免了官场竞争蜕变为政治作秀或权力游戏;市场竞争也嵌入官场竞争的逻辑之下,企业竞争背后是地方政府和地方官员的助力和赋能;在辖区内,地方政治精英与经济精英形成利益互赖和密切合作关系;辖区间又相互竞争。值得注意的是,辖区间的双重竞争促成辖区内部政企合作,而辖区内的政企合作又加剧了辖区间双重竞争的激烈程度。

在中国现有的制度背景下,地方官员控制了企业发展所需的一系列关键性要素,如财政资金、项目审批、土地批租、融资支持、监管执法、税收;更重要的是,企业在具体经营和成长过程中经常面对一些瓶颈问题(如融资、土地、交通、供应链),这些问题超出企业自身的能力范围,而经常需要地方政府出面协调解决。另一方面,政府官员手中的自由裁量权使一个企业在经营过程中既可以获得协助,也可能面对"掠夺之手",官员协助企业发展的激励变得极为关键。这是企业提高经营业绩依赖地方政府的方面。从地方官员的角度看,发展区域经济、改善民生,辖区的企业是最重要的依靠力量和工作抓手,地方企业贡献了地方官员关心的关键性政绩,如常规性的产值、税收、就业,也包括其他重要的施政目标(如精准脱贫、环境保护、慈善捐款)。

在"官场+市场"双重竞争机制作用下,地方官员与企业(家)形成利益共同体,为增强本地企业市场竞争力,双方优势互补,密切合作。在此基础上,政企形成了谁也离不开对方的双向依赖关系,官员政绩与企业业绩结成合理合法、公开透明的互惠纽带:如果企业能够帮助地方官员做大政绩,地方官员也愿意助力企业做强业绩。"政绩—业绩纽带"以利益互赖、优势互补为驱动力,以激励相容、自愿合作为特征,既区别于以等级权力或者产权为纽带的政府与国企(包括乡镇企业与乡镇政府)之间的关系,也区别于日本和德国模式中以行业协会作为媒介的协商谈判的关系。从这个描述中可以看到,地方官员与地方企业之间围绕辖区经济社会发展而形成全面、直接、深入的战略合作关系,行业协会在其中发挥作用,但不是主要媒介。

在区域层面的政绩—业绩纽带是中国特色的政商关系的基石,我们从中可以提炼和概括中国政商关系的几个鲜明的特征。

首先,中国的政商关系体现为属地外的排他性和歧视性、属地内的包容性和广泛性。官员关心的经济发展的政绩指标(如GDP、财税收入、招商引资、精准脱贫等)具有鲜明的属地性,因为 GDP 的核算以属地为原则,导致与 GDP 相关联的所有政绩考核具有了清晰的地理和利益边界。只有在属地内注册的企业才会与属地政府产生真正的利益联结,在地方官员的眼里,属地企业和非属地企业之间显然是"内外有别",形成对外地企业的歧视性和排他性。属地之外的企业如果是与属地企业产生利益冲突,地方政府正常情况下会偏向属地企业,经常被社会各界诟病的司法、监管、市场准入等领域的地方保护主义就是由此造成的(周黎安,2004,2017)。这可以解释为什么地方政府经常要求外地企业在当地设立分支机构,地方政府在招商引资的时候反复强调"总部经济",即鼓励企业在本地设立企业总部或区域总部①。

与属地内外的区别对待相比较,政商关系在属地内部则呈现显著的包容性和广泛性。在以经济发展绩效为重要考核指标的情况下,官员关心的是辖区内所有企业加总的业绩,这意味着 GDP、财税、就业等政绩指标具有经济增长意义上的广泛性和包容性。大家经常说中国地方政府存在大企业倾向或者偏好,即喜欢大企业,而对中小企业缺乏兴趣。这种现象无疑是存在的,但是,我们的解释并不相同。我们认为,大企业与中小企业创造的业绩(如 GDP 和财税收入)在地方政府眼里都是综合业绩的组成部分,而不管是谁创造的。地方政府并不天然偏好大企业或歧视中小企业,

---

① 企业总部设在本地意味着该企业在属地之外开设机构发生的产值、投资额和税收可以在本地核算。黄冬娅(2020)提供了一个实际案例:A 省 F 市设有一汽—大众的分公司,但因为一汽—大众的总部在吉林长春,按国家正式的统计口径,在 F 市的工业增加值、工业投资额均需汇总到吉林长春,不能重复计算在 F 市。

大企业只是政府产业政策的重要抓手,给定同样产值创造,政策扶持大企业的成本一般要低于扶持众多中小企业的成本。地方政府通过补贴等优惠政策扶持大企业或战略行业,以此带动上下游企业来当地形成产业聚集,扶持大企业带动了众多的中小企业发展,从而做大综合产值。在这个意义上,中国地方官员对大企业的政策优惠与美国州和城市政府吸引大企业落户本地的政策优惠没有本质区别①。所以,地方政府在讨论一个行业的产值时并不只是关心本行业带来的狭义产值,而是关心该行业发展带动上下游关联企业成长所带来的"综合产值"。如此就解释了为什么地方官员热衷产业链招商,即通过将产业链条上的重要企业吸引过来,引发众多上下游相关企业在本地聚集,进而带动整个地区的发展②。中国不少地区精心打造的区域名牌,如武夷山大红袍、潜江小龙虾、洛川苹果、沙县小吃,惠及整个产品背后的全产业链,从初级产品生产到制造、销售、品牌运营,连接无数中小企业(包括个体农民)。这些例子说明,地方政府在算经济账的时候,"不算小账算大账",

---

① 亚马逊宣布建第二总部的消息之后,北美一共有超过200个城市和州向它发出了邀请。参与竞争的地区开出了各具特色的优惠政策,例如新泽西州的纽瓦克提出将在未来十年里为亚马逊提供最高可达70亿美元的奖励。参见中国经济网2017年10月25日报道《亚马逊第二总部"海选"引发北美多地争宠》。

② 黄奇帆(2020)谈及重庆市政府如何将笔记本电脑生产基地从苏州、东莞等地转移到西部内陆的重庆。核心思路就是产业链招商,即所谓的"3+6+N"模式,首先吸引惠普、宏碁、华硕到重庆落户,然后全球最大的六家代工企业富士康、广达、仁宝、英业达、伟创、和硕随之而来,超过600家上游零部件供应商和下游服务型企业就近投资,形成千亿产值的笔记本电脑产业集群,占据全球笔记本电脑产能的三分之一。重庆以类似方式打造了汽车产业集群、"芯屏器网"信息产业集群。类似例子还有安徽合肥市政府投资京东方,打造超过1000亿元的液晶面板显示屏产业的集聚。

不在于"一城一池"的得失,充分体现了属地内政绩—业绩纽带的包容性和普惠性。

在这个意义上,我们的解释区别于 Bai et al. (2020) 对地方政府的大企业偏向的解析。后者假定地方官员为大企业"特事特办"是因为大企业从利润中支付给官员的货币租金高,中小企业因为支付不了足够的货币租金而被排斥在"特事特办"的体系之外。而我们认为政府给予大企业提供政策优惠,一个重要原因是为了发挥大企业的产业链效应、做大相关产业的综合产值,最终也惠及上下游的中小企业。这如同电商平台"补贴"消费者以增加平台流量,只是"交叉补贴"的价格策略,并不代表电商平台对消费者的特殊青睐。另外,Bai et al. (2020) 对官员行为动机的假定也解释不了为什么地方官员经常要求属地化的企业在本地设立分支机构或强调"总部经济"的招商模式,因为这些注册地要求不改变企业的实际经营业绩和利润大小,因此不改变官员可以获得的私人收益。但是从"政绩—业绩"纽带看,对这些产业链招商、大企业与中小企业的关系及"总部经济"现象都可以内在一致地加以解释。

其次,政企关系具有鲜明的绩效导向、开放性与动态性。政企之间因为"政绩—业绩纽带"而结盟,地方政府也像发展型国家一样使用"诱导性租金"激励本地企业提高市场绩效;地方政府给予企业政策支持的一个重要前提是,企业能够给地方经济带来足够的贡献,提高当地政府的政绩;同样,企业到当地投资也是追求更好的成长环境和发展空间,所以双方都是为了各自的绩效目标而走到一起,具有非常鲜明的绩效导向。政绩—业绩纽带设定了政企合作的最大空间和底线,即地方官员寻求与促进本地经济增长的企业结盟,避免与阻碍本地经济增长的企业结盟(周黎安,2007)。地方官员永远欢迎和支持市场品牌力强的企业、成长性好的企业、附加值高的企业,这不是一个封闭的俱乐部,而是开放的俱乐部。反过来说,对于失去市场竞争力、走向衰落或者失败的企业,地方政府给予的政策支持将随之减少,甚至消失。在这个意义上,地方政府的各类资源始终倾斜于那些绩效贡献大的企业①,政绩—业绩纽带的强度随着企业的政绩贡献度而相应变化,具有动态演化的特征。

政商关系的绩效导向也造成了地方政府与非国有企业之间"救急不救穷"的现象:如果一个地区的大企业出现了资金短缺或者经营困难,地方政府一般会倾力相助,希望帮助它渡过难关,因为它曾经是利税大户。② 这是"救急"的部分,但是"不救穷":如果经营困难的企业被证明是"扶不起的阿斗",挽救无望,地方政府一般不会再施以援手。这种"救急不救穷"的政企关系显著区别于地方政府与国企之间的关系,后者容易患上软预算约束综合征,表现为一种常态化的"父爱主义",既"救急"也"救穷",即使面对效率低下、发展前景暗淡的国企,政府也会进行出手救助。地区增长联盟中地方政府与非国企的关系与政府—国企之间既有相似之处

---

① 黄冬娅(2013)通过案例研究发现,地方政府对于企业的"政绩依赖性"越大,企业家的政策影响力越大;而企业"迎合政绩"的能力越强,政府对其支持力度越大,企业家对于政府的满意度也越高。
② 例如2007年周口市和河南省两级政府对于河南著名民营企业华林塑料集团的救助,江西省和新余市两级政府对于民营光伏企业赛维的救助,具体细节参见周黎安(2017:306—309)。河北省和廊坊市对于华夏幸福基业的救助是最近引起广泛关注的一个例子,参见《经济观察报》2021年6月21日报道《解救华夏幸福》。

(都存在"救急"现象和"大而不倒"的问题),也有不同的地方:对于是否"救穷"态度截然不同。这里最重要的差别是,政府与非国有企业之间是政绩—业绩纽带,体现的是"有限责任",而政府与国企之间是产权关系纽带,体现的是"无限责任"。

地区层面官员更替一般被认为是地方政策短期化和不确定性的重要来源。常言"新官不理旧政",这种现象在中国时有发生。然而,从政绩—业绩纽带来看,官员更替也发挥了积极作用,有助于打破狭隘的利益捆绑和纯粹的庇护关系①。如果企业与上一任官员关系完全建立在个人关系,而非政绩—业绩关系的绑定之上,那么,一旦换了新官员,原来那套绑定关系就很难传递给新任官员,新官自然要根据企业对当地的绩效贡献重新评价政策支持的价值所在。换言之,只有那些对本地政绩目标贡献显著的企业有可能持续得到继任官员的青睐和支持。这里体现了"业绩为王"的衡量标准,只有长期成功的企业和产业会得到政府的持续支持,而狭隘封闭的利益结盟会因为官员更替而受到抛弃②。这也是政商关系的绩效导向所带来的动态性和开放性的一个表现。

---

① 在古代,地方官不允许在家乡任职,且三年一轮换,旨在避免地方官与当地结成特殊的利益关系。
② 官员更替并不必然导致"新官不理旧账",原因在于新任官员面临"另起炉灶"的成本与"曹随萧规"的收益之间的权衡,对于前任官员扶持的成长性好和增长潜力大的企业或产业,新任官员没有理由一定要"推倒重来",而更可能是继续支持,"锦上添花"。事实上,一个地区特色产业的成功崛起一般需要多届地方政府坚持不懈地努力。例如笔者调研过的沙县小吃、潜江小龙虾产业、宁夏贺兰山东麓葡萄酒产业、洛川苹果产业的发展都是经历了多届地方政府的持续聚焦和不懈努力,前后超过20多年;这些案例的细节,请参见刘蓝予、周黎安(2020),周黎安、吴敏(2020),澎湃新闻的报道《政府力量如何推动集体产业建设:以沙县小吃为例》(2020年5月3日),《宁夏会成为中国的波尔多吗?贺兰山东麓葡萄酒产业政策研究》(2020年6月11日)。

四、政绩—业绩纽带：制度化与人格化的"混搭"关系

"官场＋市场"双重竞争机制决定了地区层面的政绩—业绩纽带具备制度化和人格化的双重特征。制度化的一面首先体现在中央或上级政府对地方官员的政绩考核高度常态化和制度化，从而导致了地方官员群体持久而稳定的政绩关怀。其次，政绩—业绩纽带具有可预测、可量化、可签约的特征。可预测是指根据一个企业的外部特征（如规模、行业、技术、经营业绩）就可以事先判断其对于地方官员的潜在价值和可能得到的政策优惠，可量化是指一个企业对一个辖区在一定时期内能创造的政绩贡献（如税收、产值、就业、本地产业配套比例、帮扶贫困人口等指标），以及作为交换，政府许诺的政策支持，都可以相对精确地加以衡量。更重要的，这是可签约的关系，即可以把所有这些政绩目标诉求和企业的政策诉求写在双方签署的战略合作协议之中（参见注释1），作为对双方未来战略合作的备忘录。总之，政绩考核的常态化、制度化，政绩—业绩纽带的可预测、可量化、可签约特征，以及基于绩效导向的开放性、动态性，不以企业或企业家的个体特征为转移，都反映了政商关系制度化、正式化的一面。

地区层面的政绩—业绩纽带还包含了人格化的一面。政绩业绩纽带不仅仅维系着政府与企业两类组织机构之间的互惠合作关系，其背后也需要人格化因素的驱动和支撑[①]。首先，一个关键性

[①] 关于政商关系当中人格化的政治激励和信任关系所发挥的支撑作用，参见周黎安（2017:301—302）。

驱动因素是官员极具人格化色彩的政绩关怀。政绩关怀主要由政治(晋升)激励决定,还包括其个人的理想情怀、性格意志等,这些因素都是与个体特征相关,更重要的是,政治(晋升)激励在当前的制度环境下与官员的年龄、任期等人格化因素密切相关,成为驱动政绩—业绩纽带的重要力量。这部分人格化驱动引申出一个有趣而重要的观察:地方官员给当地企业提供的良好的营商环境和产权保护,并非完全来自纯制度化、司法意义上的产权保护——不管谁做法官,均是根据法律条文和诉讼程序裁决企业产权是否受到侵害,人格化因素的影响相对而言微乎其微,而是在相当意义上与官员的个体化激励、官员的政绩关怀及个人声誉联系在一起,具有相机性和互惠性,属于"政绩—业绩"纽带的衍生物。

其次,政府与企业之间、官员与企业家之间需要人格化的相互信任作为支撑,这是现有文献所忽视的一个重要方面。经济学、社会学和政治学的大量研究表明,正式制度的运行需要非正式制度的支持,市场交易仅仅依靠司法和契约制度支持并不充分,即使在发达国家,非正式制度、关系契约、社会资本仍然扮演了极为重要的角色(North,1990;Coleman,1990;Putnam,1993,1995;Aoki,2001;Greif,2006)。这些文献强调人和人之间尤其是陌生人之间的信任关系如何影响地区的经济发展。当涉及政府与企业的关系时,主流经济学文献更强调两者之间的职能和边界划分,强调保持距离型关系(arm's length relationships)的重要性,限制公权力滥用,防止腐败与寻租。政府与企业、政治家(官员)与企业家保持密切和信任关系一般被认为是裙带主义、特惠主义或者寻租腐败的征兆,势必对经济发展带来负面影响。因此,经济学家很少考虑官员与企业互动中的相互信任问题①。

事实上,在中国的制度背景下,地方官员和企业互动关系中面临典型的双向道德风险(two-sided moral hazard)问题。地方政府掌握财政资金、土地和政策,企业提供产业项目和企业运作,这种交换一般涉及跨时期的企业投资和政府政策支持。在一个跨期投资决策环境下,企业家担心实物投资一旦完成,当地官员就可以趁机"敲竹杠";官员也担心企业骗取补贴②,或者只是套取优惠政策,优惠政策一到期就撤走项目或企业。筹码越高的政企合作,越需要某种信任关系,确保对方是"靠谱"的合作伙伴。单纯依靠外部的司法制度和契约无法防范这些道德风险,即使是在政企签订协议之后,如果一方出现违约,事后惩罚实施起来也都是困难重重。地方政府看似强势,但也难以完全惩罚不守信的企业,企业可以换一个地方重新投资。政绩—业绩纽带是政企合作的基础,但并不充分,政企双方如果缺乏必要的信任,合作就有可能演变成猫鼠游戏,无法实现来自交换的收益。日常的商业实践表明,交易双方需要依靠关系契约、非正式网络、个人友谊等媒介建立相互信任,作为对契约和司法制度的有力补充。政绩—业绩纽带也同样需要以人格化的官商互信为基础。这可以解释为什么地方官员与企业家经常有密切的互动和交往:一方面是信息沟通与交流的需要,另一

---

① 当前经济学和政治学文献更强调民众对于政府的信任,一些国际机构通过问卷形式定期收集民众对于政府(主要是中央政府)信任程度的数据,但完全不涉及政府对于企业的信任程度,后者是中国政商关系中极为关键的一环。
② 从2003年的"汉芯造假事件"到2020年引起社会关注的"武汉千亿弘芯项目停摆"就是这方面的例证。

方面是建立双方互信①。

如果我们认为政企合作创造价值和增进效率,那么促成政企合作的双方信任机制就变得极为重要,尤其在法治、契约实施和市场支持性的制度缺乏的地方。在这个意义上,我们对非正式关系,尤其是政企之间的非正式关系需要重新认识和评价。过去以英美保持距离型作为政商关系的基准,政府官员与企业的非正式关系被认为是寻租、裙带主义的征兆。然而,在日本和韩国经济发展的过程中,政企之间一直保持密切互动,伴之以官员与企业家的关系网络,对于产业政策的实施发挥了非常重要和积极的作用(速水佑次郎、神门善久,2006)②。

在中国,法治、契约实施和市场支持性制度相对缺乏,更需要政企信任关系来支撑政绩—业绩的纽带。在现实中,政绩—业绩纽带所促成的政商互惠交换具备经济交换和社会交换双重特性,更准确地说,经济交换嵌入于社会交换之中(Blau,1964)。经济交换对应的是市场交换,强调可计算、对等性(等价性)和非人格化,

---

① 党的十八大之后中央开启大规模反腐,在开始一段时期,地方官员对于接触和交往民营企业家存在畏难和抵触情绪。2017年党的十九大报告强调"构建亲清新型政商关系",之后一些地方纷纷发文鼓励地方官员跟企业家"打交道,交朋友",只要保持经得起检验的"亲清"政商关系,就可以跟民营企业家正常往来。例如2019年1月16日山东财经报道《鼓励官员与企业家正常交往 济南、青岛相继开出"正面清单"》,央广网宁波2019年9月11日消息《官员和企业家怎么交往?宁波给出"标准答案"》,2020年8月23日《法制周报》报道《官员和老板该怎么打交道?湖南省纪委出台〈意见〉了》。
② 法国的政企关系也被纳入"发展型国家"的范畴之内,其中法国政界精英与商界精英共同的毕业学校和成长经历促成其发展私人网络和信任关系,在政企合作方面发挥了重要作用(Schimdt,2006)。

这类似于政绩—业绩纽带的可预测、可量化和可签约的一面。社会交换强调非直接对等、人格化和信任关系,这在中国政商互动的现实中也有体现。比如辖区企业积极履行社会责任,承担一些超出其正常经营范围、政府希望企业参与的任务(如精准脱贫、慈善公益、配合地方政府完成应急任务),参与这些活动不一定获得来自政府方面直接和等值的回报,但确实有助于树立企业良好的社会形象,获得政府认可和信任,最终使企业从中受益①。这是中国政商关系中政绩—业绩纽带多维度互惠的一个表现。如引言所述,企业以各种方式建立的政治关联也是一种促进政商互信、支撑政绩—业绩纽带的理性策略,并不一定与寻租和腐败动机相关联。

至此,我们分析了中国政商关系中的制度化与人格化两个层面的特征,但是,制度化与人格化具有怎样的互动关系呢?如何评价这种"混搭"式的互动关系呢?首先,政商关系的制度化层面——可量化和可签约的政绩—业绩纽带——高度依赖于其人格化层面的支撑。具体而言,政绩—业绩纽带背后离不开地方官员人格化的激励驱动和政商之间人格化的信任支撑。其次,制度化

---

① 张敏等(2013)利用上市公司数据发现,企业在当地的慈善捐赠越多,它们从政府手中获得的补贴收入也就越多,这一效应在市场化程度越低的地区越明显。Lei(2021)利用中国2001年企业所得税分享改革作为一个准自然实验,发现两组有趣的结果:第一,改革之前从县政府获得更多税收和贷款优惠的企业在改革发生时更愿意为当地政府上缴更多的企业所得税,以抬高本地以后从中央获得的企业所得税分享基数;第二,在改革之时帮助本地政府多缴所得税的企业在改革之后更可能获得县政府的政策优惠。该项研究的发现说明地方政府与企业之间的互惠关系可以在长期内以社会交换的方式发生,而且地方官员从企业那里获得的收益并非私人货币收益,而是有利于地方利益的公共资源(当然也间接让地方官员获得政绩收益)。

的政绩考核,政绩—业绩纽带反过来也对政商关系的人格化层面的性质内涵和发展方向施加了限制和约束。虽然政商合谋、寻租和腐败时有发生,但通常会在政绩—业绩纽带覆盖的范围之内,避免了有损官员政绩的纯粹私人利益捆绑。即使是对大企业的扶持和照顾,也是遵循绩效导向和最大化综合产值的原则("算大账不算小账"),看似特殊主义互惠或"特事特办"(Bai, et al. ,2020),其实体现了政商关系的包容性和开放性特征。

不仅如此,我们还可以把政绩—业绩纽带概括为"绩效为主、关系为辅",即引领政商合作的主要驱动力是双方对自身绩效的关注,在以绩效为导向的前提下,双方通常会致力于建立互信关系,也可能发展双方私人利益层面的互惠交换。完全脱离官员政绩或企业绩效的互惠关系难以出现,缺乏信任等非正式关系支撑的纯粹政绩—业绩交换也不常见。

政绩—业绩交换让"公"与"私"的边界有时也变得模糊,因为企业业绩对于政府(官员)政绩的绝对重要性,一定规模以上企业的"私事"(如搬迁公司总部、转移投资重点、领导人更替)也变成了政府关心的"公事",必要时政府会采取措施进行干预①。反过来,政府的"公事"(如制定产业政策和发展规划)也经常会请企业深度参与,甚至"代办",变成企业的"私事"。"公"与"私"互换和模糊化其实也是政企双方多维度上的"礼物交换",属于政绩—业绩纽带作为一种经济交换嵌入于社会交换之中的具体表现,构成双方

---

① 20世纪90年代华晨宝马计划与英国罗孚汽车合作,决定将合作投资的生产基地转移到注册地(辽宁沈阳)之外的浙江杭州,引发沈阳市和辽宁省两级政府的强烈反对。具体细节参见吴晓波(2008)。

建立和发展信任关系的重要方式与渠道。

在政企互动过程中,人格化的交往与合作通常被认为是负面的,与特惠主义、裙带主义、寻租捕获等问题联系在一起。现代化的过程被认为是一个"去人格化"的过程,制度化、透明化与公平、公正、公开及可预期等特征联系在一起,制度化是政商关系发展的一般趋势。然而,上述揭示的中国政商关系所涉及的人格化与制度化的性质则难以如此简单归类。人格化部分当中确实存在通常意义上的弊端,如"人治化"色彩以及官员更替给企业带来的政策不确定性①,但不是所有的人格化因素都是消极负面的,它所包含的官员人格化的激励、官商基于人格化的信任(区别于基于制度化的信任)是维持政绩—业绩纽带和健康政商关系的重要基础,抑制这些因素相当于压缩政绩—业绩交换空间,让政商关系变得脆弱和不稳定。制度化部分也不一定保证都是正面积极的,因为制度化的政绩—业绩纽带也包含了普遍的地域歧视和地方保护主义,对我国建立国内市场一体化构成长期的阻碍。这两者显然不是黑白分明、非此即彼的关系,而是黑白"混搭"、带有灰度性质的关系。

政商关系的制度化与人格化并非总是和谐共存,而是经常处于一种内在的张力和紧张之中:一方面政商互信需要长期合作关系,这客观上要求一定的封闭性、稳定性和锁定性关系(如相对封闭的俱乐部),或者满足"小数目条件"。日韩政府与大企业的关系

---

① 给定地方主政官的巨大权威及"人治化"色彩,企业家有时分不清是在与政府机构打交道,还是在与主政官个人打交道,"地方政府"作为组织机构的行为特征打上了主政官及主要官员强烈的个人烙印,在企业家眼里,地方政府作为一个整体其实也是兼具制度化与人格化双重色彩。

具备这些鲜明的特征。但是另一方面,政绩—业绩纽带的开放性和包容性及官员任期限制,潜在地对政商双方建立人格化信任提出了挑战。

因此,中国政商关系的人格化与制度化两个基本面向相互交织在一起,黑白相间,"水乳交融",既相互依赖,相互塑造,又可能相互"挤压",以政绩—业绩纽带为中心,结成了多面向、多维度的"政商综合体"关系。中国政商关系的制度化和人格化的"混搭"关系,使之区别于下面三种常见的政商关系形态:一是以英美为主的边界分明、规则清晰的纯制度化的政府和企业、政府与市场的关系。二是发展中国家常见的基于血缘、地缘等传统社会网络的纯人情关系,在这类关系中,一切以特殊主义的人情关系为转移,政绩—业绩纽带根本不发挥作用;中国地区增长联盟所依托的政绩—业绩纽带是绩效导向,不以具体企业或企业主的人格或身份特征为转移。三是狭隘的政治庇护关系,这在世界范围内(包括发达国家和发展中国家)普遍存在。与此相对照,中国政商的政绩—业绩纽带不是封闭、狭隘和基于不平等权力或资源分配的庇护主义关系,而是反映了绩效导向、开放动态的利益互惠关系。

如果英美发达国家的纯制度化的政商关系可以理解为"照章办事"和"对事不对人",而特殊主义与庇护主义关系体现为"对人不对事""因人而异"(内外有别),那么,相比之下,中国基于政绩—业绩纽带而塑造的政商关系则是"对事兼对人""因事而异"(特事特办),这里的"事"就是政绩贡献度;兼顾"对人"(如建立人格化信任关系)也是为了更好地"对事"(实现政绩—业绩交换),但是"事"比"人"更重要,"对事"为主,"对人"为辅,一切以"事"为中心。所以,从特殊主义和庇护主义的"对人不对事"过渡到政绩—业绩纽带的"对事兼对人"和"以事为中心",后者带有显著的数目字管理和理性规划(如产值、税收、就业的最大化)的性质,已经是走向政商关系制度化的一个巨大进步(当然仍与西方国家"对事不对人"的普遍主义的政商关系相区别);但企业的政绩贡献度有大有小,这必然导致地方政府"因事而异"和"特事特办"的内在倾向,但这是政绩最大化的理性要求,因为政绩直接与当地经济发展的绩效挂钩,因而明显区别于基于狭隘利益交换的庇护主义关系,也区别于Bai等(2020)对于"特事特办"内涵的解读。

五、"官场+市场"双重竞争对于中国政商关系的形塑作用

政企之间的信任关系并不是通常意义上人与人之间的信任,如市场上交易双方的互信。企业之间、个人之间的信任总体上是一种对称、自愿的关系,双方均保留平等的退出权和选择权。政企关系则不然,在许多国家的制度环境下它不是对称和平等的关系,政府权力具有天然的垄断性和强制性,在缺乏良好的制度保障的条件下,公民、企业面对政府更可能处于弱势的一边。当这种非对称关系占主导,政府可能会使用强制权力去掠夺企业和个人的利益,即使短期内或表面上政府显得仁慈亲善,掠夺的风险也无时不在。在这种情况下,政企之间的信任机制难以建立;如果要建立两者之间的信任,就只能是以局部、狭隘和私人的庇护关系的形式发生。这也许解释了为什么人们一般很少讨论政企之间的信任问题,社会资本的概念也主要限于个人、企业之间的信任,很少延伸

到政企之间的信任关系。

只有在政府与企业达成某种平等和对称的关系时,双方的信任才是可能的,而这在国家层面,需要特殊的制度安排才能实现。西方国家在资本主义发展过程中通过议会限制君权,颁布保护私人财产的法律,实施司法独立,政府与国民、企业之间建立了基于制度的信任。例如,英国"光荣革命"之后商人和资产阶级控制了议会,限制了君主征税和发行国债的权力,政商之间的信任关系显著改进,使得君主在国债市场上融资的利率大为降低(North and Weingast,1989)。但是在契约和司法制度尚不健全的地区,如果缺乏平等开放的环境,政府与企业的信任就难以建立。

我国非国有企业在国内的发展得益于改革开放。中国国家层面对于外商投资企业的优惠政策和制度保障出台较早,在地方层面实施也比较完善。相比之下,在国家层面,关于民营企业的产权保护经历了漫长而艰难的过程,在相当长的时间内缺乏清晰有力的法律保障。[1] 即使到了今天,民营企业的产权保护仍然是一个需要不断加强和完善的问题[2]。中国民营企业发展的独特之处在于,

---

[1] 改革之初,关于民营经济尚无任何法律条文的支持,国家出台了关于"个体户"的政策,在农村开办的民营企业一般通过"戴红帽子"、挂靠集体经济组织的办法"半地下"经营;1988年全国人大对1982年宪法进行了修正,认为非公有制经济是公有制经济的"补充";1999年官方文件把非国有经济界定为社会主义市场经济的"重要组成部分";2004年宪法修正案宣布,公民的合法私人财产不可侵犯;2007年颁布的《物权法》,第一次明确把私人财产与集体财产放在同等地位。

[2] 为了加强对民营企业的权利保护,中共中央、国务院近年来不断出台重要文件,如2016年11月《关于完善产权保护制度依法保护产权的意见》,2017年9月《关于营造企业家健康成长环境弘扬优秀企业家精神更好发挥企业家作用的意见》,2019年12月《关于营造更好发展环境、支持民营企业改革发展的意见》。

在国家层面尚未建立清晰有力的法律保障的情况下，"官场＋市场"双重竞争机制推动了地区层面的产权保护和营商环境的改善，作为对国家层面制度化建设的重要替代。"官场＋市场"的双重竞争机制对于中国特色的政商关系意义非凡，不仅仅塑造了政绩—业绩交换互惠机制，使得地方官员与非国有企业形成利益共同体，而且通过生产要素（如人力资本和物质资本）跨地区的流动性，抑制地方官员的任性与专断，削弱地方政府的强势地位，使之"放下身段"，采取各种措施"取悦"非国有投资者。在国家层面难以建立的政企平等性与对称性以及相伴随的信任机制，在地区层面依靠地方竞争和企业跨地区流动性得以建立，政商双方的信任机制具备了基础性的条件。

官场与市场双重竞争机制也是维持政商关系制度化与人格化均衡、良性互动的前提，地区层面的双重竞争赋予了官员的政绩关怀与压力、政企关系的对等性及政企合作在市场反馈和检验之下的试错、学习与迭代升级。中国特色的政商关系对于"官场＋市场"双重竞争机制的依赖至此就变得非常清楚了。竞争性、地方性政商关系既打造了关键性的政绩—业绩纽带，又赋予政企双方相对平等的退出权和选择权，使之得以建立互信机制，发展制度化与人格化"混搭"的政商关系，在相当程度上成为国家层面对于民营企业的制度化保障的一种替代，为中国高速经济增长奠定独特基础。中国政商关系摆脱传统的特殊主义和庇护主义、走向制度化和正式化实际上是源自于中国独具特色的双市场竞争的政经互动体制。在这个意义上，中国地区增长联盟必须建立在地区竞争的前提之下，竞争性地区增长联盟才是中国政商关系的本质特征，政绩—业绩纽带也依托于地区层面的双重竞争机制,而缺乏地方竞争的"政绩—业绩"纽带是极其脆弱和不稳固的。

以"政绩—业绩"纽带为基础的政商关系对于"官场 + 市场"双重竞争机制的依赖,进一步体现在,"官场竞争"和"市场竞争"的异质性造成政商关系在不同地区之间和同一地区内部呈现显著的差异性和多样性。

"官场竞争"与"市场竞争"的强弱程度在地区层面可能形成不同的组合(周黎安,2018),导致地区之间政绩—业绩纽带的强度呈现显著的差异性。官场竞争的规则与生态决定了地方官员晋升与经济发展政绩的关联强度,进而决定了官员的政绩关怀程度以及地区增长联盟当中政绩—业绩纽带的重要性。市场竞争的性质与程度体现为当地企业对市场竞争的敏感度及要素市场化程度(如人力、物质资本的跨地区流动性)。如上所述,要素市场化程度制约了地方官员的权力任性和专断,有助于实现企业与地方政府的对称性,建立信任关系,防止"掠夺之手"。因此,官场竞争和市场竞争的强弱程度分别决定了官员关心发展政绩的程度和企业关心经营业绩的程度,其不同组合决定了政绩—业绩交换互惠机制的有效性及政商关系的区域差异性。周黎安(2018)根据"官场竞争"的强弱(即官员晋升与经济绩效挂钩程度的高低)和"市场竞争"的强弱(即辖区企业对市场竞争的敏感度)划分了四种组合情形。在最好的组合,即"强官场竞争"与"强市场竞争"相结合下,政绩—业绩纽带最为坚固,政企容易建立互信关系,双方优势互补,激励兼容,共同推动地区经济发展。在最坏的组合,即"弱官场竞争"和"弱市场竞争"的组合下,政绩—业绩纽带最为松散,政府扮演"掠夺之手",政企缺乏信任与合作。在另外两种中间组合下,政绩—

业绩纽带所支撑的政企互惠也呈现不同的内容和影响。

即使在同一地区,"官场竞争"与"市场竞争"的渗透和影响程度对于不同层级(部门)的官员及不同规模的企业也呈现系统性差异。在一般情况下,地方官员的岗位流动概率(简称官场流动性,包括晋升、平行调动的概率)从主政官到职能部门领导再到基层官员大致上是依次递减的,尤其是调离本地区的概率更是如此。按照这个视角,一个地区内部存在流动性的"官"与本地化的"吏"两大群体。而官场流动性是传递官场竞争效应的重要媒介,决定了官场竞争所驱动的政治激励和政绩关怀强度;一个失去官场流动性的官员群体很难对官场竞争的指挥棒做出积极反应。市场竞争所包含的生产要素的跨地区流动性(简称市场流动性)对不同规模、所有制和影响力的企业来说也存在差异,一般而言从大企业到中小微企业依次递减。一个地区内部大致存在本地化企业和全国性企业的分类,市场流动性的大小决定了企业对于地方政府的依赖性和谈判力[1]。

我们如果把官场流动性和市场流动性在一个地区内部的纵向差异结合起来,就可以大致描绘出一个地区增长联盟和政商关系的结构性特征。首先,地区的主政官与大企业(或绩效突出的高科技企业)属于官场和市场双重流动性最高的组合,其间的政绩—业绩纽带最为强劲,可预测、可计算和可签约的正式关系最为明显,

---

[1] 中国对于外商直接投资企业的产权保护长期优于对民营企业的产权保护,这可以理解为外商投资企业面对中国具备更大的流动性,中国必须与世界其他地区竞争,把外商投资吸引过来,因而必须出台更为完善和优惠的政策及保护措施。相比之下,国内民营企业只在中国范围内享有跨地区的流动性,长期以来无法自由投资国外,因此其面临的产权保护在国家层面和地区层面都要弱一些。

政企具有较好的对等性和平衡性,双方具备建立互信关系的良好基础,政企容易形成密切有效的合作。我们前述的政绩—业绩纽带的所有重要特征,如绩效导向、地域歧视、包容性和开放性都会最充分地体现出来。其次,随着政府层级和企业规模层级不断向下延伸,政绩—业绩纽带的强度随之减弱,政商关系其他维度的特征,如非正式、特殊主义的庇护关系、狭隘的利益交换(寻租、腐败)和政策捕获等,也可能随之出现。当不同职能部门和基层官员为企业(包括大企业)提供服务和实施监管时,因为这些官员对于主政官关心的政绩目标未必在意,"吃、卡、拿、要"及"不作为""乱作为"之类的问题就随之而来。尤其当本地化的基层官员与本地化的中小微企业互动时——这属于官场流动性和市场流动性的双重"底部",政绩—业绩纽带最弱。而且,中小微企业对基层官员的依赖性强,而不论该地区主政官如何变动,职能部门领导如何流动,基层官员大都属于"不流动"的"吏",他们与本地化的中小微企业容易形成高度稳定和封闭的关系,非正式庇护网络最可能发生(Wank,1996)。

  一个地区内部可能存在的"官吏分流"现象说明,该地区的营商环境不仅取决于官场和市场双重流动性的组合,更取决于政府不同部门和不同层级纵向整合力度、政策执行力和政绩压力自上而下地传递[1],或者说,潜在的"官吏分流"能否变成"官吏一体"。

---

[1] 黄冬娅(2020)提供了一个关于A省自上而下推动某项产业政策的翔实案例,从中可以看出,决定产业政策在多层级政府体系中的执行效果的是多重因素,如高层领导重视程度(高位推动的力度)、专门机构设置、量化考核、资金分配、督察监控、官员政绩锦标赛等。

打造营商环境的最大挑战是如何克服"官吏分流"和"两张皮"问题,即主政官的政绩关怀如何传递到最基层的办事员,如何让中小企业享受高效优质的服务。在政商关系最成功、最健康的地区,政绩—业绩纽带纵向延伸,从主政官到分管领导、职能部门、产业园(工业园)管委会、项目组团队,到具体每个人①,政策目标、责任、义务和激励有效传递与运作,使得从上到下(包括职能部门和基层官员)均扮演"帮助之手",为各类企业提供高效服务,及时解决企业问题。这在深圳、苏州、杭州等营商环境好的地区最为明显,政府的口号是"无事不扰,有事必应"。而在政商关系最失败的地区,从主要官员到基层官员均扮演"掠夺之手",私人庇护网络盛行,非国有企业发展艰难。介于中间状态的地区其政商关系则更可能表现为不同程度的"官吏分流"特征:主政官与大企业间政绩—业绩互惠,职能部门、基层官员与中小企业有可能形成庇护和狭隘的私人关系。

由此我们可以看到,中国地区层面所呈现的政商关系的性质与内涵高度依赖于"官场 + 市场"双重竞争机制的有效性,后者在地区之间和地区内部的差异性和多样性导致了政商关系的相机性的一面。官场和市场双重流动性的差异及其不同组合塑造了一个多层次、多面向、多维度的地区增长联盟和政商综合体。中国政商关系的独特性不仅体现为制度化与人格化的"混搭"关系,还具有

---

① 2019 年杭州市政府抽调 100 名机关干部向辖区 100 家重点企业派驻政府事务代表,为企业协调解决各类政府事务,开展信息沟通交流、政策解答,为项目落地推进提供全方位的保障。参见浙江在线 2019 年 9 月 20 日报道《杭州向阿里巴巴等 100 家企业派驻"政府事务代表"》。

地区差异性的特征。但所有这些特征都凝结在强弱不一的政绩—业绩纽带上,是政商关系嵌入"官场 + 市场"的结构之中衍生出来的结果。具体而言,政商关系体现在每对官员与企业(家)关系、每个地区、每个企业上的差异性和相机性,是人格化带来的波动性和复杂性,但是其制度化特征(尤其是绩效导向)又在整体上赋予了政商关系在地区层面和特定时期内的稳定性和规律性。

六、拓展性讨论

(一)中央政府在地区增长联盟中的职能与作用

就本文目前的分析框架而言,中央政府职能和作用都是外生的。如同我们分析市场供求模型,将政府对市场秩序的维护、产权保护都视为外生的一样,这里我们也外生假定了中央政府的一系列功能,比如说中央政府对官员绩效考核标准的制定、监督当地政治生态,对市场秩序的维护,包括反垄断、促进国内市场一体化、对经济社会的监管等等。当中央政府执行或加强这些重要职能的时候,例如为促进国内市场一体化,禁止地方政府强制外地企业在本地设立分支机构,显然会抑制地方政府的属地歧视行为,压缩地方保护主义的行为空间。中央政府也可以加强对官员行为的监督与制约,如颁布"中央八项规定"和进行大规模反腐,从而限制政商之间可能发生的寻租和腐败。

中央政府的另一个重要职责就是出台政策,抑制地区间的"逐底竞争"(race-to-the-bottom)。地区间的"逐底竞争"指的是,地方政府为了吸引或留住企业当地投资,倾向于降低监管要求,如环境保护、产品质量、安全生产和劳工的利益保护等监管标准,以增加本地对企业投资的吸引力,但最终损害了广泛的社会利益。在中国,地方竞争引发的"逐底竞争"问题也是普遍存在的。在过去相当长时间里,环境污染、安全生产、劳工利益保护等问题频发在相当程度上就是源于地方政府为了吸引和留住企业,做大官员政绩,而不惜违反国家的法律和政策规定,导致政企利益联盟产生了诸多的负面影响和消极后果。

在我国现行体制下,中央政府采取了一系列措施对此类问题进行治理,对于纠正当前政商关系当中的不良倾向将产生积极影响。主要有以下三个方面的制度改革:

第一,考核指标多元化。比如环保监测与评价,以前环评可以围绕企业的要求做很多变通,但现在环保变成地方官员一票否决的考核指标,安全生产也是一票否决。把考核指标变成硬指标,就使得地方官员不敢碰,必须要兼容不同施政目标,既要保证产值、税收,又要保证环保、安全生产。政绩多元化要求企业也必须完成企业公民到社会公民的转变。考核指标体系的变化本身有助于纠正"逐底竞争"的负面影响。

第二,调整过去"条块结合,以块为主"的监管体制。近年来不少监督部门进行垂直化改革,比如环保、司法、国土、社保,这些方面的权限现在都在往上转移,提升到更高的政府层级。这样让这些权限脱离地方保护,减少同级地方政府的影响。监管部门垂直化会弱化地方竞争的负向溢出效应,避免地方保护带来的扭曲影响。

第三,通过国家立法,限制一些"逐底竞争"的现象发生。最好的例子是劳工利益保护通过颁布新《劳动法》加以实施。另外,从2019年开始,企业员工的社保已经由国税局征收,不再是地方税务局征收,其执行力度显著加强。一旦涉及立法和司法领域的监督,地方官员与辖区企业的互动就不得不认真对待这些相关要求。

目前我们的分析假定官员的流动是外生的。事实上,中央政府一直有意识地利用官员流动实现国家治理的目标。从20世纪80年代开始,中央就鼓励跨地区之间的官员流动,产生了积极的效果(周黎安,2017)。中央在20世纪90年代就要求中西部地区要接受来自发达地区的官员流动。近年来官员的跨地区流动更趋频繁,跨省的干部交流明显增加。例如为了振兴东北,中央提出对口合作,把江苏、浙江一些城市跟东北的大连、沈阳、长春等城市结对子,共同促进东北地区的经济发展。如前所述,官员流动和更替一方面有可能带来政策的不确定性,但另一方面,官员流动和更替也构成对政绩业绩纽带的持续检验。从政商关系的视角看,官员的互换交流,也带动了项目、资源、经验的交换与交流,也包括政商之间的信任关系。有学者通过实证研究发现,官员从A地到B地,企业也跟着从A地到了B地(Shi et al.,2021)。这种"钱随人走"的现象不能简单解释为寻租关系,这有可能反映的是官员与企业家之间信任关系的空间移动,以这种方式新官上任也扩大了当地的招商引资的机会,尤其让落后地区因为官员的更替和跨地区的官员交流而面临新的发展机会。

(二)地区增长联盟中国有企业的作用

迄今为止,我们讨论的政商关系主要侧重于地方政府与非国有企业的关系。在地区增长联盟和政商综合体当中,国企到底扮演什么角色?我们能否运用同样的理论框架进行分析?

当我们把国企放在"官场 + 市场"双重竞争机制的框架里,就会发现国企有两个特点:一是准官场性,国企领导可以进入行政官僚体系,他们与官场是连通的。有学者研究过国企领导人之间的晋升竞争,官员"晋升锦标赛"作为一种激励机制可以延伸到国企领导人(郑志刚等,2012;杨瑞龙等,2013)。地方政府与国企的产权关系和等级权力关系都意味着国企不存在民营企业担心的"掠夺之手"。二是弱市场性,这主要反映在两个方面:第一,国企对经营业绩的敏感性不如民企,存在软预算约束问题;第二,国企与地方政府在地域上是严格绑定的关系,因而呈现出弱市场流动性。举例来说,江苏南京的国企不可能到浙江杭州注册企业总部,当然南京的国企可以去浙江杭州收购企业或投资建厂,但是行政总部一定是在南京。

准官场性、弱市场性这两个特征决定了国企在地区增长联盟中可能扮演的角色[①]。因为国企对业绩的关注较少,地方政府倾向

[①] 事实上,我们可以根据官场和市场流动性的强弱对国企、民营企业和外资企业进行区分。从官场流动性而言,国企最强,民企次之(有不少民营企业主成为人大代表和政协委员),外资最弱;而以市场性而言,外资最强(面向全球的资本流动性),民企次之,国企最弱。政商关系根据官场和市场流动性的不同组合而衍生出不同的性质和内容。

于让国企承担更多的社会责任和非营利指标,比如保就业、环保、脱贫。在环保上国企首先要达标,必须先投入必要的排污设备。在精准扶贫上国企也得勇挑重担。地方政府面临多元化政绩考核,国企发挥一个二传手的作用,分担、平滑地方政府面临的压力。政府会让国企做一些短期内经济效益不明显,但是长期内对地方经济发展有重要作用的事情。例如在洛川苹果产业发展的案例中,果农是经营主体,经常受到外部市场波动的影响,有时苹果产量过剩,收购商就把价格压得非常低,而苹果供不应求的时候,价格又抬得非常高,分散的果农根本没办法应对这些市场风险。为了减少市场波动对果农的冲击,国企在流通领域扮演积极角色,通过买卖平抑物价,以这个方式实现对农民的保护(刘蓝予、周黎安,2020:116—127)。国企在地区增长联盟中发挥弱市场性的特点,有助于实现地方政府多元化的政绩目标。

国企的准官场性使得地方政府与国企之间是制度化的关联,不需要人格化的互信支撑,国企也不用像民企那样担心产权保护和营商环境问题,这样使得国企在一定意义上可以替代政府与非国企之间的脆弱关系。一个地方营商环境差,民企、外资不愿意过来投资建厂,发展国企就成为地区经济发展的主要抓手。这可以解释一些地区的政府把发展国企作为实现增长战略的重要手段的原因,国企在这里属于地区增长联盟的组成部分。也因为国企的准官场性,有些民企到一个地方投资,担心营商环境不稳定,会更愿意与当地国企合作或主动引进国有股东,利用国企身份与当地政府的关系谋求稳定的营商环境[1]。在这个意义上,国企成为地区

---

[1] 李文贵、余明桂(2017)通过实证分析发现,在国内产权保护环境差的地区,民营企业更可能主动选择国有化以寻求更好的保护。

营商环境的替代物。由此可以看到,在"官场 + 市场"的框架下国企基于准官场性、弱市场性的两大特征,在地区增长联盟中可以发挥非常独特的作用。

(三) 中国政商关系对政经互动的影响:国际比较的视野

在任何一国,政商关系的基本属性都与政治权力、经济财富的互动关系密不可分。英美政商关系模式当中的理想状态是自由竞争的经济市场与多元主义的政治市场,前者涉及企业高度分散化,充分参与市场竞争,不存在操纵市场价格的垄断者;后者涉及政治权力主体和利益集团也是以多元化和分散化为特征,在政治角逐场上充分竞争,由此形成了经济和政治完全分离的局面,即经济财富与政治权力之间的有效区隔,避免经济财富的集中和极化导致政治权力的集中与极化。当然在现实生活中,这种理想模式是不存在的。以美国为例,以跨国公司和华尔街金融集团为代表的大型企业组织通过合法的政治献金、院外游说、"旋转门"等多种方式深刻影响政治与决策过程,如选举、立法、司法、监管与政府决策过程,经济和政治分离只是一种理论假设,经济深度渗透和支配政治成为当今美国的现实(Cohen et al.,2010)。在发展中国家,政府运行与决策的自主性也面临严峻的挑战,当政府深度"嵌入"社会之中,商业利益和社会非正式网络也可能渗透到政府的决策与执行过程中,导致政府被社会捕获和寻租的问题。因此,如何让政府嵌入社会之中而又维持其自主性是塑造发展型政府的严峻考验(Evans,1995)。

相比之下,中国地区层面上的"官场 + 市场"双重竞争机制塑造了中国极具特色的政经互动和政商关系。首先,我们看到,影响企业命运的诸多行政权力高度集中于地方政府,但一个地方政府无法垄断和支配与某个企业的关系,企业可以自由选择合适的投资场所,尤其对于那些具备市场竞争力和影响力的企业;另外政企合作的结果(产业政策、重点行业)最终要受到市场检验。在这个意义上,地区层面集中化的行政权力受制于市场竞争。非国有企业主要与(不同层级)的属地政府保持密切关系,不论掌握多少经济财富,创造多少产值税收,在正常情况下它都不可能支配或"操纵"地方政治[1],更不可能形成全国性力量去"渗透"国家政治[2]。中国竞争性和地方性的政经互动和政商关系在相当程度上限制了政治权力与经济财富之间的过度渗透,既防止地区政治权力的过度强势,也在一定程度上抑制地方企业财富集中可能带来的普遍寻租与利益捕获,使之在地区层面上形成一种政经平衡与政经区隔的互动格局;中央层面的强力监督和干预(如反腐、扫黑除恶运动、禁止官员经商)则进一步保证了地区层面上的政经平衡局面。

全球化对西方国家政企关系的冲击和影响近年来引起学者的高度关注。20世纪80年代开启的新一轮全球化推动了贸易和金融的自由化,进而促成跨国公司的盛行和全球金融市场的形成。

---

[1] 事实上,辖区企业还要受制于属地政府多元化的施政目标(如环保、安全生产、民生、慈善公益等),尤其是那些重要企业,在这些方面更需要发挥表率的作用。
[2] 在日韩发展型政府中,中央政府与全国性财阀、企业集团或者由其控制的行业协会进行协商合作,大企业的政治影响也主要是通过这些国家层面的渠道发生。而在俄罗斯、东欧的经济转型过程中均出现了原有的政治精英利用私有化迅速积累巨额经济财富的现象,形成"寡头式"的政经结构(Szelenyi and Kostello,1996)。

面对全球流动的跨国公司和金融资本,民族国家的经济主权受到严重削弱。为了吸引国际资本的投资,民族国家不得不给予跨国公司越来越优惠的政策条件,劳工组织的议价地位被严重削弱。也就是说,前述的经济对于政治过程的渗透在全球化的背景下进一步加剧了,导致商业利益以牺牲普通大众的利益为代价,进一步绑架政府政策(如降低税率)。中国在"官场 + 市场"的双重竞争机制下,总体上显著受益于全球化的进程。其中的关键是,在中国各地区融入全球化的过程中,市场竞争加剧,包括国内企业到海外投资和建厂,企业的市场流动性进一步加强,地方政府的"强势"地位被进一步削弱,地方政府必须出台更好的政策吸引和留住优质企业,这有助于强化政绩—业绩纽带,促进更加有效的政企合作。当然,全球化所加剧的市场竞争也可能导致"逐底竞争"的负面后果,如对劳工利益保护不足、放松环保标准等(黄宗智,2010),需要中央层面的有效干预加以克服。

七、总结性评论与展望

改革开放以来,地方竞争构成中国经济发展与转型的基本动力。在地方竞争背后,官场竞争与市场竞争的双向嵌入塑造了地方官员与辖区非国有企业之间独特的政绩—业绩纽带和地区增长联盟,并由此决定了中国特色的政商关系的性质。

在地区层面上形成的"政绩—业绩"互惠纽带使得政商关系具有清晰的绩效导向、开放性和动态性,也体现了地区增长联盟内部政商关系的包容性和广泛性,这是中国政商关系制度化和正式化的属性；但与此同时，政绩—业绩纽带背后离不开地方官员人格化的政治激励以及政企之间必要的相互信任关系，这使得中国的政商关系当中又注入了"人格化"的特性。过去的文献强调其非正式关系、特殊主义互惠、庇护主义网络，但忽略了中国政商关系由绩效导向衍生的正式化和制度化面向及其对于狭隘互惠的抑制作用，而强调地方政府公司主义和政企合作的文献则对人格化的政企互信关注很少，更是忽略了地方官员为维系政绩—业绩纽带而产生的对于民营企业主的信任需求。本文的贡献之一就是试图揭示中国政商关系的两个重要面向——绩效导向驱动的正式化、制度化与人格化激励、非正式信任关系——的"混搭"关系。

在国家层面尚未形成对非国有企业有效制度保障的环境下，"官场 + 市场"双重竞争机制塑造了"政绩—业绩"纽带和地区增长联盟，为非国有企业提供了重要的产权保障和政策支持。在地区层面基于"政绩—业绩"纽带的政企合作有助于实现激励兼容和优势互补，同时克服"市场失灵"和"政府失灵"，抑制"掠夺之手"。在日韩经济赶超时期，"发展型国家"盛行以出口绩效为导向的"相机补贴"和产业扶持政策，也包括官僚与企业家之间的非正式关系。中国基于"政绩—业绩"纽带而形成的政商关系与日韩有相似之处，但是，中国的政商关系更多表现为地方性、竞争性和清晰的绩效导向的特征，政企双方利用市场反馈共同试错、学习，在产业政策的制定和实施上呈现了显著的多样性、试错学习和动态演化，避免了国家层面的决策失误可能带来的系统性风险。与日韩发展型政府相区别，建立在官员个体激励基础上的政商关系并非长期关系(绝大多数官员的任期是三至五年)，这决定了政绩—业绩纽带具有更强的经济交换的属性,即"一一对应"的精准交换与互惠,尤其是在官员个人层面上。也因为没有日韩发展型政府与大财阀、企业集团长期锁定的关系,中国地区层面的政绩—业绩纽带也就减少了一些封闭性和捕获性,增加了一些开放性和包容性。

当然,地区增长联盟所塑造的政商关系也有其潜在的问题与短板。政绩考核指标的属地特性带来了对外地企业的歧视性和排斥性,这长期以来阻碍了区域经济一体化和全国性统一市场的形成;政商关系的人格化属性虽然有助于提供激励基础和维持官商互信和充分沟通,但在现实中也带来了政企合作的相机性和不确定性以及政商合谋、寻租和腐败。德国等"战略性(非市场)协调关系"在中国的政商关系中有所体现,谈判、协商和长期合作也反映在地方政府与地方企业(行业协会)之中,但在中国工会组织未能扮演重要谈判者的角色,工人(尤其是农民工)的利益嵌入在各个地区增长联盟中未得到充分保护。

在地区经济发展绩效成为地方官员关键性政绩的时期,地区增长联盟在总体上设定了政商关系发展的方向和边界,即有利于地区的经济增长,避免有损于地区增长的狭隘的政治庇护或私人交易关系,从而在总体上为中国经济高速增长奠定了重要的微观基础。

"官场+市场"双重竞争机制是塑造上述政商关系特征的制度化基础,在地区层面上双重竞争机制的不同组合情况,以及地区内部不同政府层级官场流动性和不同企业的市场流动性的差异,都可能改变政绩—业绩纽带的连接强度和覆盖范围,导致政商关系呈现差异性、多样性、相机性特征。地区增长联盟被嵌入在一个多层次、多面向、多维度政商综合体之中。在这一点上,中国也显著区别于英美、日德在国家层面相对稳定的关系特性。

揭示政绩—业绩纽带对于理解中国政商关系的重要性促使我们认识到,当今地方政府为企业提供了一系列服务职能(包括优质的服务)是因为,一方面近年来政府行为规范化、制度化和法治化的进步带来了营商环境改善,另一方面,由官场和市场双重竞争机制塑造的政绩—业绩纽带也发挥了极为关键的支撑作用,良好的营商环境在许多地区是作为政绩—业绩纽带的衍生物而出现的。换言之,如果因为某种原因政绩—业绩纽带消失了,地方政府是否还能够依靠制度化和法治化的自身力量保持优质高效的服务是一个有待观察和检验的问题。

近年来中国政商关系出现了一些值得注意的重要变化。首先,中央对地方官员考核指标体系逐渐调整优化,不再"以GDP论英雄",在经济发展绩效之外日益提高了环保、安全生产、创新和民生等方面的考核权重,政绩指标呈现多元化趋势。我们的讨论表明,这些变化有助于防止政商关系朝着"逐底竞争"的方向发展,在保持经济增长的同时寻找更高的发展质量,无疑为政商关系设置了新的"结构参数"要求。但是,在中央和地方依然维持行政发包体制、自上而下的政绩考核的大背景下,政企之间的"政绩—业绩"纽带将继续发挥关键作用,只是随着地方官员寻求更加综合多元的政绩表现,企业的"业绩"也将从较为纯粹的经营业绩走向更加多元和综合的业绩表现,例如承担更加多元的"社会责任",从守法、慈善、环保到安全生产、创新,从产品质量、消费者权益保护到劳动者权益保护,从"企业公民"向"社会公民"方向演变。概言之,随着国家日益追求高质量的经济发展和多元化的政绩考核,连接政商关系的政绩—业绩纽带的内涵将随之变化,"地区增长联盟"将可能走向"地区发展联盟"。无论国家发展目标如何演化,如果纵向行政发包和政绩考核体制维持稳定,地方竞争格局不会发生根本性变化,"政绩—业绩"纽带将仍然是决定政商关系特征的基本力量。

其次,中央近年来不断出台重大改革举措,深化市场化改革,进一步完善中国特色的市场基本制度,例如加强企业家产权保护制度、完善要素的市场化配置机制、建立国内统一大市场、高水平的对外开放等等。所有这些深层次的改革都将进一步约束地方政府对于市场和企业的任意干预权,加大各生产要素(如土地、资本、人才、技术、数据)的跨地区流动性和竞争的激烈程度,抑制地方政府的地方保护主义倾向。按照我们理论的预测,市场竞争和要素流动性的加剧将反过来对地方政府和地方官员的行为产生更大的鞭策力和约束力,对于引导政企合作和政商关系走向更加良性的互动将产生积极影响。市场支持型制度建设和要素市场化改革有助于规范和约束政府官员行为,但并不能够完全代替政企合作,政府作为地区协调者和服务者(在有些地区还要扮演引导者角色)的功能将长期存在,地方官员的人格化激励和政企互信仍然需要发挥支撑作用。换言之,市场化改革的深化无法彻底改变政商关系中制度化与人格化"混搭"的格局。

最后,随着中央大规模反腐以及国家治理对于程序和规则的重视程度不断加强,政商关系按照"亲清"的标准发展,过去政商关系中的腐败、寻租、利益捕获现象将会显著减少,政商关系的制度化和正式化特征将进一步加强,政商关系将朝着更加良性的方向发展。

参考文献:

范子英、田彬彬(2016):《政企合谋与企业逃税:来自国税局长异地交流的证据》,《经济学(季刊)》第4期,第1303—1328页。

黄冬娅(2013):《企业家如何影响地方政策过程——基于国家中心的案例分析和类型建构》,《社会学研究》第5期,第172—196页。

黄冬娅(2014):《私营企业主与政治发展:关于市场转型中私营企业主的阶级想象及其反思》,《社会》第4期,第138—164页。

黄冬娅(2020):《压力传递与政策执行波动——以A省X产业政策执行为例》,《政治学研究》第6期,第104—116页。

黄奇帆(2020):《结构性改革:中国经济的问题与对策》,北京:中信出版社。

黄宗智(2001):《清代的法律、社会与文化:民法的表达与实践》,上海:上海书店出版社。

黄宗智(2010):《中国发展经验的理论与实用含义——非正规经济实践》,《开放时代》第10期,第134—158页。

纪莺莺(2012):《文化、制度与结构:中国社会关系研究》,《社会学研究》第2期,第60—85页。

李文贵、余明桂(2017):《产权保护与民营企业国有化》,《经济学(季刊)》第4期,第1341—1366页。

刘蓝予、周黎安(2020):《县域特色产业崛起中的"官场+市场"互动——以洛川苹果产业为例》,《公共管理学报》第2期,第116—127页。

刘世定(1999):《嵌入性与关系合同》,《社会学研究》第4期,第

77—90页。

刘世定(1995):《乡镇企业发展中对非正式社会关系资源的利用》,《改革》第2期,第62—68页。

梁平汉、高楠(2014):《人事变更、法制环境和地方环境污染》,《管理世界》第6期,第65—78页。

聂辉华(2013):《政企合谋与经济增长:反思"中国模式"》,北京:中国人民大学出版社。

聂辉华(2020):《从政企合谋到政企合作——一个初步的动态政企关系分析框架》,《学术月刊》第6期,第44—56页。

塔尔科特·帕森斯(2003):《社会行动的结构》,江苏:译林出版社。

齐宝鑫(2018):《中国情境下民营企业利益相关者管理模式的战略选择:基于吉利和华为实践的理论探索》,北京大学博士论文。

速水佑次郎、神门善久(2009):《发展经济学——从贫困到富裕(第三版)》,北京:社会科学文献出版社。

吴晓波(2008):《激荡三十年:中国企业》,北京:中信出版社。

杨瑞龙、王元、聂辉华(2013):《"准官员"的晋升机制:来自中国央企的证据》,《管理世界》第3期,第23—33页。

张莉、徐现祥、王贤彬(2011):《地方官员合谋与土地违法》,《世界经济》第3期,第72—88页。

张敏、马黎珺、张雯(2013):《企业慈善捐赠的政企纽带效应——基于我国上市公司的经验证据》,《管理世界》第7期,第163—171页。

周黎安(2004):《晋升博弈中政府官员的激励与合作——兼论我国地方保护主义和重复建设长期存在的原因》,《经济研究》第6期,第33—40页。

周黎安(2007):《中国地方官员的晋升锦标赛模式研究》,《经济研究》第 7 期,第 36—50 页。

周黎安(2017):《转型中的地方政府:官员激励与治理(第二版)》,上海:格致出版社/上海人民出版社。

周黎安(2014):《行政发包制》,《社会》第 6 期,第 1—38 页。

周黎安(2018):《"官场+市场"与中国增长故事》,《社会》第 2 期,第 1—45 页。

周黎安、吴敏(2020):《潜江小龙虾网红诞生记——从官场、市场与产业政策角度解析》,工作论文。

周雪光(2016):《从"官吏分途"到"层级分流":帝国逻辑下的中国官僚人事制度》,《社会》第 1 期,第 1—33 页。

周雪光、艾云、葛建华等(2018):《中国地方政府官员的空间流动:层级分流模式与经验证据》,《社会》第 3 期,第 1—45 页。

郑志刚、李东旭、许荣等(2012):《国企高管的政治晋升与形象工程——基于 N 省 A 公司的案例研究》,《管理世界》第 10 期,第 146—156 页。

Amsden, Alice(1989). *Asia's New Giant*: *South Korea and Late Industrialization.* Oxford: Oxford University Press.

Aoki, Masahiko(2001). *Towards a Comparative Institutional Analysis.* Cambridge, MA.: MIT Press.

Aoki, Masahiko, Hyung-Ki Kim and Masahiro Okuno-Fujiwara(1997). *The Role of Government in East Asian Economic Development*: *Comparative Institutional Analysis.* Oxford: Clarendon Press.

Bai, Chong-en, Chang-Tai Hsieh, and Zheng Song(2020)."Special Deals with Chinese Characteristics," *NBER Macroeconomics Annual*, 2019, 34(1): 341—379.

Blau, Peter. M. (1964). *Exchange and Power in Social Life.* New York: John Wiley.

Boisot, Max, and John Child (1996). "From Fiefs to Clans and Network Capitalism: Explaining China's Emerging Economic Order," *Administrative Science Quarterly*, 41(4): 600—628.

Che, Jiahua and Yingyi Qian (1998). "Institutional Environment, Community Government, and Corporate Governance: Understanding China's Township-Village Enterprises," *Journal of Law, Economics & Organization*, 14: 1—23.

Cohen, David, Wyn Grant, and Graham Wilson (2010). *The Oxford Handbook of Business and Government.* Oxford: Oxford University Press.

Coleman, James (1990). *Foundations of Social Theory.* Cambridge: Harvard University Press.

Evans, Peter (1995). *Embedded Autonomy: State and Industrial Transformation.* Princeton, N. J. : Princeton University Press.

Fan, Joseph P.H., Tak Jun Wong, and Tianyu Zhang (2007). "Politically Connected CEOs, Corporate Governance, and Post-IPO Performance of China's Newly Partially Privatized Firms," *Journal of Financial Economics*, 84(2): 330—357.

Greif, Avner (2006). *Institutions and the Path to the Modern Economy: Lessons from Medieval Trade.* Cambridge: Cambridge University Press.

Hall, Peter A., Soskice David (2001). *Varieties of Capitalism: The Institutional Foundations of Comparative Advantage.* Oxford: Oxford University Press.

Hausmann, Ricardo, and Dani Rodrik (2003). "Economic Development as Self-discovery," *Journal of Development Economics*, 72(2): 603—633.

Johnson, Chalmers (1982). *MITI and the Japanese Miracle*. Stanford, Calif.: Stanford University Press.

Lei, Yu-Hsiang (2021)."Quid Pro Quo? Government-Firm Relationships in China," *Journal of Public Economics*, 199: 1—18.

Li, Hongbin, Lingsheng Meng, Qian Wang, and Li-An Zhou (2008)."Political Connections, Financing and Firm Performance: Evidence from Chinese Private Firms," *Journal of Development Economics*, 87(2): 283—299.

North, Douglas C. (1990). *Institutions, Institutional Change and Economic Performance*. Cambridge: Cambridge University Press.

North, Douglass C., and Barry R. Weingast (1989)."Constitutions and Commitment: The Evolution of Institutions Governing Public Choice in Seventeenth-Century England," *Journal of Economic History*, 49(4): 803—832.

Oi, Jean C. (1985)."Communism and Clientelism: Rural Politics in China," *World Politics*, 32(2): 238—266.

Oi, Jean C. (1989). *State and Peasant in Contemporary China: The Political Economy of Village Government*. Berkeley, CA: University of California Press.

Oi, Jean C. (1992)."Fiscal Reform and the Economic Foundations of Local State Corporatism in China," *World Politics*, 45(1): 99—126.

Oi, Jean C. (1995)."The Role of the Local State in China's Transition Economy," *China Quarterly*, 144(144): 1132—1149.

Oi, Jean C. (1996). *Rural China Takes off: Incentives for Industrialization*. Berkeley, CA: University of California Press.

Putnam, Robert D. (1993)."The Prosperous Community: Social Capital and Public Life," *The American Prospect*, 4: 35—42.

Putnam, Robert D. (1995)."Bowling Alone: America's Declining Social Capital," *Journal of Democracy*, 6: 65—78.

Schimdt, Vivien A. (2006). *Democracy in Europe: The EU and National Politics*. Oxford: Oxford University Press.

Shi, Xiangyu, Tianyang Xi, Xiaobo Zhang, and Yifan Zhang (2021). "Moving Umbrellas: Bureaucratic Transfer, Political Connection, and Rent-Seeking in China," Working Paper.

Szelenyi, Ivan, and Eric Kostello (1996). "The Market Transition Debate: Toward a Synthesis," *American Journal of Sociology*, 101: 1082—1096.

Wade, Robert (1990). *Governing the Market: Economic Theory and the Role of the Government in East Asia Industrialization*. Princeton, N. J. : Princeton University Press.

Walder, Andrew G. (1986). *Communist Neo-Traditionalism: Work and Authority in Chinese Industry*. Berkeley, CA: University of California Press.

Wank, David L. (1995)."Bureaucratic Patronage and Private Business: Changing Networks of Power in Urban China," in Andrew G. Walder (ed.). 1995. *The Waning of the Communist State: Economic Origins of Political Decline in China and Hungary*. Berkeley, CA: University of California Press.

Wank, David L. (1996). "The Institutional Process of Market Clientelism: Guanxi and Private Business in a South China City," *China Quarterly*, 147: 820—838.

Wank, David L. (1999). *Commodifying Communism: Business, Trust, and Politics in a Chinese City*. Cambridge: Cambridge University Press.

Weber, Max (1978 [1922]). *Economy and Society: An Outline of Interpretive Sociology*. Berkeley, CA: University of California Press.

Xu, Chenggang (2011). "The Fundamental Institutions of China's Reforms and Development," The *Journal of Economic Literature*, 49 (4): 1076—1151.

Yang, Mayfair Mei-hui (2002). "The Resilience of Guanxi and its New Deployments: A Critique of Some New Guanxi Scholarship," *The China Quarterly*, 170: 459—476.

农业内卷和官僚内卷:类型、概念、经验概括与运作机制[①]

黄宗智

理论概括一般具有两个层面,一是关于经验(或实际运作)的概括,可以主要是描述性的,但也可以带有不同程度的关于其背后"运作机制"或动力的理论概括。长期以来,笔者一直试图从经验概括进入运作机制的论述,但并无意创建"普适"的理论,而一直强调从经验证据出发,通过与现有理论对话来创建更符合中国实际的概括和理论。

[①] 本文发表于 Rural China,18.2(2021)与《中国乡村研究》第 18 辑(待刊)。

一、以往的论述

(一)康德与高登威塞

回顾"内卷"一词被使用的历史,康德(Immanuel Kant,1724—1804)曾经将演化(evolution)和内卷(involution)相对立,主要用于有关后生(主义)(epigenesis)还是预制(主义)(preformationism)的哲学问题的讨论之中,但没有展开。(Demarest[2017]是比较详细和权威的论析)其后,人类学家高登威塞(Alexander Goldenweiser,1875—1961)于1936年曾经发表过一篇4页长的简短思考性论文,试图勾勒出"内卷"的几个基本特征,如没有质变的复杂化、大同之中的小异等,但也没有展开,并且没有具体的经验研究依据。(Goldenweiser,1936;McGee and Warms,eds.,2013:349—350)对我们这里关心的主题来说,康德和高登威塞所做的工作意义都不是很大,主要仅限于"内卷"一词的字面意义。

(二)吉尔茨

真正带有经验实例、系统使用和关于运作机制的初步创新性论析,始于人类学家吉尔茨(Clifford Geertz,1926—2006)("吉尔茨"是其e字母的更精准译音,"格尔茨"则突出他名字中的G字母读音乃是"硬的"G音——笔者认为两者都可),他主要的经验依据是印尼的水稻经济。

吉尔茨将印尼核心地区爪哇的水稻经济"sawah"和其外围的刀耕火种农业"swidden"对比,强调前者的高度复杂和紧密性与后者十分不同。在它们近现代(1870—1940)的演变中,前者仅朝向更复杂、紧密而"内卷",可称量改而质不变,而后者则较简易地转向不同的、使用更多现代要素投入的质性变化。这是其一。(Geertz, 1963: 1—37)

其二是吉尔茨将印尼的水稻经济与同时期日本的水稻经济对比。他指出,印尼爪哇的务农人口在此期间持续增加(多了3000万),推动了越来越密集的劳动投入,但没有做到同等的增产;而在同时期的日本,由于工业的蓬勃发展和快速的城镇化,其务农人口基本没有增加,但伴随新投入(化肥、科学选种、机械化),农业获得三倍于之前的(劳均)产量。据此,吉尔茨将印尼的水稻经济描述为"内卷"型的变化,即没有质变的密集化、复杂化,认为日本的才是带有质变的现代化。(Geertz, 1963: 130—143)

显然,吉尔茨(在这本比较简短的176页的书中)所提出的,主要是一种关于特定地方的特定历史时期的经验概括。虽然一定程度上指出了其背后的动力(特别是水稻本身的复杂性和劳动密集性,以及爪哇地区的持续人口增长),但除了突出人口压力,并没有进入更仔细的关于"内卷"背后的机制的论析。

(三)黄宗智

与吉尔茨不同,笔者论述的首先是另一个层次的农业"内卷化"经验,在清代与民国时期的华北已可见于其棉花经济,在长江三角洲则更加宽广和鲜明。(黄宗智2014,第1卷[(1985)1986]、第二卷[(1990)1992])长江三角洲的水稻经济的劳动密集度和精细度,早在宋代便已达到(甚至超越了)吉尔茨于19、20世纪研究的爪哇,但其土地在明清时期所面对的人口压力要远远超过后来印尼的爪哇。其农业经济因此从已经是非常精细、复杂和劳动密集的水稻种植,越来越多地转入更高层次劳动密集度的棉花—纱—布和桑—蚕—丝(手工丝织机较复杂和昂贵,不见于农村,仅可见于城镇中)的生产。根据国内积累的优秀社会经济史研究成果,特别是吴承明和徐新吾及其团队的权威性实地调查与文献研究,一亩棉花—纱—布的生产需180天的劳动投入(包括植棉、摘花、纺纱和织布等),一亩蚕桑和缫丝则约需90天,两者都远远超过一亩水稻的10天。那样的演变,尤其是棉花—纱—布的生产的扩展(1350年,中国没有人穿着棉衣,而到1800年,几乎所有的平民都穿着棉衣),使长三角的松江府成为全国棉布生产最多的地方,号称"衣被天下"。(黄宗智,2002:156;许涤新、吴承明主编,1985:尤见第390页;徐新吾,1992:尤见第53页;Li Bozhong,1998:90—95)但无论是棉花—纱—布还是蚕丝,其产值都才三四倍于一亩水稻,远远达不到18倍或9倍的劳动投入的幅度。因此是劳均产出严重缩减了的农业内卷化。

其之所以成为可能,主要是由于小农户家庭的低(市场)值劳动生产力。在棉布生产中,需工最多的纺纱环节(每七天中的四天)中的劳动投入的市值才约相当于水稻的三分之一。那样严重递减了的劳动报酬,主要是由仅具低市场"机会成本"的妇女、老人与儿童来承担;喂蚕和缫丝也是一样。正是仅具有极低市值的辅助性劳动力吸纳了最低报酬的劳动。笔者称那样的内卷现象为农业生产的"家庭化",它既是农业内卷化中一个不可或缺的关键因素,也是"小农经济"的一个基本组织性特征。

这就不仅是关于农业内卷化的经验实际的概括,也说明了其基本运作机制。在人口对土地造成的巨大压力下——特别表现为务农人口人均耕地的大幅缩减,松江府从1393年的人均3.9亩下降到1816年的1.6亩,务农人员被迫从已经是相当高度内卷化的水稻种植,转入更加高度内卷化的棉花—纱—布和桑—蚕—丝生产。按亩总收益虽然提高了,但那是用不成比例的更密集的劳动投入换来的。而小农户之所以能够那么做,首先是因为小农户的家庭生产单位中的辅助性和较低市场"机会成本"的妇女、老人和儿童劳动力,吸纳了那样的低报酬劳动力的内卷化,这便是笔者称作高度"家庭化"的内卷化农业生产。正是那样的内卷化农业运作机制能够在(作为最稀缺的资源的)单位土地上达到最高的产值,承担了不足以糊口的纺纱和喂蚕—缫丝的低值劳动投入。那是一种按亩劳动投入密集度,已经远远超越吉尔茨研究的印尼爪哇水稻经济的棉花—纱—布,以及蚕丝经济兴起背后的基本动力和机制。它是在土地资源相对劳动力而言更极端稀缺下呈现的现象。

那样的内卷化农业具有比水稻种植更加顽强的生命力。在明清时期的长江三角洲,它完全消灭了依赖雇工、带有原始资本主义性质的"经营式农场",因为雇佣男工无法与更廉价的家庭辅助性劳动力竞争,无法承担其通过极其高度内卷化而获得的按亩收益。也就是说,无法承担那样的种植所导致的更高的地租和地价。正是那样的农业,顽强地拒绝了农业的机械化:即便是在前工业时期的长江三角洲已经出现的三锭纺车,也没有被这个高度内卷化的棉花纱布生产体系接纳——那是因为,儿童与老人的"机会成本"要低于即便是廉价的三锭纺车的成本。即便是在后来民国时期的相对廉价的机器纺纱来临的冲击下(其生产率相对手工纺纱达到40∶1的比例),农村的手工纺纱仍然顽强存留,多用于"土布"生产。

再其后,在1960年代中期,拖拉机进入农业所起的作用主要不是节省劳动力和农业的去内卷化,相反是反直观的农业更进一步内卷化——主要可见于从单季稻转入双季稻的种植。后者虽然需工和农资投入约一倍于单季稻,但其纯收益其实还不如一季的单季稻。那既是因为在有限的"地力"上,第二茬的产出会递减,也是因为早晚稻的质量和市价去单季稻较远,不为一般农民所欢迎(爱吃)。那样划不来的内卷化之所以成为可能,首先是因为拖拉机缩短了双季稻特别紧张的"双抢"(抢收早稻,抢种晚稻)环节,使其成为可能,但更关键的是因为当时农业官僚的强制推行——因为小农户本身是不会为没有增加的报酬而投入更多劳动的。(黄宗智,2014,第二卷[1992]:尤见第192页;亦见黄宗智、龚为纲、高原,2014:145—150)我们下面还要进一步讨论这种由官僚强制推行的另一类型的农业"超内卷化"。

农业内卷的强大倾向,一直要到改革时期的大规模农民非农就业,加上1980年开始严格执行计划生育所导致的每年新增劳动力递减,到世纪之交以后,才促使农业劳动力总数每年缩减约2%,导致了一定程度的劳均土地增加和农业的"去内卷化"。(黄宗智、彭玉生,2007)后者主要表现为相应中国人收入上升和食物消费转型的市场需求——从8∶1∶1的粮食—蔬菜—肉食转入中国台湾和香港的4∶3∶3比例——而兴起的"劳动与资本双密集化"的小规模"新农业"的大规模兴起。新农业虽然更进一步提高了按亩劳动投入,但伴随更多相应的资本投入,其按亩和单位劳动收益都有所增加——特别是高档设施蔬菜(如1、3、5亩的小、中、大拱棚蔬菜),也包括肉禽鱼和蛋奶等。因此,乃是一种"去内卷化"趋势和动力。(黄宗智,2010,2016;亦见黄宗智编著,待刊)虽然如此,农业仍然高度依赖相对廉价高效的小农户家庭经济单位,而不是规模化的雇工资本主义大农场。小农户生产单位仍然是中国农业的关键主体,一直顽强存留,并且仍然展示了"家庭化生产"的特色。

简单总结起来,推动农业内卷化的动力主要是人口压力,农户因此需要通过更多的单位土地劳动力投入来尽可能提高其按亩产出和/或收益。水稻经济相对刀耕火种当然如此,棉花—纱—布和桑—蚕—丝相对水稻也同样如此。小农户作为一个生产单位,具有雇工经营的资本主义农场所不具备的特殊条件:其家庭辅助劳动力没有或少有市场"机会成本",可以近乎无偿地被投入更高度劳动密集化的农业生产,为的是尽可能提高稀缺土地的单位产量或产值,借此来支撑农户的生存需要。伴之而来的虽然是递减了的劳动报酬,但也是更高的按亩产出/产值,农户借此可以支撑更高的地租和地价,可以承担一个雇工单位所不能承担的农业内卷化,甚至排除那样的经营。由于其单位土地的较高收益,它还会顽强地拒绝现代要素的投入,特别是节省劳动力的机械化投入。在改革时期兴起的中国的"新农业"中,小农户更创建了经典理论所没有预见到的"劳动与资本双密集化"的"去内卷化"经营方式,其中的关键再次是小农户生产单位的顽强持续。它能够抵制,甚或排除资本主义农场的经营方式。这是农业内卷化经验概括背后的基本机制。

更有进者,中国集体化时期的农业史,还展示了另一种不同机制的小农业内卷化,即1960年代中期由农业管理体系,而不是小农户自身所推动的一种不经济的"超内卷化/超过密化"种植——此点我们在下面考虑了官僚主义内卷化的运作机制后再回来仔细讨论。

(四)杜赞奇

除了笔者的两本专著,在中国研究领域借助"内卷"概括的论述主要是杜赞奇(Prasenjit Duara)的《文化、权力与国家:1900—1942年的华北农村》(Duara,1988)。杜赞奇研究的主要问题,源自影响极大的历史社会学家查尔斯·蒂利(Charles Tilly)的"现代国家建设"理论,特别是关于现代国家从基层社会提取更多的税收和食物所引起的,国家与基层社会不同阶级的集体行动间的关系的演变(譬如,国家在英国与新兴中产阶级结盟,在日本和德国则与官僚体系和旧贵族而不是中产阶级结合)。(Tilly,1975)

杜赞奇从同一问题出发,论析晚清和民国时期的"现代国家建设"所导致的基层变化。在中国的实施过程中,新增的税项(特别是村摊警款和村摊学款)所导致的实际效果主要可以概括为两大类型:一是乡村原来的精英领导抗拒或试图抗拒新征收的"保护型中介"(protective brokers)反应,一是相应同样的压力而兴起的"逐利型中介"(entrepreneurial brokers),从其中谋取私利,其所导致的最极端现象可见于"土豪劣绅"的兴起。

以上是杜赞奇关于现代国家建设的主要论析,显然与"内卷"概括没有太大关联。虽然如此,但为了接上"内卷"的概括,杜赞奇进而提出,虽然国家从乡村提取越来越多的税收,但由于上述两大类型的抵制,特别是其中的"逐利型"现象,国家在1900—1942年间加剧财政征收的实效其实一直都在递减,其绩效要远低于提取的增加,因此可以在那个层面上称作一种"国家内卷"(state involution)现象。但此点说不上是他书的中心问题或论点。(Duara, 1988)

有的论者将杜赞奇此书纳入内卷化概括和理论范畴,主要是因为关注到国家在2006年免除税费之后,转而向农村输入资源。此过程中国家特别依赖"项目制"的方式,但由于过度依靠农村富人和谋利型势力,导致相当部分的资源被他们攫取。因此,国家对农业和农村的投入虽然越来越多,但实效却越来越少——因此对杜赞奇提出的"国家内卷化"概括感到一定程度的认同。

但是,我们如果要充分理解那种情况下的国家内卷化,显然不能仅通过基层社会的反应来认识,还需要同时考虑到国家所采纳的征税手段。下面我们将看到,最近兴起的将村庄治理正式官僚化的大趋向,部分是为了试图克制那样的国家资源流失的问题。新的措施并不来自官僚体系(像在清末和民国时期现代国家建设初期那样)对基层官僚人员控制力的不足和对基层社会渗透力的不足,而是来自(新世纪的)现代国家建设中后期的官僚体系的强劲渗透力,包括其将基层治理越来越正式官僚化的政策实施,这点与杜赞奇概括的清末和民国时期的现象和动力十分不同。①

二、官僚主义的内卷

除了以上总结的关于农业的内卷化,我们需要分别讨论官僚主义内卷化的不同经验现象和运作机制。中共中央纪律检查委员会最近发表了一篇关于官僚主义内卷化的中肯论述。它仔细分析、概括了"官僚主义"的一系列内卷化惯习和现象,既涉及对不同类型官僚主义行为的经验概括,一定程度上也涉及其背后的机制。当然,其重点在当今渗透力强大和复杂得多的官僚体系运作,已与杜赞奇论析的晚清和民国时期十分不同。

在清末和民国时期,问题出在现代国家建设初期基层人员和渗透力的不足,导致"营利型中介"的广泛兴起。在2006年国家终止从农村提取税费,转入向农村下拨资源之后,问题则出在国家选择项目制而依赖基层的谋利型势力所导致的效应递减。如今,在基层政权大规模被正式官僚化的趋势下,问题的来源则是中后期现代国家建设的强大渗透力,国家将其自身的运作模式和内卷机制强加于基层的村庄,使其陷入"官僚主义内卷"的困境。

中纪委的文章首先指出官僚体系运作中常见的"重'痕'轻'绩'"的惯习,"在遣词造句上用心多、在干实事上用劲少"。显

---

① 此外,我们应该考虑到,"内卷"一词还被用于一些其他的领域。譬如,在"细胞生物学"中被用来描述同一种细胞的快速增殖,在妇产科中被用来描述妇女过了生育期之后,其子宫的老化等。显然,那样的用法和我们这里关心的社会经济现象只有比较有限的关联——主要是其字面的含义,即某种现有状况的扩增与衰老,仅此而已。

然,这与官僚体制的审核与晋升体系直接相关:官僚们之所以采用如此行为,主要是为了满足和应付上级的考核与评估。

贺雪峰对此提供了在湖北省实地调查的鲜明经验证据。原则上,在2006年终止了从农村提取税费之后,转由国家拨款来为农村服务。吊诡的是,伴随那样的转型而来的,是官僚体系设定了一系列越来越多的高度形式化的规则和考核程序——部分原因是为了防止基层对国家拨款的可能滥用。一个实例是,规定村干部每个月必须开两次会,而且,一定要遵从官僚体系运作的惯例"办事留痕"。为此,村庄干部为一个半天的会,需两个干部花三天的工夫来整理"留痕"材料。而且,不仅是开会,村政府所处理的事项无论大小都如此。这是由官僚体系规定的,万一操作中出了问题,要有文件可资倒查追责。该运作方式将这种工作与村干部的报酬直接挂钩,在3.4万元的村支书的年报酬中,足足有1.4万元是根据对这样的资料的绩效考核来定的,多的话,可以拿到1万元,少的话,才2000元。此外,上级还规定,村庄干部必须坐班,早上8点到12点,下午3到6点——即便村政府一般一周才有两三个村民来访。更有进者,规定村政府办公处一定要达到至少500平方米的规模,由上面拨款补助30万元,辅之以村庄自身的筹资建设。在一个实例中,相关村庄实际上只有三名干部,根本就用不上500平方米的大部分面积,但仍然必须那么做,并要承担其连带的村庄出资债务。以上种种使当地的村支书总结道:如今其自身工作时间的90%以上是为了满足形式化考核,实质性的工作才占不到10%。(贺雪峰,2019)

李昌金,作为第一线的观察者和研究者,提出了类似的经验证据和论析。在广东省近几年的"乡村振兴"过程中,上层官僚设计了典型的脱离实际的官僚形式主义工程,以城市为农村的模范。譬如:在垃圾和污水处理方面,规划将农村垃圾运到县里的垃圾填埋场统一(无害化)处理;污水处理基本也是一样,其设施大多仅成为摆设。在打造美好乡村中,则主要关注打造几个"样板村"来给上面看。理论上,乡村振兴执行中强调的,是时髦的所谓PPP模式,即结合政府(公)和社会私企(私)的投入,以为那便是政府和社会的协作。但实际上,基层干部和村庄社区本身都没有权力,也没有真正地参与,只是执行上级下达的命令,或仅仅观望,甚至抵制。结果是,政府投资乡村振兴额度是以亿元计算的,但实际效果非常有限。一句话,这乃是官僚主义和形式主义的例证。(李昌金,2019)

中纪委关于官僚主义内卷的文章继而指出,官僚们带有惯常的"化简为繁"倾向,会在现有规定中"设置不必要的层层关卡,看似为了规范工作,实则为了彰显权威、推卸责任"。这是掌握权力的官僚们的恶劣作风,他们将自己视作高高在上的"官",无视下级和民众的需要和意愿。同时,又尽可能墨守成规,甚至添置层层关卡,一方面是为了避免超出现有规定的范围,一方面避免承担责任。

再则是官僚体系中"逐级加码的推动工作"作风:"如果省里要求的是'六个一',市里就变成'十个一',区县自选动作又加码到十多个,似乎数字越多工作越有力。"那完全是为了在上级面前摆出自己貌似积极的作为,与实质无关。它是一种加码而实质不变的形式化内卷。

中纪委的文章总结道,上述的一系列作风"究其实质就是形式主义和官僚主义在作祟"。那是"与责任感缺失,存在畏难退缩、怕担风险的心理有关,照搬照抄、层层请示等是最保险最不容易出错的办法"。文章最后指出,根据以上的分析,"与'内卷'状态相对应有两个词,一个是开拓进取,另一个是求真务实",两者"背后蕴含的价值理念正是'内卷'的破解之法"。

根据这篇国家抑制官僚主义的最高单位所发表的总结论析,"官僚主义内卷"背后的运作机制乃是:整个运作方式促使官僚们特别关注对上级报告中的遣词造句。其"化简为繁"则是出于一种维护现状的动机,为的既是表明自己尽心尽责,更是既可以"彰显权威"又可以"避免风险""推卸责任"。至于"逐级加码"则显然也是为了讨好上级,试图表明自己推动政策的积极性。这些行为其实都与实质无关。综合起来,便是文章所总结的官僚们偏重"形式主义",脱离实质内容,"缺失"(真正的)"责任感"和怕"承担风险"的基本心态。

中纪委的文章将这一切总结、概括为"官僚主义内卷"现象,论说它的基本趋向是复杂化和形式化,脱离实质。我们也可以据此来认识、思考和了解其他一些被广泛指出的官僚主义行为,如媚上欺下、墨守成规、推卸责任、无视实际等。正如中纪委的文章最后所指出的,与官僚内卷相反的行为乃是罕见的"开拓进取"和"求真务实"。正因为如此,"官僚主义"一词长期以来一直是被人们广泛使用的一个关键词,如今中纪委将其与"内卷"合并使用,说明的是官僚主义长期饱受人们诟病的一些基本现象和运作机制。

有的论者认为,那样的问题可以通过现代的——特别是韦伯所建构的理性化、专业化的现代"科层制"理想类型来克服。殊不知，即便是韦伯本人，尤其在其晚年，也特别关注到科层制中更贴近中文语境中"官僚主义"含义的诸多弊端，并将其生动地概括为一种"铁笼"（iron cage）倾向，提倡借助明智的领导人的权力来克服那样的科层制顽固弊端。（赖骏楠［2016］是关于此议题的一篇出色论析文章）显然，"官僚主义"及其内卷化，包括形式化、专门化、标准化、程序化等，不仅是中国治理体系中的弊端，更是官僚体制所较普遍带有的内卷倾向。无论是中国长期以来的官僚体制，还是韦伯建构的现代型"科层制"都如此。

更有进者，某种不符合实际的政策或措施一旦形成，会带有通过官僚主义运作而步步复杂化和僵硬化/内卷化的倾向，排除质变、改革、创新的可能。我们需要将那样的官僚主义内卷化清楚区别于国家或因渗透力不足，或因过分依赖地方上的谋利型势力所导致的下拨资源的实际效能递减。当然，也要将其清楚区分于农业内卷的现象和机制。

三、当官僚体系所导致的内卷化与资源稀缺所导致的内卷化相结合

更有进者，源自土地资源贫缺和人口过密压力的农业内卷化，以及官僚主义体系内生逻辑的官僚主义内卷化，一旦紧密结合，很可能还会相互恶化。

从两者结合的角度来考虑，内卷化问题如今不仅涉及农业，更涉及中国其他的诸多领域。一是应试教育体系，包括高等院校的

管理体系;而且,不仅涉及政府的管理部门,更涉及广泛模仿其运作模式的公私企业。其所指明的是,教育体系整体和国有与私有企业管理中的严重内卷化倾向。其结果之一是,促使"内卷"成为最近的网络热词——反映了众多人们的焦虑,促使"内卷"一词被看作当今中国社会生活中一个贴切的描述和概括。

(一)应试教育体系及其内卷化

首先是中国的应试教育体系及其内卷化。这是网络围绕此热词的讨论所展示的一个大家较多关心的重点。首先需要指出,相对人口而言的稀缺机会/资源,使越来越多的人在竞争相对越来越少的机会。虽然进入高等院校的名额增多了,但竞争的人数也更大幅度地增多了。这是其起因。更关键的是,应试教育体系本身的基本性质:在官僚主义内卷化的管理体系下,首先是其高度形式化和规范化,包括声称"客观"的测试制度,重死背的知识远过于创新和独立思考、分析和概括、逻辑思维等方面的能力,并将一切归纳为单一的"分数"。一旦确立,这是个强烈排除其他评估制度,强烈倾向内卷化的一刀切制度。

稀缺资源和官僚化管理两者结合之下,就会形成一个只能越来越复杂化、细化,只能允许单一固化思路的测试。它所排除的,是其他的评估标准,当然包括带个性的独到见解和创新。

面对高度形式化的要求,学生被迫投入越来越多的应试劳动(许多青少年因此睡眠不足),哪怕只是凭借超时投入而提高了那么几分。一旦有几个学校的成绩因此高超,其他的学校也必须尽量跟上;不然,便会在激烈竞争中落选。结果是,强迫几乎所有应试学生投入越来越多的"劳动"时间来补习、死背和争取相对越来越稀缺的机会/名额。

至于整个教育体系的顶端,即硕博士生的测试、培训和评估,在不真懂专业研究的官僚管理人员的主导下,培训课程越来越"标准化",考试分数要求越来越高,评估办法也越来越被单一化、数据化、形式化。其中,包括被"一刀切"地规定的形式化等级的学刊的数据化划分和排名,以及同样量化的在"核心刊物"发表论文的要求。这一切,为的是适应官僚主义体系自我设定的、自我认定的"科学的"管理标准。对官僚们自身来说,在形式化和数据化的虚构之下,还能够避免要真正负责的实质。

即便是对各个大学教授和各个科研单位的系统评估也是如此。而且,国家拨款与其直接挂钩。教育和学术评估的官僚单位统一规划学术"质量"的"生产"和评估,其缜密、复杂程度甚至高于水稻或更加过密化的农业生产。它与高人口密度和高度复杂化的农业生产带有一定的共通逻辑,但经过官僚主义内卷化的形式化,带有严重脱离实质、不顾真实(更不用说创新)的倾向。农业的内卷化主要是由稀缺资源和人口压力促成的,但不脱离实际,加上了官僚主义的形式化,方才会真正脱离实际。

而且,一旦被内卷得精细化、复杂化,它就会形成顽固难变的一个体系,并且一直自我确认、自我维持,排除其他标准、拒绝更新、拒绝改革。其背后的动力和机制,显然与上面论析的农业内卷化有一定的不同。其中关键在,小农户推动的农业内卷化最终是为了生存,是一种"生存推动的内卷化",不脱离实际,而官僚体系内卷所推动的则可以是脱离,乃至违背实质的形式,可以是一种不符实际的内卷化,甚至是与人们利益相悖的官僚主义内卷化。我们需要将农业内卷和官僚内卷两种现象和机制区别开来。

2020年2月20日,教育部和科技部联同发文通知,要纠正以往过分依赖(形式化)数据对高校、学刊和学术研究的评估的趋势,特别是对SCI国际引文数据的过分和单一化依赖,更多借助学术同行评价等。(教育部、科技部,2020)这是新动向的一个预兆,能否真正纠正目前已经相当根深蒂固的官僚主义内卷运作,尚待观察。

(二) 企业管理

再则是企业(无论是国有还是私有)管理。首先再次是资源/机会相对追求人数的稀缺。企业对其职工采用的评估制度和思路与教育体系高度相似——凭借的正是官僚内卷化体系中所依赖的"客观""科学""数据化"的标准。他们对职工们的要求也同样高度内卷化:在机会相对稀缺的客观环境中,企业无疑能够找到任何职工的替代人,因此,更鼓励、强化了其对职工们的管理权力,使其更会提出对职工的不合理但符合官僚主义内卷思维的要求。

"996"的用工方式便是一个影响特大的实例。和应试教育中的运作机制一样,只要有的企业"成功"纳了那样的制度,就会对所有其他与其相似和竞争的企业造成巨大的压力。在资本相对稀缺、劳动力来源相对过剩的客观条件下,越来越多的企业已经采纳了那样违反旧劳动法规劳工保护的操作方式,完全不顾旧劳动法规定的每周不超过四十四小时的工作时间,逾时要多付半倍工资报酬的条文。一开始,那样对职工的苛求仅被用于"非正规"的单位和非正规的员工,名义上依据的乃是双方自愿的"合同"关系。(黄宗智,2017a、b)

如今,那样的制度已经被广泛用于即便原来是"正规的"职工。其中逻辑虽然一定程度上再次与农业经济相似,但经过官僚主义重新塑造,可以成为恶劣得多的压力,完全脱离实质内容,仅要求可以数据化的形式。它不顾职工的意愿,乃至实际的质量和绩效,只要求做到貌似最"高效"的数据化用工。这是实质性经济内卷和其加上了官僚化的脱离实际的内卷的最大不同。

但这一切正符合官僚主义的意愿。管理人员有这样的权力,能够将劳均劳动投入数据最大化,能够借此向高层明确客观地表明自己的"管理能力"和"业绩"。他们能够相应官僚化的要求而提供貌似最具说服力的、客观的、可靠的"管理科学"证据,等于是上面讨论的国家纪委文章所论述的官僚内卷化的"遣词造句",貌似科学又不必负责任和风险的"证据"。这对其自身的仕途/管理前途来说,乃是最低风险、而又具有最高说服力的"客观"政绩的方法。何必关心实质性的表现和较难客观量化的实质性成绩?职工们的工作态度和实际质量变得无关紧要,更不用说用工中的合理调整和创新了。这样的形式化思维可以说是官僚主义内卷的主要动力。

(三)农业领域中官僚主义内卷化和农业内卷化的结合

其实,我们在农业经济领域中,既可以看到官僚主义和农业内卷化的恶性结合，也可以看到国家政策和农业的良性结合，其中包含中国改革后的一些至为关键的问题。

首先是两者的良性结合。其中至为关键的，是改革中国家通过联产承包责任制赋权赋能予小农户，让其相应市场机会而做出能够获利的抉择。这实际上是1980年以来中国农业中的一项关键性的质变。笔者已经详细论证，伴随中国人食物消费转型而来的是对优质菜果、肉禽鱼（包括蛋奶）的巨大市场需求，这促使小农户大规模转入高档蔬果和结合饲养与种植的高附加值"新农业""革命"，到2010年便已经达到耕地面积的1/3和农业总产值的2/3。那是国家赋权赋能予小农户所导致的至为重要的发展的一个方面。（黄宗智，2010、2016；亦见黄宗智编著，待刊）它虽然不同于西方的资本主义农业的发展，但无疑是具有"中国特色"的现代化。

虽然如此，但政策实施在官僚主义内卷的机制下，基本无视这个至为重要的发展经验。首先，是一些研究和决策人员的不符实际的意识形态的误识，他们一直将规模经济认作农业现代化的不可或缺的基本条件。那是个来自自由主义、资本主义经济学的假定的误识。一定程度上，也来自马克思主义理论：它虽然对资本主义的无限逐利性和滥用工人倾向提出了有力的批评，但也同时接纳了其一部分的基本设定，即将资本主义和规模化生产认作历史必经阶段。那样的与资本主义经济学的共识，在官僚主义的自我确认意识下，促使国家农业政策一直向规模化经济倾斜。我们可以从2004年到2016年的历年中央一号文件中清楚看到，它们先是偏向成规模的"龙头企业"，而后是"大户"，再其后是成规模的（超过100亩的）"家庭农场"。其借用的典范，是经过理想化的美国模式的家庭农场(其实际平均规模达到2700亩,和中国的百亩以上的家庭农场实在不可相提并论)。(黄宗智,2021a)上面我们已经看到,中国农业经济的真正主体和关键在小农户,不在想象中的规模化经营。

一旦从那样的错误前提认识出发,官僚主义体系中便产生了一整套的自我确认的内卷化话语和数据。地方官员大规模以"创建"更多的龙头企业、大户和"家庭农场"为荣、为政绩,并将其"客观""数据化",譬如,将所有的土地"流转"(实际上多是小农户在外出打工时将土地交给亲邻朋友种植,也包括基层政府调整地块使其相连成片的工程中的"流转"),全都表达或概括为自己推进规模经济效益政绩的"证据"。(黄宗智,2021a)而对真正起到极其重大作用的小农户的"新农业",则视若无睹,因为其与自身设定的前提认识和可报政绩无关。由此导致直到2018年,小农户中的"新农业革命"仍被基本忽视。

在那样的官僚主义内卷动力下,国家农业政策长期偏重不符实际、夸大了的规模化农业,忽视了小农户所起的真正重要作用。而且,由于其不符实际,许多规模化农业的成绩实际上都是虚拟的,要么是主要由国家的补贴、辅助和优惠来支撑的,要么是将实际上是采取与小农户间的订单、协议、"合同"来进行农业生产的商业性单位,全都表达为规模化农业生产单位。

最精准的1996、2006、2016年的三次全国农业普查的基本数据,也因此一再被误导性地转释,忽视了其实际上已经一再证明的,全国真正意义的雇工经营的成规模资本主义农业,一直都没有超过务农人员中的3.3%,在2006和2016年的两次农业普查中,基本没有进展、没有扩大。(详细论证见黄宗智,2014,2021a)而真正已经呈现于实际的小农户推动的"新农业"革命则一直都被忽视,直到 2012 年才被初步正视,被中央"一号文件"概括为"菜篮子"农业,由市长负责(粮食则由省长负责)。直到 2018 年的"乡村振兴战略规划"(中共中央、国务院,2018)方才首次将小农户置于发展农业的中心地位,方才第一次提出须要依赖小农户的主体性和积极性来真正将中国农业现代化。这一切都是笔者长期以来一再论证的要点。

另一个官僚主义内卷的实例是国家近年来强力推行的"双季稻"种植。笔者早已详细论证,自从 1960 年代中期(国家为了"粮食安全"而大规模提倡种植双季稻——当时的口号是"消灭单季稻!")以来,人们(尤其是小农户)便已清楚认识到,"双季稻"需要接近单季稻双倍的劳动和农资投入,但由于第二季的(地力)产量的递减,也由于早稻、晚稻的质量(和村民的嗜好)和市值都远低于单季稻,它所带来的纯收益其实还达不到单一季的单季稻的水平。为此,进入改革时期,双季稻便基本完全被具有经营权利的联产承包小农户所放弃。

也就是说,双季稻实际上不是一个小农户为了生存而愿意从事的内卷化农业,而是一个被不符实际需要的官僚主义所强制推行的种植"模式"。2010 年代再次兴起的,在全国一千个"产粮大县"推行的双季稻种植的大潮流,是全凭官僚体系的强力推行,加上国家的补贴来促成的。其政策和逻辑实际上受到的不仅是小农户的抵制,更是地方上基层干部的抵制,因此而形成较大规模的弄虚作假来满足官僚们的不合理、不实际的设定。(黄宗智、龚为纲、高原,2014)难怪,形成了国家投入越来越多、实效越来越少的"官僚主义内卷化"现象。

这是一个官僚和小农户对立的实例,也是小农户被内卷化官僚主义强制推进"超过密化"/"超内卷化"的"不经济的农业"的实例。它不仅强制逼迫小农户从事不愿干的(等于是)无值劳动投入,更排除了他们进入高值"新农业"的选择。它说明的,是最恶劣的官僚主义内卷化可以陷入与小农户利益敌对的一意孤行的错误。它体现的,是极端的官僚主义内卷化能够不仅无视小农户的利益,更推动与小农户利益对立的强制性政策执行。它是一种仅凭强制和补贴,以及莫名其妙的官僚化数据,来推动的脱离实际的决策实施。它是极端的官僚主义误识的内卷化执行的一个突出实例。

这一切说明的是,今后的农业政策必须正视小农户经营的关键性和其实际运作。真正能够推进国家和农业发展的不是无视小农户的主体性和积极性的政策而试图全力扶持、发展规模化农业,当然更不是双季稻种植那样与小农意愿敌对的政策,而是借助于小农户的发展和创新动力的国家政策,是正视小农户在新农业发展中已经做出的巨大贡献,延续并大力推进国家在市场经济中,赋权赋能予小农户的基本战略决策。那才是良性结合国家领导和小农户积极参与的正途。它所要求的,是有意识地制约、克服官僚主义的一系列弊端,借助国家政策与小农户利益的互动结合来推进中国农业长期的、可持续的发展。它绝对不是官僚们不顾小农户主体性和能动性地来试图符合官僚体制所拟定的想象中的美国式农业"现代化"和"发展"。

毋庸说,在应试教育体系和企业管理方面也如此。需要尊重一线教员们的意见和学生(及其家长)们的意愿,以及企业的一线职工们的意愿和主体性,让他们参与决策,协助管理,遏制官僚主义脱离实际和偏向形式化运作的弊端。目前的体系所需要的,首先是一个更多元的制度,来克服目前这个过度单一化、内卷化途径的问题,再逐步进入符合实际的真发展。

四、去内卷化:小农经济现代化的"东亚模式"

迄今在全球小农经济发展经验中,最突出和成功的乃是所谓的"东亚模式"(主要指日本、韩国与中国台湾),在其经济进入发达水平的过程中,避免了城乡悬殊差别的弊端。笔者多年来已经发表多篇论文论证此点(尤见黄宗智,2015,2018)。简单总结,它是出自历史偶然性的演变:先是在日本明治时期,将地方政府主要职责确定为协助推动发展农业,而后是偶然地,在美国占领之下,受惠于一群特别认同于罗斯福总统比较进步的"新政"的官员,终止了地主经济(立法将农村土地所有限定于不超过45亩地),并系统组织基于农村社区的综合性合作社("农协"),为农民提供诸如(有折扣地)购买农资、农产品加工和运输,以及小额贷款等服务。它实际上确认和确立了以小农户为主体的农业体系。

同时,国家配合这些基层合作社建立了服务性的廉价批发市场(包括冷冻运输和储藏设备),不同于中国的由部门出资而设立的营利性(和缺乏冷冻储藏等服务)的批发市场,来落实大宗市场交易,借助那些批发市场来确定市价,并确定农产品符合标准。在那样的制度下,日本"农协"成功地成为具有全国市场声誉的"品牌",克服了连接小农户与大市场的一个基本问题。并且,在基层合作社的小额金融服务之上,建设了全国性的巨型银行,提供大额金融服务。

这些要点也在美国的决定性影响下,被同样偶然地相当程度实施于韩国和中国台湾。结果是这些东亚地区的稳定农业发展,也避免了像现代化过程中的中国这样的过大的城乡差别。它可以说是全球迄今最突出的小农户农业现代化的成功经验,为经济整体奠定了稳定的基础。中国则至今尚未能做到同等的农产品"纵向一体化",良性连接小农户与大市场的成绩,以及城乡同步的发展和社会公平度(可以见于众多基尼系数的比较和排名)。(黄宗智,2015,2017c,2018)

其中的关键机制在于,国家的有效领导和投入,加上普通农民个人及村庄社区的良性配合,既防止官僚体系内卷化、脱离实际的错误决策,也激发普通农民的自愿和为自身和村庄社区的利益的积极投入和参与,克服不顾民众利益、不顾实际的,仅依据主观意识的官僚主义内卷弊端。笔者与其他研究者已经较详细论析,最近几年兴起的山东烟台市的实验"模式"及其由农民自愿参与的"集体经济合作社"展示了类似的潜力(黄宗智,2021;于涛,2020;江宇,2020;陈义媛,2020;黄宗智编著,待刊)。总体来说,"东亚"农协模式堪称高人口密度小农经济成功现代化的典范。

五、长远的发展战略:国家与人民的良性互动合一

"东亚模式"成功的关键,在于国家与小农户的良性配合。首先是将小农户置于农业现代化的核心,认识到其特殊性和优良性,而不是不顾实际地从资本主义的自由主义经济学的前提设定出发,或将被西方自由主义经济学所虚构的"无为"国家设定为必须,或将虚构的资本主义规模化农场设定为必须。有的人从经典马克思主义意识形态出发,拒绝市场机制,拒绝资本主义。但他们仍然也采纳了其不符实际的(主要仅适用于现代工业的)"规模经济效益"教条,将资本主义经营认作必经历史阶段。有的更强烈倾向于完全由上而下的计划经济和官僚主义意识,忽略小农户的创新性和潜能。因此,没有真正认识到小农户已经在"新农业革命"中展示的巨大建设成绩:由他们自主地积极配合市场机遇而大规模创建的各种各样的新农业,显著地推进了中国的农业发展和现代化。其间,小农户虽然没有获得国家的重视和全面辅助,但仍然凭借自身的非农打工收入成功地投入"劳动与资本双密集化"的新农业生产和"革命"。(黄宗智、高原,2013)

最近几年,尤其是2018年以来,相当部分的农业研究和管理人员已经发出了重视小农户的成绩及其创新能力的声音,认识到所谓"三农问题"其实已经相当程度地为中国农业的现代化做出了可观的贡献。如果能够真正获得国家"乡村振兴战略规划"设计那样的扶助和推进,并大规模推动其所设想的更蓬勃的城乡双向互利贸易,其实完全可以将"三农问题"更完全地转化为"三(小)农发

展",全面推进农村的可持续发展。(黄宗智,2021b)

今后需要做的,是直面"官僚内卷"和"农业内卷"这两种性质不同、机制不同,但又相互作用的内卷化。通过超越官僚主义内卷问题的党组织的领导和推动(如烟台模式),以真正符合民众的利益和意愿的决策来推动农民的积极参与。借其来评审、确认政策的适用性,来防御、克服官僚主义内卷化的弊端,激发农民为其自身,为其社区的公益来推进、落实国家的新乡村振兴战略规划。

读者明鉴,这不仅仅是一个处理农业或"三农问题"的方案,也是一个解决应试教育内卷化问题的方案。鼓励创新和独立思考,借助、推进学生和教员们的创新能力和求真务实意识,而不是形式化的、由上而下的官僚内卷化组织,给一线师生赋权赋能,才是克服脱离实际的、形式化的治理问题的正确道路。企业管理中也是如此:克制官僚主义内卷倾向及只顾管理人员/官僚自身利益的领导和管理—治理方式,重视职工利益,给一线职工赋权赋能,包括建设真正代表他们利益和意愿的工会组织,让其掌握一定实权并参与企业管理,才是克制官僚主义内卷的正确途径。

"内卷"一词之所以引起社会的广泛共鸣,是因为在资源或机会相对稀缺的基本客观环境中,一旦加上官僚主义内卷化的治理和管理,便会将许许多多的人置于一种无意义的超激烈内卷化竞争之中,而人们为了不落队又不得不勉强参与那样的竞争,由此形成一种特别焦虑的心理状态并受其煎熬:想要拒绝不合理的竞争,但又不得不投入并参与那样的竞争,不然,便会被官僚体系遗弃。

上述仅是一些特别突出的领域中的实例,尤其是"三农问题"的内卷化实例,但应该足够说明其所展示的基本经验实际及其背后包含的机制。同时,也展示了去内卷化的出路和可能机制。其中的关键,在于通过国家尤其是共产党的优良传统和理念的领导,确认人民的参与和主体性的不可或缺。两者良性合一,才是解决稀缺资源和官僚主义两者结合所形成的恶性"双重内卷化"的状态。

在这方面,中国可以借助于具有悠久历史的"集权的简约治理"的"第三领域"的优良传统。(黄宗智,2021c)它说明的,是国家领导与人民积极参与的良性结合,乃是内卷化的最佳药方,可以克制、摆脱恶性的官僚主义内卷中的形式化、脱离实际和不顾人民的弊端。适当领导和引导人民的参与,可以释放人民的主体性和巨大潜力,为其自身和社区的利益而参与并做出贡献,由此来推动全国家和社会的螺旋式发展。当然,这既是一种长远的、具有中国特色的国家治理模式,也是一种新型的政治经济学,更是国家长远的发展道路。

参考文献:

陈义媛(2020):《农村集体经济发展与村社再组织化——以烟台市"党支部领办合作社"为例》,《求实》第6期,第68—81页。

贺雪峰(2019):《规则下乡与治理内卷化:农村基层治理的辩证法》,《社会科学》第4期,第64—70页。

黄宗智(2014a):《明清以来的乡村社会经济变迁:历史、理论与现实》。第1卷,《华北的小农经济与社会变迁》;第2卷,《长江三角洲的小农家庭与乡村发展》;第3卷,《超越左右:从实践历史探寻中国农村发展出路》,北京:法律出版社。

黄宗智(2002):《发展还是内卷？十八世纪英国与中国——评彭慕兰〈大分岔:欧洲、中国及现代世界经济的发展〉》,《历史研究》第4期,第149—176页。

黄宗智、彭玉生(2007):《三大历史性变迁的交汇与中国小规模农业的前景》,《中国社会科学》第4期,第74—88页。

黄宗智(2010):《中国的隐性农业革命》,北京:法律出版社。

黄宗智、高原(2013):《中国农业资本化的动力:公司、国家,还是农户?》,载《中国乡村研究》第10辑,福州:福建教育出版社,第28—50页。

黄宗智、龚为纲、高原(2014a):《"项目制"的运作机制和效果是"合理化"吗?》,《开放时代》第5期,第143—159页。

黄宗智(2014b):《"家庭农场"是中国农业的发展出路吗?》,《开放时代》第2期,第176—194页。

黄宗智(2015):《农业合作化路径选择的两大盲点:东亚农业合作化历史经验的启示》,《开放时代》第5期,第18—35页。

黄宗智(2016):《中国的隐性农业革命(1980—2010)——一个历史和比较的视野》,《开放时代》第2期,第11—35页。

黄宗智(2017a):《中国的劳务派遣:从诉讼档案出发的研究(之一)》,《开放时代》第3期,第126—147页。

黄宗智(2017b):《中国的劳务派遣:从诉讼档案出发的研究(之二)》,《开放时代》第4期,第152—176页。

黄宗智(2017c):《中国农业发展三大模式:行政、放任与合作的利与弊》,《开放时代》第1期,第128—153页。

黄宗智(2018):《怎样推进中国农产品纵向一体化物流的发展?——美国、中国和"东亚模式"的比较》,《开放时代》第1期,第151—165页。

黄宗智（2021a）:《资本主义农业还是现代小农经济？——中国克服"三农"问题的发展道路》,《开放时代》第 3 期,第 32—46 页。

黄宗智（2021b）:《中国乡村振兴：历史回顾与前瞻愿想》,载《中国乡村研究》第 16 辑,桂林：广西师范大学出版社,第 30—53 页。

黄宗智（2021c）:《民主主义与群众主义之间：中国民众与国家关系的历史回顾与前瞻愿想》,《文史哲》第 2 期,第 5—15 页。

黄宗智（2020）:《中国的新型小农经济：实践与理论》,桂林：广西师范大学出版社。

黄宗智编著（待刊）,《中国的新农业及其发展前景》,桂林：广西师范大学出版社。

教育部、科技部（2020）:《关于规范高等学校 SCI 论文相关指标使用,树立正确评价导向的若干意见》,http://www.moe.gov.cn/srcsite/A16/moe_784/202002/t20200223_423334.html。

赖骏楠（2016）:《马克斯·韦伯"领袖民主制"宪法设计的思想根源》,载《人大法律评论》第 1 辑,第 151—179 页。

李昌金（2019）:《广东乡村振兴战略实施中的问题与政策建议》,http://www.snzg.cn/article/2019/0417/article_42172.html。

李展硕（未刊）:《中国合作社的经济法学研究：理论与历史》,中国人民大学博士论文稿。

江宇（2020）:《"烟台经验"的普遍意义》,《开放时代》第 6 期,第 13—26 页。

许涤新、吴承明（主编）（1985）:《中国资本主义发展史》第一卷《中国资本主义的萌芽》,北京：人民出版社。

徐新吾（主编）（1992）:《江南土布史》,上海：上海社会科学出版社。

于涛（2020）:《组织起来,发展壮大集体经济（全文）——烟台市推行村党支部领办合作社、全面推动乡村振兴》,http://www.hongqi.tv/mzdxueyuan/2020-02-25/17476.html。

中共中央纪律检查委员会(2020):《警惕公权力运行中的"内卷"现象》,https://www.sohu.com/a/438579614_260616。

中共中央、国务院(2018):《乡村振兴战略规划(2018—2022年)》,http://www.gov.cn/zhengce/2018-09/26/content_5325534.html。

Demarest, Boris (2017). "Kant's Epigenesis: Specificity and Developmental Constraints," in *History and Philosophy of the Life Sciences*, 39, 1, https://www.ncbi.nlm.nih.gov/pmc/articles/PMC5311081/).

Duara, Prasenjit (1988). *Culture, Power, and the State: Rural North China, 1900—1942*. Stanford, Calif.: Stanford University Press.

Geertz, Clifford (1963). *Agricultural Involution: The Process of Ecological Change in Indonesia*. Berkeley and Los Angeles: University of California Press.

Goldenweiser, Alexander (1936). "Loose Ends of Theory on the Individual, Pattern and Involution in Primitive Society," in *Alfred Louis Kroeber, 1876—1960, Anniversary Volume*, 1936, pp. 99—103.

Li Bozhong(李伯重)(1998). *Agricultural Development in Jiangnan, 1620—1850*. New York: St. Martin's Press.

McGee, R. Jon and Richard L. Warms, editors (2013). *Theory in Social and Cultural Anthropology, an Encyclopedia*. Vol. 1. Los Angeles: Sage Publishing, pp. 349—350.

Tilly, Charles (1975). "Western State-Making and Theories of Political Transformation," in Charles Tilly, ed., *The Formation of National States in Western Europe*. Princeton, N. J.: Princeton University Press, pp. 601—638.

从简约治理的第三领域到党民结合的第三领域

黄宗智

目前国家基层治理面临一个巨大的交叉口:应该更进一步、更完全地科层化,更完全地模仿西方现代模式的科层治理,还是另有选择?中国过去的"简约治理"和"第三领域"中的社区自理,加上现代的共产党领导,是否可以是另一种选择?

首先是前现代时期的"集权的简约治理"。它源自关于皇朝财政收入薄弱和多层级的官僚体系对皇帝权力的离心威胁的考量。其正面的效果是,一定程度上减轻了过分集权化、官僚化的弊端,为基层社会保留了相当高度的自主性,遏制了官僚体系的压迫性。

进入现代共产党革命和其领导下的新政权,一个重大的趋势是从原来基层的简约第三领域朝向新共产党组织下的党民结合化第三领域的演变。现当代中国的历史演变,既展示了党、军、民的高度一体化的优点和由之产生的巨大能量,也曾展示过度由上而下的动员型统治的弱点,特别是"大跃进"那样的灾难性失误,也显示过党的集权体系与官僚主义体系恶性结合的高度管制型治理弊端。之后的"文化大革命",则显示了过分依赖(暴力化的)群众运动来试图克制官僚主义的错误。

本文论证,党、军、民良性的互动结合不失为今天可以推进的治理方案,可以防范基层治理过度官僚主义化和科层制"铁笼"化的弊端,并再次释放巨大的能量。文章将以现当代历史中的土地革命、抗战、内战和朝鲜战争,初级合作社和1963年以后返回到以自然村小组为基本单位的农业,以及改革中的去计划经济化的联产承包责任制下的农业等实例为主要历史依据,来重新检视党和人民结合所产生的新型第三领域。在今天的市场化了的社会主义政经体系基础上,可以建立一种民众"参与式社会主义"市场经济,区别于官僚主义管控下的社会主义计划经济。

这里的"参与式社会主义"(participatory socialism)一词取自皮凯蒂的新著(Thomas Piketty, 2021),内容包括员工参与企业管理——尤指欧盟中发展成绩斐然的德国和瑞典的实例、高度发达的社会保障体系,以及较平等的收入和教育机会分配。笔者这里提出的"党民结合"设想与其既有一定的交搭,也有一定的不同。造成这些不同,主要由于中国乡村迄今在小农经济主体和严峻城乡差别方面的实际。当然,"参与式社会主义"也与中国共产党这个"超级政党"的特殊历史意涵与功能密切相关。

一、集权的简约治理中的第三领域

历史社会学家迈克尔·曼(Michael Mann),在其影响极大的理论著作中,提出两大治理模式类型的洞见:一是(主要是现代西方)低度中央集权但高度基层渗透力的模式,一是高度中央集权但低度基层渗透力的模式。(Mann,1984,1986)笔者早已详细论析,中国比较符合后一类型,其模式可以进一步概括为"集权的简约治理"和"第三领域"。一方面是皇帝高度集权,另一方面是基层治理比较简约,较多依赖政府与基层社会的互动、合作。(黄宗智,2007)

笔者详细论证的第三领域的简约治理的一个主要实例,是中华帝国时期最基层的不带薪、不带文书的"乡保"制度。在19世纪后期,乡保是由乡村社区推荐、官府批准的人员,一名乡保一般负责约20个村庄的事务。他处于官府和民众间的交接点,负责传达官府谕令、协助征税和解决纠纷等任务。他也具有代表基层社会来与官府打交道的功能,能够在一定程度上自主决定如何传达,乃至实施县衙的谕令,如何征税,以及调解民间纠纷。(黄宗智,2014a,第1卷:194—200;亦见黄宗智,2007)

有的研究使用"准官员"一词来描述这些乡保,但实际上"准官员"一词并不贴切,因为乡保是一个不带薪酬、不带文书记录的人员;官府一般会由他自行其是,要到出了问题(比如有人告他或需要另找人接替他)的时候才会介入。那是真正的"简约治理",也是旧中国官府和社区交接互动的"第三领域"的一个基本实例。(同上)

笔者详细论证的另一"第三领域"实例,是晚清"集权的简约治理"中的纠纷解决机制。遇到纠纷,一般会先由民间社区有道德威望的人士出面调解,凭借那样的方法来解决社区内部大部分"民事"(户、婚、田土"细事")性质的纠纷,涉及"刑事"的"重案"则须报到官府。如果调解不成,而当事人告到县衙,社区的调解人士便会因为事情闹大,加劲再次试图调解,而官府方面对告状的一些初步反应和批示,会被反馈到村庄(无论是通过榜示还是衙役的传达或当事人的获知),由此介入正在社区进行的调解。当事双方会据此对自己或对方的告状/辩词在官方引起的初步反应做出估量。官府的反馈,譬如质疑诉状是否"属实"、是否符合"情理",或"显有别情"等,常会成为社区调解人士促使双方达成妥协的重要原因。这样,就构成一种非正式的官府与民间互动"对话"方式。如果调解成功,当事人或调解人按照惯例要向官府申请撤诉销案,而官府对这种"细事"纠纷一般会优先接纳社区的解决方案,例行地允许撤诉。即便当事人不具呈要求销案,只要不再催呈,官府也会让案件搁置,不再推进。这是最典型的(笔者称作)通过非正式社会与正式政府机构的互动组成的第三领域中的纠纷解决方式,晚清和民国时期所有细事案件中的起码 1/3 以这种方式得到处理。它带有一定程度的"社区自治"的性质,也是中国正义体系中一个极具特色的运作模式。即便今天,非正式社区调解(村、居民调解委员会)仍然在民间纠纷中起到重要的作用,仍然解决着所有有记录的民间纠纷中(共约 1000 万件)的约 1/2。(黄宗智,2016b:表1;亦见黄宗智,2014b,第 1 卷:第 3 章、第 5 章)

以上两大类型中的"第三领域"人员和现象,不应该与另一种不同性质的(也可以看作)"简约治理"现象,即"准官员"的使用相混淆。在清代,"准官员"主要是县衙门的吏役。他们有收入,但没有像知县那样的正规俸禄与类似"养廉银"的相当正式或半正式收入。他们收入的来源主要是执行工作时所在的八房中的各房例行收费——特别是刑房和户房两个收入最多的房。在实际运作中,他们的组织模式不是一般的科层制模式,而更像一种可以称作上层(县令)"发包",各房的负责人员"承包"的模式,主管该房的人支付相对高额的"参费"来(等于是)承包该房的职务和其所附带的收费。然后,又通过同样的方式来委任其他吏役。这些人员显然和正式的官员性质不同。县衙各房的这些(可以称作)"编制外"人员基本不具有攀登仕途的机会,而且,他们一般深深嵌入地方社会,各房中甚至有子承父责的实例。(黄宗智,2014b,第1卷:第7章;亦见白德瑞,2021;亦见下面关于周黎安教授研究的讨论)

在官府的意识形态中,他们被建构为基层治理中贪污腐败现象的主要来源,是与经过其道德理想化的"父母官"——县令对立的。县衙中的不轨行为一般会归罪于这些吏役。这是其官方话语体系的基本建构和"文法"。但实际上,正如白德瑞通过大量巴县档案资料论证的,吏役之中也多有认同官僚体系意识形态的持正规人员的价值观者,他们执行的是一种半正式但相对规范化和合理的服务和收费。(白德瑞,2021)也就是说,他们深深嵌入地方社会实际上既可以是"腐败"的来源,也可以是具有服务地方社会的价值观的来源。

今天中国基层编制外的准官员确实有点像清代的吏役。他们有报酬,也有文书记录责任,但其待遇不如正规的"公务员"和"事业人员",其工资要低于前者,而且没有福利,更没有旧劳动法关于职工工时、工伤等的法律保障。他们绝少能够进入高于基层行政村等级职位的正规人员的仕途,乃是最基层的一种编制外的"非正规"行政人员。

他们的性质实际上更多与中国今天的(笔者称作)"非正规经济"中的员工(尤其是农民工),包括国企和私企中的员工,既相似也相关。他们有工资,但一般都和正规公务员有一定差距,也没有像公务员和事业人员那样的劳动保障、退休、医保等福利。他们是一种类似正规编制外的(理论上的)所谓"临时工"或"合同工"。实际上,非正规的人员如今已经在国家科层制整体中占到较高比例,如今在全城镇所有就业人员中占到 3/4 的比例,已经成为中国用工的主要形式。基层的政府机关也不例外。(黄宗智,2021a)

我们需要区别上述清代处于官府和基层社会间的"第三领域",与政府底层中的廉价非正规人员。这是两个相关但不同性质的现象和概括。本文论述的主要是官民互动的和党民结合的"第三领域"的过去、现在与可能的未来,不是官府底层使用的廉价的编制外的准官员和半正规人员。两者不该混淆。此点不仅是一个历史实际的问题,更是关乎中国行政体系整体的基本性质及其未来出路的问题。

本文论证,压迫性的中央集权体系,一定程度上因皇权体系("世袭君主制")对中央的集权忧虑(每多隔一层便多一层离心威胁)与较低的财政收入的制约,而结合成一个"集权的简约治理"的第三领域模式。对一般民众来说,简约治理实际上是相对宽松的治理模式。人民在大部分的日常生活中,仍然保有相对宽泛、不被那么紧密管制的自主性,不简单是被"统治"的人民,而是具有一定主体性的人民。正是这样的历史根源和先例,让我们看到中国今天和未来可以借助的一条抑制过度集权的官僚/科层制体系弊端的可能道路和方法。

二、近现代的科层制化

在民国时期,中国的官僚体系经历了相当程度往下延伸其基层渗透力的演变,主要体现于县以下"区"政府的设立。以1931年的顺义县为例,它新设有8个区政府,每个区平均管理40个村庄,每个区平均有13名警察和15名半军职警卫人员,组成常备保卫团。因此,区政府支出是县政府支出中位列警察费、保卫团费、教育费之后的第四大支出,占9600元,相当于该年县政府所有支出的16.9%,(黄宗智,2014a,第1卷:235—238,243;亦见第2卷:151—152)。那样对基层的进一步渗透,代表了民国时期国家行政制度迈向较高基层渗透力的现代科层制化("现代国家建设"[modern state making])的第一步。

进入当代中国,民国时期新设立的行政"区"大致演变为当代管辖范围相对更小的乡和镇,以及后来集体化时期的"公社",还有再后来改革时期的乡镇。这是国家最底层的正规政府机构(一般一个公社有十来个领薪的正式"国家干部")。

模式化地来说的话,如表1所示,在县级以下添加这一乡镇层正规人员已经相当于国家治理的正式机构数扩大了12倍。我们可以从表1看到,国家基层渗透力每延伸一层所需添加的政府层级机构的总量。像民国时期那样从县级延伸到区/乡镇须扩大12倍;像最近趋向的那样再延伸到计划经济时期半正式的大队(今天的行政村)须再扩大20倍,即总共240倍。如果未来想要再进一步延伸到自然村(小组)一级,则需要再扩大将近3倍,即共约720倍于原来的县级数。如此的科层化应该可以说是中国治理体系"现代化"中的一个巨大走向,也是一个朝向更大的基层渗透力的西方式科层制化过程。

表1 中国的行政层级、各层的总数与其相对县级的比例

行政层级	总数	相对县级比例
省、自治区、直辖市	34	
地级市、地区、自治州、盟	333	
县、市辖区、县级市、自治县	2856(2018.10.7数据)	1
乡、镇、民族乡等	34 464(同上)	12
行政村(大队)	691 510(2017.12.31数据)	240
自然村	1 865 247(同上)	720

数据来源:《数字中国:一组惊人的数字告诉你中国有多少个村、镇、县》,2018.10.7;《中国有多少个村子》,2017.12.31。

目前在中国,已经可以看到将行政村纳入正规科层制的明显倾向,即将基层的集体干部改为国家干部。(黄宗智,2021a)这样的科层化思路应该可以说是一般的主流官僚意见,即将其等同于现代化的建设。但笔者认为,目前国家治理模式面对的一个巨大的抉择和问题是:应该更进一步、更完全地科层化,更完全地模仿西方的现代模式(高基层渗透力)的科层制治理,还是另有选择?

中国过去的简约治理和社区自理传统是否可以是另一种选择？

三、国家和村庄二元结合的第三领域传统

在之前的当代中国治理模式中，很具特色的一个现象，其实是原先在（乡镇下一级）的最基层行政村治理模式。集体化时期，在这一级没有正规的国家干部，仅有村庄社区人员及其党支部组织结合组成的半正式治理体系，具体体现为村/大队级的党支部。当时，村级干部"吃的是集体饭"（区别于"吃国家饭"的国家干部），领的是村集体的工分，而不是国家财政支撑的国家干部工资。大部分的行政村级党支部成员，包括支部书记、大队长、会计和妇女主任等基本都来自本村，或起码曾在本村相当长期地落户。支部书记和大队长一般每年最多可以"脱产"4/5 的时间——一年 500 个工之中的 400 个工，区别于小队的干部，一般仅脱产 1/5 的时间。（黄宗智，2014a，第二卷：151—155）这是一个在共产党组织渗透全社会的趋势下形成的党与基层社会二元结合的组织和治理方式，也是一种在全球范围中比较特殊的组织。

其运作原则是党组织的"民主集中制"——政策实施要经过党支部成员的仔细讨论，但一旦决定后，便会根据党的民主集中制组织原则统一贯彻执行。当然，上层的决策和指示会起到关键的方向性作用，但我们也不能仅凭"集权"的模式来认识和理解这种基层治理模式。大部分决策都会相应本地的特殊实际情况来实施。在正面的良性运作状态中，上级指示和下层实践会因地制宜地良好结合。

当然,也会有强制性的错误决策,例如脱离实际的"大跃进",在1958—1962年间基本完全凭借由上而下的命令强制推行。那样将过大的人民公社作为最基本组织单位的错误决策导致广泛的强制执行和浮夸,加上当时的天灾,造成了灾难性的巨大失误。正因为如此,基层治理在1963年之后,便重新将基层的小队(小组、自然村)设定为最基本的生产组织和分配单位,重新返回到合作化运动初期的基本运作、分配、计算单位。(同上)

"文化大革命"是另一类型的实例。虽然其初衷是克服官僚主义的弊端,但很快沦为一场暴力化的无政府运动。虽然它在乡村的影响没有达到城市那样程度的混乱和灾难性,但它无疑和"大跃进"一样是巨大的失误和教训。(同上)

鉴于那样的失误,中国无疑需要防范脱离实际的由上而下的决策,防范不顾一切的运动型强制执行,坚持更好地结合党的领导和民众的自愿参与。其正常的运作应当被视作较好的党与民众二元结合互动的模式,这是一种特殊的中国治理模式。

四、臃肿的国家行政组织与官僚主义问题

全盘科层化,全盘引进西方模式的问题首先是:即便是西方的专业化科层制,也呈现了韦伯所担忧的"铁笼"问题。韦伯自己在晚年便提出须依赖最高领导人的强权来抑制科层制的"铁笼"问题的意见。(例见赖骏楠[2016]的论析)科层制人员具有脱离人民,以高高在上的官员自视,由上而下地管制人民,故步自封,墨守成规,形式化,脱离实际,为仕途而媚上欺下等官僚主义倾向。虽然,

在英美自由民主政治制度中,将"政府"和人民(的自由)设定为二元对立的体系,要求政府最小化,人民自由最大化,一定程度上起到了遏制科层制中的官僚主义弊端的作用。

而在当代中国,由于中央集权(官僚集权)管辖范围要远大于自由民主制度下的西方,个人自由范围相对较狭窄,国家管理范围相对宽广。遇到滥用权力或政府失策的话,其压迫性要远大于自由民主的西方。

正如中共中央纪律检查委员会最近发文指出的,官僚主义特别倾向于"内卷化",包括"重'痕'轻'绩'""化简为繁""彰显权威""推卸责任""危难退缩""怕担风险"等诸多"内卷"惯习和弊端;最欠缺的是"求真务实"的态度。(中共中央纪律检查委员会,2020)

正因为如此,传统的中国式"简约治理"实际上是一个约束皇权和官僚权力的重要制度性模式。低度的渗透力正意味着较狭窄的管控范围和民间较大的自主自治空间。特别是自然村,除了纳税和治安,长期以来都是相对由社区自理、自主、自治的领域。其范围包括解决社区中的细事纠纷,自理村务——如庙宇的修建和管理和其他各种社区活动,包括节日的活动,以及水井使用、村庄灌溉所需的合作,村庄的道路、通道、溪水、山林的管理、维修、合作等。这些其实都是集权的简约治理的重要优点。进入20世纪初期,还包括村级的新学校的建设。(黄宗智,2007)那些其实都是优良的传统。其所依据的是村庄社区较紧密的人际关系及其中受人尊重的道德威望人士的领导。(虽然,在动乱频繁的民国时期,出现了不少"土豪""劣绅""恶霸"等现象,但大多数的村庄社区仍然

维持了其长期以来的基本体系和紧密人际关系。——尤见黄宗智,2014a,第一、二卷)

如今,由于西方"自由主义""民主"与市场主义等意识形态的强大影响,人们一般较少对西式的科层制化提出真正的质疑,而多将其简单等同于现代化。官僚们自身尤其如此,他们相当强烈地倾向于将中国的传统和现在的治理体系视作落后、非现代的治理模式,从而提倡需要更进一步模仿西方的科层化、专业化,包括数据化等,将中国的正式科层制扩延到行政村。这种意识的影响是如此巨大,以至于较少见到对其的质疑。

五、传统与现代的行政发包制

实际上,中国改革期间的行政体系早已采纳了"行政发包"的制度来应对官僚化/科层化的僵硬治理模式。正如周黎安教授已经详细论证的,首先是正规政府体系中的"内包"制度,特别是由中央将地方经济发展的任务发包给地方政府,给予他们较高的自主权;同时,又通过由中央制定的标准来激励地方官员之间为自己的仕途而努力推进经济发展的("锦标赛")竞争,使他们尽可能向属地企业伸出"帮助的手"。两者结合,形成了中国经济成功发展的一个关键动力。(周黎安,2018、2014、2007)

更有进者,发包制度不仅被用于政府体系之内,也被广泛用于政府与社会之间。周教授将两种方式区别为"内包"与"外包",这两种方式都使用同样的激励机制来引发民间承包者自主创新的积极性。政府机关之外的人员(包括学术界人员)可以在一定范围内自主地设计创建"项目"来申请、竞争由中央下拨的项目资金。它实际上是一种纳入了由下而上参与的治理模式。

我们可以将整个发包—承包、委托—代理制度视作改革期间的中国政治经济体系的一个基本特色。在西方，委托—代理主要用于社会的企业或个别的主体之间，相对少见于正规官僚体系之中——使用的话，一般仅是一种临时和短期性的安排，譬如，跨部门的协作，多使用"临时委员会"（ad hoc committee）的形式，绝对没有像中国这样普遍用于整个正规治理体系的日常运作中，包括其政府的不同层级之间，更包括政府与非政府的民间之间。

如此的改革时期中央与地方治理模式，其实可以追溯到革命时期（譬如，中央与各个不同根据地之间的关系），更可以追溯到清代的行政制度。我们甚至可以用发包—承包的框架来认识笔者上面总结的简约治理制度——如中央相对地方政府、县政府相对乡保、集体时期的正式政府体系相对村庄的半正式体系等。当然，这也和笔者长期以来论述的第三领域紧密相关——如县令和各房负责人间的关系，乃至该负责人和同一房内的其他人员间的关系。

发包—承包固然是当代的话语（主要源自农业领域的联产承包责任制），但其所表达的实际其实贯穿中国传统与现代，可以说是广义的"简约治理"的第三领域中的一个关键运作模式和机制。我们甚至可以将长期以来的中央和地方间的关系视作皇帝与层层地方官员之间的一种发包—承包关系。它是中国古今行政体系中的一个基本模式和运作机制，既集中又简约，也在一定程度上有意无意地起到遏制、避免官僚体系僵化倾向的作用。（黄宗智，2019）

六、共产党与民众的二元结合传统与未来

虽然如此,但笔者在本文中更要突出中国当代治理体系中另一鲜为人们关注的,也许是更基本和普遍的特色——中国共产党这个非常独特的组织的兴起与其渗透全政治经济体系、全社会的划时代变迁。西方缺乏这样的经验,也缺乏对其的理论辨析。

这里首先要指出,在中国革命历史中,中国共产党展示的最主要优点之一乃是其与人民的"鱼水"式的关系。这是国民党所完全没有能够做到的,日本占领军当然就更不用说了。正是在这个领域中,中国革命展示了共产党领导人民的能量,包括其领导的"人民战争"、游击战、敌后情报获取等诸多优良方面(这里指的当然不是其在"大跃进"和"文化大革命"中所显示的那种脱离实际的运动型、暴力型作风)。尤其是在延安时期,较好地展示了其党民结合的精神面貌。

这就是本文称作政府与民众的二元互动、协作的优良"党民结合的第三领域"——它不是一个官僚化的管制体系,也不是一个被由上而下地"动员"和强制推行的现象,更不是简单由党组织来管制人民的传统,而是党和人民,出于其共同目标和利益而促成的互动结合。即便是在"文化大革命"中,我们也可以看到一些政党国家与基层社会良性二元结合的实例,如"小学不出队、中学不出社"的(适合当时实际需要的)"民办公助"农村基层学校。(Pepper [1996]是这方面的权威性研究)即便是一村一"赤脚医生"的制度推行,也不失为当时将医疗卫生贯彻到基层的良好做法。我们应

该将这些优良面与其脱离实际所引发的强制性或暴力化弊端区别开来;它们正是印度裔的诺贝尔经济学奖获得者阿马蒂亚·森所特别突出的中国相对印度而言的重要优点,正是它们使得中国的基本教育,以及直接影响到寿命预期的医疗服务的普及程度,远高于同时期的印度。(Drèze and Sen, 1995)

笔者认为,中国全盘科层制化的进路只可能导致远比韦伯所忧虑的科层制铁笼弊端要严重得多的问题。这是因为当代中国的官僚体系覆盖面要远比西方科层制宽广,而且,如今中国官民之间的身份地位、权力和收入差距也远大于西方自由民主制度下的官僚体系。因此,更容易导致脱离实际、墨守成规的弊端,当然也包括腐败和滥用权力。

正因为如此,中国应该认真考虑从中国比较独特的"简约治理"和"第三领域"传统和运作机制来汲取遏制过分专断的官僚体系的资源,克服其比较容易形成的对民众简单发号施令,简单的由上而下、按照官僚意愿的管制。这就是中央纪律委员会最近发文所指出、分析的重大问题。(中共中央纪律检查委员会, 2020)官僚主义内卷化的趋势,即便美其名曰科层化、现代化,甚或引用"理性化"和"科学化"、数据化等诸多西方主义、现代主义和科层制主义的修辞、思路和观点,其实质仍是脱离实际的形式化官僚主义。中国如果完全走入科层制化的"铁笼"的话,只可能形成一个比西方的铁笼式官僚体系更加高度压迫性的治理体系。

实际上,在集体时期的官僚主义计划经济已经相当程度如此。在高级合作社的时候便已开始展现,"大跃进"中以过大的公社为主的管制模式更加如此。因此农村才会在1963年以后,返回小规模的扎根基层自然村的生产和分配模式。虽然如此,但其并没有能够真正处理好官僚主义的问题。到"文化大革命"前夕,官僚主义已经成为一个庞然大物,少见创新,常见脱离实际的失误,因此而成为发动"文化大革命"的初衷。

对中国来说,最好的处理基层农村的方法和资源,当然不是"文化大革命"那样的,很快暴力化的无政府式的运动和混乱,也不是简单像"大跃进"那样由上而下的命令式科层管制,而是再次采纳传统中的简约治理和第三领域中的优良传统资源。其中关键首先在尽可能更多依赖民间社区的参与,借助其间的威望人士的公德观和实用智慧等非常具有中国特色的悠久历史传统。同时,借助党领导的结合民众参与的优良能力的传统,来推动党民结合的基层共同治理。其中关键在将人民的主体性和积极参与视作、设定为涉及民生的政策不可或缺的条件。(黄宗智,2021b)

其实,中国现当代历史中充满如此的实例。最基本和巨大的实例乃是中国革命及其成功的实际本身。党和人民间的相互尊重、相互支撑、紧密结合,应该可以说乃是中国革命之所以成功的最基本条件。没有人民的积极支持,中国革命根本就不可能胜利,中国共产党不可能进行"人民战争",不可能凭此战胜比自身现代化得多的,先是日本,后是美式装备的国民党军队。而且,没有与那样的传统紧密相关的党和军队在"政党军队"中的紧密结合,中国也不可能在朝鲜跟火力和设备都要先进得多的美国军队打成平手(下面再详细讨论)。

其后,正如与本文一起发表的高原文章更详细论证的,同样的党与农民的紧密结合尤其可见于比较成功的"初级合作社"阶段的中国农村——通过社区合作克服了许多农民在农具、牲畜、肥料等方面资源不足的瓶颈，推动了可观的农业发展。伴之而来的，是许多新党员——在建立合作社过程中被吸纳入党的农业能人和愿意"为人民服务"的积极分子。固然，后来的集体化显示了过度采用命令式的做法的弊端，最终导致规模过大、笨拙的人民公社的失败，因此而在1963年之后返回到原先以自然村"小组"为基本单位的农业生产组织。(高原，待刊)

更重要的是，之后在去计划经济化的市场化改革中，国家通过联产承包制度而赋权赋能予小农户，让他们积极自主地参与新型的市场经济。没有那样的动力，便不可能有之后的农业发展，特别是笔者所谓的"劳动与资本双密集的""新农业革命"的发展，例如高附加值的小、中、大拱棚蔬菜，几亩地的果园，一二十亩地的种养结合等，如今已经占到农业总产值的2/3，耕地的1/3。这是伴随中国人民食物消费转型——从之前的粮食：肉食：蔬菜的8：1：1比例转入如今的4：3：3比例——而来的演变。(黄宗智，2016a；黄宗智，2010)

尽管如此，但国家由于决意要模仿美国农业的发展模式及其所谓的农业"合作社"，没有真正认识到美国的合作社仅在其初期遵循了其原先的合作和服务理念。特别是大萧条之后的罗斯福总统的进步的"新政"下的时期，才有名副其实的真正合作社，其主要目的在于协助独立的、真正意义的"家庭农场"来应对"大市场"，在购买农资、加工和销售产品等方面将较小的家庭农场组织起来创建应对大市场所必需的"纵向一体化"物流体系，并基本由合作社的成员们平等分红。但后来，伴随规模化和高度自动化的资本主义大农业的兴起,按投资者的投入(或营业额)来分红的基本组织原则取代了原先的合作初衷。结果是,"合作社"成为名不副实的仅是名称上的合作,实际上早已成为大多由逐利(而非服务小农场)资本控制的资本主义企业性组织。并且,如此的变化不仅展示在法律条文中,更在"新制度经济学"的兴起中,连接上新的关于明确私有产权制度的经济学主流的理论(即将明确的私有产权和私有资本设定为一切发展所不可或缺的基本条件,认为唯有如此才能减少市场经济中的"交易成本",促进发展)。两者联合,组成的是完全脱离原来的合作理念的法学和经济学(法经济学)理论。其中的关键不是按社员分红,而是后来的按投资量(或营业额)分红。1990年代,后一类的合作社已经占到压倒性的地位(80%以上的合作社)。(李展硕,待刊)

中国2007年(施行)的"专业合作社法"基本采纳了模仿美国后期的按所投资本或营业额分红的(名不副实的)合作社模式。(《中华人民共和国农民专业合作社法》,2006;同法,2017年修订;黄宗智,2015;李展硕,待刊)

结果是,迄今中国农业政策中存在一个主要矛盾和问题。一方面,国家通过承包制和市场化收敛了对农民的管控,释放了小农户的创新力。但另一方面,国家又试图过度模仿美国的专业合作社模式,无视、抛弃了自身在革命期间及初级合作社时期的成功经验——也是党与人民互动结合的优良传统,而采纳了美国后来的资本主义型的"合作"模式。正是那样的前后矛盾的政策,成为"三农问题"的一个重要肇因。

固然,在实际运作中,也有个别的真正符合合作理念,即通过合作来满足小农场在农资购买和产品销售方面所需要的服务的合作社。但是,总体来说,如今"虚假"的,由资本主宰,为追求国家补贴和税收优惠而组成的"假""合作社",占到所有合作社中的大多数,特别是规模大的合作社,这实际上是和合作初衷是相悖的。结果是,将小农户置于一方面受惠于其新获得的承包经营权,一方面又受限于国家对小农户和农村社区基本无视的困境。(黄宗智,2018;李展硕,待刊)

七、经典理论的误导

我们该怎样来认识、理解这样的错误?笔者的分析是,国家一直受累于古典自由资本主义和古典马克思主义意识形态在这个问题上的基本前提性错误认识。两大意识形态虽然在多方面是二元对立的——譬如,一个以自由的个人为前提性出发点,一个则以阶级剥削关系,亦即生产关系为前提性出发点;一个认为资本主义乃是最高度发达的经济体系,一个则认为必须通过革命来推翻资本家剥削工人的生产关系而进入社会主义的生产方式。但与此同时,两大意识形态也有基本的共识,即认为资本主义乃是所有国家/经济所必经的历史阶段,而其关键要点乃是通过具有规模经济效益的大生产,亦即工厂型的生产,来大规模提高劳动生产率,推进发展。

正是那样的二元对立中的基本共识,首先导致了计划经济时代,尤其是"大跃进"时期,对待农业的基本态度——认为必须从小生产跳出而进入具有规模经济效益的生产。而在改革时期,虽然国家大规模引进了市场经济并给小农户赋权赋能,但其背后的资本主义和经典马克思主义的经济学仍然认为规模经济效益乃是不可或缺的"现代化"基本条件。这样,对立双方的基本共识一直都被认为是不可怀疑的真理,一直认为中国农业必须跳出小生产的陷阱方才可能真正进入现代化。在双方对峙的情况下,最容易被采纳的政策实际上乃是双方之间共同的认识,亦即对规模经济效益的追求。

因此,国家在农业领域一直都采纳了无视小农经济基本实际的观点和政策,从2003年的中央"一号文件"开始,一直都在强调规模化生产的关键性,先是"龙头企业",而后是成规模的"大户",最后还杜撰了取自美国模式的成规模的"家庭农场"(被定义为超过100亩的农场,虽然实际上与美国真正的平均2700亩的家庭农场完全不可相提并论——黄宗智,2014c)。同时,试图模仿美国的规模化家庭农场模式和"专业合作社"模式,从头到尾基本无视中国的小农经济实际(即劳均才约7到10亩的小农场,而在中国所有的农业劳动力中,实际上迄今仍然只有3%是受雇于规模化农业的雇工——这是根据最权威的第二和第三次全国农业普查的数据得出的结论,详细论证见黄宗智[2021c]),包括更小规模的笔者称作"新农业革命"的小农场。同时,基本无视由小农户组成的农村社区,将其当作必然将消失的落后传统。当然,更谈不上将其建立为真正的合作社的基础来协助小农户应对大农场。

之后,虽然国家(在2012年)初步承认了(被称作)"菜篮子"农业的重要性(粮食由省长负责,蔬菜由市长负责),而后在2018年的《乡村振兴战略规划》中终于给了小农场前所未见的关注,特

581

别提到今后要重视小农户的"主体性"。但是,实际操作起来,我们仍然可以看到之前的前提认识的顽强持续,迄今仍然未见真正的全盘反思,特别是关于对最基本的自然村社区的认识。其中,包括将科层制化的现代主义/西方主义越来越多地用于行政村的组织和治理模式。国家今后是否真会全盘反思过去的错误,包括重新思考以规模化的农场和"专业合作社"为主的农业政策,尚待观察。(同上)

伴随对小农经济的忽视而来的,是对农村由小农户组成的中国长期以来的基本社会组织(由小农户紧密聚居形成的自然村社区)的无视。这是中国和美国农村实际中的最基本的差别之一:美国平均2700亩地的家庭农场,仅因其农场与农场之间的距离,便基本没有可能形成中国这样紧密聚居的自然村,以及中国这样的农村社区基本社会单位。所以完全谈不上农村社区。中国正因为不切实际地试图模仿美国模式,一直以来也因此基本完全忽视了农村的基本社区。

在计划经济时期,农村经过"大跃进"的规模化生产的错误之后,在1963年以后再次返回到比较符合实际的以村小组(即自然村)为基本生产和分配单位。但是,改革期间,国家虽然给小农户赋权赋能,将市场中的经营权退还给了小农户,在这方面采纳了明智的措施,但是,最近则越来越倾向于将城市的科层制化治理模式用于农村,仍然基本无视原来的农村社区。笔者认为,正是农村的社区,才是中国传统和当代乡村发展的一个最基本的单位和条件。舍之便没有中国特色的乡村可言。将中国农村等同于西方,尤其是英美自由主义和新自由主义设定的以逐利个人为主的社会,乃是巨大的失误。

但是,直至2018年,国家(2003—2018年的)每年的"一号文件",仍然一直将规模化生产当作农业政策的主要目标和主体。赋权赋能予小农户所采纳的基本认识框架仍然主要是来自想象中的资本主义的美国农业,而不是中国自身的基本小农社区实际。可以说,直到2018年的《乡村振兴战略规划》之前,国家都没有真正正视小农户的重要性、关键性,没有真正从中国的农业仍然将长期是小农场的小农户的"小农经济"的认识出发,也一直没有真正认识到中国的划时代的"新农业革命"。

所以,笔者认为,在农业、农户、农村的"三农问题"上,中国亟需采纳真正以小农户为主体和以农村社区为基本单位的治理进路。这是国家的根本,也是中国农村社会和经济的根本。没有一个现代化的小农经济和其村庄社区便没有一个真正现代化的中国。其出路不在规模化生产,而在进一步提高、发展"劳动与资本双密集"的高附加值小农业,重新采纳以农村社区,亦即自然村为中心的农村发展战略。现代化的小农经济和农村社区才是中国真正的现代化出路,而不是不符实际地意图消灭小农经济和小农社区,代之以规模化的资本主义大农场经济。"三农问题"解决的关键其实在"三农"(小农户、小农场、小农村社区)本身的发展,而不是其消灭。(黄宗智,2021c)在我们的认识中,其实还可以将农村社区与一个城镇企业单位相比拟,其成员间的关系其实比一个企业员工间的人际关系要更加紧密、亲切,并且在中国历史文化中具有非常悠久的传统。如果中国在企业方面未来的走向是从国企开始积极推动企业员工参与企业管理,亦即一种参与式社会主义市场经济,那么其未来在农村方面应该是类似地走向推动让农民参与村庄经济的管理,亦即一种参与式的社会主义小农经济。(更详细的讨论见黄宗智编著,待刊)

笔者长期以来一直呼吁,中国应该借鉴日本(和韩国的所谓"东亚模式")的农业发展经验。他们和中国同样基本是"小农经济"的国家。"二战"之后,由于多重的偶然因素,在美国占领军的主导下,日本明智地立法将小自耕农确立为农村的主体(1户的私有土地不能超过45亩),并禁止外来资本购买农地。而且,其在国家扶持小农经济方面,早就实施了中国迄今仍然没有做到的系统协助小农应对大农场所必需的纵向一体化物流体系。其根本在以农村社区为主体的合作社,将国家支农资源相当部分转让给自主的社区合作社。尤其关键的是,由国家出资建立服务型的大批发市场来与基层社区合作社搭配,由其来确定平衡供需的市场价格,并由其来对产品建立精准可靠的全国标准,促使"农协"成为具有可靠声誉的品牌,成功地连接了分散的小农户和标准化的大市场。借此,也为小农户保留了大部分的农产品的收益。(黄宗智,2018)

中国则迄今仍然主要依赖昂贵低效的由无数小商小贩,加上部门营利型的批发市场组成的纵向一体化物流体系,缺乏生鲜产品的冷冻链的服务,也不具备同等的农产品标准化体系来协助小农户应对大市场。日本的合作社体系的成功尤其可见于其全经济体中较平均的(基尼系数所反映的)农村与城镇的收入和生活水平,十分不同于中国仍然受困于高得多的基尼系数和严峻的"城乡差别"的困境。

其实,中国若能凭借党民结合、党领导和社区民众积极参与的进路来处理农村问题,应该能够超越"东亚模式"在这方面的成绩。这应该成为今后"乡村振兴"工程特别关注的一个要点。

八、党与人民的二元结合

其优良面是一个今天仍然可以借助的传统。譬如,可以借其来克服政府机构/科层制体系中近乎不可避免的,相对人民的高高在上的官僚主义作风及其控制社会倾向的弊端。在农村治理方面,我们应该将其视作与简单把村庄治理科层制化不同的进路。国家可以借助村庄社区民众(乃至城镇社区民众)的参会推广党引导与民众参与的治理体系的发展,承继中国革命中的优良传统,没有必要仅仅依赖西方现代主义模式中的科层制化的单一进路。这正是本文关于如何做到"乡村振兴"目标的提议重点所在,也是关乎未来的参与式社会主义市场经济的全国治理愿想。

山东烟台市最近由基层党支部来领办农村人民自愿参与、入股的合作社便展示了上述的一系列特征,颇有可能成为中国农村未来发展的一个重要模式——正如一些学术论文已经比较仔细论述过的那样。烟台模式与其他模式的不同之处在于党的领导下组织的社区共同利益的("集体")合作社,借此来建立与民众切身利益紧密关联的组织,因此能争得较广泛的民众自主积极参与。(于涛,2020;江宇,2020;陈义媛,2020;黄宗智,2021a;杨团、刘建进、仝志辉,2021)果真如此,烟台模式应该不失为上述的党与农民二元结合的良好农村发展模式。

我们可以将那样的一个体系比拟于一个由员工积极参与决策

的"参与性社会主义"企业。2021年11月11日《中共中央关于党的百年奋斗重大成就和历史经验的决议》已经明确提出要让"党围绕增强政治性、先进性、群众性,推动群团工作改革创新,更好发挥工会、共青团、妇联等人民团体和群众组织作用"。基于农村社区的参与式社会主义其实和基于城镇企业员工参与企业管理的"参与式社会主义"设想是相通的。

要走上那样的发展道路,最可依赖的不是庞然大物的官僚化和官僚体系及其所不可避免的官僚主义弊端,而是具有特殊历史背景的党与"三农"的紧密结合。借助扎根于农村的党组织来领导,同时又借助小农户和小农村社区为其自身的利益而积极参与,来带动中国农村的根本性改革和发展,才是最符合中国农村实际的发展出路。党的小组和农村的三小农(小农场、小农户、小农村社区)的紧密结合乃是中国革命最根本的特色和动力来源。我们需要想象再次、重新依赖中国扎根于农村的共产党,以及农村本身的主体性来对农业和农村进行根本性的、彻底的现代化改革,而不是简单将其城镇化。我们也可以借助那样的机制来克制中国共产党执政以来,伴随官僚体系的几何式扩大,越来越严重的"官僚主义"/"科层制主义"铁笼的根本性治理问题。解决农村这个基本问题才有可能解决中国全社会、全经济体的基本问题,才有可能做到中国经济、社会的全面发展,真正建立中国特色的发展道路。

只有这样的党与农民、农村社区的真正二元结合,而不是科层制化的简单由上而下统治,更不是"超级政党科层制"(的"超级"铁笼,包括高度数据化的治理模式),才能解决中国长期以来的城乡差别问题。通过城乡的平等和双向互利交易,而不是过去榨取型的主要是单向的资源输出,借助亚当·斯密所建构的理想模型中的洞见——真正平等互利的贸易,包括城乡间的双向贸易,能够产生推进双方经济发展的动力,带来分工,推进劳动生产率的上升,从而达到螺旋式的全社会的发展。只有建立基于社区的合作社来配合那样的大市场经济的发展(详细论证见黄宗智[2022]),才能够根本性地解决长期以来的城乡差别、农村贫穷及"中等收入陷阱"等问题。只有加上民众的参与,以及参与式的国企与私企结合的经济体系,才能真正建成"参与式社会主义市场经济",实现全民共同发展、共同富裕的崇高目标,亦即维护"绝大多数人民的根本利益"的社会主义治理理念。

参考文献:

白德瑞(Brady Reed)(2021[英文版2000]):《爪牙:清代县衙的书吏与差役》,桂林:广西师范大学出版社。

陈义媛(2020):《农村集体经济发展与村社再组织化——以烟台市"党支部领办合作社"为例》,《求实》第6期,第68—81页。

高原(待刊):《村庄社区层面的第三领域:从合作化到乡村振兴》。

黄宗智编著(待刊),《中国的新农业及其发展前景》,桂林:广西师范大学出版社。

黄宗智(2022a):《市场主义批判:中国过去和现在不同类型的市场交易》,《开放时代》第1期,第118—132页。

黄宗智(2022b):《从二元对立到二元合一:建立新型的实践政治经济学》,《开放时代》第4期,第141—161页。

黄宗智(2021a):《农业内卷和官僚内卷:类型、概念、经验概括、运作机制》,载 *Rural China*, 18.2:160—191。亦见 http://lishiyushehui.cn/article/item/1092。

黄宗智（2021b）：《民主主义与群众主义之间：中国民众与国家关系的历史回顾与前瞻愿想》，《文史哲》第 2 期，第 5—15 页。

黄宗智（2021c）：《资本主义农业还是现代小农经济？——中国克服"三农"问题的发展道路》，《开放时代》第 3 期，第 32—46 页。

黄宗智（2020）：《中国的新型非正规经济：实践与理论》，桂林：广西师范大学出版社。

黄宗智（2019）：《重新思考"第三领域"：中国古今国家与社会的二元合一》，《开放时代》，第 3 期，12—36 页。

黄宗智（2018）：《怎样推进中国农产品纵向一体化物流的发展？——美国、中国和"东亚模式"的比较》，《开放时代》第 1 期，第 151—165 页。

黄宗智（2016a）：《中国的隐性农业革命（1980—2010）——一个历史和比较的视野》，《开放时代》第 2 期，第 11—35 页。

黄宗智（2016b）：《中国古今的民、刑事正义体系——全球视野下的中华法系》，《法学家》第 1 期，第 1—27 页。

黄宗智（2015）：《农业合作化路径选择的两大盲点：东亚农业合作化历史经验的启示》，《开放时代》第 5 期，第 18—35 页。

黄宗智（2014a）：《明清以来的乡村社会经济变迁：历史、理论于现实》。第 1 卷，《华北的小农经济与社会变迁》；第 2 卷，《长江三角洲的小农家庭与乡村发展》；第 3 卷，《超越左右：从实践历史探寻中国农村发展出路》，北京：法律出版社。

黄宗智（2014b）：《清代以来民事法律的表达与实践：历史、理论与现实》。第 1 卷，《清代的法律、社会与文化：民法的表达与实践》；第 2 卷，《法典、习俗与司法实践：清代与民国的比较》；第 3 卷，《过去和现在：中国民事法律实践的探索》,北京:法律出版社。

黄宗智(2014c),《"家庭农场"是中国农业的发展出路吗?》,《开放时代》第 2 期,第 176—194 页。

黄宗智(2010):《中国的隐性农业革命》,北京:法律出版社。

黄宗智(2007):《集权的简约治理——中国以准官员和纠纷解决为主的半正式基层行政》,载《中国乡村研究》第 5 辑,福州:福建教育出版社,第 1—23 页。亦载《开放时代》2008 年第 2 期,第 10—29 页。

江宇(2020):《"烟台经验"的普遍意义》,《开放时代》第 6 期,第 13—26 页。

赖骏楠(2016):《马克斯·韦伯"领袖民主制"宪法设计的思想根源》,载《人大法律评论》第 1 辑,第 151—179 页。

李展硕(未刊):《法经济学视域下的中国合作社:理论与历史》。

《数字中国:一组惊人的数字告诉你中国有多少个村、镇、县》2018. 10.7,http://www.360doc.com/content/18/1007/23/137012_792819891.html。

汪晖(2014):《代表性断裂与"后政党政治"》,《开放时代》第 2 期,第 70—79 页。

杨团、刘建进、仝志辉(2021):《"烟台经验":党组织在乡村振兴中发挥的作用和潜力》,《经济导刊》第 8 期,第 23—27 页。https://www.jingjidaokan.com/icms/null/null/ns:LHQ6LGY6LGM6MmM5ZTg1ODg3YTIyNjVjNjAxN2MzZWZlOGNhODAwOTUscDosYTosbTo=/show.vsml。

于涛(2020):《组织起来,发展壮大集体经济——烟台市推行村党支部领办合作社、全面推动乡村振兴》,http://www.hongqi.tv/mzdxueyuan/2020-02-25/17476.html。

中共中央纪律检查委员会(2020):《警惕公权力运行中的"内卷"现象》,https://www.sohu.com/a/438579614_260616。

中共中央、国务院(2018):《乡村振兴战略规划(2018—2022年)》,http://www.gov.cn/zhengce/2018-09/26/content_5325534.html。

《中共中央关于党的百年奋斗重大成就和历史经验的决议》,2021年11月11日,http://www.gov.cn/zhengce/2021-11/16/content_5651269.html。

《中国有多少个村子》,2017.12.31,https://zhidao.baidu.com/question/943003091022303612.html。

《中华人民共和国农民专业合作社法》,2006,http://www.gov.cn/jrzg/2006-10/31/content_429182.html。

《中华人民共和国农民专业合作社法(2017修订)》,http://www.gov.cn/xinwen/2017-12/28/content_5251064.html。

周黎安(2019):《如何认识中国?——对话黄宗智先生》,《开放时代》第3期,第37—63页。

周黎安(2018):《"官场+市场"与中国增长故事》,《社会》第2期,第1—45页。

周黎安(2014):《行政发包制》,《社会》第6期,第1—38页。

周黎安(2007):《中国地方官员的晋升锦标赛模式研究》,《经济研究》第7期,第36—50页。

邹谠(1986):《中国廿世纪政治与西方政治学》,《政治研究》第3期,第1—5页。

Cumings, Bruce (2011 [2010]). *The Korean War*. Modern Library Paperback Edition [originally published 2010, Random House].

Drèze, Jean and Amartya Sen (1995). *India: Economic Development and Social Opportunity*. New Delhi: Oxford University Press.

Fleming, Thomas (1993). "The Man Who Saved Korea," https://www.

historynet.com/man-saved-korea.html.

"The Korean War, 25 January to 8 July, 1951," https://history.army.mil/brochures/kw-balance/balance.html.

Mann, Michael(1986). *The Sources of Social Power, I: A History of Power from the Beginning to A. D. 1760.* Cambridge, Eng. : Cambridge University Press.

Mann, Michael (1984). "The Autonomous Power of the State: Its Origins, Mechanisms and Results," *Archives européennes de sociologie*, 25: 185—213.

Pepper, Suzanne (1996). *Radicalism and Education Reform in 20th Century China - The Search for an Ideal Development Model.* New York: Cambridge University Press.

Piketty, Thomas(2021). *Time for Socialism: Dispatches from a World On Fire, 2016—2021.* New Haven: Yale University Press.

第四编

建立新型的实践政治经济学

本编目的在对以上三编所展示的我和周黎安所共同使用的研究进路、思维方式和前瞻愿想进行比较系统的阐明和讨论，并提出建立新型的实践政治经济学的设想。

关于我和周黎安所共同展示的"思维方式"，我认为，它基本源自中国长期以来基于生物世界(和生命科学)的二元互动合一(dyadic integration)思维，区别于西方主流社会科学的二元对立(dualistic opposition)基本思维。本编所选文章对其间的不同做了比较详细的论析，并倡议中国有意识地采纳更像现代西方的基于生命科学和医学的思维方式来进行的未来的社会科学研究，而不是继续模仿来自西方理论主流的机械世界思维方式。

文章提出，前者实际上更符合如今和未来的主导宇宙观、合理推论(区别于演绎和归纳)、与二元和多元互动的科学。它既符合中国传统长期以来的基本思维，也更贴近如今和未来的科学，尤其是生命科学和医学的走向。

从二元对立到二元合一：建立新型的实践政治经济学①

黄宗智

本文提倡建立一个基于中国实践的新政治经济学。以此为主题的文章不可能是一篇研究性论文，必然主要是一篇思考性论文，并且不仅是回顾性也是前瞻性的论文。它主要是笔者基于六十年来的学术研究所得出的一些思考的系统总结和综合。它以从实践出发的思维方式的论析开始，进入中国如今结合社会主义与市场经济，以及国有企业与民营企业，还结合小农经济与现代经济，以及独特的政党国家与经济体系等比较罕见的实际。作为陪衬和对手，本文针对的是长期以来占据霸权地位的，突出演绎逻辑、市场主义与科学主义的英美古典和新古典自由主义经济学和法学，以及伴之而来的意识形态和世界观。本文提议借助中国传统的，以

---

① 本文发表于《开放时代》2022 年第 4 期。

及今天在实践中仍然展示的二元合一思维,来建立具有超越性的结合中西的新宇宙观。在一定程度上,本文也是对经典马克思主义政治经济学的重释。笔者指出中国实践历史和改革经验与它们的一系列不同,借此来指向一个符合中国实际的、综合的、具有超越性的新型实践政治经济学。笔者要倡导的总体方向可以称作一个正在形成中的(民众)参与式的社会主义市场经济(区别于官僚主义管控型的社会主义计划经济)。这尚待中国在较长期的实践摸索过程中来建构和澄清。

一、思维方式

思维方式也许是所有理论的最基本元素,而正是在这个层面上,中国在实践中展示了与西方显著的不同。

(一)二元对立与二元合一

古典自由主义政治经济学将政府和经济建构成一个二元对立体(duality, dualistic, dualism),要求将经济设定为一个独立于国家的体系,尽可能将国家的"干预"最小化。它将"无为""放任"(laissez faire)的国家设定为前提理念,要求让经济体系充分发挥其由"理性"个人意志和市场经济竞争机制来运作并决定价格的优势,借此来达到最佳的资源配置,并推动无限的经济发展。

经典马克思主义则将国家设定为"上层建筑",仅是为"下层建筑"——生产方式/生产关系服务的组织和意识形态。资本主义生产方式中的国家不过是代表资产阶级利益的上层建筑,只可能是一个维护其统治阶级利益的体系,与无产阶级是对立的,谈不上是什么独立于生产关系的国家体系。如今领导中国的中国共产党,经过四十多年的改革之后,早已不简单是马克思主义意义中的单一阶级(无产阶级或劳动者)的组织——它实际上已经成为一个包含诸多阶层的组织,人数(9000多万人)超过或接近一个中等国家的总人口(如越南和德国),包括工人和农民、知识分子、企事业单位工作人员、社会组织专业技术人员和管理人员、党政机关工作人员、学生等,涵盖各少数民族,乃至代表全体人民。(中共中央组织部,2021)作为一个"政党",共产党不同于自由主义民主代表制中那样的仅代表一种利益或群体的政党,而是一个总揽政治体系权力的(我们可以称作)"超级政党"。① 由其领导的"政党国家"当然也不是一个自由主义型的"无为"国家。我们需要破除上述两种前提设定,才能认识和适当思考当今在实践和变动之中的中国的新型政党国家和政经体系:它是一个国家与经济二元合一的结合体(dyad,dyadic),②两者之间的互动、相补、协同、合一远远超过相互对立和非此即彼。

(二)无机世界观与有机世界观

现代科学的主流世界观主要来自物理学和数学。它基本扎根

---

① 这是汪晖的用词(汪晖,2014)。
② "dyad""dyadic"两词主要来自社会学的教科书,主要指夫妻俩,或类似的社会关系,作为最小的"社会"单位,长期互动结合,可以算是比较接近中文"阴阳"一词的含义,但并不带有那样的整体性世界观和宇宙观,而且,"dyad"一词相对比较罕见,与"dualism"(二元对立)的普遍使用形成鲜明的对照。

于牛顿力学,主要是关于"力"在无机的物/机械的运动中的定律。在数学方面,则特别认可古希腊的欧几里得几何学。关于后者,笔者和高原(理论物理学博士)在《社会科学应该模仿自然科学吗?》一文中曾对其做了以下说明:

> 演绎逻辑的典范是欧几里得几何学。在其几何学体系中,首先给出的是一组最基本的"定义"(definitions)。这些定义界定了点、直线、平面等等这些几何学将要处理的最基本的对象。紧接着这组定义的,是五个"公设"(postulates,第一公设是"从任意一点出发可向任意一点做一条直线")和五个"一般观念"(common notions,第一个一般观念是"和同一事物相等的事物,它们彼此亦相等")。"公设"和"一般观念"一起,形成作为推理前提的"不证自明"的"公理"。此后任何一个涉及具体几何问题的命题,都可以通过对概念、公理和其他(由概念和公理推导出的)已知命题的组合运用,推导而出。(林德伯格[Lindberg],1992:87—88——原注)譬如著名的毕达哥拉斯定理(勾股定理),"直角三角形斜边的平方和等于两直角边的平方和"便可由基本的公理推导而出。这是一个在设定的前提条件下的数学—逻辑世界中适用的方法,一定程度上适用于物质世界,但用于人间世界,只可能是脱离实际的建构。(黄宗智、高原,2015:164)

英美的古典和新古典自由主义经济学便试图像欧几里得几何学那样,将数学中的演绎逻辑用于经济:它从设定个人的绝对理性的"公理"/"定义"出发,进而凭演绎逻辑建构一个完全理性的经济和市场体系,即基于其所设定的理性个人的抉择所导致的纯竞争性市场经济体,争论其必定会导致供需均衡、资源的最佳配置和持续的经济发展。

其后,在均衡理论受到大萧条和滞涨危机的挑战之后,自由主义经济学进而试图将理论重点从宏观经济学转入微观经济学,仍然借助数学模式来再次构建科学化、绝对化的理论。但实际上,新自由主义经济学已经从宏观的"大理论"退回到微观的"小理论",一些新的能够较为准确地预测经验事实的规律其实仅适用于目前被称为"市场设计"的较狭窄的范围(譬如,解决拍卖市场组织、住院医与医院匹配、器官移植匹配等问题)(高原,2022a)。虽然如此,但古典和新古典经济学,作为先是占据全球海上霸权的大英帝国的,后是拥有军力和金融霸权的美国的统治意识形态,迄今仍然深深主宰着一般的教科书经济学,更毋庸说人们常用的科学话语和经济话语。

至于中国,首先是其实际情况与理论传统都和那样的演绎逻辑化建构很不一样。中国历史悠久的文化和世界观是一个主要基于人与生物的有机的世界观,比较接近现代"生命科学"(life sciences)而非"物理科学"(physical sciences)。其基本认识源自人类社会与农业的有机世界。中国传统的"天理"世界观主要是一个基于有机体的二元或多元互动整合性世界观,也是基于人和人际关系的道德世界观,与现代西方比较单维化的无机世界的思维方式很不一样。其中,互动结合多于对立推拉。其对待人间世界,不仅看到人"理性"的一面,更将无法被形式化与公理化的道德和感情的方面纳入其中。

西方从其演绎逻辑的传统到今天的物理无机世界观,则惯用二元对立的思维,非此即彼。譬如,将人设定为单维的"理性人"(作为"定义"或"公理")便是一个很好的例证;将人化约为单一面的"经济人"或"阶级人"也是;将国家和经济设定为二元对立体,要求经济独立于国家当然也是。

那样的思路不能超越简单的理性"公理"与形式化建构而纳入非理性的感情和道德思想。中国的思路的根基则在道德理念,特别体现于儒家的"仁者""君子""明明德""中庸",以及"修身、齐家、治国、平天下"等治理理念。①

中国这种道德化和有机的二元和多元整合的世界观在一定程度上持续至今。许多中国人仍然不习惯将人间世界单一面化、无机化,更不习惯过分极端的物理化和数学化设定,过去如此,今天,尤其是在实践中,在一定程度上仍然如此。其根深蒂固的思维方式,不是二元对立而是二元互动合一,不是无机的推拉世界而更是有机的生物(包括人)并存互动的世界,不简单是演绎的世界观,不会简单将"理性"虚构或形式化为公理或定义,而更倾向于道德理念和实用考量的结合。

后者即笔者详细论证的中国传统法律思想所展示的"实用道德主义"。如今的法律固然纳入、模仿了西方的形式化、演绎逻辑化法理思路,但也保留了传统的在二元之中探寻调解、调和的思

---

① 其后,宋明理学一定程度上将"物"从"理"的道德准则中区别开来,将原来的"天理"改组为新的"公理"建构(汪晖,2004),一定程度上已经在有机的世界观中纳入了包括无机的"物"的世界观。虽然,这仍然和高度道德化的"理"紧密相连。

路。两者合一,共同组成今天中国的正义体系。(黄宗智,2014a)

从现代的不同科学领域的视角来考虑,中国的基本思维方式,显然与西方现代科学最常用的两大方式——演绎和归纳——都有一定的不同。上面讨论了其对以演绎逻辑为主导的单一化思维的基本拒绝。至于归纳,作为现代科学思维,则主要扎根于实验室的实验,实际上不是人间世界一般所能做到的,也没有在中国的道德化和实用化世界观和思维中占据主导地位。

也许如今最贴近中国思维的现代世界观和科学思想,乃是生命科学,特别是医学界所广泛采用的"合理推测"。笔者和高原在之前合写的一篇文章中,是这样来总结演绎、归纳及合理推测这三种思维方法的:

> 美国实用主义创始人皮尔士(Charles Sanders Peirce, 1839—1914)指出,人们十分惯常使用的推理其实既不是演绎也不是归纳,而是一种凭借经验证据推导出来的合理猜测。譬如,如果我们知道,这些球都是同一壶里的球,也知道此壶里的球都是红色的,那么,如果从壶里拿出一个球来,它必定是红色的。这是演绎推理,在设定的条件下,是无可置疑的。但如果我们并不知道壶里所有的球都是红色的,而是经过从壶里拿(抽样)出好几个球,看到它们都是红色的,由此推测壶里的球多半全是红色的。这是归纳,有一定程度(几率)的可信性,并且可以经过反复实验而证实。但是,如果我们看到一个红色的球,并知道旁边壶里的球全是红色的,凭此猜测,这个球多半是从该壶里拿出来的,那样的推测,既不同于演绎也

> 不同于归纳,仅是一种合理猜测。这是一个不可确定的猜测,因为这个红球很可能另有来源。在自然科学领域,这样的因果猜测等于是个初步的假设,可以通过演绎推理来设定相关假设而后通过实验来验证。皮尔士把这种理性猜测称作"abduction",即尚待精确化、确定的合理猜测,而不是相对较可确定的归纳(induction),更不是可以完全确定的演绎(deduction)。皮尔士指出,这样的猜测其实是人们在日常生活中常用的理性推理,也是医学诊断中的一个常用方法,其实是自然科学设置初步"假设"的常用方法。他争论,这样的合理猜测乃是演绎和归纳之外的第三科学方法……(黄宗智、高原,2015:168)

上述引文中的"合理推测"也许还可以用"推断"来更精准简练地表达。它和演绎的不同是没有前提设定,因此不可能像演绎那样(根据自我制定的定义而成为)绝对真实。同时,也不可能像归纳那样,在实验室重复试验,达到完全肯定。它的进路是从实际出发来推测断定可能的真实。那样的思维其实正是最适合探究人类社会实态的进路。它不允许从前提定义的设定出发达到不可怀疑的绝对真实,也不可能通过一再的实验来达到几乎无疑的确定,但在面对有限经验证据的实际中,能够经过严谨的探索而达到较高概率的准确性和真实性。这正是如今的医学界诊断疾病和病源并进行治疗所采用的进路和方法。其对错则呈现于治疗之有效或无效。

在我看来,正是这样的科学方法相对更适用于社会科学,包括这里提倡要建立的新政治经济学,而不是经过某种"普适"前提设定而演绎出的"普适真理",也不是通过在人类社会不可能做到的反复试验归纳出的比较绝对的"真实"。

它是一个能够与人类的道德理念相结合的思维方式——医学到底是遵从治病救人道德理念的科学(体现于医生们的"希波克拉底誓言"),与中国的"最大多数人民的根本利益"治理道德理念带有一定的亲和性。它也能够容纳中国的二元互动结合的有机世界观——其主要对象是有机的人和生物。笔者认为,这样的世界观,虽然由于欧几里得几何学和牛顿物理学的威力极其强大的演绎—归纳思维和意识形态的传统,一直未被西方世界采纳为主流、首要的科学世界观,因此也未被试图模仿自然科学的社会科学广泛采纳,但其实是更符合人类社会实际的研究进路。摆开脱离实际的,过分科学主义的演绎和归纳,社会科学才能凭借推断的思维来达到最符合实际的概括和理论。

更有进者,我们如果能够在经过谨慎扎实的推断之后,再类似医学那样,从排除、推断进入"确诊",再通过实际(实践)治疗而确认有效,便能据此积累精准可靠的认识、结论和概括。中国的新型政治经济学可以有意地模仿医学科学的认识模式,而不是一味地依赖脱离实践的演绎而作茧自缚,或像归纳那样追求在人类社会中实际上不可完全复制的"实验",结果其实多是脱离实际的虚构。

今天回顾,我们也许可以说,西方文化在进入启蒙时代之后的科学时代/理性时代之后,相当广泛地将之前源自对一个全知、全善、全真、全权上帝的信仰转向了对绝对化的"科学"和"理性"的信仰,并因此而从诸多不同的自然科学中特别突出了具有最绝对无疑的"真实"的牛顿物理学和数学，而将相对不那么绝对的生物学、医学等其他生命科学领域置于次级的地位。然而，对认识和理解人间世界来说，更贴近我们社会科学实际需要的不是将真实的人间世界虚构为被演绎化的单一面的那种绝对"真实"，或将人间世界的研究虚设为可以达到像实验室那样在完全设定的条件下依据归纳而得出的绝对真实。更接近我们关乎人类社会和经济的社会科学实际需要的是像医学诊断中那样经过推断（排除、推断、确诊）后，再进一步求证于实践（治疗）的进路。

有的读者也许会认为，牛顿物理学和数学之所以在人们心目中占到自然科学的中心和领导地位，是与它们在工业革命中所起到的巨大作用直接相关的。那样的思路当然有一定的道理，但是我们也要承认，医学的发达导致人们平均预期寿命不止成倍地增长，也绝对不可轻视，在研究生命（科学）而不是无机物体中，它乃是最适合其研究对象主体的进路和方法。这是因为，牛顿物理学与数学的结合所形成的物理科学与工程学能够或者容易处理的，是自然界中结构化程度高，能够被精准数学化预测的那一部分经验事实，而自然界中同样存在大量难以被结构化，从而无法被形式主义科学所把握的经验存在。与生命相关的自然对象，正是属于这一范畴。人类社会和经济当然更是如此。

在无机世界中，（死的）物体不会对外来的推拉做出有机世界中的生物与人那样的各种各样不同的反应。其间的关系不会是单一面的推拉和某种固定的因果，而是带有生物的某种"主体性"的反应，从而形成某种互动关系。简单将那样活的"关系"设定为单一面的"死的"无机推拉，其实是片面的，甚至无稽的。

最后，我们还需要简单考虑经典马克思主义的辩证唯物论。后者的出发点其实和自由主义与演绎逻辑一样是二元对立的（譬如，资本主义生产方式中的资本家与劳动者的二元对立的生产关系和阶级矛盾）。虽然，经典马克思主义还带有超越二元对立而进入跳跃性的质变的思路——通过社会主义革命进入高一层次的、没有阶级矛盾的社会主义生产方式。我们固然可以将那样的思路视作一种综合对立二元的思路，但实际上，它并不真像有机世界中的二元（和多元）互动结合的常态，而是一种不同的质变性、跳跃性的综合。

经典马克思主义的辩证唯物论思维其实一直没有在中国真正完全扎根，即便在革命时期也没有，更毋庸说在改革时期了。在这方面，中国共产党更倾向于将二元视作不仅是对立体，而更是互动结合体。在经典马克思主义的"对抗性矛盾"之上，毛泽东便添加了"非对抗性矛盾"的"人民内部矛盾"的建构。而且，面对被苏联形式化了的马克思主义理论，毛泽东一再强调理论必须结合实践，即"从实践中来，到实践中去"，认为这样才能使经典马克思主义适用于中国，拒绝简单地接纳任何理论为给定不变的绝对真理和普适模式。在中国改革时期，面对之前的一些过分主观化、演绎化的倾向，从实践出发的思维更完全地成为主导性思维——被表达为"实践是检验真理的唯一标准"。我们可以将那样的认识视作中国的思维方式对马克思主义思维方式的重释，也可以将其视作后来对其更宽广的重释的先声。

返回到经济学，中国近年来从西方引进的由演绎逻辑主导的自由主义经济学（也有试图以归纳为主导的经济学，尤其是量化研究),大多将其设定为先进和典范,试图全盘移植其理论、逻辑和方法。在以西方为先进和"与国际接轨"的国家主导思路和政策下,中国在学术、学科、学刊等层面上,相对现代西方来说,无疑是模仿和"与国际接轨"多于创新。但在国家真正的实践中,显然并不简单如此。

(三)从机械的二元对立和人类与生物的二元合一到综合两者的未来

为了进一步阐明二元对立和二元互动合一思维的不同,我们可以以中西学术关于"关系"的运作研究为例。今天的中西方学术界较多关注"关系"在中国社会中所起的作用。西方学术界主要将其理解为一种或推或拉的"关系"。譬如,不少学术研究考虑到在中国政商关系中,企业多有与政府官员"拉关系"的做法,突出那样的关系在其实际运作中所起的作用。

但是,一如周黎安(2021)关于中国政商关系的新作论证,首先,在实际运作中,"关系"绝对不仅是一个单向的,在某单一时刻中的"关系",而更多是一个双向的,带有历时变迁的关系,对其需要从二元互动的角度来认识和理解,而不是像许多学者那样将其简单化为一个单向的关系。

更有进者,政商关系绝不简单限于非正规的人格化关系,更有其制度化正规的一面。譬如,地方政府与属地企业间一般还签有正规的合同,带有制度化和成文法律的约束。而且,政企间的关系还连带着正式化的官僚体系中为经济发展而制定的官员们的"锦标赛"式的,分别为自己仕途而竞争的一个正式制度。它是与关系体系共同运作的。而且,政商间的关系不会仅集中于单一时刻,而是一个跨越时间的过程,譬如,某一企业也许一开始会得到地方政府(为了发展地方经济)特别的青睐,但是,进入制度化了的官僚体系为发展经济的"锦标赛"之后,可能会被另一新兴的企业(对政府制定的国内生产总值增长指标具有更重要贡献的企业)取代。周黎安将这样的实际运作等同于笔者所论析的政府与民间双向互动的"第三领域"中间地带,两者互动合一而不是非此即彼。周黎安将其表达为一种"混搭"式的多维和跨越时间的过程性关联,区别于简单单一面的推拉和仅限于某一时刻中的"关系"。

周黎安文章所没有讨论的是,我们还可以将今天的实际运作层面上的政商关系,更具体化为国企和民企间的相互作用,两者间的关系绝不简单是非此即彼,或分别或对立的,而更多是相互依赖和互动的。譬如,笔者详细论证的地方政府基础设施公共服务部门的国有企业与民营企业之间的关系,特别鲜明的是在房地产业建设用地开发的过程中,国有企业基础设施的建设,以及民营企业楼房建设间的合作、互动,乃至于收益分享。(详细讨论见黄宗智,2021a)

在更宽广和理论化的层面上,对国家与社会或经济、政府与社会或经济,西方习惯的主流基本思维同样是二元或对立的,一如自由主义和新自由主义经济学所建构的那样。它要求的是,国家角色的最小化和自由竞争的最大化,明显将国家与经济两者建构为对立体。而中国的实际,包括其深层的认识,则一向都是二元并存互动乃至于合一的。传统中国的世界观毋庸说明显如此。在今天官方正式认可的话语中,即便表面上常常似乎完全采纳了西式的二元对立表述和逻辑,但在实际运作(实践)层面上,所展示的仍然基本是阴阳二元共存和互动互补,而非截然分开的二元对立,譬如,政与法、党与政、社会主义和市场经济等的二元双向结合互动。

此间的微妙差异,实际上乃是基本思维方式的不同。中国在深层的思维方式和实践中,在很大程度上仍然展示了传统的,基于有机和自然世界的二元互动合一的思维方式和世界观。西方的主流形式主义经济学和法学思维,坚决将人设定为单一面化的"理性"经济人,排除非理性感情,将经济设定为单一面化的理性经济人所主导的体系,便是实例。而中国的基本思维则仍然是将这一切视作有机的、多维和多元的,乃至于多元合一的有机体,并且是个历时的演变过程,而不是单一时刻的机械世界的推拉。

(四)从落后的自然世界观到先进的二元或多元互动合一的宇宙观

固然,我们也要认识到,中国对单一面化的机械世界观的拒绝,颇有可能乃是中国文化久久没有能够发展出像西方那样的牛顿物理学式的机械化科学革命的部分原因,亦即所谓的"李约瑟问题"——中国,虽然在17世纪之前,在科技方面领先于西方,但为何没有能够像西方那样在17世纪便较早地进入现代科学革命?——的可能解释之一。(Lee,2017,尤见第337—339页)

相比中国的传统科学,牛顿力学的特殊和关键的突破是其结合了关于地球引力的归纳与通过演绎将"力"精准数学化,使其广泛适用于机械的制造,借此打通了数学化和机械化(Mahoney, 1998),而中国长期以来的宇宙观一直缺乏类似的数学化和机械化演绎。

但是,在之后的物理科学实际发展过程中,中国的世界观所起的作用与之前很不一样。中国的传统宇宙观更容易掌握之后的科学发展,特别是19—20世纪的后牛顿时代的一系列科学进展,包括电磁学、量子物理学和相对论等。

我们可以先从医学来进入这个讨论。中国固然十分需要并且已经向西方大规模学习其非常精准的现代医学,但那样的发展在很大程度上是基于将人的身体视作一个无机机械体的主导思想而来的,因而发明了众多非常先进的测验器,以及对人体的各个局部进行像对机械那样的修补,甚至截切而代之以人工仪器的医治方法。西医学在那些方面无疑乃是极其先进的,这也是中国一直在积极学习的。(Porter,2006:80—83)

固然,西方的现代医学绝对不是简单地源于牛顿力学的世界观,而是受到从实际出发的人体解剖学、临床观察、病理学和生理学,以及有机和生物化学、细菌研究和免疫学等的影响。不然,它不可能达到今天相对其他传统(如印度和中国)医学近乎压倒性的优势。(Porter,2006:80—83)

虽然如此,但中国并没有放弃其传统医学。后者的优点是比现代医学更倾向于将人体视作一个充满二元互动、相互作用的有机整体(holistic)。而且,中国在当代更有意和明智地采纳了将传统中医学和现代西医学结合为"两条腿走路"的医学制度框架。如今,中国的医疗体系乃是一个具有克服并超越西医学(相对缺乏整体观,缺乏人与宇宙间的有机关联视野的潜力)弱点的医学进路。

即便在西方尖端的医学发展方面,二元互动的视野实际上也已经呈现巨大的潜力——以人们最近普遍的经验为例,在人类应对新型冠状病毒感染疫情的过程中,便可以看到借助激发人体内在免疫能力来防御疫病的进路,反映了一种超越牛顿力学机械观的思路。目前西方整体的医学健康体系对局部性治病的关注远多于对整体性人体健康的关注,惯常借助像对待机器那样的切除、修补、消灭或替代的方法,远多于预防,并因此衍生出一个越来越昂贵的高度机械化医疗体系。未来,中国的结合传统医学和引进西方医学的"两条腿走路"的模式,其实具有建立一个潜力更强大的综合性新型医学模式的可能。

目前,中国虽然仍然处于偏重西医学多于中医学的状态,在一定程度上还没有充分展现中医学的潜力,但在其已经确立的"两条腿走路"的总体框架中,已经显示了未来可能更加兼顾两者互动合一的长远发展道路。譬如,我们已经能够看到,相当广泛地使用针灸来替代西式的麻醉药,既廉价也高效和低风险。我们也可以看到借助平衡身体整体来根治,而非修补、更替身体部分,同样具有纠正西医学的偏颇的宽广发展空间。譬如,在前沿的淋巴癌医治中,可以将病人自己的 T 细胞"改编"后注入病人身体,借助病人身体内生的免疫能力来消灭其淋巴癌,即嵌合抗原受体 T 细胞免疫疗法(CAR T-cell therapy)。("CAR T Therapy", n. d.)当然,中(草)药,近几年来在国家积极扶持下,也已经展示了巨大的发展空间。(中华人民共和国国务院新闻办公室,2016)

更有进者,即便是在物理学领域本身,电磁学(电波及磁力间的二元互动)及量子物理学的兴起,实际上也已经远远超越了牛顿的推拉机械观。虽然,现今人们由于在日常生活中都只能直接感觉、认识到机械——如汽车和各种各样的家电,如洗衣机、洗碗机、冷暖气、吸尘器等——所起的作用,但是看不到,感觉不到更微妙的电磁力/学(electromagnetism)和量子物理学所起的作用,仍然强烈倾向于完全接纳古典的牛顿机械世界观。电磁学和量子物理学,更不用说爱因斯坦的相对论,实际上还没有真正重构人们的科学观和宇宙观,也没有重构形式主义的经济学和法学,以及其对演绎逻辑的使用。譬如,一般人们对电磁力和电磁学所包含的二元互动合一而非推拉动力的实际,都视而不见。这是因为我们在日常生活中,很自然地接纳牛顿的推拉机械观。至于电磁学所包含的电波和磁力之间的阴阳式的相互作用,以及电子本身便带有的阳阴(正负极)之分,则更难理解和掌握。即便人们大多看见过或听见过并感觉过,由两者互动产生的闪电与雷鸣,但他们不会因此联想到(阳性的)动态电波和分子,以及其与(阴性的)静态和磁力之间所产生的相互作用,当然更谈不上用电波物理学或分子物理学——更不用说相对论——来替代基于自己的日常生活中显而易见的一推一拉的机械关系所形成的认识。一组中国电子工程学的教授们的教学经验说明,借助阴阳观能够显著加深(中国)学生们对电磁学理论的理解。(Zhang, Qu, and Wang,待刊)

生命科学和医学,正如前文所述,由于其所处理的对象乃是有机世界而非无机世界,相对更加能够包容中国的深层的阴阳太极宇宙观。其实,那样的宇宙观,若能更进一步结合前沿的物理学中的重大突破,其潜力应该是巨大的。它指向的是一个更整体化、全面化,更多纳入(二元乃至多元的)互动合一的宇宙观而非简单的非此即彼二元对立的机械观的认识。也就是说,其未来的走向不会是简单的中西二元对立,而会是具有超越性的二元结合。

二、中国发展经验中的二元结合

(一)理论与实践

在实践层面上,改革时期的中国实际上绝对没有简单地模仿西方。中国没有像俄罗斯和东欧那样简单地拒绝马克思主义和社会主义革命的传统,也没有简单地采纳"休克疗法"的市场主义和资本主义模式,而是坚持既保留又改革之前的经典马克思主义和计划经济。赵刘洋对此进行了较好的总结讨论。(Zhao,2022)

这部分是由于中国长期以来,一直都惯常地区别理念和实施、理论和实践。不仅经济思想如此,法律也如此,其所反映的是一种与现代西方基本不同的思维方式。总体来说,当代中国的法律哪怕在理论和话语层面上,有时候似乎完全接纳了西方的权利法理和话语,以及演绎逻辑,但在实施层面上,仍然多会根据实际情况和问题做出必要的选择性修改。这部分是由于其长期以来的(可以称作)"实用主义"的思维,特别清晰地体现于传统中国最成熟的清代法律对"律"与"例"的区别:律代表的是一种理想状态,譬如,父母在不可分家。但实际上,那样的律条很可能会脱离现实,因为已婚兄弟妯娌间难免会闹矛盾,因此,例条适应实际地提出,如果父母允许,便可以分家。而中国的基本法理,并没有像西方那样坚持实践必须与法律条文完全吻合,而是一种实用道德主义的二元并存结合的思路,允许理念在实践(实际运作)中重释,乃至于相悖,由两者结合成为单一正义体系。这就是笔者在对中国法史的研究中提出的"实用道德主义"概括的基本含义。(黄宗智,2014a,第1卷)西方的思维方式则将"实用主义"和"道德主义"两者都对立于形式逻辑,不像中国这样将其视作一个多元互动合一体。

中国当今的正义体系,还根据同样的思路制定了一系列具有中国特色的,扎根于实际运作而不是西方话语和逻辑的法律。笔者已经长篇论证,其实例包括婚姻法,譬如,建立比较独特的以夫妻感情是否"确已破裂"作为判断对单一方的离婚主张支持与否的准则,而不是西方高度逻辑化的,原先是必分对错,后来在20世纪60年代到80年代间,由于过分昂贵和不断的关于离婚的法庭争执,改为完全不再考虑对错(no fault)的进路。在侵权法领域,先模仿西方而设定有过错才谈得上赔偿的基本原理,但继而似乎违反逻辑地设定即便没有过错,也有社会责任。再则是在继承法领域,先设定男女平等,但又进而设定,鉴于赡养父母的实用考虑,财产继承方面可以有分别。这些仅是几个对引进的西方形式化法理的实用性修正和重释的实例。(黄宗智,2014a,第3卷)

更重要的是,中国传统的独特调解体系至今仍然在中国的正义体系中占据至为重要的地位,并将长期如此。以2005年到2009年为例,在全国每年2500万起有记录的纠纷之中,有足足43%是经民间(村或城镇居民调解委员会)调解、行政调解,或法院调解结案的(黄宗智,2016b:11,表1),和西方的仅占几个百分点十分不同。这样经妥协来处理纠纷当然也和中国的二元合一(以及中庸)

的基本思维直接相关,十分不同于二元对立、必分对错的思维方式。

(二)国家和经济、国有企业和民营企业的并存互动

自由主义经济学一贯将经济体系与国家视作对立的二元,要求将国家的角色尽可能最小化,亦即所谓的"无为""放任"国家。但在改革后的今天的中国,在经济层面上便有众多对中国和西方的重释,以及综合两者而非从二元对立做出单一选择的实例。毫无疑问,中国的经济体系如今已经是积极参与经济的"有为"政府和相当高度的市场化环境,以及国有企业和民营企业的一个结合体。如今国有企业和民营企业两者接近"平分天下",二元并存,互动,合作,结合。

以上做法,部分是由于中国长期以来对理念和实用两者既分离又抱合的思维,结合理念与实践二维为一体。在一定程度上,它反映的也是传统的"中庸"之道的思维方式,但如今不再是(汉武帝和董仲舒开启)儒家和法家的二元结合,也不是之后的儒、佛的二元结合(乃至于儒、释、道的三元结合),而是今天的中西结合,传统与现代结合。

而且,如今中国已将有的国有(和国有控股)企业部分市场化,商业型国有企业(区别于服务型国有企业)尤其如此。有众多(据统计,约1000个)大型国企已经在国内的上海或深圳证券交易所上市,有的甚至在香港或纽约的交易所上市,并因此既受到市场盈利机制的激励,也受到市场竞争机制的约束。虽然如此,但国有企

业在受到一定程度市场进入机制的约束和激励之后,仍然一定要遵循政党国家的领导。这也是一种特殊的社会主义+市场化的二元结合实践进路。(黄宗智,2022a)

这样的实际在一定程度上已经被官方所谓的"社会主义市场经济"概括所捕获。我们也可以将其称作"市场化的社会主义(计划经济)"来表明其历史先后。首先是在两者的并存合作过程和架构中,由国家来协助民企发展。正如上文已经转述的周黎安新作所论证的,中国一方面借助正规的地方官员间的,由国家设定的"业绩"竞争制度和机制来激发官员们的积极性,使他们为了发展经济而积极向民营企业伸出"帮助的手",推进由地方政府协助市场经济中的民营企业的发展;另一方面,又借助市场竞争机制和盈利激励来推动民营企业的发展,并通过市场经济的竞争机制来淘汰不经济的地方政府的"形象工程"。这无疑不简单是公与私、政府与经济、官和民的二元对立,而更多是两者的互动结合。(周黎安,2021)

更有进者,笔者论析的不仅是地方政府和企业之间的关系,也包括国企和民企之间的关系。以重庆市在黄奇帆(2001—2009年任副市长,2009—2016年任市长)领导下的15年的地方政府为例,从中央划拨的建设用地,加上廉价收购的亏损的国企所掌控的建设用地,市政府总共储备了30万亩建设用地。模型化地来说,政府征收一亩建设用地的成本才约1万元(1亩地种庄稼一年的纯收入约为300元,乘以30),然而一旦加上城市化的基础设施,其市值将上升10倍,达到约10万元。那样的增值可以被用来支付政府"八大投"基础设施公司的开销。然后,地方政府在将那样的"熟地""转让"给民营房地产开发商时,可以再获得一定比例的可预期增值,即建好"房子"时的约 100 万元市值。在整个过程中,国有企业和民营企业其实是紧密合作、共同分利的。正是那样的机制推动了重庆市房地产业的蓬勃发展,实际上是其整体经济发展的关键动力。我们可以大略估算,重庆市政府从其 30 万亩建设用地中所获得的收益不止 3000 亿元,这堪称重庆市发展至为关键的动力,远远超过其从"招商引资"所获得的资本。在整个过程中,地方政府和开发商实际上一直合作并分享新兴房地产业中的巨大收益,联手推动了中国经济体系中至为关键和巨大的房地产业的蓬勃发展。(黄宗智,2021a)

这一"土地的资本化"的具体实例,是中国世纪之交以来经济快速发展的一个与其他发达国家截然不同的发展经验"特色",乃至"秘诀",与西方的私营企业主要是通过在金融市场"上市"(initial public offering,IPO)来融资十分不同。赵燕菁(2014)率先指出了两者在融资功能方面的相似性。

它反映的不仅是地方政府和民营企业的合作,还是国有企业与民营企业的合作与互动,两者共同成为中国经济近 20 多年快速发展的关键动力。相对西方,乃至于已经进入发达国家行列的"东亚"的日本和韩国,这都是较少见的发展经验、动力和机制。

此外,我们要考虑到最近几年国家经济政策的战略性转向,即从"一部分人先富起来"的权宜决策向社会主义的"共同富裕"大目标的转向。其中包括 2013 年以来的"一带一路"倡议,明确借助平等互利的贸易(区别于榨取和剥削型的贸易)的经验,以及中国自身的基础设施建设经验,来协助其他发展中国家的发展,也推动自身的进一步发展,包括为国有的基础设施公司(一般是较高水平且较廉价的产业)开拓广大的国外市场。(黄宗智,2020b)然后是2016年以来针对将近一亿最贫困农民的"精准脱贫"工程。再则是2017年国务院印发《划转部分国有资本充实社保基金实施方案》提出,将国有企业股权的10%划转给社会保障基金。而后是2018年以来的"乡村振兴战略规划"等各项工程。(黄宗智,2021d)它们共同突出了中国转向兼顾经济发展和社会公平的大目标,展示了在"土地的资本化"之后,(笔者称作)"资本的社会化"的方向和进程。如今的中国确实已经不简单是社会主义或市场经济的任何单一方,而是两者的二元互动结合体。

(三)小农经济与现代农业

从主流的西方理论视角来看,中国的实际只可能是悖论的。中国的农村尤其如此。不少西方和中国的论者都认为,中国要更完全地"现代化",必须遵循西方国家的现代化模式,将农村人口压减到像发达国家那样占总人口的极低比例,通过城镇化来减少农村人口,将农业完全改为规模化、产业化的大农场生产,借助工业经济中的规模经济效益来提高农民收入,方才能够真正进入现代化的"发达国家"行列。

但是,由于中国农村人口相对土地资源的极其高度密集化的基本国情,今天中国虽然已经成为世界第二大经济体,与众多发达国家比肩(虽然在人均收入上尚未进入"发达"国家的行列),但是,农村户籍人口仍然占到总人口的很大部分。虽然城镇常住人口达到60.6%,但其中有超过1/4(占总人口的16.2%)不是城镇户籍人口而是农村户籍人口。其中,相当比例还会返回农村。仅算户籍人口的话,城镇化的比例才44.4%(2019年数据)(国家统计局,2020)。同时,4.4亿名城镇就业人员中,将近3亿人是农村户口的"农民工"。(黄宗智,2020a,第3卷)

根据1996年开启的最权威的3次全国农业普查的数据,2016年中国仍然有3亿名务农人员(包括1亿名每年从事农业生产经营活动1个月以上,6个月以下,即仅是[可以称作]"副业型"的务农人员),劳均耕地面积仍然仅仅约为7亩到10亩。2亿农户的户均耕地才10亩,和美国的户均2700亩地的"家庭农场"实在不可相提并论。但是,许多论者受到关于规模经济效益意识形态的深层的影响,也受到中国过去从那样角度的官方表达的影响,严重高估了规模化农业在中国所占的比例。

我们从中国最权威的3次全国农业普查数据便能知道,规模化农业在中国所占的实际比例其实一直较低。在这个问题上,中国最精准的数据乃是3次全国农业普查中农业雇工在所有农业从业人员中所占比例。笔者与高原、彭玉生早已详细论证,2006年,农业雇工数量仅达到所有农业从业人员的3%;而且该比例之后没有明显的变化——到2016年的第3次普查,仍然是3%。笔者与合作者将这个现象表达为"没有无产化的资本化"。真正关键的农业变迁实际上在于小规模的一家一户的"新农业",如1、3、5亩地的拱棚蔬菜,几亩地的果园,和一二十亩的种养结合农场,其关键在于"资本和劳动双密集化",不在于简单的规模化。这是一个伴随中国人民食物消费转型而来的变化:从传统的8∶1∶1的粮食:

肉食：蔬菜比例到如今的 4∶3∶3 的比例。（黄宗智、高原、彭玉生,2012；黄宗智,2021b）

最近几年,官方的政策终于出现一定的转向,给予"小农经济"前所未见的关注,并正式表明,其乃中国最基本的实际,并将相当长期仍然如此。因此,我们很有必要将顽强的现代小农经济也纳入对中国的政治经济体系特点的考量中。（黄宗智,2021b；黄宗智,2020a,第 1 卷）在话语层面上,也很有必要避免借用来自英语的"农场主"（farmer）一词来替代中国常用的"小农户"（peasant household）一词,在不知不觉中将中国的户均 10 亩的小农户农场等同于美国的户均 2700 亩地的农场。

首先,小农经济的第一产业经济逻辑和第二、三产业十分不同。它主要是有机的生产,仍然不可避免地借助有机生物能源,即人和土地,而非简单地像第二产业那样主要依赖无机（矿物）能源和机械。

当然,如今显然两者都有,尤其在"大田"农业（特别是粮食种植）中,已经显示了（由小农户凭其非农打工所得来支付的机耕播收服务的）相当程度的机械化,但那样的现代产业化是带有一定限度的,因为农业不可能完全脱离其有机基本实际（土地、人力,和/或兽力）。（黄宗智,2020a,第 1 卷）

同时,（部分现代化了的）小农经济的基本生产单位仍然不是个人而是家庭,除了单一就业者的劳动和生产,还是家庭成员辅助性地参与的生产体。它仍然可以借助市场机会成本较低的家庭辅助性劳动力（妇女、老人,乃至于儿童）来承担一个产业工人所不可能承担的低收入——笔者称作"农业内卷化"的关键组织背景和机

制。这是它长期以来的基本运作逻辑。(黄宗智,2020a,第1卷)

正是这样的特殊条件,推进了中国改革期间的(笔者称作)"新农业革命",主要是高附加值小规模农业的发展。它们是"劳动和资本双密集化"的新农业。到2010年,这样的新农业已经占到农业总产值的2/3,总耕地面积的1/3,为人口密集的中国式农业的现代化做出了巨大贡献。(黄宗智,2020a,第1卷;亦见黄宗智,2016a)

同时,中国的现代小农农场的经济决策在一定程度上仍然会考虑家庭的消费需求。譬如,可以房前房后种植(自留地式的)自家消费的蔬菜,或从经济作物转回粮食生产来用于家庭的消费。更有进者,乡村的小农经济仍然具有较强大的退出市场经济的潜能——某些产品或食物价格过高的话,它仍然可以转向依赖自家的生产来糊口。而且,相对大市场而言,小农家庭仍然带有一定的可退可进的潜能。无论是作为生产者还是消费者,小农户都和城市个人化的人员在经济决策上有一定的不同,不可简单将其当作(或者认为其必须或必然将成为)大市场经济的人员来看待和分析。(黄宗智,2020a,第1卷)

最重要的是,它和城市间的贸易关系迄今仍然是不对等的,仍然输出远多于输入,仍然主要取决于城乡间在收入上的巨大差别,仍然主要由农村为城市提供优质产品,特别是优质粮食、肉禽鱼和蔬果,数量远多于反向进入农村的城市产品。今天的城乡贸易仍然带有中国长期以来的"城乡差别"的烙印和特征,并不符合斯密所建构的,基于英国18世纪的农业革命和早期工业化共同发展的动力而来的城乡平等互利贸易的构想。(黄宗智,2020a,第1卷)

要达到城乡更高度融合的地步,中国还需要更显著地提高农村居民的收入,并做到(自然)村村户户通路、通互联网,一如2018年发布的《国家乡村振兴战略规划(2018—2022)》提出的那样,才可能进入更完全双向化的对等市场交易。中国可以借助"新农业"来进一步实现更繁荣的城乡双向、平等互利贸易,更大规模地促进小规模农业的进一步发展,包括更高附加值的农产品种植,也包括面向国内外市场的有机农业。譬如,目前的新农业是以1/3的耕地来生产2/3的产值,即耕地面积与产值是1:2的比例,仍然与美国的以3.6%的耕地来生产高值作物(主要是菜果—坚果—浆果和花卉),达到36.8%的农业总产值的水平,即耕地面积与产值1:10的比例相去甚远。(Macdonald et al. ,2013:表1)同时,在有机农业方面,中国产值仅占到全球的6%,也和美国的47%(以及欧盟的37%)相差很大。(刘石,2018)应该说,中国的农业还有较大的市场发展空间。(黄宗智,2021b)

即便如此,中国农业的主体仍将长期是(经过一定程度现代化的)小农农场经济。正因为如此,笔者长期以来一直提倡中国农村的发展不能仅靠"规模化"的设想,以及城镇化的"出路",而需要依赖双向的国家援助+乡村社区和小农参与,尤其是村庄社区(或"集体"或"合作")的自愿积极参与,才有可能全面推动城乡间的真正彻底的良性互动和交换,真正带动乡村的完全"现代化发展"。(黄宗智,2021b)为此,中国需要更深入地动员更深层的,更符合乡村实际特点的资源和组织,而不是简单地试图实现农业规模化、乡村城镇化、村庄治理官僚化。

(四)恰亚诺夫理论与东亚模式

小农经济的现代化转型遵循的不是像工业那样简单的"规模经济效益"原理,而是更复杂的"差异化的最优"(differential optimums)原理。(Chayanov,1991[1927],尤见第1、2章)首先,在农业生产中,我们要区别比较倾向于规模经济效益的养殖业和更多倾向于差异化最优的种植业。后者之中,既有可以规模化的环节,如大田(主要指粮食)农业中的机耕播收,也有不适用于机械的管理环节,包括除草和后续的施肥及管理。更重要的是,需要持续和不定时的密集劳动投入的小规模"新农业"①那样的农场特别适合使用家庭的劳动力,而不是相对昂贵的雇工经营模式。我们绝对不可仅凭简单的"规模经济效益"(越大越好)的逻辑来思考和认识农业。

更有进者,相对现代的"大市场"而言,我们需要借助恰亚诺夫的另一关键概括,即区别简单的规模经济效益的"横向一体化"和更关键的相对市场而言的"纵向一体化",亦即考虑到小农户面对大市场所不可或缺的产品加工、包装、运输(对生鲜产品来说,尤其关键的是全程的保鲜冷冻链)、销售的物流体系,包括精准可靠的产品标准化和根据市场需求来定价格的基础设施体系。

在十月革命之后十年的苏联,恰亚诺夫乃是当时比较强大的合作社运动——其成员占到全国六千万人口的三分之一

---

① 或是利用"范围经济"而不是规模经济的一二十亩的种养结合小农场。

(Chayanov,1991[1927]:xi)——的主要理论家。他清楚地提出基于农村社区小农户的合作社理论,包括上述的差异化最优和纵向一体化理论。但是,之后最终被苏联政府执行的政策是,基于错误、简单的规模经济效益理论来废除小农经济,凭借由上而下的命令型执行来推动大规模集体农业,取代小农经济。恰亚诺夫本人则被枪决。

吊诡的是,由于历史上的巧合,恰亚诺夫的设想竟会在以小农经济为本的东亚(主要是日本和韩国)得以实现。美国占领军在总部的一组认同罗斯福总统"新政"的进步官员的影响之下,勒令日本立法废除地主经济,确立自耕小农经济,并排除外来资本进入农村社区。同时,命令政府将支农资源转交给社区合作社,由其自下而上地建立基于社区的"农协"合作社,让其组织农资购买农产品加工、运输、销售的纵向一体化服务。(Cohen,1987)此外,在全国由国家投资建立(带有冷冻服务链的)提供高效廉价服务的大型批发市场,将小农户生产和全国性大市场连接起来,对农产品定规格、定价格,促使"农协"成功地成为具有全国声誉的"品牌",实现了恰亚诺夫之前提出的基于小农经济的"纵向一体化"的市场化、现代化设想。因此,也做到了在全球范围中比较醒目的没有显著城乡差别的现代化小农经济。韩国虽然不像日本那样处于美国的占领之下,但由于美国的决定性影响,也基本遵循同一种改革进路并达到类似的结果。(详细论证见黄宗智,2015;亦见黄宗智,2020a,第1卷)中国可以借鉴如此的东亚模式来真正克服农村(相对)贫穷和城乡差别的问题。当前的乡村振兴战略规划可以成为采用这样进路的契机。错误的观点是,借助西方模式和思路,认为唯有"规模经济效益"才是真正的"现代化"。

三、国家与经济和社会的二元结合而非对立

(一)中国的"超级政党"

按照西方形式化理论的思路,建构理论必须遵循形式化演绎逻辑上的整合,而不太考虑真实世界中几乎不可避免的二元并存的既有张力和矛盾,又有互动和结合的实际。正因为如此,西方才会建立像自由主义和新自由主义那样的(古典和新古典)经济学,将明显是复杂事物中的双元和多元一元化,并将后者等同于不言自明的"真理""科学"和"规律"。譬如,(没有非理性感情的)"理性经济人"、(没有不对等交易的)"纯竞争性市场"、(没有不理性因素的)供需均衡和(没有不合理的)最佳资源配置等"公理"和"定律"。然后像几何学那样设定(抽离真实世界)的"定理",依赖演绎逻辑将其推演到一系列的定律和公理。

形式主义法学同样。美国法学界代表性人物兰德尔(Christopher Langdell),1870年到1895年任哈佛大学法学院院长。他用一生的精力来集中一贯地呼吁将法律体系建构为欧几里得几何学式的逻辑上整合,类似于自然科学的"科学",因而成为美国法学的所谓"古典正统"(classical orthodoxy)的领导人。虽然,在实际运作中,美国的正义体系显然是"古典正统"形式主义和法律实用主义两大传统的结合体,其最高法院的实践便一直包含两者之间的拉锯。(黄宗智,2020a,第2卷,尤见第1章;黄宗智,2007)

但是,政府和市场的二元对立一直都是古典正统法学的基本思维和定律之一。并且,据此模式,社会科学界才会在20世纪50年代便开始将西方的民主自由制完全对立于其所建构的"极权主义"(totalitarianism)模式,将共产主义和共产主义国家建构为与自由民主完全对立的体系和国家。

对共产党的认识,西方迄今影响力最大的模式仍然是原来的"极权主义"模式。为此,美国芝加哥大学的顶尖政治学家邹谠教授三十多年前便花了很大的力气将"极权"改构为"全能"一词,试图将其去妖魔化、中性化。(邹谠,1986)先生之努力在中国的学术界和部分的西方学术界确实取得了较大的影响。虽然如此,但在西方的政治界和大众中,"极权"迄今仍然是最通用的词汇,仍然使人们将中国想象为一个被享有"极权"的共产党的一小撮人完全控制、摆布的国家和人民。

我们固然需要直面共产党所具有的高度集中的权力,但是,这里先要说明一些其与众多西方人的不符实际想象的不同。首先是中国共产党的实际性质和规模。在九千多万名党员中,只有不到十分之一是官员、干部。(中共中央组织部,2021)如上所述,其成员近乎是全体人民的代表。即便在意识形态层面上,经过对经典马克思主义的一系列重释,也已离其甚远。如今,它与其说是一个代表无产阶级/劳动人民的政党,不如说是代表全国人民的政党。在意识形态层面,它实际上是由经典马克思主义和经典自由主义两者的部分因素并存互动,亦即市场经济化了的社会主义。这就和"极权主义"模式的想象显然不同。

"极权主义"模式完全没有考虑到,如果真像它想象的那样,中国共产党和中国革命在面对比其更强大和更高度现代化的敌人的战争中,是绝无可能取得胜利的。它之所以胜利,依赖的至为关键的力量乃是民众的支持。它能够"如鱼得水"似的和民众融合。由于民众的支持,共产党的军队才能够在敌后运动中比敌人(无论是日本军队还是国民党军队)具有更完全的情报,更准确地估计敌人的力量和动向。正是那样的民众支持和力量(日本军队的"三光"政策便是针对这样的力量而采取的),才使得共产党有可能进行有效和独特的人民战争,包括游击战,移动、迂回战术,在敌后进行骚扰破坏的工作,并能够快速、出其不意地集中力量打击敌人。(黄宗智,2022b)

更有进者,它所依赖的不仅是民众的支持,更是共产党的(笔者借助人们常用的"政党国家"一词称作)"政党军队"独特的组织功能。其中一个重要的能力是党组织的可聚可散、可分可合的能力。之所以能够如此,是因为基层的党小组能够自我维持秩序和军纪,但仍然依从中央的统一领导。军队在面对比自己强大的敌人时,能够分散为小到以党小组(三十来人)为基本单位的排,维持士气,在敌后打击敌人(这正是游击战和在敌后运动的一个关键条件);要集中力量打击敌人时,也可以通过军队纪律加上党组织很快将分散的小组重新聚合。(黄宗智,2022b)

正是那样的能力,在朝鲜战争中成为一个重要的优点和力量,弥补了中国人民志愿军(以下简称"志愿军")在火力、设备、运输、后勤、制空权、制海权等诸多方面的不足,使其最终能够与比其强大得多的美国军队打成平手,促成板门店的谈判和协商。当时,志愿军将美军(和"联合国军")从临近鸭绿江击退到("三八线"以南的)"三七线"——部分由于麦克阿瑟将军严重低估了志愿军的战斗力。美方在李奇微(Matthew Bunker Ridgway)(于1950年圣诞节)接任美国军队(而后加上"联合国军")的统帅之后,重振了其军队低沉的士气,并采纳了一种针对中国军队关键弱点的(被中国的研究者称作)"磁性战术"——借助其机动能力轻易地一天撤退三十公里,让中国军队能够刚好跟上,连续七天,等其筋疲力尽,士兵们所带的七天粮食耗尽之后,才全面反攻,因此在第四、第五次战役中获得一定的胜利。当时,许多观察者认为,美军(和"联合国军")完全可以再次推进、返回到鸭绿江。(黄宗智,2022b)

在那样的情况下,如果没有中国军队可聚可散的有效抗击,中国在朝鲜战争中很可能会全盘失败。当时所依赖的是"政党军队"特殊的可散到党小组的三十人的排的能力,军队分散在敌人的后方,逼迫敌人必须逐个击破才能稳妥进军,借此来抵制、拖延敌军的进攻。这为巩固"三八线"的防御争得了关键的时间,最终做到拉锯的战争局面,促使板门店的谈判成为可能。(黄宗智,2022b)

正是那样的组织特性,使"政党军队"特别能够在困难中仍然处于高士气的状态。与此类似,在改革期间,是中国的政党国家体制既集中又分开地依赖中央领导和(带有一定自主性的)地方实施来推进发展,通过一种"发包"与"承包"的中央—地方关系来激发地方的积极性,包括地方官员之间对中央设定的"业绩"标准的(周黎安称作)"锦标赛",也是为了激发其能动性和积极性,由其配合市场经济和其中的私有企业来推动中国突出的经济发展。回顾抗战时期的19个分别自主而又整合为一的根据地的成功实例,它们展示了党组织的这种可聚可散特殊能力的另一方面,也和改革的经济发展中地方政府所扮演的特殊角色直接相关。

(二)共产党与官僚体系的不同

相比更完全正式化的官僚体系,党组织具有更灵活的一面,不像正规官僚体系那么容易僵化,不会简单陷入相对民众的高高在上的官僚体系的弊端,具有一定程度的避免僵化的能力,以及避免脱离群众的过度自上而下的管控的弊端。这些特点都可以见于中国革命和中华人民共和国的历史,也可以见于作为"政党军队"的人民解放军在水灾、地震等灾难中所一贯起到的特殊的援助作用。它说明了其具有强大的为人民服务的纪律和传统。这些都是"极权主义"模式所完全没有考虑到、没有看到的特点。

虽然如此,我们也要认识到,政党国家的政府长期以来不可避免地带有官僚主义的弊端和倾向,一如《中国纪检监察》杂志刊发的文章所明确指出的,官僚们相对民众的高高在上、作威作福的倾向,媚上欺下,以及脱离实际的形式化倾向,一切(为了自身的仕途)以满足上级为主的众多官僚主义恶劣倾向。(黄月,2020)

西方所谓的现代型专业化科层制—官僚体系也带有同样的倾向。官僚主义问题绝非西方没有,唯有中国的官僚体系才有的弊端和特征。即便是创建现代"理性科层制"理想类型的韦伯本人,也认真考虑过科层制所导致的"铁笼"式的弊端,提议依赖最高领导人的权力来克制那样的弊端。(赖骏楠,2016)

但我们也要据实地直面中国官僚体系所管辖的范围相对大于西方(特别是英美那样的自由主义国家)的事实。人们需要经常和其打交道,不像在西方自由主义国家的社会生活中仅偶尔需要和官僚体系打交道。同时,上引的《中国纪检监察》文章所没有说明的是,相比西方的"科层官僚制",中国的"官僚主义制"集权程度更高。在最恶劣的情况下,它可能会导致完全脱离实际的决策和强制执行,出现像"大跃进"那样的错误。这是在中国近百年的共产党历史演变的过程中可以看到的实际,也是其历史上一再"整党"的主要原因之一。而克服官僚体系弊端乃是毛泽东发动"文化大革命"的初衷之一,当然也是中国今天和未来所必须直面的一个重大问题。(黄宗智,2021c)

仅凭党与行政+法律的既分开又结合的治理模式,亦即仅凭专业化的科层制体系和相关法规来制约高度集权的超级政党及其潜在的官僚主义,是不足以克服其可能与官僚主义紧密结合的问题的。要克服官僚主义问题,说到底我们最终仍然需要在共产党自身的特殊传统和性质中寻求答案。正是出于这样的考量,笔者多次提出要依赖民众广泛、积极参与国家提倡的关乎民生的政策的实施,应该将其设定为政策实施的一个不可或缺的维度,借其来测量民众对政府政策和作为的认可度,借其来制约官僚主义形式化错误,借其来配合中国的政党国家体制,借助其能量来实施、贯彻政策,使其能够得到更完全、更优良的设定和实施。当然,这里设想的绝对不是像"文化大革命"那样暴力化的"群众运动"。

在当代中国的历史中,早期的农业合作社阶段便是一个超越官僚主义的重要例证。它依赖的正是基层党组织和民众基于其自身利益的紧密结合,实际上乃是一个成功的实例。它是一个基于两者间共同利益的工程,一种尚未受到"官僚主义"的脱离实际、自上而下,带有勉强性和命令式工程弊端影响的治理和政策模式。它做到的是,通过基层党组织引导的合作来克服众多贫困农户面对的生产资源不足的问题,达到更佳的"资源配置",凭此推动农业的发展;同时,也借此大规模吸纳生产、技术及领导能人入党。我们需要将那个阶段的合作化与大家否定的,后来的命令型集体化——"大跃进"和计划经济,清楚地区别开来。我们可以将其视作一种中国特色的党和民众二元结合的体现和道路。(高原,2022b;高原,2018;仝志辉,2018;黄宗智,2022b)

中国如今可以借助的另一项资源是,笔者所论述的中国长期以来的"集权的简约治理"和"第三领域"治理的传统,应当将其发扬光大,重塑、重建为与今天和未来的中国政经体系配合,真正实现党的"为人民服务"和"共同富裕"的崇高理念。即便是集体化和计划经济时期具有极其高度渗透力的共产党政权,在一定程度上也长期依赖乡村基层的半正式化政权组织,既依赖基层社区的自治能力,也依赖政党的领导和控制能力。两者结合,才能更充分地发挥共产党在中国革命中的既分散又集中的特殊组织性潜力。依赖那样的官僚体系外的党与民众的二元结合互动的特殊关系才是中国共产党治理体系的真正秘诀,而不是西式的"科层制"或自由民主主义的政府最小化,当然也不是西方凭其二元对立世界观所建立的"极权"虚构,而是处于中国革命的群众路线和西方的民主两大传统之间的民众积极参与的(可以称作)"人民主义"的治理进路。(黄宗智,2021e)

四、回顾与前瞻

总而言之,中国新型的政治经济体系,经过百年的革命与执政的历史,历经众多演变、更新和改革,已经形成一个与过去的历史十分不同的实体。其中,既有传统的和革命的因素,又有全面转型的,与西方接轨的改革,因此形成了一个不是任何现有理论所能包含的实体。

它显然与传统的两大政治经济学理论不可能真正完全相符,其实际既包含与两大意识形态在一定程度上相关联的一些部分,也包含与其不同的部分。而且,其形成既包含一定程度的必然性,也包含一定程度的偶然性。其结果是一个历史上未曾有过的,并且还在演变中的实体。即便是其自身对此新体系的认识和理解,虽然已经展示了一些创新性的总结、概括和话语,但仍然还与既全面又深入地概括新体系的实际有较大的差距,更毋庸说充分洞察其诸多崭新的运作机制。

我们特别需要将一般从理论出发的认识进路颠倒过来,从中国迄今的实际运作出发,对之前的理论和研究进路进行全面反思,从中国的实践及其深层的思维方式来掌握、概括其已经展示的一系列新现象。尤其是党与政府、党与人民、地方政府与经济、国企与民企、社会主义与市场经济、中国传统与现代西方、中国共产党的革命传统与执政传统等的并存、互动、结合,包括由那样的结合形成的新现象、新特点、新机制。它们都尚待系统地概括和理论化。我们要既照顾到其特殊的成功一面,也考虑到其所显示的问题,包括处理那些问题的道路和方案。

上述的进路在一定程度上可通过以现代医学为代表的合理推断的进路来认识、研究、理解和推进。医学所代表的其实是现今的三大科学思维——演绎、归纳、推断——中最符合中国实际需要的进路。它在相当程度上源自有机的生物学,处理的主要是人类和生物世界而不是牛顿的物理和机械世界,更不是虚拟的演绎世界。它能够纳入二元和多元互动结合的认识和思维。它更带有崇高的拯救生命的道德理念,特别符合中国的深层道德意识+有机的思维习惯。同时,它也特别强调从经验证据和实际运作出发,而不是演绎化了的虚构,或在人类社会不可能进行的实验室证明的归纳。它不会像一般的牛顿物理学和数学那样追求虚构的绝对真实。而且,它处理的主要是人们在生活中遇到的实际问题,没有将自身绝对化和普适化的冲动。正是那样的认识进路所积累的知识和概括,正是那样既有明确道德理念又有限定范围的实用倾向,才是特别适合中国的社会科学的思维和研究进路。

以纵向跨时的(区别于横切面的)关于不平等的研究著称的皮凯蒂(Thomas Piketty)——其研究模式如今已被用于全球约一百个国家的研究团队——最近提出"参与式社会主义"(participatory socialism)的设想。作为出发点,他指出,欧盟诸国中最先进的德国和瑞典已经采用了企业员工与资本家分享管理权的制度。正是那样的制度,乃是他的"参与式社会主义"设想的起点。(Piketty,2021)在这方面,我们可以在中国看到一些类似的思路和倾向。2021年11月11日审议通过的《中共中央关于党的百年奋斗重大成就和历史经验的决议》已经明确提出要让"党围绕增强政治性、先进性、群众性,推动群团工作改革创新,更好发挥工会、共青团、妇联等人民团体和群众组织作用"(《中共中央关于党的百年奋斗重大成就和历史经验的决议》,2021)。这样的决议在一定程度上已经指出与(民众)参与式社会主义相似的前瞻方向。当然,其中的关键在于这些"群团"是否真会成为民众参与式的组织。

更有进者,国务院发展研究中心研究员江宇最近提出"党建就是生产力"的新设想。(江宇,2021)他提出,可以借助党建来推动国有企业生产力的发展,在其过程中吸纳、增加新型的党员。其中,一个关键做法是"加强党的基层组织建设,健全以职工代表大会为基本形式的民主管理制度,充分调动了国有企业广大职工的积极性、主动性、创造性"。(江宇,2021)也就是说,要借助党建来推进职工参与国有企业的管理,借此来使国有企业发挥更大、更民主参与的作用。

这样的设想实际上乃是一种类似于上述的参与式社会主义的模式。其不同在于借助与人民紧密结合的中国共产党的特殊历史传统和当代使命,特别采用共产党历史中党民合一的理念来将党建和企业的民主化有机地结合起来,借助新生能量来推动党和企业的共同发展。如此的前瞻性进路也许可以称作中国共产党领导下的参与式社会主义市场经济的发展,当然也是中国特色的企业管理民主化的道路。

这是一个和政党国家中简单的官僚化管理截然不同的发展进路,也是清楚说明中国共产党历史上的双重性质的实例,需要清楚地与一些之后的自上而下的错误(如"大跃进"),以及过度暴力的"群众运动"(如"文化大革命"),或简单的"铁笼"式官僚主义科层制化进行区别。

我们如果将这样的动向延伸到农村,完全可以借此理解本文提倡的农村社区(民众成员)参与式的共有合作社。那样的最基层由党支部领办和农民为自身利益而参与社区资源使用及管理的模式已经初步在"烟台模式"中得到实施与展示。(于涛,2020;江宇,2020;陈义媛,2020;黄宗智,2021a;杨团、刘建进、仝志辉,2021;黄宗智,2022b)正是村庄社区成员的合作化组织,以及城镇企业单位的职工大会,给予了参与式社会主义市场经济具体的实例,这也是我们这里要倡导的新型的政治经济学方向。

建立这样的实践政治经济学绝对不是一朝一夕的工作,也不是几个人甚或一代人所能做到的。这是因为,中国的新型政治经济体系仍然处于变动和创新的阶段和状态之中,仅有部分的现象和运作机制已经相对清楚,可供观察和概括,甚或理论化。但我们也要承认,其大部分的特性和运作机制还在形成过程中,仅能初见端倪,谈不上形成一个完整的认识和概括,更不用说完整的对其运作机制的理论和话语建构。一个对以往两大经典政治经济学传统进行反思,并开放性地从实践出发的新型实践政治经济学,才可能真正认识和理解中国这个新型政治经济体系的实际。在一定程度上,它不可避免地和中国的实践同样处于摸索过程之中,并将较长期如此。它所提出的对其自身的道德化目标的表述乃是"最大多数人的根本利益",那是可以确定的,但创建新型的实践政治经济学体系不是一个可以简单总结或理论化的过程,而是一个需要在实践和理论建构中逐步摸索的过程。这正是本文所提倡的新型实践政治经济学的最主要内容。

参考文献：

陈义媛(2020):《农村集体经济发展与村社再组织化———以烟台市"党支部领办合作社"为例》,《求实》第 6 期,第 68—81 页。

高原(2022a):《反思二战后新古典经济学理论的重心转移——从一般均衡理论到"新微观理论"》,《开放时代》第 1 期,第 133—146 页。

高原(2022b):《乡村治理中的第三领域:从合作化到乡村振兴》,载 *Rural China*, Vol. 19, No. 1, pp. 31—50。

高原(2018):《工业化与中国农业的发展,1949—1985》,载《中国乡村研究》第 14 辑,福州:福建教育出版社,第 196—217 页。

郭成龙(2015):《农村电子商务模式探析——基于淘宝村的调研》,《经济体制改革》第 5 期,第 110—115 页。

国家统计局(2020):《中华人民共和国 2019 年国民经济和社会发展统计公报》,国家统计局网站,http://www.stats.gov.cn/tjsj/zxfb/202002/t20200228_1728913.html。

黄月(2020):《警惕公权力运行中的"内卷"现象》,《中国纪检监察》第 24 期,第 36—37 页。

黄宗智(2022a):《市场主义批判:中国过去和现在不同类型的市场交易》,《开放时代》第 1 期,第 118—132 页。

黄宗智(2022b):《从简约治理的第三领域到党民结合的第三领域》,载 *Rural China*, Vol. 19, No. 1, pp. 1—30。

黄宗智(2021a):《从土地的资本化到资本的社会化:中国发展经验的新政治经济学》,《东南学术》第 3 期,第 79—95 页。

黄宗智(2021b):《资本主义农业还是现代小农经济?——中国克服"三农"问题的发展道路》,《开放时代》第 3 期,第 32—46 页。

黄宗智(2021c):《农业内卷和官僚内卷:类型、概念、经验概括、运作机制》,载 Rural China, Vol. 18, No. 2, pp. 169—191。

黄宗智(2021d):《中国乡村振兴:历史回顾与前瞻愿想》,载《中国乡村研究》第 16 辑,桂林:广西师范大学出版社,第 30—53 页。

黄宗智(2021e):《民主主义与群众主义之间:中国民众与国家关系的历史回顾与前瞻愿想》,《文史哲》第 2 期,第 5—15 页。

黄宗智(2020a):《实践社会科学与中国研究》。第 1 卷:《中国的新型小农经济:实践与理论》;第 2 卷:《中国的新型正义体系:实践与理论》;第 3 卷:《中国的新型非正规经济:实践与理论》,桂林:广西师范大学出版社。

黄宗智(2020b):《中国的新综合性视野和远瞻性愿景:"一带一路"倡议与亚投行》,《学术月刊》第 7 期,第 93—104 页。

黄宗智(2016a):《中国的隐性农业革命(1980—2010)——一个历史和比较的视野》,《开放时代》第 2 期,第 11—35 页。

黄宗智(2016b):《中国古今的民、刑事正义体系——全球视野下的中华法系》,《法学家》第 1 期,第 1—27 页。

黄宗智(2015):《农业合作化路径选择的两大盲点:东亚农业合作化历史经验的启示》,《开放时代》第 5 期,第 18—35 页。

黄宗智(2014a):《清代以来民事法律的表达与实践:历史、理论与现实》。第 1 卷,《清代的法律、社会与文化:民法的表达与实践》;第 2 卷,《法典、习俗与司法实践:清代与民国的比较》;第 3 卷,《过去和现在:中国民事法律实践的探索》,北京:法律出版社。

黄宗智(2014b):《明清以来的乡村社会经济变迁:历史、理论与现实》。第 1 卷,《华北的小农经济与社会变迁》;第 2 卷,《长江三角洲的小农家庭与乡村发展》;第 3 卷,《超越左右:从实践历史探寻中国农村发展出路》,北京:法律出版社。

黄宗智(2007):《中国法律的现代性?》,载《清华法学》第10辑,北京:清华大学出版社,第67—88页。

黄宗智、高原(2015):《社会科学和法学应该模仿自然科学吗?》,《开放时代》第2期,第158—179页。

黄宗智、高原、彭玉生(2012):《没有无产化的资本化:中国的农业发展》,《开放时代》第3期,第10—30页。

江宇(2021):《国企五年大发展充分证明"党建就是生产力"》,搜狐网,https://www.sohu.com/a/498775484_100082376。

江宇(2020):《"烟台经验"的普遍意义》,《开放时代》第6期,第13—26页。

赖骏楠(2016):《马克斯·韦伯"领袖民主制"宪法设计的思想根源》,载《人大法律评论》第1辑,北京:法律出版社,第151—179页。

刘石(2018):《中国有机农业发展的纠结》,新浪博客,http://blog.sina.com.cn/s/blog_5a3c6ad90102zhxx.html。

仝志辉(2018):《20世纪50年代乡村改造:没有"乡建派"的乡村建设》,《开放时代》第3期,第50—55页。

汪晖(2014):《代表性断裂与"后政党政治"》,《开放时代》第2期,第70—79页。

汪晖(2004):《现代中国思想的兴起》第4卷,北京:生活·读书·新知三联书店。

杨团、刘建进、仝志辉(2021):《烟台经验:党组织在乡村振兴中发挥的作用和潜力》,《经济导刊》第8期,第23—27页。

于涛(2020):《组织起来,发展壮大集体经济(全文)——烟台市推行村党支部领办合作社、全面推动乡村振兴》,红旗网,http://www.

hongqi.tv/mzdxueyuan/2020-02-25/17476.html。

赵燕菁(2014):《土地财政:历史、逻辑与抉择》,《城市发展研究》第1期,第1—13页。

中共中央组织部(2021):《中国共产党党内统计公报》,新华网,http://www.xinhuanet.com/politics/2021-06/30/c_1127611673.html。

《中共中央关于党的百年奋斗重大成就和历史经验的决议》,2021,中国政府网,http://www.gov.cn/zhengce/2021-11/16/content_5651269.html。

中华人民共和国国务院新闻办公室(2016):《中国的中医药》,爱思想网站,https://www.aisixiang.com/data/126023.html。

周黎安(2021):《地区增长联盟与中国特色的政商关系》,《社会》第6期,第1—40页。

邹谠(1986):《中国廿世纪政治与西方政治学》,《政治研究》第3期,第1—5页。

Chayanov, Alexander (1991 [1927]). *The Theory of Peasant Cooperatives*, trans. David Wedgwood Benn, with an Introduction by Viktor Danilov.Columbus, Ohio: Ohio State University Press.

"CAR T Therapy," n. d. , Cedars Sinai 网站, https://www.cedars-sinai.org/programs/cancer/we-treat/hematology/treatment/car-t-therapy.html,2022 年 2 月 2 日访问。

Cohen,Theodore(1987).*Remaking Japan: The American Occupation as New Deal*.New York: Free Press.

Lee Kee Kok(利基国)(2017). *The Philosophical Foundations of Classical Chinese Medicine: Philosophy, Methodology, Science*.Roman and Littlefield: Lexington Books。

Lindberg, D. C. (1992). *The Beginnings of Western Science: The*

European Scientific Tradition in Philosophical, Religious, and Institutional Context, Prehistory to A. D. 1450. Chicago: University of Chicago Press.

Macdonald, James M., Penni Korb, and Robert A. Hoppe(2013)."Farm Size and the Organization of U. S. Crop Farming,"美国农业部网站, https://www.ers.usda.gov/webdocs/publications/45108/39359_err152.pdf? v=6445.7。

Mahoney, Michael Sean(1998)."The Mathematical Realm of Nature,"in D. Garber and M. Ayers (eds.), *The Cambridge History of Seventeenth-Century Philosophy*.Cambridge University Press, pp. 702—756.

Piketty, Thomas(2021).*Time for Socialism: Dispatches from a World on Fire, 2016—2021*.New Haven: Yale University Press.

Porter, Roy(ed.) (2006).*The Cambridge History of Medicine*.New York: Cambridge University Press.

Zhao, Liuyang(赵刘洋)(2022)."China's 'Economic Miracle' and the Universal Modernization Model,"*Modern China*, Vol. 48, No. 1, pp. 53—72.

Zhang, Wenhao, Shanshan Qu, and Jie Wang(待刊)."Application of Chinese Yin-Yang Principle in the Teaching of 'Electromagnetic Fields and Waves',"*International Journal of Electrical Engineering and Education*, https://journals.sagepub.com/doi/10.1177/0020720920954156。